The Resurrection of Jesus

Copyright © 2006 by Augsburg Fortress
Originally published in English under the title
The Resurrection of Jesus: John Dominic Crossan and N. T. Wright in Dialogue
by Robert B. Stewart
Published by Augsburg Fortress
2140 Oak Industrial Drive NE, Grand Rapids, Michigan 49505, U.S.A.
All right reserved.

This Korean edition is translated and used by permission of Augsburg Fortress through arrangement of rMaeng2, Seoul, Republic of Korea.

This Korean Translation Edition © 2018 by Holy Wave Plus, Seoul, Republic of Korea.

이 한국어판의 저작권은 알맹2 에이전시를 통하여 미국 Augsburg Fortress와 독점 계약한 새물결플러스에 있습니다. 신저작권법에 의하여 한국 내에서 보호받는 저작물이므로 무단 전재와 무단 복제를 금합니다.

예수
부활
논쟁

존 도미닉 크로산과
N. T. 라이트의 대화

존 도미닉 크로산, N. T. 라이트,
크레이그 A. 에반스, 앨런 F. 시걸,
윌리엄 레인 크레이그 외 지음

로버트 B. 스튜어트 엮음
김귀탁 옮김

새물결플러스

빌과 캐롤린
그리고
톰과 돔에게
그들이 없었다면 태어나지 못했을
이 책을 바칩니다.

목차

기고자 8
머리말 13
감사의 말 19

서론 — 23
로버트 B. 스튜어트

1. 부활 — 55
역사적 사건인가? 신학적 설명인가?
N. T. 라이트와 존 도미닉 크로산의 대화

2. 도미닉 전승과 토마스 전승에 대한 평가 — 117
예수 연구에 대한 크로산과 라이트의 공헌
크레이그 A. 에반스

3. 부활의 해석학 — 139
N. T. 라이트와 존 도미닉 크로산의 부활 내러티브 읽기
로버트 B. 스튜어트

4. 다른 여러 탁월한 비판적 입장에서 본 — 181
예수의 육체의 부활 현현에 대한 최근 동향
개리 R. 하버마스

5. 부활 신앙의 인식론 — 215
R. 더글러스 게이벳

6. 베드로복음 ——————————— 241
정경 복음서 이전의 부활 내러티브를 담고 있는가?

찰스 L. 퀄즈

7. 예수의 부활 ——————————— 271
믿음인가? 역사인가?

앨런 F. 시걸

8. 예수의 부활의 역사성에 관한 ——————————— 305
라이트와 크로산의 견해

윌리엄 레인 크레이그

9. 부활의 미래 ——————————— 323
테드 피터스

부록: 육체의 부활 신앙 ——————————— 365
존 도미닉 크로산

기고자

윌리엄 레인 크레이그(William Lane Craig)는 캘리포니아주 라미라다에 있는 탈봇 신학교의 연구교수다. 그는 영국의 버밍엄 대학교에서 철학박사 학위를 받았고, 독일 뮌헨 대학교에서 신학박사 학위를 취득했다. 그는 거기서 알렉산더 폰 훔볼트-슈티프퉁 재단의 연구원으로 2년간 재직하면서 예수의 부활의 역사성에 관해 집필했다. 벨기에의 루뱅 가톨릭 대학교에서 7년간 교수로 재직했으며, 1994년에 탈봇 신학교로 자리를 옮겼다. 그는 30권 이상의 책을 저술하거나 편집했는데, 그중에는 『예수의 부활의 역사성에 대한 신약성서의 증거 평가』(존 도미닉 크로산과 공저), 『예수의 부활: 사실인가 허구인가?』(게르트 뤼데만과 공저) 등이 있고 *New Testament Studies, Journal for the Study of the New Testament, Expository Times, Kerygma und Dogma* 등 여러 학술저널에도 수많은 논문을 기고했다. 그는 현재 아내 잰과 두 자녀 채리티와 존과 함께 애틀랜타에서 살고 있다.

존 도미닉 크로산(John Dominic Crossan)은 일리노이주 소재 시카고 드폴 대학교의 종교학 명예교수로 있다. 대표적인 저서로는 『역사적 예수: 지중해 연안의 한 유대인 농부의 생애』(1991, 한국기독교연구소 역간),

『기독교의 탄생』(1998), 『바울 탐구: 예수의 사도는 어떻게 하나님 나라로 로마 제국에 저항했는가?』(2004, 조너선 리드와 공저) 등이 있다. 그의 저서는 한국어, 중국어, 일본어 등을 포함하여 10개국 언어로 번역되었으며, 그는 미국 전역을 비롯해 아일랜드, 잉글랜드, 핀란드, 호주, 뉴질랜드, 남아프리카 등에서 평신도 및 학자들을 상대로 한 강의를 펼쳤다.

크레이그 A. 에반스(Craig A. Evans)는 캐나다 노바스코샤주 소재 아카디아 신학교의 신약학 석좌교수다. 클레어몬트 대학원에서 철학박사 학위를 받았고, 50여 권에 이르는 책의 저자이자 편집자다. 그의 저서 중에는 『보긴 보지만 깨닫지 못하기: 이사야 6:9-10에 대한 초기 유대교와 기독교의 해석』(1989), 『누가복음』(1990), 『예수』(1992), 『비정경 저작과 신약성서의 해석』(1992), 『말씀과 영광: 요한복음 서언의 주석적·신학적 배경』(1993), 『누가와 성서: 누가-행전에 나타난 신성한 전승의 기능』(1993), 『예수와 그의 동시대인들: 비교 연구』(1995), 『문맥 속의 예수: 성전, 순결, 회복』(1997), 『마가복음』(2001), 『성서 지식 배경 주석: 마태복음-누가복음』(2003), 『예수와 유골 단지』(2003) 등이 있다. 그는 200편 이상의 논문과 서평을 기고했으며, *Bulletin for Biblical Research*(1995-2004)와 *Dictionary of New Testament Background*(2000)의 편집자를 역임했다.

R. 더글러스 게이벳(R. Douglas Geivett)은 캘리포니아주 라미라다에 있는 바이올라 대학교 철학교수다. 그는 댈러스 신학교(M.A., 1985)와 곤자

가 대학교(M.A., 1985) 그리고 서던-캘리포니아 대학교(Ph.D., 1991)를 졸업했다. 그는 다양한 철학저널과 신학저널에 다수의 논문을 기고한 것 외에도, 『악과 하나님에 대한 증거』(1993)의 저자이며 『종교적 인식론에 대한 현대적 관점』(1992)과 『기적 변증: 역사 속에서 일하시는 하나님의 행동에 대한 포괄적 사례』(1997)의 공동 편집자다. 그의 관심 분야는 종교철학, 인식론, 현대철학사 등이다.

개리 R. 하버마스(Gary R. Habermas)는 리버티 대학교의 연구 석좌교수이자 철학 및 신학과 과장이다. 그는 미시건 주립대학교에서 철학박사 학위를 받았다. 그는 26권의 책을 단독 저술하거나 공동 저술했는데(그중 13권은 예수의 부활에 관한 주제다), 그중에는 단독 저술인 『부활하신 예수와 미래의 소망』과 공동 저술인 『예수는 죽은 자 가운데서 살아나셨는가?: 부활 논쟁』(앤서니 플루, 테리 미테와 공저), 『부활: 무신론자와 유신론자의 대화』(앤서니 플루와 공저), 『예수의 부활에 대한 증거』(마이클 리코나와 공저)가 있다. 또한 18권의 책에 논문을 기고했으며, *Faith and Philosophy, The Journal for the Study of the Historial Jesus, Religious Studies* 등의 저널에 100편이 넘는 다양한 종류의 논문을 기고했다. 그는 지난 10년간 10개 이상의 대학원과 신학교에서 30여 개의 과목을 맡아 초빙교수 혹은 겸임교수로 강의했다.

테드 피터스(Ted Peters)는 퍼시픽 루터교 신학교와 캘리포니아주 버클리에 있는 유니온 신학대학원의 조직신학 교수다. *Dialog*의 편집자이자 *Theology and Science*의 공동편집자다. 그는 신학과 윤리학에 관해 많은 저술 활동을 했는데, 그의 대표적인 저서로는 『하나님: 세상의 미래』(Fortress, 2nd ed., 2000), 『죄: 영혼과 사회의 근본 악』(1993), 『부활: 과학적·신학적 관점』(공동 편집, 2003) 등이 있다.

찰스 L. 퀄즈(Charles L. Quarles)는 루이지애나주 파인빌에 있는 루이지애나 대학교의 신앙과 학문 통합 분야 부총장, 종교학 부교수, 종교학과 과장이다. 그는 미시시피 대학교(B.A., 1986)와 미드아메리카 침례신학교(M.Div., 1989, Ph.D., 1995)를 졸업했다. 또한 『미드라쉬 비평: 개론과 평가』의 저자이며, *New Testament Studies, Novum Testamentum, Bulletin for Biblical Research, Journal for the Study of the Historical Jesus* 등 여러 학술저널에 다수의 논문을 기고했다.

앨런 F. 시걸(Alan F. Segal)은 맨해튼에 있는 컬럼비아 대학교의 버나드 칼리지 종교학 교수이자 유대교학 교수다. 그는 앰허스트 칼리지(B.A., 1967), 브랜다이스 대학교(M.A. 1969), 히브리 유니온 칼리지 유대 종교 연구소(B.H.L. 1971), 예일 대학교(M.A. 1971, M.Phil. 1973, Ph.D. 1975)를 졸업했다. 그의 연구 분야는 영문학, 심리학, 인류학, 비교종교학, 유대문헌, 기독교의 기원, 랍비문헌 등을 망라했다. 그는 다수의 책을 저술했는데, 대표작으로는 『사후의 삶: 서양 종교에 나타난 사후의 삶의 역사』(2004), 『하늘의 두 세력: 기독교와 영지주의에 관한 초기 랍비들의 보고』(2002), 『리브가의 자녀들: 로마 세계의 유대교와 기독교』(1986) 등이 있다.

로버트 B. 스튜어트(Robert B. Stewart)는 뉴올리언스 침례신학교의 철학 및 신학과 부교수이자 그리어-허드 신앙과 문화 포럼의 회장이다. 그는 캐머런 대학교(B.A.)와 사우스웨스턴 침례신학교(M.Div.B.L., Ph.D.)를 졸업했으며, 『해석학적 예수 탐구: 해석학이 존 도미닉 크로산과 N. T. 라이트의 예수 연구에 미친 영향』(2006)의 저자다. 그는 *Revised Holman Bible Dictionary*, *Journal of Evangelical Theological Society*, *The Southern Baptist Journal of Theology*, *Churchman: A Journal of Anglican Theology*, *Southwest Journal of Theology* 등 다수의 신학사전과 저널에 논문과 서평을 기고했다. 또한 *Apologetics Study Bible*과 *Baker Dictionary of Cults and Sects* 등의 기고자이기도 하다.

N. T. 라이트(N. T. Wright)는 웨스트민스터 사원의 주임 신학자 및 리치필드 대성당의 수석 사제와 더럼의 주교(성공회)를 역임했다. 옥스퍼드 대학교를 졸업했으며 현재는 스코틀랜드의 세인트앤드루스 대학교에서 신약학 및 초기 기독교 교수로 있다. 가장 대표적인 저서인 『신약성서와 하나님의 백성』(1992), 『예수와 하나님의 승리』(1996), 『하나님의 아들의 부활』(2003), 『바울과 하나님의 신실하심』(2013, 이상 CH북스 역간)은 기독교의 기원과 하나님에 관한 질문을 다룬 전 6권 시리즈 총서(SPCK/Fortress Press) 중 첫 네 권이다. 그 밖에도 『성경과 하나님의 권위』(2011, 새물결플러스 역간), 『본래의 예수』(1996), 『톰 라이트 바울의 복음을 말하다』(1997, 에클레시아북스 역간), 『언약의 절정』(1992) 등 다수의 저서가 있다. 또한 그는 에브리원 성서주석시리즈(IVP 역간)의 저자이기도 하다.

머리말

2005년 3월 11일 금요일 밤, 1천 명에 달하는 사람들이 뉴올리언스 침례신학교 캠퍼스에 있는 리벨 채플예배당을 가득히 채웠다. 그리어-허드 논증-반증 포럼 개회식이 열리던 날이었다. 이 포럼은 윌리엄 L. 허드(William L. Heard Jr.)와 그의 아내 캐롤린이 은혜로 내놓은 기금으로 탄생한 5개년 시범 프로그램이다. 이 프로그램은 복음주의 학자와 비복음주의 학자가 서로 만나 종교적으로나 문화적으로 의미가 있다고 여겨지는 특정 문제에 관해 대화를 나누는 포럼을 주최한다. 이 포럼은 그 특성상 강연자들이 서로 다른 견해를 개진하지만, 반드시 논쟁적인 성격을 띠지는 않는다. 오히려 이 포럼의 의도는 중요한 주제를 공론화하고 각자의 신념을 포기하지 않으면서도 서로의 차이점을 논의하면서 각자의 견해를 개진할 수 있는 환경을 제공해주는 것이다.

이 개막 행사에는 예수 학자로 널리 알려진 존 도미닉 크로산과 N. T. 라이트가 초대되었다. 그날 저녁 두 학자가 나눈 대화의 주제는 "부활: 역사적 사건인가? 신학적 설명인가?"였다. 옥스퍼드와 케임브리지 대학교 교수를 역임했고 현재는 더럼의 주교(성공회)인 라이트는 700쪽에 달하는 대작 『하나님의 아들의 부활』의 저자다.[1] 이 작품은 기독교의 기원과 하나님에 관한 질문을 다룬 전 6권으로 된 총서 중 세 번째 책이다. 크레이그 블럼버그(Craig Blomberg)는 이 저작을 다음과 같이 평가한다.

> 이와 같은 저서에 대한 나의 총체적인 반응은 놀라움과 경이로움과 존경심(그리고 라이트가 가지고 있는 은사와 탁월함에 대한 적지 않은 질투심!)의 결합이지만, 그중에서도 나에게 가장 크게 다가온 감정은 학문과 교회에 대한 그의 헌신에 깊이 감사하는 마음이다.… 물론 의심의 여지없이 부활에 관한 연구서는 계속해서 수없이 많이 나올 것이다. 그렇지만 어떤 책이 나오든지 간에 이 책만큼 오래, 오랫동안 중요하면서도 설득력 있는 작품으로 입증되기는 결코 쉽지 않을 것이다.[2]

크로산은 스스로 빛을 발하는 사람이다. 드폴 대학교의 명예 교수이자 〈예수 세미나〉의 공동 의장인 그는 오늘날 저술작업을 하는 예수 학자 가운데 가장 창의적이고 식견이 있는 학자 중 한 사람으로 널리 인정받고 있다. 그의 저서 『역사적 예수: 지중해 연안의 한 유대

---

[1] N. T. Wright, *The Resurrection of the Son of God,* Christian Origins and the Question of God, vol. 3 (Minneapolis: Fortress Press; London: SPCK, 2003).

[2] Craig Blomberg, review of N. T. Wright, *The Resurrection of the Son of God by N. T. Wright, Denver Journal: An Online Review of Current Biblical and Theological Studies* 6 (2003), Http://www.denverseminary.edu/dj/articles2003/0200/0208.

인 농부의 생애』는 현재 진행 중인 역사적 예수 연구에서 가장 대표적인 작품이다.³ 그는 지식에 있어서뿐만 아니라 평화를 추구하는 사람으로서도 크게 존경을 받고 있다. 크로산에 대해 라이트는 다음과 같이 말한다.

> 크로산은 슈바이처와 불트만이 20세기 대부분의 학자를 능가한 것과 같이, 그리고 동일한 이유에서 새로 시작된 "새 [역사적 예수] 탐구"에 뛰어든 나머지 학자들을 능가한다. 슈바이처나 불트만처럼 크로산도 전체 그림을 보며, 자신의 가설을 끝까지 검토하고, 근본적으로 새로운 개념들을 시험해보며, 그 모든 것을 매우 흥미로운 방식으로 저술하고, 신랄한 어조를 사용하지 않으면서도 공개적으로 논쟁할 줄 아는 용기 있는 사람이다. 이와 같은 적군을 뒀다면 그 누가 아군이 필요하겠는가?⁴

따라서 두 사람이 대화를 위해 무대에 올랐을 때 그들에게 거는 기대는 당연히 클 수밖에 없었다. 그리고 크로산과 라이트는 그 기대를 결코 저버리지 않았다. 그들의 대화는 언제나 정중했고 따뜻했다. 두 사람은 여러 측면에서 서로 일치한다는 사실을 확인했고, 심지어는 대화를 통해 자신들의 입장을 예리하게 가다듬었다. 그러면

---

3 John Dominic Crossan, *The Historical Jesus: The Life of a Mediterranean Jewish Peasant* (San Francisco: HarperSanFrancisco, 1991).

4 N. T. Wright, *Jesus and the Victory of God*, Christian Origins and the Question of God, vol. 2 (Minneapolis: Fortress Press, London: SPCK, 1996), 65.

서도 그들은 여러 부분에서 의견 차이를 보일 때는 그 차이점을 그대로 견지했다. 모든 대화는 학문적으로 상당히 높은 수준에서 펼쳐졌지만, 거의 모든 대화는 역사가 예수에 관해 무엇을 말해주는지에 깊은 관심을 가지고 있는 평신도라면 누구든지 이해할 수 있고 유익을 얻을 수 있는 언어로 진행되었다. 상대방에 대한 진정한 존경과 애정뿐 아니라 그들의 유머도 그날 저녁 전체를 아름답게 수놓을 만큼 탁월했다. 두 사람은 여러 중요한 포인트에서 차이점을 나타냈지만, 예수의 부활이 매우 중요할 뿐 아니라 이 세상에 커다란 영향력을 행사한다는 점에 대해서는 서로 뜻을 같이했다! 그날 저녁은 정말 멋진 대화의 시간이었다. 그 자리에 참석하는 행운을 누린 자라면 누구나 부활에 관해 더욱 풍성한 지식을 안고 돌아갔을 것이다.

그날 저녁의 대화의 형식은 샌안토니오에서 개최된 2004년 국제성서학회(SBL) 연례 총회 기간의 아침식사 테이블에서 결정되었다. 즉 톰(라이트)과 돔(크로산)이 먼저 부활에 대한 자신의 입장을 각기 간략히 개관한 후, 이어서 두 사람이 진지하게 대화를 나누기로 한 것이다. 말하자면 상대방의 입장에 **관해** 교대로 말하기보다는 **서로** 직접 대화를 하는 방식이다. 각 강연자는 상대방에게 자유롭게 질문하고, 상대방의 의견에 동의하며, 상대방과 이견이 있을 때에는 자신의 의견을 자유롭게 논증할 수 있었다. 그리고 나머지 45분 동안은 서로 농담을 주고받으며 논평도 하는 시간을 갖기로 했다. 이런 방식의 학문적 대화는 우리 세 사람이 아는 바로는 진정 획기적인 것이었다. 하지만 이런 식의 대화가 실제로 어떻게 진행되고 또 어떤 결과를 가져다줄지는 아무도 몰랐다. 우리는 이러한 방식의 대화가 단순히 또 하나의 토론으로 그치지 않고, 두 친한 학자가 마음껏 의견의 차이를 논할 수 있는 장을 만들어주기를 바랐을 뿐이다. 아무튼 이 새로운 모델은 대성공이었다.

톰 라이트는 모두(冒頭) 발언에서 자신의 저서 『하나님의 아들의 부활』의 주요 요점을 요약하고, 청중에게 그 책을 통해 자신이 달성하고자 한 목적이 무엇인지를 설명했다. 이 책을 이미 읽은 분도 여럿 있었겠지만, 대다수는 700쪽에 달하는 책을 읽어보지 못했을 것이다. 한편 돔 크로산은 이 대화에 앞서 다른 강연자와 논문 발표자들에게 미리 나누어준 "육체의 부활 신앙의 양식과 의미"라는 제목의 미출판 논문이 담고 있는 주요 요점 몇 가지를 간략하게 설명했다. 이 논문의 전문은 이 책 뒷부분에 부록으로 실렸다. 이 대화는 두 사람이 치열하게 논쟁을 벌이는 시간이었다기보다는 격식 없이 토론하고 자유롭게 대화를 나눈다는 느낌을 주었다. 우리는 그 대화 내용을 그대로 녹취하기보다는 그날 저녁의 자유로운 분위기를 잃지 않으면서도 가독성이 좋은 글의 형태로 제공하려고 노력했다.

이튿날에는 부활과 관련이 있거나 크로산과 라이트의 연구와 관련이 있는, 또는 이 두 주제를 모두 다룬 여섯 편의 논문을 발표하는 모임이 있었다. 이 발표자들은 다양한 분야를 대표하여 논문을 발표했는데, 크레이그 에반스와 척 퀄즈는 신약학을, 윌리엄 레인 크레이그와 R. 더글러스 게이벳과 개리 하버마스는 철학을, 테드 피터스는 신학을 각각 대표했다. 각 논문이 발표된 후에는 크로산과 라이트가 간략하게 답변을 했고, 또 어떤 경우에는 발표자에게 질문을 던지기도 했다. 앨런 시걸은 원래 이 모임에 참석하기로 예정되어 있었으나, 날

씨와 여행 문제로 인해 참석할 수 없었다. 그럼에도 불구하고 그가 이 책에 자신의 에세이를 제출해준 것에 대해 우리는 매우 기쁘게 생각한다.

우리는 앞으로도 지속적으로 그리어-허드 포럼과 같은 행사가 더 많이 개최되리라 믿는다. 우리는 기쁜 마음으로 이 논문들을 여러분 앞에 내놓는다. 우리는 이 논문들을 통해 여러분이 더 큰 자극과 도전을 받고 더욱 풍성한 지식을 향유하기를 소망한다.

감사의 말

이와 같은 프로젝트는 많은 사람으로부터 수많은 도움을 받아야 하는 관계로, 이 프로젝트의 성공을 위해 큰 힘이 되어주신 분들에게 감사의 마음을 전하고자 할 때에는 항상 조심스러울 수밖에 없다. 감사의 뜻이 전달되어야 하는 몇몇 사람이 때로는 불가피하게도 그 명단에서 빠질 때가 있기 때문이다. 그럼에도 불구하고 많은 사람이 감사를 받아야 하고, 심지어는 칭송을 받아야 마땅한다.

무엇보다 윌리엄(빌)과 캐롤린 그리어 허드에게 가장 먼저 감사의 뜻을 전하고 싶다. 그들이 뉴올리언스 침례신학교(NOBTS)에 너그럽게 기부한 헌금이 없었더라면, 이 책의 근원이라고 할 수 있는 그 행사는 결코 시작도 하지 못했을 것이다. 허드 부부는 새로운 일을 기꺼이 시도하는 용기와 굳은 신념을 가진 분이다. 이러한 식견 있고 균형 잡힌 대화에 대한 그들의 열정은 분명 신학교와 신학생들뿐만 아니라 관심 있는 평신도와 학자에게도 한동안 커다란 유익을 가져다줄 것이다.

아울러 N. T.(톰) 라이트와 존 도미닉(돔) 크로산에게도 감사의 뜻을 전한다. 나는 그들에게 각각 개인적으로도 빚을 졌다. 대략 5년 반 전에 나는 이 두 학자와 그들의 저작에 대한 학위논문을 썼다. 두 사람은 친절하게 자신들에 관한 장들을 읽고 유용한 논평과 심지어 어떤 부분에서는 칭찬을 아끼지 않았다. 두 사람은 내가 아는 사람들 중에서 언제나 학생을 힘껏 도와주려고 노력하는 가장 자비로운 사람이다. 그들은 예수를 역사 속 인물로서 더 잘 이해하고, 또 우리가 사는 이 세상에서 역사적 예수에 관해 배우는 것이 얼마나 중요한지에 대해 뜻을 같이한다.

더 나아가 나는 모든 발표자와 저자에게 감사한다. 그들은 모두 자기 분야에서 크게 존경받는 분들이다. 나는 그들과 함께 일할 수 있었던 것에 대해 감사한다. 그들과 함께할 수 있었던 것은 예상치 못한 기쁨이었다.

뉴올리언스 침례신학교 당국자 및 모든 직원에게도 감사의 마음을 전한다. 척 켈리 총장은 이 신학 포럼이 마련될 수 있도록 이사진의 허락을 받아내기 위해 많은 애를 썼다. 켈리 박사는 보수 신학의 신념과 학문적 탁월성은 이분법적으로 분리하는 데 있지 않으며, 진리와 진지한 탐구는 결코 복음의 적이 아닐뿐더러, 서로 견해를 달리하는 이들에게 공손함을 보이는 것도 결코 상대에 대한 굴복이 아니라는 것을 잘 알고 있는 사람이다.

또한 뉴올리언스 침례신학교의 부총장인 찰스 하비 박사에게도 감사하고 싶다. 찰스 박사는 빌 허드와 같은 자선가들이 포럼에 대하여 긍정적인 생각을 갖도록 이끄는 데 심혈을 기울였다. 찰스 박사의 지칠 줄 모르는 노력이 없었더라면 그리어-허드 포럼은 결코 열리지 못했을 것이다.

수많은 신학교 직원과 학생들도 큰 도움을 주었다. 포럼의 홍보

자료를 본 사람이라면 누구나 제프 오디쉬의 탁월한 예술적 재능을 인정할 수밖에 없을 것이다. 물론 나머지 홍보 직원도 뛰어난 능력을 발휘했다. 바트 박스와 제이슨 샘플러는 웹사이트 제작에 오랜 시간을 투자했다. 케시 리와 프로비던스 학습센터 직원을 비롯해서 사라 베스 글로리오소와 대릴 린세이 역시 컨퍼런스 준비 기간과 개최 기간 동안 엄청난 수고를 아끼지 않았다. 거의 천 명에 달하는 참가자들을 온라인과 우편으로, 그리고 현장에서 직접 등록시키는 것은 결코 쉬운 일이 아니다. 참가자들의 학문 활동을 위해 컨퍼런스 자료와 다과 및 모임 장소를 제공해주는 것 역시 마찬가지다. 쉐일라 테일러와 식사 제공업체 직원들도 내가 생각했던 것보다 훨씬 더 짧은 시간 내에 수많은 이들에게 음식을 제공해주었다. 바니 도레와 뉴올리언스 침례신학교의 미디어 담당 직원들도 행사를 녹화하는 데 뛰어난 업무 능력을 보여주었다. 나의 조교 애덤 비치는 때와 장소를 가리지 않고 무엇이든지 기꺼이 나를 도와주었다. 셀 수 없을 정도로 많은 수의 학생들도 안내자, 운전기사, 섬김이, 인도자 등으로 수고했다. 여러분 모두에게 정말로 감사한다.

또한 뉴올리언스 침례신학교의 동료 교수이자 〈복음주의 신학학회〉의 남서 지부의 행사 위원장인 켄 케슬리와 그의 조교 아스타샤 베이커는 어떻게 하면 두 컨퍼런스가 같은 장소에서 동시에―그리고 서로 도와가면서―원활하게 진행될 수 있을지에 대한 전략을 짜는 데 수많은 시간을 투자했다. 릭 모턴 박사와 아치 잉글랜드 박사는 각각 학생 모집 사무실과 침례대학교 협력 프로그램을 통해 필요한 지원을 조금도 아끼지 않았다.

뉴올리언스 침례신학교의 교무처장인 스티브 렘케 박사는 항상 조언과 도움을 아끼지 않았으며, 특히 다른 학교 직원들과 기타 여러 프로그램을 통해 도움을 주고받을 수 있도록 해주었다. 렘케 박사의 행정 보좌관이자 나의 아내이기도 한 마릴린 스튜어트는 이 행사에 관여한 모든 담당 부서가 진행 중인 상황을 정확하게 파악할 수 있도록 대처하는 데 그 누구보다 더 많은 애를 썼다. 철학자 한 사람을 보좌하면서 또 다른 철학자의 아내 역할을 동시에 감당하는 것이 결코 쉽지 않았을 텐데, 마릴린은 그 일을 정말 지혜롭고 은혜롭게 해냈다.

또한 나는 포트리스 출판사의 편집장인 마이클 웨스트가 이 포럼에 대해 보여준 관심에 대해 정말 감사한다. 아울러 포트리스 출판사 담당자에게 나의 제안을 처음 전달해준 크리스틴 앤더슨과 이 책의 출판을 위해 수고를 아끼지 않은 애비 하트먼과 제임스 코스모에게도 감사의 뜻을 표한다.

마지막으로, 대화의 많은 부분을 녹취해준 아내 마릴린과 영어 전공자의 예리한 눈으로 교정을 맡아준 켈리 샐먼에게도 감사한다. 켈리는 내가 알고 있는 젊은이들 가운데 가장 유능하고 겸손한 사람 중 하나다. 나는 그를 무척 아낀다.

나는 내가 틀림없이 몇몇 중요한 사람의 이름을 잊었다는 것을 알고 있다. 다만 내가 건망증이 심한 교수라는 점을 염두에 두었으면 좋겠다.

서론

로버트 B. 스튜어트

> 그리스도께서 죽은 자 가운데서 다시 살아나셨다 전파되었거늘,
> 너희 중에서 어떤 사람들은 어찌하여 죽은 자 가운데서 부활이
> 없다 하느냐. 만일 죽은 자의 부활이 없으면 그리스도도 다시 살
> 아나지 못하셨으리라. 그리스도께서 만일 다시 살아나지 못하셨
> 으면 우리가 전파하는 것도 헛것이요 또 너희 믿음도 헛것이며
> (고전 15:12-14).

예수의 부활은 전통적인 기독교 신앙의 핵심 교리이며, 그 이유 하나만으로도 상당히 큰 역사적 의미를 갖는다. 사실상 성서학자나 초기 교회 역사가 혹은 신학자 중 이 사실에 이의를 제기할 이는 아무도 없다. 하지만 이러한 의견의 일치로부터 엄청나게 다양한 이견이 파생되어 나온다. 존 도미닉 크로산과 N. T. 라이트는 이 주제에 대해 합의점과 차이점을 모두 갖고 있다. 두 사람은 예수의 부활이 사회적으로 엄청난 의미를 내포하는 매우 중대한 신학적 이슈라는 데 동의하지만, "부활"이 역사상 실제로 일어난 사건인지의 여부, 즉 죽은 예수가 그의 하나님에 의해 육체를 지닌 생명으로 다시 살아났는지의 여부에 대해서는 견해를 달리한다.

크로산은 예수가 유대인 농부였다는 사실을 근거로, 그가 십자가 처형을 당한 이후에 정상적으로 매장되지 못했을 것으로 본다. 당

시 십자가 처형을 당한 자는 대체로 들짐승이 뜯어먹도록 십자가에 그대로 매달아두거나, 아니면 깊지 않은 무덤에 매장했는데, 이 두 경우 모두 결과는 마찬가지였다.[1] 당시 사람들이 십자가 처형을 그토록 두려워했던 이유 중 하나는 죽은 후 정상적으로 매장되지 못하고 들짐승의 먹이가 될 것이라는 것을 잘 알고 있었기 때문이다.[2] 크로산은 다음과 같이 결론 내린다. "예수의 시체와 관련하여 부활절 아침에 예수의 시체에 관심을 가지고 있던 자들은 그의 시체가 어디 있는지 알지 못했으며, 어디에 있는지 알고 있던 자들은 그의 시체에 대해 관심이 없었다."[3] 크로산은 예수의 장사 전승이 "원수들에 의한 장사에서 친구들에 의한 장사로, 부적절하고 황급하게 이루어지는 장사에서 온전하고 적절한, 그리고 심지어는 왕에게 행해지는 방부 처리까지로" 발전한 것으로 본다.[4] 간단히 말해, 크로산에 의하면 예수의 수난 내러티브는 예수의 죽음이나 장사에 관한 정확한 역사적 정보를 제공해주기보다는 "예수를 따르는 자들이 예수의 죽음과 그들이 예수를 통해 지속적으로 경험하는 능력 체험을 이해하려는 노력"을 보여줄 뿐이다.[5] 따라서 사복음서가 예수의 장사에 관한 정확

---

1 John Dominic Crossan, *Jesus, A Revolutionary Biography* (San Francisco: HarperSanFrancisco, 1994), 123-126.
2 Ibid., 125-127.
3 John Dominic Crossan, *The Historical Jesus: The Life of a Mediterranean Jewish Peasant* (San Francisco: HarperSanFrancisco, 1991), 394.
4 Crossan, *The Historical Jesus*, 393. 참조. Crossan, *Jesus, A Revolutionary Biography*, 156-158.
5 John Dominic Crossan and Richard G. Watts, *Who Is Jesus?: Answers to Your Questions about the Historical Jesus* (Louisville: Westminster John Knox, 1996), 121.

한 기록을 담고 있지 않다면, 예수의 부활에 관한 내용도 동일하게 왜곡되었을 것으로 보는 것이다.

한편, 라이트는 예수의 부활과 초기 기독교의 탄생을 따로 분리할 수 없다고 주장한다. 즉 예수의 부활이 그 이후에 일어난 모든 일―독특한 이야기와 실천과 상징을 가진 기독교 공동체가 세워지게 된 일―을 제대로 설명해준다는 것이다.[6] 라이트는 예수가 메시아 운동을 이끈 최초 혹은 최후의 인물이 아니었다는 점과 자칭 메시아라는 이들이 종종 죽임을 당했다는 점을 감안하여 다음과 같은 질문을 던진다. "왜 예수의 메시아 운동은 자기 대신 다른 지도자를 세우지 않았음에도 계속 지속되었을까?" 이에 대한 가장 설득력 있는 설명이 바로 부활이라는 것이 라이트의 결론이다.[7]

라이트는 그의 저서 『하나님의 아들의 부활』에서 고대 이방 세계의 작품과 구약성서, 성서시대 이후 유대교 및 다양한 기독교 작품(바울 서신, 사복음서, 사도행전, 히브리서, 일반 서신, 요한계시록을 비롯해 비정경 초기 기독교 본문까지)에서 사후 세계를 어떻게 이해하고 설명하는지, **그리고 그와 관련한 여러 용어가 무엇을 의미하는지**를 보여주기 위해 무려 500쪽 이상의 지면을 할애한다.[8] 그는 이러한 역사적·문

---

[6] N. T. Wright, *Jesus and the Victory of God, Christian Origins and the Question of God*, vol. 2 (Minneapolis: Fortress Press; London: SPCK, 1996), 658-659. N. T. Wright, *The New Testament and the People of God*, Christian Origins and the Question of God, vol. 1 (Minneapolis: Fortress Press; London: SPCK, 1992), 399-401, 460.

[7] N. T. Wright, "How Jesus Saw Himself," *Bible Review* 12 (June 1996): 29.

[8] N. T. Wright, *The Resurrection of the Son of God*, Christian Origins and the Question of God, vol. 3 (Minneapolis: Fortress Press; London: SPCK, 2003).

학적 탐구를 통해 예수의 빈 무덤이나 부활한 예수의 출현 자체는 개별적으로 부활을 믿을 만한 충분한 이유가 될 수 없지만, 이 두 가지를 함께 고려한다면 결과는 달라진다고 주장한다.[9] 비록 라이트가 신실한 비판적 실재론자답게 자신의 입장을 겸손하게 개진하지만, 그는 또한 자신의 입장을 열정적으로 고수한다.

이와 같이 서로 대립되는 크로산과 라이트의 입장은 여러 측면에서 지난 200여 년 동안 역사적 예수 탐구 분야에서 네 정경 복음서의 역사적 신빙성에 관해 공존해왔던 다양한 견해 차이를 대변한다. 이 수많은 세월 동안 대부분의 학자는 이 문제에 관해 대체적으로 회의적인 입장을 고수해왔다. 어쩌면 동정녀 탄생 내러티브를 제외하고는 복음서 이야기 중 부활 내러티브만큼 비평적인 연구의 대상이 된 이야기는 거의 없을 것이다. 결과적으로 예수를 주님으로 고백한 최초 그리스도인들의 신앙의 중심을 차지했던 이 예수의 부활이 종종 많은 이들의 마음속에서 완전히 제거되거나 또는 가장자리로 밀려나고 있는 것이 현재의 상황이다.

이러한 회의적인 관점은 대체적으로 계몽주의적인 사고에 기반을 둔 방법론적 전제가 가져다준 결과다. 비록 상전벽해와 같은 이러한 급격한 변화를 주도한 학자 중 많은 이들이 기독교 신앙이나 실천의 노골적인 적은 아니라고 하더라도 이러한 의도하지 않은 결과는 다른 분야의 종사자들과 마찬가지로 역사가에게도 동일하게 적용된다. 그 결과, 그들의 회의적인 관점은 기독교 신학에서 부활이

---

9   Ibid., 686-693.

차지하는 위상을 떨어뜨리거나 또는 부활의 의미를 새롭게 정의하는 계기를 마련해주었다. 따라서 이 책에서 진행될 대화는 대략 지난 200여 년 동안 예수와 그의 부활에 관한 역사적 탐구라는 배경을 염두에 둘 때 가장 잘 이해된다.

알베르트 슈바이처(Albert Schweitzer)는 역사적 예수 탐구의 시작을 레싱(G. E. Lessing)이 라이마루스(Hermann Samuel Reimarus)의 에세이인 "예수와 그의 제자들의 목적에 관하여"를 편집해 출간한 1778년으로 본다.[10] 라이마루스 이전에도 사복음서 간의 불일치를 서로 조화시키려는 시도가 많이 있었지만, 사복음서를 역사적 문서로 연구하는 학문적 시도는 전혀 없었다.[11] 이러한 추세는 오늘날 보통 "볼펜뷔텔의 단편들"로 불리며, 레싱이 『익명의 저자의 단편들』(*Fragmente eines Ungenannten*)이라는 제목을 붙여 라이마루스 사후에 시리즈로 출판하면서 완전히 바뀌었다.[12]

---

10 Albert Schweitzer, *The Quest of the Historical Jesus: A Critical Study of Its Progress from Reimarus to Wrede*, trans. W. Montgomery (New York: MacMillan, 1968, repr. Baltimore: The Johns Hopkins University Press, 1998), 15; Hermann Samuel Reimarus, "Concerning the Intention of Jesus and His Teaching," *Reimarus: Fragments*, ed. Charles H. Talbert, trans. Ralph S. Fraser, 59-269, Lives of Jesus Series, ed. Leander Keck (Philadelphia: Fortress Press, 1970).

11 또한 Schweitzer, *The Quest of the Historical Jesus*, 13-15도 보라. Schweitzer는 Reimarus보다 앞서 예수회 신부로서 인도 선교사였던 히에로니무스 사비에르가 모굴 제국의 황제를 위해 페르시아어로 쓴 예수의 전기를 간략하게 언급한다. Schweitzer는 이 작품은 "생략된 것과 외경으로부터 첨가된 것을 통해 예수의 생애를 교묘하게 위조한 것으로서, 열린 마음을 가진 황제에게 전혀 불쾌감을 줄 만한 것이 없는 영광스러운 예수를 소개하기 위한 목적으로 기록된 것"이라고 결론짓는다(Schweitzer, *The Quest of the Historical Jesus*, 13-14).

12 Reimarus, *Reimarus: Fragments*를 보라. 출판 당시 Lessing은 볼펜뷔텔에 있는 공작 도서

라이마루스는 1694년 함부르크에서 태어나 비텐베르크와 비스마르에서 공부했으며, 1720-1721년에는 이신론을 접하게 된 네덜란드와 잉글랜드에서 시간을 보냈다.[13] 이신론의 영향은 그가 역사적 예수에 관한 이해를 이신론적인 이성(Vernunft)에 근거를 두려는 데에서 확인할 수 있다. 라이마루스는 예수의 선포가 사도들의 글과 구분된다고 결론짓는다. 따라서 그는 우리가 역사적 예수를 발견할 수 있는 곳은 사도들(즉 신학자들)이 쓴 신약성서의 서신들이 아니라 복음서 저자들(즉 역사가들)이 쓴 사복음서라고 주장한다.

    그러나 나는 사도들이 자기들의 글에서 말하는 것과 예수 자신이 실제로 말씀하시고 가르치신 것을 완전히 구분할 만한 충분한 이유가 있음을 발견한다. 왜냐하면 사도들도 선생이었기에 그들 역시 자신들의 견해를 제시하기 때문이다. 사실은 사도들도 자신들이 기록한 모든 것을 예수 자신이 살아 생전에 그대로 말씀하시고 가르치셨다고 결코 주장하지 않는다. 한편, 사복음서 저자는 오직 예수가 말씀하시고 행하신 것 중에서 가장 중요한 것만 보고하는 역사가로 자신들을 묘사한다. 만일 지금 우리가 실제로 예수의 가르침이 어떤 것이었으며 그가 직접 말씀하시고 선포하신 것이 무엇인지 알기를 원한다면, 그것은 '레스 팍티'(res facti), 즉 실제로 일

관의 브룬슈비크 공작 담당 사서였다. 이 책이 『볼펜뷔텔의 단편들』로 명명된 이유도 바로 거기에 있다.
13 Colin Brown, "Reimarus, Hermann Samuel", *Major Biblical Interpreters*, ed. Donald K. Mckim (Downers Grove, Ill.: InterVarsity, 1998), 346.

어난 무언가에 대한 문제다. 따라서 이것은 역사가들의 기록으로부터 나와야 하는 것이다.…그러므로 내가 예수의 가르침의 의도를 조사하는 과정에서 나의 연구 범위를 적절하면서도 참된 기록을 제공하는 네 복음서 저자의 기록으로 한정할 만한 충분한 이유가 있다는 점을 누구나 인정할 것이다. 따라서 나는 사도들이 자신들의 고유한 관점에 따라 가르치거나 의도한 것들은 연구에 사용하지 않을 것이다. 왜냐하면 사도들은 주님의 가르침을 그대로 전한 역사가가 아니라 무언가를 가르치는 선생으로 자신들을 소개하고 있기 때문이다. 따라서 우리는 역사가들의 네 문서를 통해 예수의 실제적 가르침과 의도를 발견한 후에야 비로소 사도들이 자신들의 주님과 동일한 가르침과 의도를 제시했는지 여부를 확실하게 판단할 수 있을 것이다.[14]

흥미롭게도 라이마루스는 종교의 본질을 "영혼의 구원과 불멸성에 관한 교리"로 정의한다.[15] 그렇다면 그의 신학에 부활이 들어갈 만한 여지가 없다는 것은 그리 놀랄 일이 아니다.

라이마루스는 예수가 하나의 정치적 입장을 취하는 통에 한쪽으로 치우치게 되었고, 하나님의 손을 강압적으로 비틀려고 했으며, 제자들이 모두 떠나는 바람에 홀로 남아 죽음을 맞이했다고 단정한다. 회개의 촉구로 시작된 것이 이 땅에 정치적인 하나님 나라를

---

14 Reimarus, *Reimarus: Fragments*, 64-65.
15 Ibid., 61.

세우려는 잘못된 시도로 끝나고 만 것이다.[16] 예수의 실패와 죽음 이후 제자들은 재정적인 안정과 자신들의 지위를 보존하기 위해 예수의 시체를 훔친 다음 그의 부활을 선포했다.[17] 피터 게이(Peter Gay)는 이런 유형의 음모론은 이신론의 전형적인 사고라고 주장한다. "심지어 이신론자들 중 분별력이 있는 자들도 역사와 정치에 대해 과대망상적인 견해를 갖고 있었다. 그들은 어디에서나 음모를 발견한다."[18] 내가 보기에 라이마루스는 예수의 사고방식이 본질적으로 종말론적 성격을 띠고 있었다고 정확히 진단한다. 또한 그는 역사적 예수는 비유대교적 배경에서는 결코 발견될 수 없다고 정확히 인식하지만, 기독교와 유대교 간에 연속성이 존재하지 않는다는 잘못된 견해를 가지고 있다. 유감스럽게도 그는 부활 신앙이 예수 당시 유대인들이 고대하던 소망의 한 부분이었다는 사실을 제대로 파악하지 못한다. 예수를 신학으로부터 해방시키려는 그의 노력에도 불구하고, 라이마루스의 예수는 진정 무덤으로부터 해방되지는 못했다.

헤겔 철학의 영향을 받은 다비트 슈트라우스(David Friedrich Strauss)는 복음서에 나오는 예수의 부활을 신화로 이해하는 관점의 선구자였다. 신화적으로 이해된 예수는 초자연주의라는 정(正)과 합리주의라는 반(反)의 종합이다. 헤겔 철학에 충실한 슈트라우스는 신화적 접근을 통해서는 기독교 신앙의 내적 핵심에 다가가지 못한다고 주장한다. 자신의 (첫 번째) 저서『비판적으로 검증된 예수의 생애』

---

16 Ibid., 61-150.
17 Ibid., 243-250.
18 Peter Gay, *Deism: An Anthology* (Princeton: Princeton University Press, 1968), 10.

(*The Life of Jesus Critically Examined*)에서 슈트라우스는 다음과 같이 선언한다.

> 저자[슈트라우스—편집자 주]는 기독교 신앙의 본질이 자신의 비판과 완전히 독립적이라는 것을 잘 알고 있다. 그리스도의 초자연적 탄생, 그의 기적, 그의 부활 및 승천은, 아무리 그 사건들의 역사적 사실성에 의구심이 제기된다 할지라도 영원한 진리로 남아 있다. 이 확실성은 그 자체만으로도 우리의 비평 작업에 평온함이 주어지고 무게가 실릴 수 있으며, 기존의 종교적 진리를 뒤엎고 그 진리를 하찮은 것으로 만들어버리려던 지난 세기의 자연주의적 비평과도 차별된다. 이 책의 결말 부분에 실린 논문은 예수의 생애가 지닌 교의적인 의미가 결코 손상되지 않을 것임을 보여줄 것이다. 비평 작업이 위험한 과제를 수행하는 동안 발견되는 평온함과 **침착함**은 오로지 이러한 비평은 기독교 신앙에 아무런 손해를 입히지 않는다는 저자가 가진 신념의 확실성으로 설명되길 바란다.[19]

슈트라우스는 (비록 그의 책이 예수의 기적을 분석하는 구조로 되어 있긴 하지만) 복음서의 **사건**(기적)보다는 복음서의 **본질**을 강조한다. 라이마루스와는 달리, 그는 복음서에 나오는 사건들이 어떻게 일어났는지를 설명(또는 해명)하는 데 관심을 두지 않는다. 또한 그는 복음서

---

19 David Friedrich Strauss, *The Life of Jesus Critically Examined,* ed. Peter C. Hodgson, trans. George Eliot, Lives of Jesus Series, ed. Leander E. Keck (Philadelphia: Fortress Press, 1972), lii.

가 어떤 순서로 집필되었는지를 밝히는 데에도 관심이 없다. 그의 관심사는 하나의 문학 작품으로서 복음서의 본질을 밝히는 것이다. 그는 복음서의 문학적 특성에 초점을 맞춤으로써 장차 20세기 신약성서 연구에서 발견될 여러 결정적인 문제를 미리 예견한다.

슈트라우스는 복음서 연구에 있어 패러다임의 전환을 주도한 대표적인 인물이다. 라이마루스는 두 가지 가능성—자연주의적 가능성과 초자연적 가능성—을 제시한 반면, 슈트라우스는 복음서를 해석하는 데 있어 서로 다른 두 가지 범주—신화적 범주와 역사적 범주—를 제시한다. 슈트라우스는 라이마루스와는 달리 비역사적인 사건들은 사도들이 의도적으로 기만하려고 한 것이 아니라 그들의 무의식적인 신화적 상상력에서 나온 것으로 본다.[20] 슈트라우스는 성서의 내러티브는 그 사건이 일어난 지 어느 정도 시간이 흐른 후 기록되었고, 오랜 세월에 걸쳐 구두로 전달되고 종교적 반추를 통해 윤색(embellished)되었다고 주장한다.[21] 따라서 슈트라우스는 예수를 역사적으로 이해하는 데 있어 가장 중요한 열쇠는 그때와 지금의 차이를 온전히 의식하는 것이라고 주장한다.[22] 슈트라우스에 따르면 성서의 신화들은 역사적 혹은 철학적 양식이 아닌 시적 양식을 따른다.[23] 그의 두 번째 저서 『예수의 생애: 독일인을 위하여』(*Das Leben Jesus: für das deutsche Volk*)에서 슈트라우스는 헤겔 철학의 범주를 버리고 도덕적 범

---

20 Ibid., 39-92.
21 Ibid., 49.
22 Ibid., 39-44.
23 Ibid., 53.

주를 취한다.[24] 아무튼 슈트라우스는 여기서 기독교와 완전히 결별한다. 다비트 슈트라우스는 충실한 유물론자로서 죽음을 맞이했다.[25]

대략 19세기 중엽에 시작된 예수 연구는 복음서의 자료 문제를 해결하려는 데 집중했다. 즉 사복음서는 어떤 순서로 기록되었는가? 스티븐 닐(Stephen Neill)은 공관복음 문제(Synoptic Problem)에 관해 다음과 같이 말한다. "사실을 주의 깊게 관찰한 근거를 바탕으로 이 문제에 정확하게 접근한 최초의 학자는 칼 라흐만(Karl Lachmann)인 것 같다."[26] 라흐만은 1835년에 마가복음이 네 정경 복음서 중 가장 먼저 기록되었다고 주장하는 논문을 썼다.[27] 철학자 크리스티안 헤르만 바이세(Christian Hermann Weisse)는 곧바로 이 문제와 관련하여 라흐만의 견해를 따랐다.[28] 그러나 라흐만과 바이세는 명시되거나 정당화된 방법론 없이 이 문제에 접근하는 약점을 가지고 있었다.

이 문제를 체계적으로 다루는 과제는 하인리히 율리우스 홀츠만(Heinrich Julius Holtzmann)에게 돌아갔다. 슈트라우스와는 정반대

---

24 David Friedrich Strauss, *Das Leben Jesu: fur das deutsche Volk. Bearb. von David Friedrich Strauss* (Leipzig: F. A. Brockhaus, 1874).
25 Robert Morgan, "Strauss, David Friedrich," *Major Biblical Interpreters*, ed. Donald K. Mckim (Downers Grove, Ill ; InterVarsity, 1998), 367.
26 Stephen Neill and Tom Wright, *The Interpretation of the New Testament 1861-1986* (Oxford: Oxford University Press, 1988), 116-117.
27 Karl Lachmann, *"De Ordine Narratorionum in Evangeliis Synopticis,"* Theologische Studien und Kritiken 8 (1835): 570.
28 Christian Hermann Weisse, *Die evangelische Geschichte kritische und philosophisch bearbeitet Leipzig*, 2 vols. (Leipzig: Breitkopf and Hartel, 1838); Christian Hermann Weisse, *Die Evangelienfrage in ihrem gegenwärtigen Stadium* (Leipzig: Breitkopf und Härtel, 1856).

로 홀츠만은 예수를 역사적으로 이해하려면 먼저 공관복음을 철저히 탐구해야 한다는 입장을 견지했다. 홀츠만은 역사적 예수 탐구의 주된 문제는 원천 자료의 순서에 있다고 보았다. 따라서 일차적인 과제는 공관복음 문제를 해결하는 것이었다. 홀츠만은 그의 저서『공관복음: 기원과 역사적 성격』(*Die Synoptischen Evangelien: Ihr Ursprung und geschichtlicher Charakter*)에서 복음서 저자들이 활용할 수 있었던 예수의 어록이 담긴 두 성문 자료를 제시했다. 그는 이 자료들을 원-마가복음(Urmarcus)과 원-마태복음(Urmatthäus)으로 지칭했다.[29]

홀츠만이 19세기 독일 자유주의의 기본 전제들을 받아들인 만큼 그는 "제1차 예수 탐구"의 주류파를 대표하는 학자라고 할 수 있다. 홀츠만이 이처럼 복음서 자료에 집중하게 된 배후에는 복음서에 담긴 신학적 요소들이 추후 초기 교회에 의해 삽입된 것이라는 자유주의적 전제가 자리 잡고 있다. 따라서 시간을 뒤로 소급해 들어가면 갈수록 신학적인 예수의 그림은 줄어드는 반면, 역사적 예수의 모습은 더욱더 늘어난다고 추정하게 되었다. 이러한 추정의 배후에는 예수가 시간을 초월하는 윤리를 가르쳤다는 자유주의적 전제가 존재한다.[30] 자유주의자들은 예수가 자신을 통해 역사하시는 하나님에 대한 독특한 의식을 가지고 도덕적 진리를 가르치는 선생이었다는 사실을 발견하리라는 기대를 가지고 있었다. 또한 그들은 복음서의 최초 자료의 순서를 파악하면 예수의 개성(인격, personality)에도 두드

29　Heinrich Julius Holtzmann, *Die Synoptischen Evangelien: Ihr Ursprung und geschichtlicher Charakter* (Leipzig: Wilhelm Engelmann, 1863), 64-67.
30　Ibid., 470.

러진 변화가 감지될 것이라고 생각했다.[31] 제1차 예수 탐구―자유주의적 예수 탐구―는 자료비평을 적절하게 활용하면 예수에 대한 역사적 지식을 상당히 많이 얻어낼 수 있으리라는 부적절한 낙관론에 주로 기반을 두고 있었다고 해도 과언이 아니다. 이러한 전제와 이 주제에 관한 관심사는 신학적으로 굉장히 중요한 부활이라는 주제가 다시 한번 역사적 탐구의 영역에서 배제되는 결과를 초래하고 말았다.

알브레히트 리츨(Albrecht Ritschl)과 아돌프 폰 하르나크(Adolf von Harnack)는 역사적 예수 탐구의 길에 또 다른 중요한 이정표를 제시한 인물이다. 두 사람은, 예수를 주로 자신의 삶과 가르침을 통해 초기 교회의 정신에 결정적인 영향을 미친 위대한 도덕 교사로 이해했다. 리츨에 따르면 가장 적절한 연구 대상은 우리가 **관찰할 수 있는 교회의 경험**이다. 왜냐하면 성서의 진술은 "우리가 그 진술이 그분[예수]을 믿는 이들의 의식 안에 어떻게 반영되어 있는지를 감지할 때에만 온전히 파악될 수 있기" 때문이다.[32] 또한 그는 하나님 나라와 예수의 메시지가 본질상 윤리적일뿐더러 예수는 인류에 대한 하나님의 윤리적 주권을 대변하는 자라고 가르쳤다.[33] 리츨의 도덕 신학은 예수의 부활보다는 그의 죽음에 초점이 맞추어져 있었다. 하

---

31 Ibid., 1-9.
32 Albrecht Ritschl, *The Christian Doctrine of Justification and Reconciliation: The Positive Development of the Doctrine*, ed. H. R. Mackintosh, A. B. Macaulay (Clifton, N. J.: Reference Book Publishers, 1966), 1.
33 Ibid., 385-484.

르나크에게 있어 예수의 하나님 나라 메시지는 (1) 하나님 나라와 그 나라의 도래, (2) 아버지 하나님과 인간 영혼의 무한한 가치, (3) 높은 수준의 의와 사랑의 계명 등을 강조했다.[34] 다시 말하면 리츨과 하르나크는 역사적 예수를 이해하려는 과정 속에서 윤리와 심리학을 결합시켰다고 할 수 있다.

벤 메이어(Ben Meyer)는 그 당시의 대다수 예수 학자가 윤리에 대한 자유주의적인 강조점을 역시 자유주의적인 "연민의 해석학"과 결합시켰다고 평가한다.[35] 이와 동시에 예수의 메시아적 자의식의 발전을 심리학적으로 추적함으로써 그의 종교적 경험을 보다 더 온전히 이해하려는 매우 상상력이 뛰어난 논문도 다수 발표되었다.[36] 이러한 시도는 저자들로 하여금 예수의 **전기**와 같은 것을 쓸 수 있게 한다는 점에서 상당히 매력적이었다.[37] 하지만 이러한 접근이 지닌 취약점은 그들이 역사적 방법보다는 자신들의 상상력에 더 크게 의존한다는 데 있다. 다시 강조하지만, 이러한 시도는 그 초점이 예수의 정신과 가르침이 초기 교회에 미친 결과에 맞추어져 있기 때문에 예

---

34 Adolf von Harnack, *What Is Christianity?* trans. Thomas Bailey Saunders (New York: Harper & Row, 1957), 19-78.
35 Ben F. Meyer, *The Aims of Jesus* (London: SCM, 1979), 40.
36 Theodor Keim, *The History of Jesus of Nazara*, 2 vols., trans. Arthur Ransom (London: Williams & Norgate, 1876); Karl Hase, *Geschichte Jesu Nach Akademischen Vorlesungen* (Leipzig: n.p., 1876); Karl Heinrich Weizsäcker, *Untersuchungen uber die evangelische Geschichte, ihre Quellen und den Gang ihrer Entwicklung* (Leipzig: n.p., 1863); Bernard Weiss, *Das Leben Jesu*, 2 vols. (Berlin: Wilhelm Hertz, 1882).
37 참으로 가장 의미 있는 최초의 예수 전기는 Renan의 작품이었다. Ernst Renan, *La Vie de Jesus* (Paris: Michel Lévy Frères, 1863).

수의 부활은 또다시 뒤로 밀려나고 만다.

윌리엄 브레데(William Wrede)는 이런 사고에 반발하면서 예수의 사역에 대한 19세기의 심리학적 이론들은 성서 본문과는 전혀 다른 곳에서 파생된 것이라고 주장했다.

> 이것이 바로 우리가 여기서 언급하지 않으면 안 되는 질병이다. 우리는 "역사적 상상"이라는 완곡어법을 통해 그것을 존중해서는 안 된다. **예수의 생애에 대한 과학적 연구는 일종의 역사적 억측에 불과한 심리학적 "가정"이란 질병에 시달리고 있다.** 이런 이유 때문에 모든 사람의 구미만을 충족시켜주는 해석이 급격히 늘어나고 있다. 이와 동시에 다양한 자의적인 심리학적 해석이 중요한 사고 구조의 기초를 이루고 있다. 또한 사람들은 이러한 비평적 작업이 주어진 사실적 주제를 여러 심리학적 변주곡을 연주하는 것으로 대체되고 있는지를 얼마나 자주 심각하게 생각하고 있을까![38]

브레데의 주 관심사는 메시아 비밀 사상(messianic secret)이었다. 그는 초기 교회가 역사적으로 예수가 부활을 통해 메시아로 **드러났다**(was revealed)고 믿은 것이 아니라 [메시아가 아니었던 자가—편집자 주] 부활과 함께 메시아가 **된**(was made) 것으로 이해했다고 믿었다.[39] 즉 예수가 부활 이전에도 이미 메시아였다는 사상은 추후 예

---

38 William Wrede, *The Messianic Secret*, trans. J. C. G. Greig (Cambridge: James Clarke, 1971), 6.
39 Ibid., 216-219.

수가 메시아라는 사실이 명백하게 드러난 이후 초기 교회가 그 사실을 신학적으로 반추한 결과라는 것이다.[40] 요약하자면, 메시아 비밀 사상은 역사와 신학을 조화시키려는 마가의 신학적 작업에서 비롯된 것이다.[41]

브레데에 따르면 우리는 역사적 질문과 문학비평적 질문을 따로 구분해야 하며, 문학비평적 질문은 역사적 질문보다 우선적으로 다루어져야 한다. 이 방법을 통해 브레데는 복음서에 등장하는 메시아 본문들을 자신의 가설을 지지하는 데 사용할 수 있었고, 역사적 극명성을 높이는 차원에서 문제가 되는 본문들은 깔끔하게 제거되었다. 결과는 예상했던 바대로였다. 즉 임의로 잘라내 왜곡된 복음서는 왜곡된 예수의 그림을 내놓았다. 브레데가 제시한 예수는 메시아 의식과 신학적인 창의성이 모두 결여된 자였다. 브레데는 메시아 비밀 사상이 부활 신앙으로부터 파생되었음을 인정했지만, 그의 초점은 일관되게 부활 신앙의 기초보다는 부활 신앙이 가져다준 결과에 놓여 있었다.

브레데의 결론은 양식비평과 편집비평에 큰 영향을 미쳤다. 그의 연구는 자신이 주도하는 종교사학파의 강조점과 잘 조화를 이루어 나가면서 연구의 초점을 예수 자신으로부터 복음서 저자들이 대

---

40 Ibid., 219-230.
41 Wrede는 마가복음이 초기 교회의 신학을 반영한다는 점에서 이 복음서의 내용에 대한 책임이 전적으로 마가에게 있는 것은 아니라고 주장하지만, 그럼에도 그는 마가가 자신의 복음서에 독특한 개성을 불어넣었음을 시인한다(Ibid.). 이를 통해 우리는 양식비평과 편집비평이 Wrede의 회의론과 얼마나 잘 부합하는지를 확인할 수 있다.

표하는 각 공동체로 옮겨놓는 결과를 초래했다. 따라서 본문의 배후에 있는 전승의 본질을 파악하는 과제는 차세대 학자들의 몫으로 넘어갔다.

1901년에 브레데가 메시아 비밀에 관한 자신의 책을 출간한 바로 그날, 알베르트 슈바이처는 『하나님 나라의 신비: 예수의 메시아 되심과 수난의 비밀』(*The Mystery of the Kingdom of God: The Secret of Jesus' Messiahship and Passion*)이라는 저서를 출간했다.[42] 슈바이처는 예수가 메시아로서 자신의 역할을 철저히 의식하고 있었다고 보았다. 바로 이 메시아 의식이 예수로 하여금 그가 행한 모든 일을 하도록 부추기는 동기를 부여했다는 것이다. 브레데와는 대조적으로 슈바이처는 예수를 영웅적인 메시아로 이해했고, 이는 니체의 초인(Übermensch) 숭배 사상과 동일한 노선이었다.[43] 슈바이처가 제시한 예수는 결정적인 자기희생을 통해 사람들을 하나님 나라로 인도하려고 시도했던 영웅적 인물이었다. 슈바이처는 브레데가 후대의 창작으로 간주했던 메시아 관련 주제들을 예수를 이해하는 데 있어 가장 핵심적인 요소로 보았다. 슈바이처는, 우리는 예수가 자신이 행한 모든 일—십자가의 길을 가는 것을 포함하여—을 행하도록 이끈 원동력이 바로 그의 메시아 의식이라는 점을 정확히 인식하지 못하고서는 예수를 제대로

---

42 Albert Schweitzer, *The Mystery of the Kingdom of God: The Secret of Jesus' Messiahship and Passion*, trans. Walter Lowrie (New York: Macmillan, 1950).
43 Schweitzer는 자신의 생명 존중의 철학이 최선을 다한 삶에 대한 Nietzsche의 관심보다 훨씬 우월하다고 썼다(Albert Schweitzer, *The Philosophy of Civilization*, trans. C. T. Campion [London: A. & C. Black, 1946], 174-176).

이해할 수 없다고 본다.⁴⁴ 그러나 슈바이처가 제시한 예수의 마음속에 부활 개념이 분명히 들어 있었긴 하지만, 그의 결론은 불행하게도 다음과 같이 요약된다. "그들이 유월절 어린양을 먹던 니산월 14일 오후 예수는 큰 소리를 지르며 숨을 거두었다."⁴⁵ 슈바이처는 19세기의 자유주의 예수 학자들과 마찬가지로 부활에 관해서는 특별히 공헌한 것이 전혀 없었다.

슈바이처의 첫 번째 작품은 좋은 반응을 거의 얻지 못했다.⁴⁶ 이 사실은 그로 하여금 1906년에 『역사적 예수 탐구: 라이마루스에서 브레데까지에 대한 비평적 연구』(*The Quest of the Historical Jesus: A Critical Study of Its Progress from Reimarus to Wrede*)라는 책을 쓰게 만들었다.⁴⁷ 그리

---

44 종말론적 예수를 처음으로 옹호한 인물은 Schweitzer가 아니었다. Ritschl의 사위인 Johannes Weiss는 그보다 앞서 예수의 하나님 나라 선포가 종말론적인 성격을 지녔다고 쓴 바 있다(Johannes Weiss, *Jesus' Proclamation of the Kingdom of God*, trans. and ed. Richard H. Hiers and D. Larrimore Holland, Lives of Jesus Series, ed. Leander E. Keck [Philadelphia: Fortress Press, 1971]). Weiss와 Schweitzer의 주된 차이점은 Weiss는 종말론을 예수의 가르침의 중심 주제로 본 반면, Schweitzer는 종말론을 예수의 인격과 사역의 핵심으로 보았다는 데 있다.

45 Schweitzer, *The Mystery of the Kingdom of God*, 173. Schweitzer가 쓴 예수의 생애에 대한 요약 이후에는 한쪽짜리 후기가 나오는데, 거기서 그는 예수의 본성은 현대인에게는 영원히 신비로 남아 있으며, 현대 문화는 오직 예수가 보여준 타인을 위한 의식적인 희생의 본질을 파악할 때에만 소생될 수 있다고 시인한다. 그 글은 Nietzsche의 말을 상기시키는 문장으로 끝맺는다. "오직 그때에만 우리 기독교 안에서, 그리고 우리 세계관(Weltanschauung) 안에서 영웅이 되살아날 수 있다"(Schweitzer, *The Mystery of the Kingdom of God*, 174).

46 Schweitzer의 연구에 대한 반응을 면밀하게 다룬 내용에 관해서는 Walter P. Weaver, *The Historical Jesus in the Twentieth Century, 1900-1950* (Harrisburg, Pa.: Trinity Press International, 1999), 31-38을 보라.

47 Schweitzer, *The Quest of the Historical Jesus*.

고 결국에는 이 작품이 모든 예수의 생애 연구서를 평정하는 표준서가 되었다.

슈바이처는 역사적 예수 탐구의 종결을 종용한 학자로 종종 인용된다. 그러나 이것은 사실이 아니다. 슈바이처는 역사적 예수 탐구를 종결지으려고 했던 것이 아니라 그 방향을 재설정하려 했던 것이다. 비록 슈바이처는 우리가 예수의 전기를 쓰기 위해서는 역사를 사용할 수 없다는 입장을 견지했지만, 역사적 탐구가 가장 해괴망측한 예수 상―예수를 현대인으로 보는―을 포함하여 다양하게 왜곡된 거짓 예수 상을 파괴할 수 있는 힘을 가지고 있다고 믿었다. 슈바이처에게 예수는 계몽시대의 합리주의의 산물이 아닌, 1세기 유대 묵시적인 기대의 산물이었다. 요약하자면, 비록 슈바이처는 역사적 예수에 관한 지식이 기독교 신앙의 근간이 되는 기초를 제공해줄 수는 없지만, 역사적 예수 탐구가 교회의 독단적인 교리나 계몽주의적 역사주의가 세운 허상을 무너뜨리는 데는 유용하다고 보았다. 예수에 대한 역사적 지식이 주는 가치는 우리가 연구를 통해서는 예수를 제대로 알 수 없다는 점을 인식시키는 데 있다. 오히려 예수는 각 개인의 결정적인 헌신을 통해 온전히 알게 된다.『역사적 예수 탐구』의 결론에서 다시 한번 니체의 음성이 들린다.

그는 이름도 없이 옛날 호숫가에서처럼 무명의 인물로 우리에게 나아오신다. 그는 자신을 알지 못했던 이들에게 나아오셨다. 그는 우리에게도 동일하게 말씀하신다. "나를 따르라!" 그리고 그는 자신이 우리 시대에 성취해나가야 할 과제를 우리에게 맡기신다. 그는 명령하신다. 그리고 자기에게 순종하는 자들에게, 그들이 지혜로운 자들이든 순진한 자들이든 간에, 자신과 교제하는 가운데 겪어야 할 수고와 갈등과 고난 속에서 자신을 계시하시고, 그 결과 그들은 말로 표현할 수 없는 신비로 그가 누구신지를 각자의 경험 속에서 배우게 될 것이다.[48]

슈바이처의 『역사적 예수 탐구』가 제1**차** 역사적 예수 탐구에 종지부를 찍었다고도 볼 수 있지만, 그런 견해는 지나치게 단순한 것이다. 슈바이처가 자유주의 신학의 역사적 예수 탐구에 가혹한 비판을 가한 것은 사실이지만, 사실 그는 다른 학자들이 자유주의 신학의 역사적 예수 탐구에서 벗어나 긍정적인 방향으로 전환할 수 있는 계기를 마련해준 셈이다. 아무튼 "제1차 예수 탐구"의 종말을 알리는 데에는 여러 가지 요소가 복합적으로 작용했다.

1896년에 마르틴 켈러(Martin Kähler)는 『이른바 역사적 예수와 성서적 그리스도』(*The So-Called Historical Jesus and the Historic Biblical Christ*)라는 책을 출판했다. 이 책에서 그는 필요한 자료를 입수할 수 없다는 이유로 "예수의 전기 운동은 전반적으로 막다른 골목"에 들어선 것으로 간주했다.[49] 그의 기본 전제는 확실성을 요하는 신앙이 역사의 불가피한 불확실성에 의존할 수 없다는 것이었다. 그는 성서

---

48 Ibid., 403. Schweitzer의 생애와 철학에 익숙한 이들은 그에게 있어 이것이 단순히 중요한 말 정도가 아니라 생활 신조였음을 즉시 알아차렸을 것이다.
49 Martin Kähler, *The So-Called Historical Jesus and the Historic Biblical Christ*, ed. and trans. Carl Braaten (Philadelphia: Fortress Press, 1964), 46.

의 정확성은 "역사적 탐구가 던지는 질문에 대한 답변 가능성 여부에 의해 좌우될 수 없다. 그 이유는, 이러한 질문들은 언제나 제한적이고 그 타당성은 오직 잠정적인 것이기 때문이다. 즉 이 질문의 타당성은 새로운 지식을 담은 자료들이 발견될 때까지만 유효하기 때문"이라고 주장한다.[50] 따라서 우리는 **역사적**(historical) 예수를 탐구하기보다는 **역사적 의미가 있는**(historic) 예수, 즉 역사를 형성하고 역사에 공헌한 예수를 탐구해야 하는 것이다.[51]

자유주의 신학의 역사적 예수 탐구에 대한 슈바이처의 비판 외에도 종교사학파가 예수 탐구에 미친 영향력은 대단했다. 종교사학파와 관련하여 가장 많이 거론된 두 학자는 에른스트 트뢸치(Ernst Troeltsch)와 빌헬름 부세(Wilhelm Bousset)다. 트뢸치는 이 운동의 철학자 역할을 담당했다. 그는 기독교는 역사적으로 볼 때 유일무이한 종교가 아니라고 주장했다. 오히려 기독교 역시 다른 모든 종교와 마찬가지로 그 시대의 역사적 현상이었다. 결과적으로 예수도 역사 속의 다른 어떤 인물과 다르지 않은 존재였다. 켈러처럼 예수를 믿는 믿음은 결코 역사적 비평에 예속되지 않는다고 주장하는 것은 트뢸치의 입장에서 보면 상당히 순진한 발상이다.[52] 역사가는 자연 세계에서 일어나는 인과적 사건의 관점에서 이러한 운동들을 설명해야

---

50 Ibid., 111.
51 Ibid., 63.
52 Ernst Troeltsch, *Die Bedeutung der Geschichtlichkeit Jesus für den Glauben* (Tübingen: J. C. B. Mohr, 1929), 34. 성서 해석에 있어 Troeltsch의 중요성에 대한 통찰력 있는 논의는 Anthony C. Thiselton, *The Two Horizons: New Testament Interpretation and Philosophical Description* (Grand Rapids, Mich.: Eerdmans, 1980), 69-74를 보라.

한다.⁵³ 따라서 기독교의 기원과 관련하여 역사가에게 주어진 역할은 단순히 기독교가 어떻게 출현하게 되었는지를 설명하는 것이지, 예수에 관한 신학적 또는 형이상학적인 질문에 답을 제공하는 것이 아니다. 트뢸치가 자신의 유비 원칙에 따라 자연주의적 설명에 집착함으로써 나타난 결과는 결국 예수의 부활의 역사성을 비판적으로 평가하는 것 자체를 모두 무의미하게 만들었다는 것이다.

부세는 그의 저서 『주 그리스도』(Kyrios Christos)에서 초기 교회가 역사적 변화 과정을 거치면서 예수를 신격화하기에 이르렀으며, 이는 헬레니즘과 접촉하는 과정에서 생소한 개념들이 기독교에 접목된 결과라고 주장했다. 그는 예수에 관한 최초 전승들은 기적에 관한 내용이 전혀 들어 있지 않았으며 예수를 신적 존재로 선포하지 않았다고 주장했다.⁵⁴ 예수는 평범한 사람이라면 누구나 역사적으로 가능하리라고 생각하는 방식으로 죽은 자 가운데서 살아나지 않았다는 것이 분명하다.

20세기의 신약신학을 이해하려는 모든 시도에는 루돌프 불트만(Rudolf Bultmann)의 그림자가 짙게 드리워져 있다. 슈미트(K. L. Schmidt)와 디벨리우스(Martin Dibelius)와 더불어 불트만은 신약성서 연구에 양식비평을 도입한 선구자였다.⁵⁵ 복음서를 예수의 생애

---

53 Ernst Troeltsch, *Gesammelte Schriften* (Tübingen: J. C. B. Mohr, 1912-1925), 2:734. Troeltsch는 역사비평의 일부를 사용하려고 애쓰지만 역사비평의 전제를 거부하는 기독교 신학자들에 대해 특별히 비판적이다(Ibid., 2:730).

54 Wilhelm Bousset, *Kyrios Christos: A History of Belief in Christ from the Beginnings of Christianity to Irenaeus*, trans. John E. Steely (Nashville, Tenn.: Abingdon, 1970).

55 Colin Brown, "Historical Jesus, Quest of," *Dictionary of Jesus and the Gospels* (Downers

를 연대순으로 기록한 단일 문서로 보기보다는 초기 교회의 특별한 요구를 충족시키기 위해 단일 문서로 편집된 단편집(collections of fragments)으로 이해한 불트만은 양식비평의 일차적 목적이 단순히 복음서 어록들이 가지고 있는 각기 다른 양식을 확인하는 데 있기보다는 복음서에 기록된 단편들(pericopae) 배후에 있는 구두 전승의 특정 단원의 기원을 찾아내는 데 있다고 보았다.[56] 그는 그의 저서『예수와 말씀』(Jesus and the Word)에서 다음과 같이 선언한다. "사실, 나는 지금 우리가 예수의 생애와 인격에 관해 거의 아무것도 알 수 없다고 생각한다. 왜냐하면 초기 기독교의 자료는 그의 생애와 인격에 대해 전혀 관심이 없을 뿐만 아니라 단편적이고 때로는 전설적인 성격을 띠고 있으며, 또한 예수에 관한 다른 자료는 존재하지 않기 때문이다."[57] 불트만은 초기 교회 안에는 헬레니즘적 유대인 신자들과 팔레스타인 유대인 신자들 간에 논쟁과 내분이 일어나, 그 결과로 예수가 직접 하지도 않은 말씀이 그의 어록으로 인정되는 상황이 벌어지게 되었다고 주장한다. 이와 관련하여 불트만은 다음과 같이 말한다. "우리는 역사적 예수의 인격과 사역에 관한 우리의 지식이 불확실하다는 것을 인정할 수밖에 없으며, 기독교의 기원에 대해서도 마찬가지다."[58] 그 결과 양식비평은—종교사학파와 같이—예수 이외

Grove, Ill.: InterVarsity, 1992), 334.

56 Rudolf Bultmann, *The History of the Synoptic Tradition*, trans. John Marsh (Oxford: Blackwell, 1963), 3-4.
57 Rudolf Bultmann, *Jesus and the Word*, trans. Louise Pettibone Smith and Erminie Huntress Lantero (New York: Scribner, 1958), 8.
58 Rudolf Bultmann, "The Study of the Synoptic Gospels," *Form Criticism: Two Essays on*

의 것—이를테면 초기 교회의 "삶의 정황"(setting in life)—에 초점을 맞추게 되었고, 이 양식비평의 최고 선봉자 역시 역사적 예수 탐구는 결코 성공할 수 없다고 선포하기에 이르렀다.

불트만이 역사적 예수 탐구에 대해 제기한 반론은 방법론적인 것뿐만 아니라 철학적·신학적인 것도 포함하고 있었다. 불트만은 키에르케고르와 하이데거뿐 아니라 초기의 바르트에게서 영향을 받았다.[59] 그 결과, 그는 예수의 인간성(Persönlichkeit)에 대한 역사적 지식은 예수의 말씀에 대한 실존적 지식의 중요성에 비하면 부차적이라고 생각했다.[60] 불트만의 접근 방법은 첫째, 신약성서는 신화적 성격을 갖고 있음을 인정하는 것이며 둘째, 신약성서의 신화들을 비신화화하는 것이다. 불트만은 신약성서를 해석하는 데 있어 하이데거의 실존과 존재의 범주를 스스럼없이 사용했다. 그러나 그의 방법론이 종종 놓친 부분이 있었는데, 그것이 바로 그가 신약성서 자체가 비신화화를 요구한다고—즉 그것이 신약성서 저자들의 의도라고—믿었기 때문에 이 범주들을 채택한다는 점이다.[61] 그런데 이런 동기와는 무관하게 그의 방법론이 가져다준 결과는 예수가 육체적으로 죽은 자들 가운데서 살아났다는 부활 신앙이 기독교 신앙을 위해 최소한 불

New Testament Research, ed. R. Bultmann and Karl Kundsin, trans. Frederick C. Grant (1934; reprint, New York: Harper Torchbook, 1962), 17.
59   Bultmann에게 영향을 준 이들을 꼽자면 Lutter, Collingwood, 종교사학파를 비롯해 그의 스승 Harnack의 자유주의 신학을 들 수 있다. Bultmann이 받은 영향에 관한 전반적인 논의는 Thiselton, *The Two Horizons*, 205-251을 보라.
60   Bultmann, *Jesus and the Word*, 9-12.
61   Bultmann, "New Testament and Mythology," *Kerygma and Myth*, ed. Hans Werner Bartsch, trans. Reginald Fuller (London: SPCK, 1953), 11-12.

필요하며, 그 부활 자체가 불가능하다는 것이었다.

그러나 1953년에 에른스트 케제만(Ernst Käsemann)이 불트만의 과거 제자들 앞에서 행한 강연과 더불어 시작되었고 일반적으로 "역사적 예수의 새 탐구"로 불리는 운동으로 인해 역사적 예수 탐구에 한 줄기 희망의 빛이 비취게 되었다.[62] 케제만은 초기 교회의 일차적 관심사가 예수에 관한 사실을 역사적으로 검증하는 데 있었던 것이 아니라 케뤼그마(말씀)를 선포하는 데 있었다는 불트만의 주장에 동의했다. 케제만은 초기 교회가 예수를 주(主)로 보게 된 현재적 경험이라는 현실에 호소하면서 역사적 사실들의 모호성을 제거하려고 노력했다고 주장했다. 그리고 이것은 초기 교회의 경험이었을 뿐만 아니라 오늘날 우리 그리스도인들의 과제이기도 하다고 결론 내렸다.[63] 그는 예수를 전적으로 역사적 인물이 아닌 것으로 보는 것은 가현설에 빠지는 것이라고 주장했다.[64] 이에 케제만은 새로운 방식의 역사적 예수 탐구를 주창하며 해석학과 분리된 단순 역사는 무의미하다고 역설했다. 그가 제시한 해결책은 예수의 선포에 비유사성 기준을 적용하여 그의 선포 중에서 진정성 있는 것과 그렇지 못한 것을 걸러 냄으로써 예수가 사용한 언어 자체에 초점을 맞추는 것이다.[65]

비록 케제만이 "[역사적 예수에 대한] 새 탐구"의 창시자이

---

62 Ernst Käsemann, "The Problem of the Historical Jesus," *Essays on New Testament Themes*, trans. W. J. Montague (London: SCM, 1964), 15-47.
63 Ibid., 20.
64 Ibid., 46.
65 Ibid., 37.

긴 했지만, 이 운동을 대중화시킨 역사가는 제임스 로빈슨(James M. Robinson)이었다. 로빈슨이 1959년에 쓴 작품『역사적 예수의 새 탐구와 다른 논문들』(*A New Quest of the Historical Jesus and Other Essays*)은 "새 탐구"라는 어구를 현대의 역사적 예수 탐구를 가리키는 전문 용어로 각인시키는 역할을 했다.[66] 로빈슨은 선포자(the proclaimer) 예수가 어떻게 피선포자(the proclaimed) 예수 그리스도가 되었는지를 밝히는 데 주로 관심을 집중했다.[67]

편집비평의 발전은 귄터 보른캄(Günther Bornkamm)과 한스 콘첼만(Hans Conzelmann)이 주도했다.[68] 비록 편집비평은 자료비평과 양식비평의 결과를 전제하긴 하지만, 여러 측면에서 다른 점이 있다. 편집비평은 개별 단락뿐만 아니라 복음서 전체에도 초점을 맞춘다. 또한 편집비평은 공동체 혹은 전승의 역할보다는 복음서 저자의 역할을 우선적으로 강조한다. 편집비평은 이를 통해 "이 복음서가 전달하고자 하는 신학은 무엇인가?"라는 질문에 대한 답을 찾고자 노력한다.[69] 편집비평의 해석학적 효과는 복음서 이야기들이 서로 어떻게 연관되어 있는지에 초점을 맞추게 되었고, 이로써 복음서를 더 이상

---

66 James M. Robinson, *A New Quest of the Historical Jesus and Other Essays* (1959; reprint, Philadelphia: Fortress Press, 1983).
67 Ibid., 22-25.
68 Günther Bornkamm, Gerhard Barth and Heinz Joachim Held, *Tradition and Interpretation in Matthew*, trans. Percy Scott (Philadelphia: Westminster, 1963); Hans Conzelmann, *The Theology of St. Luke*, trans. G. Buswell (New York: Harper & Row, 1960).
69 Grant R. Osborne, "Redaction Criticism," *New Testament Criticism and Interpretation*, ed. David Alan Black and David S. Dockery (Grand Rapids, Mich.: Zondervan, 1991), 199-224.

서로 다른 단락의 모음이 아닌 하나의 일관된 이야기로 읽도록 유도했다. 또한 이는 성서학자들 사이에서 신학에 대한 새로운 관심을 불러일으켰다. 그러나 과거의 양식비평과 종교사학과 때와 마찬가지로 탐구의 초점은 여전히 예수나 부활에 있기보다는 복음서를 편집한 이들의 신학에 맞추어져 있었다.

역사적 예수의 "새 탐구"는 예수의 메시지 및 후대 독자들을 위해 그의 메시지를 새롭게 편집한 이들의 신학적 의도에 초점을 맞추는 결과를 가져다주었다. 이 과정 속에서도 "새 탐구"는 여전히 불트만의 실존적 관심사를 그대로 유지했고, 또 그리 오래 지속되지도 못했는데, 그 이유는 이 탐구 역시 대체적으로 불트만의 "무 탐구"(no quest)와 본질상 크게 다르지 않다는 인식 때문이었다.

슈바이처는 그의 저서 『역사적 예수 탐구』의 마지막 부분에서 역사적 예수를 발견하기 원하는 자들이 선택할 수 있는 대안은 단 두 가지, 즉 브레데의 철저한 회의주의와 자신의 철저한 종말론뿐이라고 결론지었다.[70] 브레데의 접근법은 대체적으로 메시아 본문을 모두 복음서 저자의 창작으로 보는 그의 관점에 근거하여 예수에 관한 역사적 회의론 및 비유대적이며 근대주의적인 결론을 도출했다. 이에 반해 슈바이처의 접근법은 주로 메시아 관련 진술을 모두 초기 교회의 산물로 돌리는 것을 거부하고 예수에 관해 철저하게 종말론적이며 유대적인 결론을 이끌어냈다.

N. T. 라이트는 20세기 초에 기록된 슈바이처의 글은 역사적 예

---

70 Schweitzer, *The Quest of the Historical Jesus*, 398.

수 탐구자들의 거의 대다수가 각기 다른 길을 가고 있다는 점에서 일종의 예언과도 같다고 말한다. 즉 브레데를 따라 그의 철저한 회의론을 채택한 이들은 "브레데의 길"(Wredebahn)을 가는 반면, 슈바이처를 따라 전반적으로 그의 철저한 종말론에 동의하는 이들은 "슈바이처의 길"(Schweitzerbahn)을 가고 있는 것이다. 이 두 구별된 그룹의 존재를 인정하는 라이트는 역사적 예수의 "제3차 탐구"(Third Quest)와 "새로운 새 탐구"(the Renewed New Quest)를 구분한다.[71] "새로운 새 탐구"는 예수의 생애에 관한 자료로서 정경 복음서가 지닌 가치에 대한 브레데의 철저한 회의론을 채택한 결과, 대체적으로 비-유대적인 예수를 발견하는 경향을 보였다. 한편 "제3차 탐구"는 예수를 1세기 유대교 안에 위치시키려고 노력한 결과, 예수의 생애에 대한 자료로서 정경 복음서의 가치에 관해 "새로운 새 탐구"보다 훨씬 덜 회의적인 입장을 보였다.

"새로운 새 탐구"의 대표 주자는 당연히 로버트 펑크(Robert Funk)가 이끄는 〈예수 세미나〉다. "제3차 탐구"의 주요 옹호자로는 라이트, 샌더스(E. P. Sanders), 존 마이어(John P. Meier), 벤 위더링턴(Ben Witherington), 고(故) 벤 메이어(Ben F. Meyer) 등을 꼽을 수 있다. 물론 이것은 현재 역사적 예수 탐구에 관여하는 이들이 모두 이 두 범주 중 어느 하나에 깔끔하게 들어간다는 뜻은 아니다. 그러나 이 두 포괄적 범주가 완벽하지 않다고 해서 이 범주들이 쓸모가 없는 것도 아니다.

간략하게 말하자면, 우리는 지금 역사적 예수 탐구의 복잡다단

---

71 Wright, *Jesus and the Victory of God*, 28-124. Wright는 "제3차 탐구"라는 표현을 고안했다(Neill and Wright, *The Interpretation of the New Testament*, 363).

한 역사 중에서 가장 흥미롭고도 결실이 많은 시기를 살고 있다. 오늘날 역사적 예수 탐구에서 가장 눈길을 끄는 측면은 역사적 예수를 어떻게 평가하든지 간에 적어도 그가 유대인이었다는 사실을 새롭게 인식하게 되었다는 것이다. 비록 1세기 유대교의 여러 특정 사실에 대해 서로 견해가 다르기는 해도, 이 점에 있어서만은 N.T. 라이트와 존 도미닉 크로산의 견해가 서로 일치한다. 이와 관련하여 고대 중동 세계에 관해 간학문적인 통합 연구가 진지하게 이루어지고 있는 사실은 은혜라고 할 만하다.[72] 특별히 크로산은 이러한 측면에서 지도자적 역할을 수행해온 것이 사실이다.

점차적으로 예수 학자들 사이에서는 세월의 테스트를 거친 검증된 자료비평, 양식비평, 편집비평이라 할지라도 다른 어떤 방법론과 분리된 상태에서는 제 역할을 발휘하지 못한다는 인식이 늘어나고 있다. 라이트와 크로산은 이러한 방법론에 있어 자신들만의 수정 및 추가 내용을 제시한 바 있다. 이 두 사람은 분명 자기 분야에서 최첨단을 달리고 있다.

마지막으로 라이트와 크로산은 다음 한 가지 점에서도 서로 일

---

[72] 예컨대 다음 자료를 참조하라. John H. Elliot, *What Is Social-Scientific Criticism?* Guides to Biblical Scholarship, New Testament Series, ed. Dan O. Via Jr. (Minneapolis: Fortress Press, 1993); Gerd Theissen, *The First Followers of Jesus: A Sociological Analysis of the Earliest Christianity*, trans. John Bowden (London: SCM, 1978); Gerd Theissen, *Sociology of Early Palestinian Christianity: Essays on Corinth*, ed. and trans. John H. Schutz (Philadelphia: Fortress Press, 1982); Bruce J. Malina, *The New Testament World: Insights from Cultural Anthropology* (Louisville, Ky.: Westminster John Knox, 1993); Bruce J. Malina, *Christian Origins and Cultural Anthropology: Practical Models for Biblical Interpretation* (Louisville, Ky.: Westminster John Lnox, 1986).

치한다. 두 사람은 동일하게 부활을 시간(1세기)과 공간(예루살렘) 속에서 실제로 일어난 역사적 사건으로 보아야 하는지 여부에 단순히 답하는 것 이상의 연구가 이루어져야 한다고 주장한다. 두 사람은 이 지점에서 멈춰서는 안 된다고 강조한다. 오히려 우리는 첫 번째 질문에 어떻게 답하든지 간에 부활이 각 개인과 교회 그리고 세계에 주는 의미를 고찰해야 한다.

우리는 **최근**에 부활에 관해 N. T. 라이트와 존 도미닉 크로산이 나눈 이 중요한 대화를 독자들에게 그대로 전달할 수 있게 된 것을 매우 기쁘게 생각한다. 또한 우리는 2005년 3월 11-12일에 개최된 그리어-허드 신학 포럼 "부활: 역사적 사건인가? 신학적 설명인가?"에 참석한 간학문적 학자 팀이 부활 주제 및 라이트와 크로산의 연구에 대해 발표한 여덟 편의 논문을 독자들에게 제공하게 된 것도 무척 기쁘게 생각한다.[73] 이 프로젝트에 참여한 학자가 모두 동의하는 사실이 한 가지 있다면 그것은 바로 예수의 부활이 매우 중요한 주제라는 사실이다. 우리는 여러분도 이 사실에 동의하기를 소망하며 아울러 이 책을 통해 예수의 부활에 관한 지속적인 대화에 크게 기여하는 모습을 발견하게 되기를 바란다.

---

73 컨퍼런스 전체 내용을 담은 오디오 파일은 http://www.greer-heard.com에서 얻을 수 있다.

1
부활

역사적 사건인가?
신학적 설명인가?

N. T. 라이트와
존 도미닉 크로산의 대화

모두(冒頭) 발언
N. T. 라이트

오늘 저녁과 이 특별한 주말에 이곳에 모인 여러분 모두에게 감사를 드립니다. 저는 이 신학교와, 그리고 본인이 말한 것처럼 이 포럼을 위해 5년간 저를 쫓아다닌 밥 스튜어트(Bob Stewart)에게 이 제1회 그리어-허드 포럼에 참석할 기회를 주신 것에 대해 감사를 표합니다. 아울러 이미 말한 것처럼 후원자들께도 감사의 뜻을 전합니다. 또한 또다시 이 토론에 기꺼이 참여해준 돔 크로산 교수께도 감사를 드립니다. 돔과 저는 이미 여러 차례에 걸쳐 즐겁고 결실이 많은 대화를 나누는 시간을 지난 10년 이상에 걸쳐 가진 바 있고, 이 과정을 통해 저는 점점 더 돔을 존경하고 또 좋아하게 되었다고 생각합니다. 저로서는 우리 두 사람의 생각이 어느 지점에서는 하나로 모아졌지만, 다른 지점에서는 서로 확실히 갈리는 것을 무척 흥미롭게 지켜보았습니다.

따라서 오늘 저녁 제게 맡겨진 역할은 대략 2년 전에 출판된 저의 저서인 『하나님의 아들의 부활』에서 제가 논증한 내용을 간략히 소개하는 것으로 알고 있습니다. 물론 이 책은 긍정적인 역할을 수행하기도 하지만, 이 책의 주된 과제 중 하나는, 이렇게 표현하면 어떨지 모르겠지만, 부정적인 면을 부정하는 것—즉 초기 교회에서 부활 신앙이 어떻게 생겨나게 되었는지에 대한 통상적인 역사적 설명, 곧 예수의 실제적인 육체의 부활을 배제한 채 무언가를 설명하려는 시도는 역사적으로 통하지 않는다는 것을 입증하는 작업—이었습니다.

저는 제가 이 책에서 시도한 것이 바로 근거가 빈약한 논증들이 본연의 실체를 감추기 위해 그 뒤에 숨어 있는, 잡석과 폐기물을 처리하는 청소 작업이었다고 생각합니다. 그래서 예를 들어 저는 게르트 뤼데만(Gerd Rüdemann)의 견해에 반대하여, 고대인들은 자연 법칙을 몰랐기 때문에 부활 개념을 쉽게 받아들일 수 있었던 반면, 계몽주의 이후의 과학 시대를 사는 우리 현대인들은 이제 그것이 사실이 아님을 깨닫게 된 것이 아님을 보여주었습니다. 이것은 정말 터무니없는 주장입니다. 플라톤서부터 호메로스까지, 그리고 아이스킬로스서부터 플리니우스까지 고대인들은 죽은 사람이 다시 살아나지 않는다는 것을 너무나도 잘 알고 있었습니다. 우리는 그것을 알기 위해 굳이 현대 과학에 의존할 필요가 없었습니다. 또한 저는 그레그 라일리(Greg Riley)의 견해에 반대하여, 죽은 자와 함께 음식을 먹거나 죽은 자를 현실적인 환상을 통해 보는 사람들에 관한 고대 이방 세계의 이야기들은 부활 개념과는 전혀 다른 것이며, 환상 및 그와 유사한 현상에 대해 잘 알고 있었던 고대 이방인들도 때로는 부활을 조롱하면서 이를 인정하지 않았다는 사실도 입증했습니다. 더 나아가 저는 캐슬린 콜리(Kathleen Corley)에 반대하여, 빈 무덤에 관한 이야기를 소재로 하는 헬레니즘 소설들이 기독교 신앙의 기원을 설명해줄 만한 배경을 제공해주지 못한다는 사실도 입증했습니다. 그리고 저는 많은 저술가들에 반대하여, 이교도 사상에서와 같이 유대 사상에서도 **부활**이라는 단어는 오늘날 일부 기독교 진영에서 부끄러울 정도로 종종 그렇게 사용하는 것처럼, 죽음 이후의 삶을 가리키는 일반적인 용어가 아니었다는 것도 입증했습니다. 오히려 **부활**이라는 단어는 언제나 죽음 이후에 일어나는 두 단계의 과정 중 두 번째 단계를 가리키는 말이었습니다. 즉 첫 번째 단계는 비육체적 존재이며, 두 번째 단계는 갱신된 육체적 존재, 즉 제가 종종 말하는 "죽음 이후의 삶" **이후의** 삶을 가리키는 것입니다. 또한 저는 바울이 육체의 부활을 믿지 않았다는 주장이 2세기까지 소급된다고 주장하는 비판적 학자가 수없이 많음에도 불구하고, 바울이 육체의 부활을 실제로 믿었다는 것을 결정적으로 입증했습니다.

저는 1981년에 열린 영향력 있는 국제성서학회(SBL) 회장 강연에서 제임스 로빈슨(James Robinson)이 제시한 핵심 주장을 무너뜨렸다고 생각합니다. 다시 말하자면, 그의 주장은 부활하신 예수에 대한 초기 그리스도인들의 경험은 어떤 찬란한 광채에 관한 경험으로서 공적 세계에서 일어난 사건에 대한 증거로서가 아닌, 우리가 본질상 사적인 종교 체험이라고 할 수 있는 것으로 해석될 수 있고, 또한 이 경험은 한편으로는 육체의 부활의 신앙으로, 또 다른 한편으로는 영지주의적 신학으로 각각 발전했다는 것이었습니다. 저는 예수의 부활 이후의 출현에 관한 이야기와 빈 무덤에 관한 이야기가 전혀 상관이 없다는 주장을 통해서는 초기 기독교 신앙을 결코 설명할 수 없음을 보여주었습니다. 또한 저는 부활 신앙을 일종의 인지부조화(cognitive dissonance)에 의해 생겨난 것으로 보는 견해도 제대로 된 설명이 될 수 없음을 보여주었습니다. 그리고 저는 돔 크로산을 비롯한 다른 학자들의 견해에 반대하여, 예수의 부활에 대한 초기 그리스도인들의 신앙은, 그들이 갖고 있던 예수에 관한 사전 지식과 성서의 특정 본문에 관한 연구가 부활 이후 이 사건에 대한 그들의 해석에 제아무리 많은 영향을 미쳤다 하더라도, 이 두 가지의 결합만으로는 결코 생겨날 수 없었음을 입증했다고 믿습니다.

따라서 저는 이러한 부정적인 면을 제거하는 작업의 가장 중요한 목적이 근대주의적이거나 가령 중립적 혹은 자연주의적인 역사 서술(historiography) 기법에 따라 예수의 부활을 입증하는 데 있지 않다는 점을 강조합니다. 이 작업의 목적은 부활절 이야기와 사복음서의 내용이 실제 세계에서 결코 일어날 수 없는 전무후무한 사건에 관한 기록이 아니라, 단순히 초기 그리스도인의 인식을 신화적인 관점에서 역투사한 것에 불과하다는 견해를 차세대 연구자들에게 전수하지 않고 오히려 이 질문을 원점으로 되돌리는 데 있습니다. 물론 일부 진영에서는 이런 작업이 불필요해 보일 수도 있습니다. 그래서 역사를 진지하게 생각하지 않은 사람들은 "역사비평가들과 주석가들이 말하고 생각하는 것에 대해 우리가 왜 염려해야 하느냐?"라고 반문하기도 합니다. 하지만 신학생들과 교회를 다니는 평신도들에게는 이것이 굉장히 중대한 문제입니다. 우리 문화 속에서 막강한 힘을 발휘하는 세력은 예수가 죽은 자 가운데서 부활했다는 사실을 부인하려고 혼신의 힘을 다 기울입니다. 그런데 그들은 근거가 희박한 논증을 지속적으로 사용하면서, 기독교의 출현을 결코 설명해줄 수 없는 대안적 시나리오를 제시합니다. 물론 이러한 작업도 그 자체로 중요하다고 저는 생각합니다.

하지만 제 책이 단순히 부정적인 주장만을 펼치는 것으로만 끝나지는 않는다고 생각합니다. 이제 저는 이 책의 긍정적인 주장에 관해 이야기해보도록 하겠습니다. 어쩌면 제 책의 가장 창의적인 면은—솔직히 그때는 제 머리가 그것으로 가득 차 있었지만, 지금은 확신할 수는 없습니다만—1세기 유대교의 부활 신앙 안에서 일어난 여섯 가지 기독교적 변화(mutations)에 대한 자료를 수집한 것입니다. 이를 통해 제가 주장하고자 한 것은 진지한 논의와 충분한 근거에 입각한 역사적 설명을 요하는 매우 획기적이면서도 괄목할 만한 현상에 대해 우리가 상당히 정밀하고 방대한 초기 증거를 가지고 추적해나갈 수 있다는 것입니다. 초기 그리스도인들의 부활 신앙은 분명히 어떤 이교도 사상으로부터 파생된 것이 결코 아닙니다. 이것은 유대교 안에서 일어난 변화, 아니 더 정확히 말하자면 여섯 가지 변화를 말합니다. 이 여섯 가지 변화는 다음과 같습니다.

첫째, 유대교 내에서 지엽적으로 나타났던 부활 신앙이 초기 기독교 내에서는 그 중심을 차지하게 되었습니다. 둘째, 부활의 의미가 보다 더 정교해졌습니다. 유대교 자료는 새로운 몸이 어떤 형태를 취하게 될지에 관해 모호한 면이 있었지만, 초기 기독교 자료는 한결같이 부활한 몸은 새로운 형태의 썩지 않을 몸으로 변화될 것임을 지적합니다.

셋째, 유대교나 이교도 사상에서와 마찬가지로 초기 기독교 안에서도 사후에 일어날 일에 관해서는 어떤 일관된 견해가 없습니다.

다양한 견해가 난무했습니다. 그러나 바울로부터 시작해서 테르툴리아누스를 거치면서 부활이 정확하게 어떤 의미이며, 회의적인 청중 앞에서 부활을 어떻게 논증해야 하는지에 대한 진보와 성찰이 생겨났습니다. 그러나 영지주의자와 반(半)영지주의자를 제외하면 그들은 모두 부활을 믿었습니다. 우리에게 알려진 당대의 그리스도인들 중에 다른 주요한 부활 신앙의 흔적을 남긴 이는 없었습니다.

넷째, 하나의 사건이었던 부활은 이제 두 개의 사건으로 나누어졌습니다. 부활을 기대했던 1세기 유대인들은 부활을 하나의 단일 사건으로, 즉 마지막 때에 모든 이들이 새로운 몸을 가진 생명으로 다시 살아나는 사건으로 이해했습니다. 그러나 바울과 그 이후의 다른 모든 초기 그리스도인 작가들에게 부활은 이제 두 단계의 사건으로서 그들의 신앙에 있어 핵심적인 부분을 차지하게 되었습니다. 어쩌면 바울이 말하듯이 부활은 두 계기—그리스도가 첫 열매가 되시고, 그가 다시 오실 때 그에게 속한 이들이 그다음에—에 걸쳐 일어나는 단일한 사건이었습니다.

다섯째, 부활은 이제 새롭게 정의된 하나의 은유적인 의미로 사용됩니다. 유대교에서 부활이라는 단어나 개념은 에스겔 37장에서처럼 유배로부터의 귀환을 가리키는 은유로 사용될 수 있었습니다. 그런데 이제 그 의미는 초기 기독교에서 사라졌습니다. 그 대신 우리는 **부활**이라는 용어가 여전히 문자적이고 육체적인 의미를 가지고 있으면서도 로마서 6장이나 골로새서 2장과 3장에서처럼 세례와 거룩함과 관련하여 은유적으로 사용되는 것을 발견하게 됩니다.

여섯째, 그 당시에는 그 누구도 메시아가 죽은 자 가운데서 다시 살아나리라는 것을 기대하지 않았습니다. 그 이유는 간단합니다. 그 당시 유대교에서는 그 누구도 메시아가 죽을 것을 기대하지 않았으며, 특히 치욕적이며 폭력적으로 죽음을 당하리라고는 상상조차 하지 못했습니다. 그러나 초기 그리스도인들은 메시아가 죽은 자 가운데서 다시 살아난 것을 믿었을 뿐만 아니라, 예수가 메시아라는 사실을 입증하는 데 있어 부활을 핵심 증거로 내세웠습니다. 로마서 1장, 로마서 15장, 사도행전 2장 등에서 보면 알 수 있듯이, 그들은 특별히 시편과 이사야 본문에서 아주 신선하고도 획기적인 여러 석의적 논증을 펼쳤습니다.

제가 제 책 전반에 걸쳐 매우 상세하게 추적한 이 여섯 가지 변화는 "무엇이 유대교 안에서 이런 변화들을 일으켰으며, 또 왜 그리고 어떻게 이런 변화가 일어났는가?"라는 중요한 역사적 질문에 상당한 무게를 실어주었습니다. 그렇다면 우리가 이미 증거를 가지고 있는 초기 그리스도인 모두가―그리고 저는 심지어 만약 그런 사람들이 존재했다고 가정한다면 Q문서를 만든 사람들까지도―이 질문에 대해 나사렛 예수가 실제로 죽은 자 가운데서 육체적으로 부활했으며 자신들이 경험한 부활이 이 모든 변화를 촉발시켰다고 답할 것임을 입증하기는 그리 어렵지 않습니다.

저는 본인의 책에서 이 모든 것을 먼저 추적한 이후에야 비로소 독자들이 복음서의 부활 내러티브를 접하도록 합니다. 저는 제가 쓴 책은 모두 으레 그렇게 하듯이 이 책도 제 부모님께 보내드렸습니다. 제 아버지께서는 현재 80대 중반이신데, 제가 쓰는 책은 모두 읽어보십니다. 그는 역사가나 신학자가 아닙니다. 책을 보내드리고 며칠 후

아버지로부터 전화를 받았는데, "방금 다 읽었다"라고 말씀하셨습니다. 한 주 안에 700여 쪽이나 되는 책을 다 읽는 놀라운 실력을 발휘하신 것입니다. 아버지는 "600쪽에 이르러서야 책 읽는 것이 즐거워지기 시작했다"고 말씀하셨습니다. 그 이유는 그제야 비로소 부활 내러티브 자체에 대해 깊이 생각할 수 있는 기회를 갖게 되었고, 그것이 우리가 관심을 갖는 부분이라고 생각했기 때문입니다. 소위 「베드로복음」이라는 책은 말할 나위도 없고, 사복음서의 마지막 장들에 관해 다루는 것을 이처럼 뒤로 미룬 데에는 확실한 의도가 담겨 있었습니다. 저는 사람들이 종종 초기 그리스도인들에게 부활이 어떤 의미였는지를 안다고 생각하고 바로 그 의미를 가지고 부활 내러티브를 읽는 폐단을 타개하고자 이러한 방안을 고안해낸 것입니다.

어떤 이들에게는 당혹스럽겠지만, 저는 부활 내러티브들의 전승사를 구축하려는 시도를 전적으로 피합니다. 왜냐하면 부활 내러티브들의 전승사에 관해 쓴다는 것은 우리가 이미 이 내러티브들 중에서 어떤 것이 초기의 것인지 알고 있다는 것을 전제하는 것인데, 사실 우리는 그것조차도 초기 교회에서 일어난 부활 신앙의 출현에 관한 선험적 믿음의 도움에 의해서만 알 수 있습니다. 제 경험으로 보면 이런 시도는 으레 수정주의자들이 제시하는 전제로 시작하는 오류를 범하는데, 이는 제가 증명해 보였듯이 모래 위에 터를 세우는 것과 같습니다. 그래서 저는 오히려 복음서 저자들에 의해 이미 형태를 갖추고, 편집되었다고 하더라도 매우 이른 시기의 것이라는 사실을 입증할 수 있는 부활 이야기의 여러 가지 특징에 주목합니다. 복음서 저자들이 심지어 동일한 이야기를 전하면서도 서로 현저하게 다른 단어들을 사용한다는 사실을 주목해보면 부활 내러티브 간의 문학적 차용 이론은 성립되기가 매우 어렵다는 사실을 알 수 있습니다. 제가 복음서의 부활 이야기에 관해 지적하고자 하는 바는 다음과 같습니다. 첫째, 이 부활 이야기들은 괄목할 만할 정도로 성서의 인용, 암시, 반향이 전혀 없습니다. 둘째, 복음서의 부활 이야기들은 여성들에게 엄청나게 탁월한 위치를 부여하는데, 이러한 특징은 바울이 고린도전서 15장을 쓸 당시에는 이미 사라졌습니다. 셋째, 이 부활 이야기는, 초기 기독교의 다른 문헌에 나오는 예수의 부활에 관한 거의 모든 본문과는 달리, 미래에 대한 기독교적 소망에 대해 언급하지 않습니다. 여기 계신 분들 중에 부활 주일에 설교하실 분은 복음서의 부활 이야기가 예수가 부활했으니 이제 우리는 천국에 갈 것이라든지, 또는 우리도 부활할 것이라고 말하고 있지 않는다는 점을 주목하시기 바랍니다. 이 부활 이야기들은 예수가 부활했으므로 하나님의 새 창조가 시작되었고, 이제 우리가 해야 할 일이 생겼다고 말합니다. 이 사실은 정말 흥미롭습니다. 넷째, 이 이야기들은 네 복음서 기사 모두 예수의 모습을 어떤 다시 소생된 시체나, 별과 같이 빛나는 어떤 인물—부활에 관한 유대인들의 논의 중에서 주된 성서 본문으로 언급된 다니엘서 12장에서처럼—이나, 유령 혹은 육체로부터 분리된 영이나, 심지어는 단순히 그가 이전에 가지고 있던 것과 같은 종류의 몸을 가진 모습으로 그리지 않습니다. 예수가 떡을 떼고, 구운 생선을 먹으며, 제자들에게 자신의 몸을 만져보라고 하는 내용이 담긴 이야기는 즉각적으로 알아볼 수 없는 상태로 갑자기 나타났다가 문이 닫혀 있음에도 다시 사라지고, 마지막에는 하나님의 공간인 하늘로 사라지는 이야기와 서로 동일한 이야기입니다. 이런 특징들은 각기 그 자체로 특별한 것입니다. 그런데 이 네 가지 특징—성서의 인용이 없는 것, 여성의 위치, 미래적 소망에 대한 언급이 없는 것, 예수에 대한 매우 특이한 그림 등—이 모두, 서로 매우 다른 용어를 사용하며 표면적으로 명백한 불일치를 나타냄에도 불구하고, 네 복음서 전반에 걸쳐 공통적으로 유지된다는 사실은 더욱더 주목할 만합니다. 저는 만약 이 이야기들의 기원이 어떤 이들이 끈질기게 주장하듯이, 기원후 70년대나 80년대 또는 90년대는 말할 것도 없고, 심지어 50년대라면, 이 네 가지 특징 중 그 어느 것도 제대로 된 설명이 불가능하다고 주장했습니다.

그렇다면 부활 이야기에 대한 이러한 분석은 초기 기독교의 부활 신앙에 대한 제 분석과 잘 조화를 이루며, 이 두 분석은 통합적으로 다음과 같은 역사적 질문을 요구합니다. "우리는 이 특이할 만한 현상을 모두 어떻게 하면 가장 잘 설명해낼 수 있을까?" 저는 이 지점부터, 제가 보기에 여전히 견고한 반석과 같은 논증을 펼치며 제 책을 마무리합니다. 그것은 바로 빈 무덤과 예수의 출현이 서로 함께 초기 기독교 신앙의 발전을 설명해줄 만한 충분한 조건이 된다는 것입니다. 다시 말하자면 만약 예수가 육체적으로 부활했고, 그래서 빈 무덤을 남겨놓았을 뿐만 아니라 부활 이후에 동산이나 다른 곳에서 나타나셨다면, 초기 그리스도인들이 그의 부활을 믿었을 뿐만 아니라 그 부활 이야기들을 왜 그런 방식으로 전했으며, 유대교의 기본적인 부활 신앙을 왜 이런 방식으로 대폭 수정하게 되었는지를 완벽하게 설명해준다고 생각합니다.

이어서 저는 빈 무덤과 부활 이후의 출현이 이 현상들의 필수 조건이 된다는 보다 더 어려운 논증을 펼칩니다. 그리고 여기서 저는, 만일 여러분이 "필수 조건"이라는 말을 상당히 강한 의미로 받아들인다면, 제가 이것을 어떤 이들이 부활의 "증거"로 부르는 의미로 사용하고 있다고 보아도 무방합니다. 하지만 사실은 제가 이 말을 어느 정도 약한 의미로 사용했다고 더 분명하게 밝혔어야 했는지도 모릅니다. 다시 말하자면, 제가 다른 수많은 대안적 설명을 검토할 수 있는 만큼 모두 검토해보고, 또 그 모든 대안이 전적으로 부적절하다는 것이 밝혀진 상황에서는 우리에게 남겨진 마지막 하나가, 제아무리 개연성이 낮다고 하더라도, 가장 진리에 가까운 것으로 받아들여져야 하지 않겠느냐는 것입니다.

이제 저는 본인의 책에 관해 마지막으로 한 가지만 더 말씀드리고자 하는데, 이것은 곧 돔 크로산과 제가 서로 공유하고 있는 관심사와도 연결이 된다고 생각합니다. 저는 제 책 전반에 걸쳐 부활이 정치적으로 상당히 혁명적인 교리였으며, 초기 그리스도인들에게도 그러했다는 사실을 넌지시 암시했습니다. 저는 헤롯 안디바가 세상을 돌아다니며 사람들을 치유하고 특별한 이적을 행하며 심지어 죽은 자를 살리기도 하는 예수에 관한 소문을 듣는 내용을 다룬 오스카 와일드의 희곡 「살로메」의 멋진 인용문을 저의 책 마지막 부분의 제사(題詞)로 사용했습니다. 와일드가 이 장면에서 부활이 정치적으로 전복적인 성격을 띠고 있다는 사실을 정확히 포착했다는 것은 정말 놀라운 일입니다. 헤롯은 예수가 놀라운 일들을 행하고 있는 것에 대해 듣고, 또 누군가가 돌아다니며 사람들을 치유하고 있다는 소식을 들으면서 만족스러워합니다. 그런데 헤롯이 "그가 죽은 자를 살린다고?" 묻자, 신하가 대답합니다. "예, 그는 죽은 자를 살려낸다고 하옵니다, 전하." 그러자 헤롯이 이렇게 고함을 칩니다. "나는 그자가 그것을 하는 것을 원하지 않노라. 나는 그것을 금하노라. 나는 그 누구도 죽은 자를 살리는 것을 절대 용납하지 아니하노라. 그자는 내가 죽은 자를 살리는 것을 금한다는 것을 알아야 할 것이다." 이 폭군 역시 죽음이 자신이 가지고 있는 마지막 무기임을 잘 알고 있고, 만약 어떤 사람이 죽은 자를 살려낸다면, 모든 것이 완전히 뒤집어질 것임을 잘 알고 있었던 것입니다.

예수가 죽은 자 가운데서 부활하셨기 때문에 이제 그는 메시아이고 주님이시며, 유대인의 참된 왕이시고 이 세상의 참된 주님이신 것입니다. 그러나 계몽주의 이후 보수 기독교 안에서는 부활이 종종 자유주의적 근대주의자들의 자연주의에 대항하여 보수적 근대주의자들의 초자연적인 주장을 증명하는 방편의 하나로 전락하기도 합니다. 저는 이것이 심각하게 잘못되었다고 생각합니다. 그 이유는 이러한 주장이 적어도 자신들의 사회적 관심사를 뒷받침해줄 만한 근거로서 반드시 필요로 했던 부활을 자유주의자들이 거부하도록 만들었기 때문입니다. 왜냐하면 그들에게 부활은 마치 그림의 떡과 같은 것으로 보였기 때문입니다. 사실 우리는 (제가 제 책 전반에 걸쳐 암시하고, 제 다른 저서에서 전개했듯이) 예수의 죽음이 악에게 결정타를 날렸다는 사실을 확실하게 보여주는 예수의 육체의 부활을 통해서만 이 세상 나라들이 하나님 나라에 순복하도록 촉구하는 일에 참여할 수 있는 참된 근거를 발견할 수 있습니다. 저는 그것이 바로 사두개인들도 그랬던 것처럼 근대주의가 육체의 부활을 강력하게 부인하는 진정한 이유라고 생각합니다. 과학이 부활 신앙의 오류를 입증한 것이 아니라, 부활 신앙이 우파와 좌파를 막론하고 근대주의의 사회적·정치적 허식에 도전하기 때문이며, 근대주의는 그것을 잘 알고 있습니다. 따라서 부활에 있어서 가장 중요한 것이 우리 시대에는 가장 반문화적인 것입니다. 즉 부활에 대한 가장 정통적인 신학이 급진적인 정치가 싹트기 가장 좋은 온상입니다. 제게 주어진 20분 동안 여러분들이 잠들지 않고 깨어 있게 했으므로, 이제 저는 마이크를 톰에게 넘기겠습니다. 감사합니다.

모두 발언
존 도미닉 크로산

저는 특별히 캐롤린 그리어와 빌 허드가 이 자리에 참석한 가운데 제1회 그리어-허드 포럼에 참여하게 된 것을 아주 특별한 영광으로 생각합니다. 또한 그리스도의 부활에 관해 강연을 할 수 있는 기회를 갖게 된 것도 하나의 특권이라고 생각합니다. 그리고 톰과 함께 같은 연단에 서게 된 것도 큰 영예입니다. 하지만 톰은 현재 주교이지요. 36년 전 제가 한 주교와 논쟁을 벌였을 때 저는 사제이자 수도사였는데, 당시 그 주교는 시카고 대교구의 추기경이었습니다. 그리고 논쟁이 끝나고 나서 저는 전(前)직 사제와 전(前)직 수도사가 되었습니다. 과연 그 논쟁에서 누가 이겼는지는 지금까지도 결코 명확하지 않습니다.

이제 제가 할 일은 톰이 했던 것처럼 700쪽에 달하는 책에 대해 이야기하는 것이 아니라, 톰과 함께 컨퍼런스에 참여하는 다른 발표자들이 이미 받아본 한 논문에 대해 이야기하는 것입니다. 논문의 제목은 "육체의 부활 신앙의 양식과 의미"(Mode and Meaning in Bodily Resurrection Faith)입니다(부록을 보라). 여기서 저는 "양식"이라는 말과 "의미"라는 말의 의미를 설명하기 위해 톰의 글을 인용하고자 합니다. 여기에는 약간의 농담조가 들어 있습니다.

톰, 이 글은 당신의 책 『하나님의 아들의 부활』에서 인용한 것입니다.

> 누군가가 하늘로 올라가는 것에 대해 말한다는 것은 그 사람이 (a) 원시적인 우주-여행객이 되고 (b) 그 방법으로 현재의 시공간 우주 안에서 어떤 다른 지역에 도착했다는 것을 결코 의미하지 않았다. 우리는 1세기 유대인들도 이와 같이 문자적으로 생각했다고 상상하기 위해 중세 시대의 생생하고 매우 현란한 표현이나 또는 우리가 찬송과 기도문에서 자주 사용하는 "하늘"이라는 단어가 우리가 현재 살고 있는 우주 속 어느 먼 장소를 가리킨다고 생각해서는 안 된다. 사실 어떤 이들은 그렇게 생각했을 수도 있다. 사람들이 어떤 것을 믿을지는 알 수 없다. 하지만 우리는 초기 기독교 저술가들도 이와 같이 생각했다고 상상해서는 안 된다.[1]

---

1   N. T. Wright, *The Resurrection of the Son of God,* Christian Origins and the Question of

이 인용문은 제가 사용하는 **양식**(mode)과 **의미**(meaning)라는 용어를 소개하기에 아주 좋은 글입니다. 저는 **양식**이란 용어를 문자적인 것과 은유적인 것(예수는 농부다, 예수는 하나님의 어린 양이다) 또는 실제적이거나 사실적인 것과 허구적이거나 비유적인 것(예컨대, 선한 사마리아인)의 차이를 가리키는 데 사용합니다. 이것이 제가 말하는 **양식**의 의미입니다. 어떤 것이 문자적이고, 어떤 것이 은유적입니까? 문자적인 것과 은유적인 것에 모두 적용되는 **의미**라는 용어는 다음과 같은 질문에 답하기 위해 사용됩니다. "이것은 여러분의 삶에 어떤 함의를 담고 있는가? 그 함의는 무엇인가? 이것이 여러분의 삶이나 이 세상을 위해 하는 것이 무엇인가? 이것이 바로 양식과 의미입니다.

저의 첫 번째 주된 요점은 "유대교 전통과 기독교 전통에서의 육체의 부활 신앙의 기원과 주장"에 관한 것인데, 이 부분에 있어서는 톰의 견해와 거의 대부분 일치한다고 생각합니다. 저의 첫 번째 요점은 우주적 변화에 관한 것입니다. 만일 여러분의 믿음이 여러분에게 하나님은 공의로우시고 이 세상은 하나님께 속해 있다고 말하지만, 여러분의 경험은 여러분이 미약하고 초라한 사람이라고 말한다면, 아마도 종말론은 불가피할 것입니다. 그리고 학자들이 종말론을 가지고 여러분을 혼란스럽게 만들지 못하도록 하십시오. 종말론은 세상이 하나님께 속해 있지만 여전히 불의가 판을 친다면 하나님이 이 세상의 쓰레기를 쓸어버려야 한다는 것을 의미합니다. 종말론은 이 세상에 대한 하나님의 대대적인 정화 작업(the Great Divine Clean-Up)이니까요.

God, vol. 3 (Minneapolis: Fortress Press; London: SPCK, 2003), 655.

만약 그런 종말론에 대한 **묵시** 곧 특별계시가 있다면, 그것은 그 종말이 임박했음을 의미했겠지만 반드시 그것만을 의미하는 것은 아닙니다. 그것은 종말론과 관련이 있다면 그 어떤 것이든 의미할 수 있습니다. 따라서 묵시적 종말론은 그 자체로 이러한 하나님의 대대적인 정화 작업(the Great Divine Clean-Up)에 관해 어떤 특별한 계시를 갖고 있다고 주장하는 것을 단순히 의미합니다. 이것은 항상 대문자 G, 대문자 D, 대문자 C, 대문자 U입니다. 따라서 이 묵시적 종말론은 절대적입니다. 저는 방금 배경, 전경, 모체, 부활을 이해하기 위한 모든 것이라고 말하려고 했습니다. 묵시적 종말론이 없다면 우리는 심지어 똑같은 것에 관해 이야기하고 있는 것이 아닙니다. 저는 여러분에게 경고합니다. 절대 지금이 "세상의 끝"이라고 말하지 마십시오. 저를 포함하여 어떤 학자라도 그렇게 말하는 이가 있다면 그냥 무시해버리십시오. 우리는 세상을 끝낼 수 있기 때문에 세상의 종말을 꿈꿀 수 있습니다. 우리는 원자적으로, 생물학적으로, 화학적으로, 인구학적으로, 생태학적으로 이 세상을 끝낼 수 있습니다. 우리는 끝의 "ㄲ"까지는 왔습니다! 1세기 유대인이나 그리스도인은 세상의 끝에 대해 생각하지 못했습니다. 왜냐하면 그것은 하나님이 피조세계를 폐기시키시겠다는 것인데, 하나님은 절대로 그러실 분이 아니기 때문입니다. 하나님은 이 세상을 창조하시고 매일 이 세상에 대해 좋다, 좋다, 심히 좋다고 말씀하셨습니다. 이 세상의 끝은 우리가 말하는 그런 것이 아닙니다. 우리는 악과 불의와 부정과 폭력의 세상에서 정의와 평화와 순결과 거룩함의 세상으로 바뀌는 이 세상의 우주적 변화에 관해 이야기하고 있습니다.

이제 두 번째 주된 요점을 말씀드리고자 하는데, 저는 우주적 변화, 즉 육체의 부활을 전제합니다. 그렇다면 왜 여기에 반-직관적인 것이 연루되어야 할까요? 여기에는 일반적인 이유와 특별한 이유가 있습니다. 일반적인 이유는 이렇습니다. 만약 이 세상의 우주적 변화만 있고 하늘로 끌어올림 받는 것이 없다면, 톰의 표현을 잠시 빌리자면, **변화된** 육체성(transformed physicality)은 반드시 있어야 합니다. 그렇지 않고는 어떻게 변화된 세상이 있을 수 있겠습니까? 그리고 특별한 이유가 있는데, 이에 대해서는 톰도 제게 동의하리라 생각합니다. 그 특별한 이유는 바로 마카비 반란과 박해 시대에 죽은 순교자들에 관한 것입니다. 여러분이 순교자들의 고문당한 **몸**을 바라볼 때 하나님의 정의는 어디에 있습니까? 순교자들의 상한 몸을 볼 때 말입니다. 이 모든 것은 이미 유대교 전통에 있습니다. 그리고 톰이 거듭 주장했듯이 그것은 바리새인 전통의 한 분파에 들어 있습니다.

이제 기독교 전통과 관련하여 저 역시 톰이 사용하는 **변화**(mutation)라는 말을 상당히 좋아합니다. 우리는 지금 변화에 관해 이야기하고 있습니다. 여기서 우리가 깨달아야 할 것은, 어쩌면 정작 변화에 가담하고 있는 사람들은 그 변화가 그리 크지 않다고 생각하게 될지 모르지만, 변화 이후에 이 모든 것이 얼마나 크게 달라져 있느냐는 것입니다. 그 변화가 무엇입니까? 그것은 바로 기독교적 변화입니다. 즉 기독교의 주장에 대해 가장 창의적이며 신선한 변화를 가져다준 이 변화—그렇다고 그것이 옳다는 것을 증명하지는 않지만, 적어도 새로운 것이긴 하다—는 보편적인 육체의 부활이 단순히 임박한 것이 아니라 이미 시작되었다는 것을 의미합니다. 만약 여러분이 바리새인에게 이에 관해 물어보았다면 아마 그는 "글쎄요, 미래에 휘황찬란한 섬광으로 임하겠지요"라고 답했을 것입니다. 그런데 믿을 수 없을 만큼 창의적인 이 변화는 이제 시작이 있고 끝이 있을 것입니다. 물론 그들은 그 둘 사이에 시간이 많지 않다면서 스스로 위로할 것입니다. 변화는 감당하기 힘든 일이니까요. 아무튼 이 변화는 시작이 있고 끝이 있을 것인데, 전에는 아무도 이 변화에 대해 언급하지 않았습니다. 이 변화를 다루는 톰의 방식은 그 변화를 어떻게 설명할 것인가라는 질문을 던지는 것입니다. 어떻게 이런 변화가 생겨나게 되었느냐는 것이지요. 저는 이러한 변화는 역사적인 설명이 필요하다고 보는 톰의 견해가 절대적으로 옳다고 생각합니다. 이것은 역사적인 문제입니다. 그들은 어떻게 이 변화를 일으킨 것일까요? 톰이 방금 우리에게 이야기했듯이 그의 견해는 두 가지 사실, 즉 빈 무덤의 발견과 부활하신 주님의 출현과 환상이 필요충분조건이라는 것입니다. 이 두 가지가 함께 이와 같은 변화를 역사적으로 설명해준다는 것이지요.

    그러나 저는 이 견해에 크게 반대합니다. 그것은 예수의 승귀(exaltation)까지는 설명해줍니다. 예수가 높임을 받으셨다든지, 또는 심지어 하나님 오른편에 계신다는 결론까지는 설명이 가능합니다. (그런데 어쨌든 예수가 하나님 우편에 계신다면, 하나님은 예수의 왼편에 계시는 것임을 기억하시기 바랍니다.) 여기서 제가 지적하고자 하는 바는 예수의 빈 무덤이나 부활 이후의 출현에 대해 논쟁하자는 것이 아니라, 그러한 (이성을 뛰어넘는) 믿음에 도달하기 위해서는 다른 무언가가 절대적으로 필요하다는 것을 말씀드리고자 하는 것입니다. 이것은 역사적 예수, 예수 자신이 이미 다른 식으로 표현하신 것입니다. 말하자면 하나님 나라는 단순히 미래에 나타나거나 심지어 임박한 것도 아니고, 이미 시작되었다는 것입니다. 그래서 저는 하나님 나라에 관한 **예수의 표현**과 부활에 관한 **바울의 표현**이 완벽하게 같다고 봅니다. 두 표현은 서로 일치합니다. 그래서 제가 보는 바로는 예수가 하나님 나라가 이미 시작되었다고 말씀하신 것은 매우 중요합니다. 저는 이것 없이는 어떻게 부활에 이르는지―승귀에는 이를지는 모르지만 부활에는 이르지 못함―알지 못합니다. 왜냐하면 톰이 이미 주장했듯이 사실 이것은 엄청난 변화이기 때문입니다.

그런데 정말로 중요한 두 번째 변화가 또 있습니다. 우리가 "그것[하나님 나라]이 시작되었다"라고 말하는 순간, 그것이 아무리 짧다고 해도―우리는 이미 이 기간이 최소한 2천 년이고 지금도 계속되고 있다는 것을 압니다―어느 정도의 기간이 있다는 것을 알게 됩니다. 저는 지금 우리가 여기서 다루고 있는 문제를 **협력적 종말**(collaborative eschaton)이라고 부르고자 하는데, 이는 예수도 이미 말씀하신 것이고, 바울도 그대로 받아들인 것입니다. 그리고 지금까지 아무도 그것을 제안한 사람이 없었습니다. 만약 여러분이 휘황찬란한 신적 섬광으로 임할 종말론을 믿는다면, "그럼 이제 제가 할 일이 무엇이죠?"라고 묻는 것은 상당히 어리석은 짓일 수밖에 없습니다. 그럴 경우 여러분이 할 일은 그냥 조용하게, 그리고 거룩하게 앉아 기도하는 것―그리고 기다리는 것―이 전부입니다. 하지만 만일 여러분에게 이제 시작과 끝, 첫 열매와 마지막 추수―풍성한 추수―사이의 어떤 기간이 주어진다면, 여러분에게는 할 일이 생긴 것입니다. 이것은 불가피한 것입니다. 따라서 저는 우리가 그 일에 참여하도록 부르심을 받은 것—종말론—에 크게 주목하고 싶습니다. 그런데 그 이전에는 아무도 이런 말을 하지 않았습니다. 저는 예를 들어 바울이 수건이 벗겨진 얼굴로 하나님의 영광을 보는 것, 그러니까 우리가 변화되는 것에 관해 이야기하는 것을 매우 중요하게 여깁니다. 그 사이에 무언가가 일어나고 있습니다. 이것은 마치 두 개의 멋진 북엔드—한쪽은 예수의 부활, 다른 한쪽은 만인의 부활—사이에 책이 하나도 없는 것과 같은 그런 모습은 아닙니다.

저의 두 번째 주된 요점은 양식과 의미입니다. 여기서 저는 제가 보기에 아주 필수적인 것에 여러분의 관심을 집중시키고 싶습니다. 만일 여러분이 보편적 부활에 대한 바리새적인 이해에서 벗어난다면, 즉 여러분이 그러한 사고방식에서 벗어난다면, 여러분은 우리가 흔히 지옥 정복 혹은 강하라고 말하는 것과 같은 입장을 취해야 합니다. 학계에서는 이 사건이 일찍 일어나느냐 늦게 일어났느냐를 놓고 논쟁을 벌일 수 있습니다. 그런데 저는 비록 시기에 대한 증거가 거의 없다손 치더라도, 이것이 이른 시기일 수밖에 없다고 생각합니다. 왜냐하면 그렇지 않고서는 어떻게 보편적 부활이 단지 예수의 부활과 함께 시작된다고 생각할 수 있겠습니까? 그럼 마카비 시대의 순교자들은 어디에 있습니까? 누적된 악에 대한 하나님의 정의는 어디에 있습니까? 우리가 만일 하나님이 이 세상에 대한 대대적인 정화 작업을 시작하셨다고 주장한다면, 하나님이 가장 먼저 해결하셔야 할 일은 아마도 누적된 불의일 것입니다. 예수는 로마의 십자가에 달려 죽은 최초의 유대인도 아니고 마지막 유대인도 아닐 것입니다. 미처리된 과제가 분명 있었습니다. 그래서 저는 톰이 주장하는 것보다 지옥 정복에 훨씬 더 큰 관심을 집중해야 한다고 생각합니다. 하지만—사실 저도 이것을 인정하지만—이것은 정말 지옥을 강탈하는 것과 굉장히 비슷한 것입니다. 다시 말하면 이것은 예수가 음부에 내려가 말씀을 선포하거나 설교를 한 것이 아니라 그들에게 자유를 선포하며 "이제 우리는 여기서 해방이다!"라고 외치는 것입니다. 그런데 저는 자신보다 먼저 죽은 자들에게 속박으로부터의 자유를 선포한다는 것을 문자적으로 이해하기는 어렵다고 봅니다. 만약 제가 이것을 문자적으로 이해한다면 그것은 제가 그 말을 한 사람들조차도 그 말을 문자적으로 했다고 생각한다는 것을 의미합니다. 그렇게 되면 예루살렘 주변에 있는 수많은 무덤이 빈 무덤이 되어야 했겠지요. 그렇게 되면 부활절에 무덤 하나만 조사할 문제가 아니라 얼마나 많은 무덤이 비어 있는지를 확인해야만 했었겠지요. 그래서 저는 지옥 정복을 좋아하고, 최소한 거기에 많은 강조점을 둡니다. 하지만 톰은 최소한 그의 책에서는 그렇게 많은 강조점을 두지 않습니다. 따라서 만약 여러분이 지옥 정복의 입장을 받아들인다면 여러분은 은유적 해석을 더 선호하게 된다고 생각합니다. 그런데 만약 이것을 배제한다면 단순히 예수의 부활에 관해서만 이야기할 수 있는데, 그렇게 되면 문자적으로 이해하는 것이 훨씬 더 수월해집니다.

　제가 여기서 은유적 해석에 대해 이야기하는 것이 왜 그리 중요할까요? 계몽주의 때문일까요? 아닙니다. 그렇지 않습니다. 왜냐하면 제가 읽고 있는 부분은 계몽주의 이전 시대이기 때문입니다. 진실은 바로 이것입니다. 만약 여러분이 예수와 바울이 살았던 세상, 즉 카이사르 곧 카이사르 아우구스투스가 신이며, 하나님의 아들이고, 하나님이며, 하나님으로부터 온 하나님이었고—적어도 이집트에서는—주님이며, 이 세상의 구원자이고, 구속자이자 해방자였던 그런 세상을 들여다보고, 스스로에게나 고전학 연구가에게 다음과 같은 질문을 던졌다고 가정해봅시다. "그 당시 그런 표현이 담긴 비문들을 읽고, 그런 이미지들을 보고, 그런 구조들을 본 그 수많은 사람은 과연 이것을 문자적으로 이해했을까, 아니면 은유적으로 이해했을까? 어쩌면 "나는 이에 대해 전혀 모르겠고, 다른 이들도 마찬가지일 것이다"가 이 질문에 대한 가장 솔직한 답변일 것입니다. 그러나 저는 그들이 이것을 작전적인 의미로, 기능적인 의미로, 또는 강령적인 의미로 이해했다는 것을 알고 있습니다. 내가 카이사르의 신성을 믿는다고 말했다면 그것은 그의 강령에 동의하고 로마 제국주의를 지지한다는 것을 의미합니다. 만약 제가 이 모든 것이 문자적으로 받아들여졌다고 확신한다면 기독교적이자 반카이사르적인 신학을 어떻게 읽어야 하는지 더 확실하게 알 수 있을 것입니다. 제게는 그것이 관건입니다. 우리가 신앙의 이름으로 사람들에게 이 모든 것을 은유적으로가 아니라 문자적으로 이해해야 한다고 요구할 만큼 충분히 알고 있는지 어떻게 알 수 있을까요? 여기서 제가 제안하고자 하는 것은 그것을 문자적으로 이해하든 은유적으로 이해하든 간에, 우리는 이것을 강령에 따라 이해해야 한다는 것입니다. 즉 이 말은 여러분이 신적 그리스도의 강령이 신적 카이사르의 강령과 세부적으로 어떻게 다른지 낱낱이 이야기할 수 있어야 한다는 것을 의미합니다. 이것은 당시 1세기에 관한 문제입니다. 1세기의 문제는 "당신은 예수를 주로 생각하십니까?"가 아닙니다. "당신은 카이사르와 예수 가운데 누가 주라고 생각합니까?"입니다. 그리고 당신이 "예수가 주님이십니다"라고 말한다면, 당신은 방금 대역죄를 범한 것입니다. 저는 이 강령에 관해 좀 더 상세히 설명하고 싶습니다. 만약 여러분이 로마 제국의 강령을 그들의 전차에 붙이고 다니는 범퍼 스티커로 생각한다면 아마도 그것은 "첫째는 승리, 둘째는 평화"가 될 것입니다. 첫째가 승리이고 둘째가 평화입니다. 조금 더 제대로 된 범퍼 스티커를 붙인다면, 첫째는 애국심, 그다음은 전쟁, 그다음은 승리, 그다음은 평화가 될 것입니다. 그런데 예수, 바울 그리고 신약성서로부터 나온 이와 정면으로 대치되는 강령은 "첫째는 정의, 둘째는 평화"라고 생각합니다. 혹은 "언약, 비폭력, 정의, 평화"일 것입니다.

저의 결론입니다. 저는 이제 우리 앞에 두 노선이 있다고 생각합니다. 우리는 부활을 문자적으로 혹은 은유적으로 해석해야 하는지를 놓고 양식에 관해 서로 논쟁을 벌일 수 있습니다. 톰이 제안한 것처럼 예수의 경우에는 문자적 부활이고, 그리스도인들의 경우에는 은유적 부활이며, 모든 사람의 경우에는 다시 문자적 부활일까요? 아니면 예수의 경우에는 은유적 부활이고, 지금 그리스도인들의 경우에는 문자적 부활이며, 마지막 때에는 다시 은유적 부활일까요? 우리는 이렇게 계속해서 논쟁을 벌일 수도 있습니다. 제가 보기에 우리는 지난 200년 동안 이 문제를 가지고 계속해서 논쟁을 벌여왔고 지금은 교착상태에 빠져 있다고 생각합니다. 제가 보기에 이제는 아무도 누구를 설득시키지 못합니다. 그래서 저는 이 저녁에 다음과 같이 제안하고 싶습니다. 즉 만약 여러분이 양식에 관해, 그러니까 어떤 것을 문자적으로 해석해야 하고, 어떤 것을 은유적으로 해석해야 하는지에 관해 논쟁을 하고 싶으면, 하십시오. 전적으로 정당한 논쟁이니까요. 하지만 **의미에 관한 문제**는 여전히 남아 있습니다. 저는 예수의 부활이 "문자적"이라고 말하는 사람에게 그 말이 정확히 무슨 의미인지 말해달라고 요구하고 싶습니다. 다시 말하자면, 그 말이 함축하고 있는 의미가 무엇이고, 그것이 어떻게 이해되어야 하고, 그것이 이 세상을 어떻게 변화시키며, 우리는 새 창조에 어떻게 참여하는지를 묻고 싶습니다. 부활을 문자적으로 이해한 것을 통해 저에게 말씀해주십시오. 저는 은유적 해석이 담고 있는 함의를 여러분에게 자세히 설명드릴 의향이 있습니다. 저는 여러분이 부활을 문자적으로 혹은 은유적으로 해석하는 것이 중요하지 않다고 말하는 것이 아닙니다. 심지어 저는 그 질문을 논외로 하자고 말하는 것도 아닙니다. 제가 말씀드리고 싶은 것은 문자적 해석에서 나온 의미를 제게 말씀해달라는 것입니다. 그리고 은유적 해석에서 나온 의미도 말씀해주십시오. 우리가 양식의 영역에서는 전혀 일치하지 않더라도, 의미의 영역에서는 놀라우리만큼 일치할 수도 있을 테니까요. 제가 강조하고 싶은 것은 양식이 중요하지 않다거나 여러분이 무엇을 믿고 어떤 행동을 하는지와 전혀 상관이 없다고 말하는 것이 아닙니다. 그것은 제가 말하고자 하는 바가 아닙니다. 단지 저는 더 이상 시작과 끝, 과거와 미래에 관해 논하고 싶지 않다는 것입니다. 저는 현재에 관해 생각해보고 싶습니다. 저는 진정으로 우리가 어떻게 하면 악당들로부터 하나님의 세상을 다시 되찾을 수 있는지를 알고 싶습니다. 감사합니다.

대화

N. T. 라이트와 존 도미닉 크로산

라이트: 돔과 저는 이전에도 이런 대화를 나눈 적이 있었습니다만, 저는 우리가 **문자적** 그리고 **은유적**이란 용어와 더불어 이 대화를 나누게 된 것이 매우 중요하다고 생각합니다. **문자적**과 **은유적**이란 용어는 사물(things)을 가리키는 방식을 묘사하는 단어입니다. 우리는 종종 "구체적인" 것과 "추상적인" 것을 가리킬 때 **문자적**과 **은유적**이란 용어를 사용합니다. 저는 만약 우리가 **문자적**과 **은유적**이란 용어를 실제로 "구체적"과 "추상적"이란 의미로, 그러니까 어떤 구체적이고, 명확하며, 확고한 것을 나타내거나 또는 어떤 개념이나 느낌과 같이 추상적인 것을 가리키기 위해 사용한다면, 이 용어를 양식(mode)에 관해 논할 때 사용하는 것은 위험하다고 생각합니다. 그 이유는 당신이 현실 세계를 변화시키기 위해 우리가 이 현실 세계에서 행동을 취해야 한다고 말하면서, 만약 우리가 다른 수많은 비구체적인 사건—어쩌면 좋은 아이디어, 좋은 생각, 기도 등—을 우리 마음속이나 머릿속에 담아두어야 한다는 것이 부활절에 일어난 사건이 현실 세계를 사는 우리에게 주는 의미이므로 이 사건은 구체적인 사건이 아니라고 주장한다면, 이 둘 사이에는 엄청난 차이가 있다고 생각하기 때문입니다. 저는 바로 이런 이유 때문에—그러니까 만약 당신이 끝에서부터 시작하기를 원한다면(물론 당신은 지금도 그렇게 하고 있다)—우리는

더더욱 **구체적인 것**으로부터 시작해야 한다고 생각합니다. 그리고 저는 **문자적**과 **은유적**이란 용어를 우리의 토론에서 배제해버렸으면 좋겠습니다.

크로산: 저로서는 그럴 수 없습니다. 저는 그것들을 동일시하지 않기 때문입니다. 문자적 진술과 은유적 진술은 모두 동일한 구체적 사건에 똑같이 적용될 수 있습니다. 한 가지 최근 예를 들어 드리겠습니다. 지난 선거 때 두 사람이 대화를 나누고 있습니다. 한 사람이 말합니다. "부시 대통령은 나의 대통령이야." 이에 다른 한 사람은 이렇게 말합니다. "부시 대통령은 나의 독수리야." 하나는 문자적이고, 다른 하나는 은유적입니다. 두 사람은 모두 동일한 구체적인 것에 대해 언급한 것입니다. 두 사람은 모두 "우리는 부시 대통령의 공약을 찬성한다. 우리는 그의 정책을 찬성한다, 우리는 그것을 위해 싸울 것이다. 우리는 이것에 표를 행사할 것이다"라는 말을 한 것입니다. 제가 보기에 이 두 가지는 모두 방향성(vectors)에 있어서는 완전히 동일한 것을 의미합니다. 바로 이것이 제가 사용하는 **문자적**과 **은유적**이란 말의 의미입니다. 이 두 단어는 동일한 의미를 가질 수 있습니다. 물론 그렇지 않을 수도 있고요.

라이트: 저도 그 말에 전적으로 공감합니다. 그래서 제 요점은 사실 그것이 바로 제가 밝히고자 했던 점이라는 것입니다. 제가 돔의 이야기를 듣고, 또 돔이 제 이야기를 들을 때, 우리가 실제로는 그렇게 서로 엇갈렸는지도 모르겠습니다. 그래서 제 요점은 당신이 그 구체적 사건을 문자적인 표현으로 언급하든—

"그는 죽은 자 가운데서 육체적으로 부활을 하셨다"—혹은 은유적인 표현으로 언급하든 간에 그 당시의 부활 용어는 초기 그리스도인들이 문자적으로 사용했으며 또한 구체적인 사건을 가리키기 위해 사용된 것이라는 점입니다. 만일 당신이 그 길을 선택하지 않는다면 당신은 무슨 일이 일어났든지 간에, 그리고 당신이 그것을 문자적으로 또는 은유적으로 이해하든지 간에, 그것은 추상적인 사건, 비구체적이며 비육체적인 것이었다고 말할 수밖에 없고, 그렇게 되면 또한 당신은 순교의 육체적 실재와 카이사르의 세계 및 그 나머지 모든 것을 다룰 수 있는 근거를 놓치고 말 것입니다. 다시 말하자면 결국에는 당신의 정치적 의제가 당신으로 하여금 부활절 아침에 실제로 빈 무덤이 있었다고 말할 수밖에 없도록 만들지 않을까요? 물론 저는 우리가 이렇게 빨리 그렇게 되어야 한다는 뜻으로 한 말은 아닙니다만….

크로산: 아니죠, 그렇게 되지는 않을 것입니다. 저는 이렇게 말하고 싶습니다. 만약 오늘날 이 세상의 모든 그리스도인이 문자적으로 비어 있는 무덤과 당신이 볼 수 있게 무덤에서 나온 몸과 같이 모든 것이 문자적이라는 데에 전적으로 만족해한다면, 저는 이 문제를 제기할 마음조차 없을 것입니다. 그런데 문제는 육체의 부활을 부활 (신앙)과 동일시하는 그리스도인들이 수없이 많다는 것을 제가 잘 알고 있다는 것입니다. 어떻게 표현해야 할지 잘 모르겠습니다만, 그들은 부활을 "당신은 예수가 무덤에서 육체적인 몸으로 나왔다는 것을 믿습니까? 안 믿

습니까?"라는 질문으로 단순화시켰습니다. 즉 이것은 말하자면 카메라로 예수를 찍을 수 있었다는 것을 의미하며, 그들은 이것에 관해서만 이야기하고 싶어 합니다. 만일 그들이 부활을 단순히 그런 의미로만 이해한다면, 그들은 아마도 "나는 그리스도인일 수 없다"고 말할 것입니다. 하지만 그것은 정말 끔찍한 일이라고 생각합니다. 저도 그리스도인이라면 누구나 부활을 믿어야 한다고 생각합니다. 그런데 만약 문자적으로 혹은 은유적으로냐고 묻는다면, 저는 당신은 어떤 의미로 "문자적으로"라는 말과 "은유적으로"라는 말을 사용하는지 물어보겠습니다. 그것이 제가 사용하는 용어이니까요. 저는 구체적 혹은 추상적이라는 말을 사용하지 않을 겁니다. 톰, 나는 정말 그럴 겁니다. 왜냐하면 그것은 세상에 있는 무언가가 구체적인 것—단순히 주관적으로 나를 변화시키는 것이 아니라 이 세상을 변화시키는 것—을 가리키기 때문입니다.

라이트: 우리 대화의 주제가 우리가 바라는 세상이 어떠해야 하는지에서 과거에 무슨 일이 일어났거나 혹은 무슨 일이 일어날 수 있었다고 생각하는지에 관한 진술로 이미 바뀐 것은 매우 흥미롭습니다. 그러면 제가 다른 질문을 하나 던지고, 그다음에 당신이 저에게 다른 질문을 던지는 식으로 진행해도 될까요? 그러니까 작년과 재작년에 이루어진 대화에서 우리가 이 질문과 관련하여 얼마나 깊이 들어갔는지는 모르겠지만, 여기서 다시 그 역사적 질문으로 되돌아가도 되겠습니까? 저는 그 추가된 변화에 매료되어 있습니다. 제가 만약 책을 다시 쓴다

면 당신이 그렇게 강조한 협력적 종말론을 일곱 번째 변화로 추가하고 싶습니다. 제가 보기에 당신이 강조하는 협력적 종말론은 정말로 타당하며, 바로 바울이 거듭해서 강조한 것입니다. 그 점에 대해 당신에게 감사를 드립니다. 적어도 재판(再版)에서는 당신이 각주에는 들어가겠지요. 사실 저는 이 변화가 매우 중요하다고 생각합니다. 그러니 이 주제로 다시 돌아갈 수도 있습니다. 그렇다면 당신은 이 모든 변화를 어떻게 설명하겠습니까? 저는 당신도 변화가 일어난 것을 인정할 것이라고 생각합니다. 당신도 제가 강조한 것을 강조했더군요. 한 사건이 두 단계로 나뉜 것 말입니다. 그래서 당신도 이 새로운 것, 협력적 종말론을 도입한 것이겠지요. 그렇다면 무엇이 그 변화를 촉진시켰을까요? 제가 좀 더 날카롭게 말씀 드리겠습니다. 우리의 임종 시에 혹은 죽음 이후에 일어나는 일에 관해 우리가 갖고 있는 믿음은 어느 문화에서나 매우 강합니다. 사람들은 어떤 일에 관해서는 쉽게 자신들의 믿음을 바꿉니다. 하지만 어머니나 아버지를 장사지내는 일에 있어서는 그동안 가족이 항상 해왔던 방식으로 하기를 원하지요. 그러므로 서로 다른 문화적 배경을 가지고 있던 그 모든 그리스도인이 그동안 자신들이 속한 문화에 의해 형성된 믿음을 이처럼 획기적으로 바꾸어버릴 정도였다면 정말 무언가가 일어난 것이 틀림없습니다. 당신은 그것을 어떻게 설명하겠습니까?

크로산: 좋습니다. 당신의 설명은 예수의 빈 무덤이 부활 신앙의 필요충분조건이라는 것이지요?

라이트: 아닙니다. 그 중간에 다른 단계가 있습니다. 제 설명은 초기 그리스도인들은 예수가 죽은 자 가운데서 육체적으로 부활했다는 것을 실제로 믿었다는 것입니다. 그것이 이 여러 변화에 대한 설명입니다. 그래서 우리는 "그들은 왜 그것을 믿었는가?"라고 물어야 합니다. 우리는 그 질문을 건너뛸 수 없습니다.

크로산: 아니, 아닙니다. 저도 당신의 논증을 따라가고 있습니다. 저는 당신의 논증이 절대적으로 타당하다고 생각합니다. 저는 방금 당신이 **문자적으로**(literally)라는 말 대신에 **실제로**(really)라는 말을 사용한 것을 눈치 챘습니다. 제가 트집을 잡는 것이 아닙니다. 만약 당신이 제게 "어떤 일이 **실제로** 일어났다고 생각합니까?"라고 묻는다면, 저는 "네, 맞습니다!"라고 대답할 것이기 때문이지요. 만약 당신이 혼동하고 있다면—당신이 그렇게 혼동하고 있다고 말하는 것이 아닙니다만—즉 문자적인 것과 실제적인 것을 혼동하고 있다면, 제가 보기에 당신은 계몽주의에 굴복한 것입니다.

라이트: **실제적**(real)이라는 말은 현대 영어에서 가장 애매모호한 단어 중에 하나이기는 합니다만….

크로산: 물론 애매모호한 단어이므로 충분히 그럴 만합니다. 그래서 당신의 질문에 답변을 하자면—만약 제가 이것을 역사가로서 살펴보고, "그들이 어떻게 이렇게 할 수 있었지?"라고 묻는다면—당신의 책 전반부는 이것이 정말 엄청난 변화임을 잘 보여줍니다. 이것은 그냥 어떤 우아한 진화도 아니고, 그냥 다음

단계로 넘어간 것도 아니며, 아무나 거기에 도달할 수 있었던 것도 아닙니다. 네, 이것은 정말 엄청난 변화입니다. 저는 그 지점에서 당신이 절대적으로 옳다고 생각합니다. 제가 이해하는 역사적 예수―그냥 복음서의 예수라고 해둡시다―의 선포는 하나님 나라가 임박했다는 것이 아니라 하나님 나라가 이미 시작되었다는 것이라는 점은 매우, 매우 중요하다고 생각합니다. 그리고 예수가 제자들을 내보내실 때 그는 그들에게 협력하라고 말씀하십니다. 그는 이미 협력적 종말론 모드에 들어가 있습니다. 제자들은 이미 그것을 경험했다고 봅니다. 그들은 이미 하나님 나라의 능력을 경험했습니다. 그런데 십자가의 죽음이라는 충격적인 사건이 벌어지고 맙니다. 그래서 그다음으로 일어나야 할 것이 있는데, 그것이 바로 부활하신 예수의 출현이라는 **추가 요소**(plus)입니다. 저는 그들이 예수의 출현을 경험했다는 것을 기정사실로 받아들입니다. 당신이 예수의 출현을 어떻게 설명하는지는 별개의 문제이지만, 그 사건이 일어난 것만은 확실합니다. 제자들은 그것을 만들어내지 않았습니다. 환각 상태에 빠진 것도 아닙니다. 하지만 제가 여기서 말하고자 하는 바는, 제가 주장한 것처럼, 사복음서의 부활 이야기들은 일차적으로 누가 주인공이며 누가 예수의 출현을 목격하는 경험을 했느냐에 관심을 두고 있다는 것입니다. 하지만 이것은, 심지어 제가 마가복음의 무덤 이야기가 창작된 것이라고 주장하더라도―제가 그렇게 주장하듯이―예수의 출현을 전제합니다. 저도 부활 이후에 예수가 실제로 나타나셨다는 데 동의합니다. 하지만 저는 출현과 더불어 "하나님 나라가 이미 여기 있다"라는 경험이 중요하다고 생각합니다. 이것이 이 두 사실에 대한 저의 설명입니다. 솔직히 말해서 저는 빈 무덤에 관해서는 더 이상 말할 가치가 없다고 생각합니다. 별로 중요하게 생각하지 않습니다. 역사적으로 볼 때, 저는 마가가 그 이야기를 만들어냈다고 생각하기 때문에 그것에 대해 확신이 없습니다. 저는 다만 그것을 받아들일 뿐입니다.

라이트: 좋습니다. 정말 흥미진진합니다. 왜냐하면 예수의 하나님 나라 선포와 그의 사역과 선포를 통해 제자들이 하나님의 능력을 체험한 것은 그들이 최종적으로 도달한 총체적 해석의 전제 조건 중 하나라는 점에서는 저도 당신과 같은 입장이기 때문입니다. 하지만 이 두 가지 사실 자체만으로 예수가 실제로 부활하지 않았는데도 죽은 자 가운데서 다시 살아났다는 말이 나돌기에는 충분치 않다고 생각합니다. 저는 제 책에서 기원후 70년에 티투스가 예루살렘을 정복할 당시 일어났을 법한 가상의 시나리오를 다룬 적이 있습니다. 그때 시몬 바르-기오라는 법정에 끌려 나가 그들의 처형 방식에 따라 죽임을 당했습니다(로마 군대는 결정적 정복이 막바지에 이르렀을 때 적의 수장을 죽였습니다).[2] 3-4일 후 몇몇 동료와 가까스로 도망쳐 어딘가에 숨어 있던 운 좋은 한 유대인이 동료들과 다음과 같은 대

---

2 Wright, *The Resurrection of the Son of God*, 558-559.

화를 나누었다고 가정해봅시다. "나는 시몬이 실제로 메시아였다고 생각해. 시몬이 우리를 이끌 때 우리는 그 안에서 역사하시는 하나님의 능력을 느꼈지. 나는 진실로 시몬이 하나님의 기름부음 받은 자였고 또 지금도 그렇다고 생각하네." 이에 동료들은 다음과 같이 말합니다. "자네, 정말 미쳤구나. 로마 군인들이 그를 잡아가서 자기들의 처형 방식에 따라 그를 죽이지 않았나. 자네도 그게 무슨 의미인지 잘 알잖아. 그것은 시몬이 결코 메시아일 수 없다는 뜻이야. 이방인들이 자기들의 승리를 축하하면서 누군가를 처형하면 그것은 그가 결코 메시아가 될 수 없다는 것을 보여주는 것임을 우리 모두가 잘 알고 있으니까." 그러므로 그다음에 뭔가 특별한 일이 일어나지 않으면 모든 것이 다 수포로 돌아가고 맙니다. 저는 누가복음 24장에 나오는 장면이, 당신이 그 사건의 전반적인 역사성에 관해 무엇이라고 말하든지 간에, 1세기 유대인의 인식을 정확히 짚어냈다고 생각합니다. "우리는 그가 이스라엘을 구속하실 자이길 바랐다." 그러나 그 말에 담긴 함의는 그들이 그를 죽였다는 사실이 그가 그런 구속자가 될 수 없었음을 보여준다는 것입니다. 그러므로 반전을 일으킬 만한 어떤 일이 일어나지 않는다면, 그들은 "우리가 멋진 꿈을 꾸며 살았지만, 이제는 모든 것이 일장춘몽으로 끝났고, 끔찍한 제국의 현실로 돌아온 것일세"라고 말할 것입니다.

크로산: 하지만 이 시점에서 제가 주장하는 것은 제자들이 환상을 보았다는 것입니다. 저는 그렇게 봅니다. 정말 그렇게 봅니다.

그렇지 않고서는 이 모든 것을 이해할 다른 방법이 없습니다. 저는 당신이 어떻게 이것 없이도 그렇게 비약할 수 있는지 모르겠습니다. 하나님 나라가 이미 시작되었다는 예수의 선포는 받아들이고 부활은 건너뛰는 것이 어떻게 가능한지 저는 잘 모르겠습니다. 정말 모르겠습니다. 하지만 저는 성육신(incarnation)이 먼저라고 생각합니다.

라이트: 예, 저는 당신이 이전에도 그렇게 말하는 것을 들어본 적이 있습니다. 그리고 저도 어떤 의미에서 신학적으로는 당신의 의견에 동의합니다만, 저는 후대의 기독교 신학이 설명하는 것처럼 제자들이 부활 이후 모든 생각을 정리하기 전까지는 성육신을 믿었다고 생각지 않습니다. 물론 그들도 어떤 것들 때문에 당혹스러워하긴 했지만 말입니다. 하지만 저는 제자들이 실제로 암묵적으로라도 어떤 삼위일체론적이거나 혹은 원(proto) 삼위일체론적인 진술을 했다고 보지 않습니다. 그런 진술을 했다면 얼마나 놀라운 해결책이 되겠습니까? 그렇게 되면 다음 주 신문이 이렇게 대서특필하겠지요. "크로산, 예수의 생애 기간 동안에도 성육신이 있었다고 믿다." 이것은 엄청난 혁명이 아닐 수 없겠지요.

크로산: 제가 잠시 사실에 반하는(counterfactual) 내용을 말씀드려보겠습니다. 저는 예수의 선포가 "하나님 나라가 곧 임할 것이다!"였다가 부활이 일어나니까 "아, 하나님 나라가 이미 시작되었구나!"라고 깨닫게 된 것이 아니라는 것에 당신이 동의한다고 생각합니다. 하지만 그것은 적어도 제가 말하고자 하는 바가

아닙니다. 저는 예수가 이렇게 말씀하셨다고 생각합니다. "내 삶 가운데, 그리고 너희와 협력하는 가운데, 하나님 나라는 이미 시작되었다." 그리고 저는 하나님 나라가 금방 끝날 수도 있다는 가능성을 기꺼이 열어둘 마음도 있습니다. 하지만 그 주제로 넘어가지는 않겠습니다. 거대한 변화는 받아들이기가 쉽지 않지요. 그런데 그 일이 바로 갈릴리에서 일어나고 있다고 상상해봅시다. 하나님 나라는 이미 시작되었습니다. 그렇다면 그 하나님 나라가 계속 지속되지 않을 이유가 어디 있습니까? 저는 이것이 사실에 반하는 것이라고 생각합니다만, 우리가 한번 생각해보자는 의미에서 말씀드렸습니다.

라이트: 하나님 나라가 계속 지속되지 않을 이유가 어디에 있냐구요? 저는 그 이유가 그들에게 하나님 나라는, 우리가 요세푸스의 글에서, 그러니까 예수가 태어날 무렵에 일어난 여러 반란에 대한 그의 글을 통해 알 수 있듯이, "하나님 나라"는 "우리는 카이사르가 우리를 다스리는 것을 원치 않는다. 우리는 헤롯이 우리를 다스리는 것을 원치 않는다. 우리는 가야바와 그의 세력들이 우리를 다스리는 것도 원치 않는다. 우리는 오로지 하나님이 우리의 왕이 되기를 원한다"라는 말에서 알 수 있듯이 실제 사건들과 밀접하게 연관되어 있었기 때문이라고 생각합니다. 그런데 로마인들이 그들의 메시아를 죽인다면, 그것은 하나님이 아직 그의 나라를 완성하신 것이 아니라는 증거가 됩니다. 그들이 아무리 예수와 함께 병자를 고치고, 공개적인 식탁 교제를 하며, 함께 돌아다녔던 때가 좋았다고 생각

했어도 말입니다. 그래서 저는 진실로 십자가의 죽음이 하나님 나라의 도래를 부정하는 사건이 된다고 생각합니다. 물론 다른 어떤 일도 일어나지 않았다면 말이죠.

저는 부활 이후의 출현에 대해서도 당신에게 더 말씀드리고 싶습니다. 당신이 기존의 견해를 바꿨는지는 모르겠지만, 적어도 당신이 쓴 책과 제가 들은 바에 의하면 당신은 우리 모두가 지인이 죽으면 그 사람의 환상을 보도록 이미 선천적으로 설계되어 있다고 주장했습니다. 그리고 저는 당신이 게르트 뤼데만이 내놓은 주장에도 동의한다고 들었습니다. 말하자면 사실 이것은 고대 세계에서나 현대 세계에서도 잘 알려진 현상인데, 당신이 사랑하는 어떤 사람이 죽으면, 또 때때로 심지어 그가 죽었다는 사실을 알기도 전에, 그 사람이 당신과 함께 방에 있는 모습을 실제로 볼 수도 있고, 또 그 환상은 매우 현실적이고 분명하다는 것이었습니다. 그런데 여기서 제가 한 가지 짚고 넘어가고 싶은 것은, 만약 당신의 주장대로 고대 세계의 수많은 사람들이 지인이 죽은 이후에 그들의 환상을 보았다면, 그것은 그들이 다시 살아났다는 것을 의미하는 것이 아니라 그들이 죽었다는 것을 의미한다는 것입니다. 이것이 중요한 포인트입니다. 고대의 이교도 저술가들도 이 점에 있어서는 아주 분명했습니다. 그것이 바로 당신이 무덤에서 망자와 이런 식사를 하는 이유 중의 하나인 것입니다. 물론 이것은 망자를 다시 데려오려는 것이 아니라 그 사람이 다시 돌아오지 못하게 하려는 것이지요. 이것이 바로 이런 식사의 기능이라는 말입니다. 그러니까 이것이 바로 당신이 이것을 가지고 어떤 사람이 다시 살아나는 것과 기본적으로 똑같다고 말할 수 없는 이유입니다. 그리고 이것이 그레그 라일리(Greg Riley)가 『재고된 부활』(Resurrection Reconsidered)이라는 책에서 완전히 잘못된 견해를 제시하는 이유이고요. 완전히 정반대인 것이지요. 그러니까 그것부터 먼저 다루어봅시다.

크로산: 만약 제가 온갖 현대 의학 기술을 동원해 부활하신 주님에 대한 환상을 보는 사람과 이를테면 갑작스런 사고로—예를 들어 9월 11일에 일하러 출근했다가 다시 돌아오지 못한 끔찍한 일—죽은, 사랑하는 사람에 대한 환상을 보는 사람을 상상해볼 수 있다면, 저는 이 두 환상이 제가 "심리적 인류학"이라고 부르는 것에 비추어볼 때 정확히 동일하다고 생각할 것입니다. **그러나** 앞에 있었던 일과 그 뒤에 일어난 일이 이 모든 것에 크게 영향을 미쳤을 것입니다. 만약 앞에 있었던 일이 예수에 관한 경험이었다면 말이죠. 또는 심지어 바울처럼 예수를 따르는 자들을 박해하고 싶을 정도로 예수에 대한 지식이 그리 좋지 않다 하더라도, 당신은 이미 부활의 경험이 당신의 생각을 바꾸리라는 것을 충분히 알고 있습니다. 그리고 그 이후의 결과는 그러한 생각을 바꿀 것입니다. 예를 들어봅시다. 초기 교회의 모든 사람은 예수에 대해 웅대한 환상을 보았고, 그들은 모두 "오, 괜찮아! 아, 이제는 됐네!"라고 말하면서 예를 들어 고기를 잡으러 돌아갔을 것입니다.

라이트: 요한복음 21장을 보면 그들이 그렇게 했지요.

크로산: 맞습니다. 그것은 더 이상 동일한 환상이 아니었을 것입니다. 다시 말하면 제가 보기에 이 둘의 차이는 준비 과정과 그 결과에 있다고 생각합니다.

라이트: 그렇긴 합니다만….

크로산: 그것은 차이가 있습니다.

라이트: 그래요. 하지만 제가 지적하고 싶은 문제는, 만약 얼마 전에 죽은 사람의 환상을 보는 경우가, 당신과 다른 학자들이 주장하듯이, 널리 알려진 것이라면, 그들은 아마도 단순히 "그(망자)는 이제 하나님과 함께 있구나" 또는 그는 다른 어떤 의미에서 "살아 있구나"라고 말했을 것입니다. 사람들은 「솔로몬의 지혜서」 3장에서 순교자들에 관해 말하는 것처럼 말했을 것입니다. 즉 의인의 영혼은 하나님의 손에 있다고 말입니다. 또는 당신도 알고 있다시피 사람들은 마카비 시대의 순교자들에 관해 말한 것처럼 말했을 것입니다. 즉 "그들은 위대한 순교자이고, 우리는 그들을 존경하며, 우리는 그들에 대한 기억을 소중히 여기며, 우리는 그들의 무덤을 찾아가 경의를 표할 것이지만, 그들은 아직 죽은 자 가운데서 부활하지는 못했지요. 그러나 그들은 장차 죽은 자 가운데서 부활할 것입니다"라고 말입니다. 스티브 패터슨(Steve Patterson)은 예수에 관한 그의 저서에서 사람들이 처음에는 예수가 순교자처럼 죽은 자 가운데서 다시 살아날 것이라고 말하는 것으로 시작했지만, 점차적으로 예수는 이미 죽은 자 가운데서 살아나셨다는

말로 바뀌게 되었다고 주장했습니다.[3] 물론 당신은 그렇게 말하지 않습니다만, 저는 당신의 주장이 어떻게 성립될 수 있을지 궁금합니다. 사도행전 12장에 보면 베드로가 놀랍게도 옥에서 풀려나 성도들이 모인 집으로 와서 문을 두드립니다. 이 놀라운 장면에서 작은 소녀 로데는 베드로의 목소리를 듣고 나갔다가 너무 흥분한 나머지 문 열어주는 것을 깜박 잊고 그냥 들어와 그들에게 알립니다. 그러자 **그들은** "그러면 그는 그의 천사다"라고 말했지요. 그런데 바로 이 말이 "우리는 지금 망자의 사후 방문을 맞이하고 있습니다"라는 유대인들의 통상적인 표현인 것입니다.

크로산: 맞습니다.

라이트: 그런데 그 말은 "와~ 베드로가 죽은 자 가운데서 다시 살아났구나!"라는 뜻이 아닙니다. 그 말은 "그들이 베드로를 죽였으니 내일은 옥에 가서 그의 시체를 가져다가 장사를 지내야겠구나"라는 뜻이지요.

크로산: 물론 그렇지요. 하지만…만약 예를 들어 당시 사람들이 그렇게 말했다면—그러니까 그들이 부활 이후의 출현도 여러 번 경험했고, 그 출현은 존재론적으로도 유일무이한 것이었으며, 지금까지 전 세계 역사상 단 한 번도 일어난 적이 없는 그

---

[3] Stephen J. Patterson, *Beyond the Passion: Rethinking the Death and Life of Jesus* (Minneapolis: Fortress Press, 2004). 참조. Stephen J. Patterson, *The God of Jesus: The Historical Jesus and the Search for Meaning* (Harrisburg, Pa.: Trinity Press International, 1998).

런 사건이었다고 칩시다—저는 예수가 높임을 받으셨다, 즉 빌립보서의 찬송처럼, 예수가 지금은 하나님과 함께 계신다든지, 예수가 하나님의 우편에 앉아 계신다든지, 혹은 예수가 우주의 주인이 되었다는 데까지는 갈 수 있지만, 부활까지는 갈 수 없다고 생각합니다. 왜냐하면 부활은 **완전히 새로운** 변화를 의미하기 때문이지요.

라이트: 하지만 만약 당신이 예수의 빈 무덤이 없이 단순히 출현만 있었다고 본다면, 그들은 "그는 하나님과 함께 있다"든지, 그는 순교자들처럼 그냥 어떤 의미에서 높임을 받았다는 수준에서 그쳤을 것입니다. 그런데 만약 당신이 예수의 빈 무덤과 예수의 시체에 어떤 일이 일어났다는 사실을 인정한다면, 그래서 예수의 부활 이후의 출현이 단순히 사랑하는 사람이 방금 죽었을 때 경험하는 것과 같은 단순한 출현이 아니라 실제적으로 어떤 특이한 물리적인 것이 수반되었다면, 얘기는 완전히 달라지지요. 당신도 알다시피 누가복음 24장에 따르면 자기들이 떼지 않은 떡이 식탁 위 어디엔가 놓여 있었기 때문에—누군가 그렇게 한 것이지요—단순히 구운 생선을 먹은 사건과는 다릅니다. 여기에는 여러 가지 물리적 현상이 일어나고 있었고, 바로 여기서 다른 파라물리학적인(paraphysical) 현상과 더불어 이 이야기들이 기이한 현상을 담고 있음이 드러나는 것입니다. 저는 그 누구도 이런 이야기들을 실제로 만들어낼 수 있다고 생각하지 않습니다. 이것이 바로 제가 말하고자 하는 바의 일부분입니다. 이러한 종류의 현상들은 예수의 출현

과 더불어 저와 제자들이 이것은 단순히 보편적인 출현이 아니고 단순히 높임을 받은 것도 아니며, 실제적으로 부활한 것이라고 말할 수밖에 없도록 만든 물리적 증거인 것입니다. 물론 그중에서 가장 탁월한 예는 빈 무덤이지만 말이지요. 물론 그들은 부활을 예상조차 못했습니다. 그것이 바로 이 이야기의 핵심입니다.

크로산: 톰, 저는 이해가 되지 않습니다. 물론 제가 그것을 반드시 거부할 필요는 없겠습니다. 하지만 저는 빈 무덤만 가지고는, 그리고 부활 이후의 출현 또는 부활의 환상만 가지고는 그런 변화가 일어났다고 볼 수 없습니다. 저는 이런 현상이 예수의 승귀까지는 갈 수 있게 했다고 봅니다. 하지만 저는 부활까지는 갈 수 없다고 생각합니다. 저는 당신의 책의 전반부와 후반부가 서로 크게 상충한다고 생각합니다. 당신이 이 변화의 특수성을 강조하면 할수록―저는 이 강조점에 대해 전적으로 동의합니다만―당신은 빈 무덤이나 부활 이후의 출현보다 훨씬 더 거대한 설명이 필요하게 됩니다. 당신이 이 두 가지를 아무리 문자적으로 이해한다고 해도 말입니다. 당신의 주장은 부활 없이 예수의 승귀에 도달하게 해줍니다.

라이트: 글쎄요. 저는 빈 무덤과 다시 살아나서 자기를 만지라고 말씀하시며 구운 생선을 먹은 사람이 분명히 거기 있는데 왜 당신은 부활까지 가지를 못하는지 이해하지 못하겠습니다.

크로산: 그 부분을 더 명확하게 하는 데 초점을 맞추어볼까요? 만약 모든 사람이 부활은 한 사람의 부활과 많은 사람의 부활로 나

누어질 것이라고 기대하고 있었다면, "아, 이것이 바로 우리가 기다렸던 사건이네"라며 확실하게 깨달았을 것입니다. 그렇지만 당신은 당신의 책에서 바리새인들이 어쩌면 내일 있을지도 모르는 보편적 부활을 기대했다는 결정적인 증거를 제시했습니다. 그런데 이제 와서는 이것이 부활의 시작이라고 말하면서 이제 우리는 얼마간의 기간이 지난 이후에 일어날 부활을 고려해야 한다고 말하고 있는 것입니다.

라이트: 저는 여기서 제 생각에 대한 당신의 생각과 제 생각에 대한 제 생각 사이에는 면도날 하나 정도 들어갈 수 있는 간극이 있다고 생각합니다. 예수와 함께 십자가에 못 박힌 강도 중 한 사람을 예로 들어봅시다. 만약 그 강도가 이틀이나 사흘 후에 사람들에게 다시 나타나 돌아다니는 모습이 발견되고 그의 무덤이 비어 있는 것으로 확인되었다면 어떻게 되었을까요? 그렇게 되면 분명히 사람들은 이 세상이 참으로 기이한 곳이며 도대체 이 세상이 어떻게 돌아가는 것인지 정말 모르겠다고 말했을 것입니다. 이렇게 표현하면 어떨까요? 그들은 아마도 그 강도의 과거에 대해 이미 알고 있었기 때문에 "그는 삼위일체 하나님의 제2위다. 그는 하나님의 아들이다. 그는 메시아다"라고 말하지 않았을 겁니다. 그리고 그의 과거의 삶이 이 사건을 해석하는 데에도 큰 영향을 미쳤을 것입니다. 제가 여기서 말하고자 하는 바는 이것입니다. (이것은 특정한 부활이라고 말하는 것과 제가 말하고 싶다고 생각되는 것을 말하는 것 사이의 일종의 언어적 모호함입니다.) 사람들은 이미 확실히 죽었고, 적어도 잠시라도

죽었던 사람이 이제는 사후의 두 번째 단계에 들어가 있는 것을 보고 있는 것입니다. 그리고 그 두 번째 단계는 어떤 식으로든 옛 몸을 벗어버리고 새로운 몸을 입은 상태를 가리킵니다. 저는 이것이 그들이 도달한 결론이라고 생각합니다. 그렇다면—저는 여기서 당신의 견해에 동의하려고 애쓰고 있습니다만—이것을 대문자 R을 사용하여 **그 부활**(the Resurrection)로 부르는 것은 해석학적 비약입니다. 그런데 제가 주장하고 싶고 또 당신에게 강조하고 싶은 것은 바로 이것입니다. 그 당시 사람들은 유대교 전통에서 전해 내려오는 대로 사후 삶의 두 단계 가운데 두 번째 단계에서 일어나는 새롭게 변화된 몸을 입는 일이 바로 이 사람에게 일어났다고 생각하지 않았을까요? 그들은 예수의 빈 무덤과 부활 이후의 출현을 하나로 묶어 바로 그 결론에 도달하지 않았을까요? 그들은 부활 이후의 출현만으로는 그 결론에 도달할 수 없었을 것입니다. 또한 빈 무덤만으로도 그 결론에 도달할 수 없었을 것입니다. 아마도 그들은 단순히 시신 절도 사건으로 결론지었을 것입니다. 그런 사례는 충분히 많았으니까요. 그런데 그들이 이 기이한 사건, 곧 사후의 삶의 두 단계 가운데 두 번째 단계에서 육체를 다시 입는 일이 일어났다고밖에 말할 수 없었던 이유는 이 두 가지가 동시에 일어났기 때문입니다. 저는 예수에 대한 그들의 지식과 그들이 살고 있던 유대 세계라는 배경 때문에 그들이 그것을 대문자 R이 들어가는 **그 부활**(the Resurrection)로 부르게 되었다는 데 동의합니다. 이제 이해가 되십니까?

크로산: 물론 이해가 됩니다. 하지만 제가 이해하지 못하는 부분은 왜 솔직하게 더 간단한 설명을 선택하지 않느냐는 것입니다. 단지 세 가지 요소만 관여되어 있다고 말입니다. 당신은 예수의 빈 무덤과 부활 이후의 출현이 유일무이한 사건이라는 데에 있어 한 치도 물러서지 마시기 바랍니다. 그렇다면 예수의 생애는 왜 유일무이하지 않습니까? 바로 이 부분이 제가 당신의 책에서 잘 이해하지 못하는 부분입니다. 저는 예수의 생애가 당신의 논증을 결코 약화시키지 않는다고 생각했습니다. 오히려 당신의 논증을 강화시킬 것이라고 생각했습니다.

라이트: 예수의 생애는 저의 논증을 강화시킬 수 있었습니다. 당신도 알다시피 제 책은 『예수와 하나님의 승리』라는 책의 마지막 장의 기능을 수행하기 위해 시작되었는데, 그 내용이 점차 늘어나면서 또 다른 한 권의 책으로 태어나게 된 것입니다. 따라서 저는 이 모든 것, 즉 하나님 나라를 선포하고, 죄인과 함께 먹으며, 나병 환자를 고치는 등 메시아로서 십자가에 못 박히신—다시 말하면 실패한 메시아—**이** 사람이 얼마간 죽었다가 다시 살아난 것을 전제했습니다. 그러니까 얼마간 죽었다가 다시 살아난 바로 **이** 사람이 이런 일을 행했고 이런 말을 했다는 것입니다. 저에게는 이 모든 것이 전혀 문제가 되지 않습니다. 다만 이 책에서는 이 모든 것에 대해 언급하지 않았습니다. 왜냐하면 이전에 쓴 책에서 이미 충분히 다루었기 때문입니다.

크로산: 저는 그 부분을 더 강조하고 싶습니다. 이것은 단지 우리가 이

사람에 관해 이미 알고 있었던 것이 아닙니다. 이것은 하나님 나라—이것이 예수가 사용한 표현입니다—가 이미 시작되었다고 이미 이야기했고 우리가 이것을 경험하도록 도와주신 바로 그 사람에 관한 것입니다. 따라서 제자들은 대대적인 정화 작업이 단순히 미래에, 임박한 미래에 일어날 것이 아님을 깨달을 수 있는 준비가 이미 되어 있었습니다. 천국은 이미 시작되었으니까요. 제자들은 그것을 이미 알고 있었고, 따라서 저는 예수가 사용한 이 언어가 부활의 언어와 동일하다고 생각합니다.

라이트: 저는 예수의 언어가 부활의 언어와 동일하지 않다고 생각합니다. 또한 저는 대략 같은 시기에 하나님 나라가 실제로 자신들과 함께 은밀하게 시작되었다는 도래한 종말론을 믿고 있다가 그 소망이 산산조각 나버린 다른 유대교 종파가 있음을 인정할 필요가 있다고 생각합니다. 쿰란 공동체도 바로 이 도래한 종말론을 믿고 있었습니다. 이것은 부활의 종말론이 아니었습니다. 왜냐하면 그 누구도 의의 교사가 죽은 자 가운데서 다시 살아났다고 생각하지 않았기 때문입니다. 적어도 저는 그들이 그렇게 생각하지 않았다고 봅니다. 하지만 그들은 하나님이 자기들과 언약을 다시 맺으셨다고 믿었습니다. 여기서 제가 가장 좋아하는 실례를 하나 들어보겠습니다. 기원후 132년에 바르-코크바가 랍비 아키바의 후원을 등에 업고 반란을 일으켰을 때, 심지어 그들은 제1년이라는 글자가 들어간 주화를 만들었습니다. 그것은 프랑스 혁명과도 같습

니다. 그들은 달력을 새로 시작한 것입니다. 그리고 흥미롭게도 132년에서 135년까지 3년 동안 제1년, 제2년, 제3년 등을 새겨 넣었습니다. 그들은 실제로 하나님 나라가 임했다고 믿었던 것이지요. 그들은 여전히 힘겨운 전투를 치러야 했고, 여전히 성전을 재건해야 했습니다. 그래서 바르-코크바는 자신이 해야 할 일이 무엇인지를 표시하는 차원에서 자신의 동전에 성전을 새겨 넣습니다. 그리고 135년에 로마가 쳐들어왔고 게임은 끝이 났습니다. 그리고 그 누구도 136년에 "사실 우리는 바르-코크바와 함께 하나님 나라를 경험했고 이제 우리는 그 나라를 지속해나가고 있습니다"라고 말하지 않았습니다. 대신 어떤 랍비는 "지금은 이런 모든 하나님 나라 용어를 포기할 때입니다. 왜냐하면 그 용어는 당신에게 문제를 일으킬 것이니까요"라고 말합니다. 그런 문제를 일으킨다는 것은 사실이며, 또 그래야만 합니다.

크로산: 공평하게 실제 역사와 정반대되는 상황을 한번 생각해봅시다. 만약 바르-코크바의 반란이 한창 진행되던 시기에 켈트족—그냥 켈트족이라고 해둡시다—이 사방으로 침략하기로 결정했고, 또 로마는 결국 (켈트족의 침략 때문에) 퇴각하면서 이제 너희 나라를 다시 되찾으라며 그 대신 조공만 조금 바치고 너희 나라를 너희가 다시 다스리라고 했다고 합시다. 그렇게 되면 바르-코크바는 아마 메시아로 선포되었을 것입니다. 하지만 저는 그 방향으로 가고 싶지 않습니다. 저는 그것을 이렇게 이야기해보겠습니다.

라이트: 그리 되었다면 아일랜드계 메시아가 세상을 구원하게 되었겠지요.

크로산: 물론 그랬겠지요. 사람들은 자기들이 바라는 메시아에 관해 기이한 생각을 합니다.…질문을 약간 다른 식으로 던져보겠습니다. 앞에서 언급한 은유를 다시 사용하는 의미에서 우리가 이제 북엔드는 놔두고 서재에 관해 이야기할 수 있는 방법은 없을까요? 우리는 과연 그리스도인의 임무에 관해 얼마나 진지하게 생각하고 있나요? 예를 들어 저는 열린 마음을 가진 계몽주의 이전의 한 이방인이 다음과 같이 말할 때 바울이 어떻게 대응했을지 알고 있습니다. "바울, 당신은 착한 사람입니다. 나는 예수가 육체적인 몸을 입고 저 위에 계신다는 당신의 말을 기꺼이 믿을 의향이 있습니다. 율리우스 카이사르는 영으로 저 위에 있고, 예수는 육체로 저 위에 있단 말이지요. 그것이 놀랍기는 하지만 어쨌든 괜찮습니다." 당신은 아리우스파와 같은 플라톤주의자들은 아니겠지만, 계몽주의 이전의 문화 속에서 사는 평범한 사람에게는 이런 생각이 가능하다는 것을 인정해야 할 것입니다. 그들의 질문은 아마 "그래서 그게 어쨌다는 것이오, 바울?" 또는 "그래서 어찌 된다는 것이오?"가 될 것입니다. 이에 바울은 이렇게 답변할 것입니다. "우리가 어떻게 사는지 한번 와서 보십시오." 바로 이것이 제가 말씀드리고 싶었던 것입니다. 당신은 당신이 속한 탈계몽주의 사고에 설득되지 않는, 그러니까 "글쎄요, 아마도 그런 일은 일어나지 않을 것입니다"라며 열린 마음을 가진 이방

인을 어떻게 설득—입증이 아니라 설득—하겠습니까? 나는 대부분의 철학자가 육체의 부활에 대해 생각조차 하려 하지 않는다는 당신의 견해에 동의합니다. 저는 대중문화 속에서는—저는 26년간 학부생들을 가르쳤습니다만—계몽주의가 결코 "일어나지" 않았다고 생각합니다. 계몽주의는 멋진 개념입니다. 다만 성공하지는 못했지요. 따라서 저는 이제 계몽주의 이전을 상상해보려고 합니다. 저는 진실로 새 창조에 대한 우리의 책임이 무엇인지에 대해 상고해보고 싶습니다. 그리고 결론은 협력적 종말론이 아니겠습니까?

라이트: 저는 당신이 말하고자 하는 것에 전적으로 공감합니다. 다만 당신이 예수가 "육체로 저 위에" 있다고 말하고, 카이사르가 "영으로 저 위에" 있다고 말하는 부분에서 당신의 논리의 전제 중 하나에 대해 이의를 제기하고 싶습니다. 제가 이해하는 바에 의하면 신약성서가 부활에 관해 말하고자 하는 요점의 일부는 예수가 죽었다가 육체로서 하늘로 높임을 받으셨다는 것이 아닙니다. 저는 얼마 전 어떤 사제가 설교에서 그렇게 말하는 것을 듣고 몸서리쳤습니다. 그것은 이 부분을 **잘못** 오해한 것입니다. 일반적으로 신약학계에서는 부활과 승천을 마치 한 사건으로 묶어버리는데, 나는 이러한 해석은 요점을 완전히 놓쳐버리는 것이라고 생각합니다. 빌립보서 2장과 기타 본문은 그렇게 해석될 수 없습니다. 바울은 때로는 이 요점을 말하고, 때로는 저 요점을 말하고, 또 때로는 두 가지 요점을 모두 말하기도 합니다. 하지만 그는 그 차이를 알고 있습

니다. 그런데 학계 전체의 일방적인 주장에도 불구하고 요한복음은 바로 그것[부활과 승천을 하나로 보는—편집자 주]에 대해 언급합니다. 그렇지 않다면 왜 요한복음 20장에서 부활하신 그리스도가 "나를 붙들지 말라. 내가 아직 아버지께로 올라가지 아니하였노라"고 말씀하시는 아주 이상한 장면이 등장하겠습니까? 다시 말하면 요한은 부활과 승천 사이에는 차이점이 있다는 것을 아주 잘 알고 있었고, 우리는 사람들이 종종 그렇게 하듯이 요한복음의 영광이라는 용어를 그렇게 해석해서는 안 됩니다. 저는 이에 대해 다소 우려하는 마음이 있습니다. 그러나 좋습니다. 제가 보기에 가장 중요한 본문은 고린도전서 15:58입니다. 그의 위대한 부활 장 마지막 부분에서 바울은 "그러므로 너희 앞에 아주 멋진 미래가 기다리고 있으니까 편히 앉아서 느긋하게 쉬어라"라고 말하지 않습니다. 그는 오히려 이렇게 말합니다. "그러므로 내 사랑하는 형제들아, 견실하며 흔들리지 말고 항상 주의 일에 더욱 힘쓰는 자들이 되라. 이는 너희 수고가 주 안에서 헛되지 않은 줄 앎이라." 그런데 제가 논리적으로 이 말씀이 왜 부활 장에 나오는지를 깨닫는 데 정말 오랜 세월이 걸렸습니다. 이 말씀의 의미는 바로 이것입니다. 만약 육체의 부활이 있다면, 그러니까 로마서 8장과 같이 또는 요한계시록 21장과 22장과 같이 하나님이 창조하신 우주의 갱생이 있다면, 현재 우리가 정의와 자비와 은혜와 용서와 치유와 해방의 차원에서 행하는 모든 것, 즉 그리스도의 이름으로, 그리고 성령의 능력으로 행하는 모든 것이 그냥 없어지는 것이 아니라 하나님이 세우실 그의 궁극적인 나라에 일조하는 것이기 때문입니다. 그러니까 여기에는 연속성과 불연속성이 공존합니다. 그리고 이것이 바로 제가 예수의 육체의 부활에서 모델화되고(modeled) 패러다임화되었다고(paradigmed)—맙소사! 제가 명사를 동사로 바꿔 사용했네요! 그것은 극도로 미국적인 것인데도 말입니다—생각하는 그 연속성입니다. 그러니까 예수의 육체의 부활에는 무덤 안에서 썩어버린 시체와 계속 살아 활동하는 영혼의 불연속성도 존재하겠지만, 바로 이 연속성도 있습니다. 저도 이 견해에 동의하기 때문에 저 역시 **협력적 종말론**이라는 표현을 좋아합니다. 당신도 알다시피 오스카 와일드가 어떤 사람에게 "내가 바로 그 말을 했어야 했는데"라고 말하자 그가 들은 답변은 "오스카, 그래, 넌 그렇게 말하게 될 거야! 그럼 그렇게 말하게 되고말고!"였다고 합니다.

크로산: 그는 아일랜드 사람이었지요. 저는 이 문제를 주로 목회적인 관점에서 제기해보도록 하겠습니다. 당신은 주교로서 예수의 부활을 "당신은 그 말의 가장 원초적인 의미로 예수가 무덤에서 육체적인 몸으로 나왔다고 믿습니까? 안 믿습니까?"라는 질문으로 환원시켜버린 그리스도인들을 만나보았을 것입니다. 그게 다입니다. 그런 사람들에게 제가 드리는 답변은 "믿습니다. 혹은 저는 그것을 믿지 못하기 때문에 제가 그리스도인인지 잘 모르겠군요"입니다. 과연 대화가 이보다 더 진전될 수 있을까요? 제가 말하고 싶은 것은 만약 모든 사람이 이

것을 다 문자적인 것으로 받아들인다면 제가 방금 말한 것은 진심이고, 그렇다면 이제 저는 우리가 지금 해야 할 일이 무엇인지에 대해 토론했으면 합니다.

라이트: 저도 공감합니다. 저도 영국 성공회 신자들이 당신과 저처럼 어떤 의미에서든 육체의 부활 문제에 관심을 갖기를 소망한다고 말하고 싶습니다. 그러나 그것은 완전히 다른 문제입니다. 저도 수많은 그리스도인이 부활절의 의미를 "당신은 하나님이 이렇게 특별하고 놀라운 기적을 행하신 것을 믿습니까? 믿지 않습니까?"라는 질문으로 환원시켰다는 데 동의합니다. 비록 한 예이긴 하지만 초자연적인 방식으로 개입하시는 위대하신 하나님의 지상최대의 유일무이한 기적으로 말입니다. 그리고 저는 당신이 제 저서를 통해 제가 단순히 이 세상과 하나님과 예수를 그런 방식으로 보지 않는다는 것을 잘 알고 있으리라 생각합니다. 저는 개입이라는 용어를 좋아하지 않습니다. 왜냐하면 저는 그런 용어는 하나님은 모든 과정 밖에 계시다가 간혹 이 세상 일에 관여하여 어떤 일을 행하신다는 이신론적 틀을 그대로 받아들이는 것이라고 생각하기 때문입니다. 그리고 저는 성서가 아무리 믿기 어려운 놀라운 일들을 이야기하고 있다 하더라도 부활은 성서에 나와 있는 것 중에 가장 중요한 사건이기 때문에 부활을 믿어야 한다고 생각지 않습니다. 부활은 어느 관점에서 보든지 간에 기독교 세계관과 기독교 인식론의 중심이며 또 중심이 되어야 합니다. 이 주제에 관해서는 우리가 내일 다시 다룰 수도

있습니다. 하지만 제가 말씀드리고 싶은 것은 예수를 통합적 메시아(incorporative Messiah), 즉 자기 백성들을 자기 자신에게 통합시킴으로써 자기에게 일어나는 일이 그들에게도 일어나게 하는 왕으로 본 초기 기독교 문서, 특히 바울 서신의 표현을 내가 생각하는 것보다 더 진지하게 당신이 취급한다면 당신은 당신이 원하는 결과를 얻을 수 있으리라고 생각합니다. 그렇게 되면 저도 통합이라는 용어와 관련된 모든 것을 이 토론 테이블에 다 올려놓을 수 있겠지요.

칼뱅도 예수 그리스도가 홀로 하늘로 올라가시지 않았다고 말했습니다. 그것은 개혁 신학이 지니고 있는 훌륭한 점입니다. 그는 자기 백성과 함께 올라갔습니다. 그리고 그리스 정교회의 온갖 성상들도 [마찬가지입니다].…제가 언젠가 그리스의 한 섬에 있는 성상 가게에 들어가 "부활에 관한 성상을 보여주세요"라고 말했지요. 그런데 당신도 잘 알다시피 부활에 관한 성상은 모두 한결같이 무덤 밖으로 나온 아담과 하와를 하늘로 이끄시는 예수의 모습을 담고 있었습니다. 바로 이것이 제가 이 장면에서 발견하는 통합적 메시아입니다. 또한 저는 비록 아직 정확히 무슨 의미인지는 잘 모르겠지만, 어쨌든 저는 이것이 바로 암묵적으로 마태복음 27장의 아주 특이한 본문 배후에 깔려 있다고 말하는 당신의 주장에 동의합니다. 따라서 저는 당신이 거기서 "지옥 정복"(harrowing of hell)을 발견할 수 있다고 생각하고, 또 바울도 이미 그것을 함축적으로 제시했다고 생각합니다. 저는 그 표현을 사용하지는 않

있습니다만, 하나님이 예수의 정당성을 입증하셨을 때 그 정당성 입증은 하나님의 백성 모두를 포괄하는 통합적 메시아 사상을 포함한다고 생각합니다. 이에 대한 구약성서의 예를 찾는다면 다윗이 골리앗과 싸우는 장면이 될 것입니다. 그 장면을 보면 이쪽에는 이스라엘 사람들이 있고, 또 이쪽에는 블레셋 사람들이 있습니다. 그런데 그 장면은 일대일로 맞서 싸우는 것이긴 하지만, 다윗이 골리앗을 무찔렀을 때 그 승리는 사실 이스라엘이 블레셋 사람들을 무찔렀다는 것을 의미합니다. 이스라엘은 그 이후 소탕 작전을 펼쳐야 했겠지만, 일단 이 전쟁은 이미 끝난 것입니다. 이것이 바로 왕의 이미지, 즉 하나님의 백성을 대표하는 다윗 혈통의 왕의 이미지입니다. 그러니까 하나님이 **그를** 옹호해주실 때 그것은 단순히 임무를 잘 수행했다는 의미로 이 한 사람의 등을 두드려주면서 이제 모든 것이 끝났다는 것을 의미하지 않습니다. 그것은 오히려 이런 것입니다. 이것은 제가 첫머리에서 이미 말씀드렸듯이, 요한복음 20장에서는 분명하게, 그리고 다른 복음서에서도 그렇듯이, 사복음서에서 말하고자 하는 부활절의 요점은 바로 새 창조가 이미 시작되었고, 이제는 우리가 해야 할 일이 생겼다는 것입니다. 그리고 사실 저는 당신과 제가 실제로 이 문제에 있어서는 서로 공감한다고 생각합니다. 다만 저는 만약 하나님이 문자적으로, 구체적으로, 정말로, 그리고 그런 의미에서 실제로 그렇게 하셨다면, 당신이 말하고자 하는 바가 신학적으로나 실제적으로 훨씬 더 탄탄한 근거 위에 서게 될 것이라고 생각합니다.

크로산: 그런데 저는 두 가지를 지적하고 싶습니다. 우선, 당신이 "내가 원하는 세상"이라고 말할 때 그것은 그들이 원하는 세상입니다. 물론 제가 원하는 세상이기도 하지만요. 그것은 예수가 원하는 세상입니다. 또 바울이 원하는 세상이기도 하구요.

두 번째로, 제가 계몽주의 이전의 세상으로 돌아가면 저는 이것이 가장 중요한 사안이라고 생각합니다. 왜냐하면 저는 아일랜드 출신입니다. 우리는 단 한 번도 계몽주의를 경험한 적이 없습니다. 우리는 그것을 건너뛰었습니다.

라이트: 그렇습니다.

크로산: 맞습니다. 우리는 그것을 경험하지 않았습니다. 당신도 알다시피 우리는 다른 일로 매우 바빴습니다. 나는 우스갯소리로 우리 땅에는 영국인들이 있었는데, 그들이 우리에게는 가장 계몽적인(enlightening, 깨달음을 주는) 사람이었다고 톰을 놀리곤 합니다.

라이트: 아일랜드 사람들만 그렇게 생각한 것은 아니었지요.

크로산: 그렇지만 제 요점은 계몽주의 이전으로 되돌아가면 거기서는 이적들, 아니 심지어 어떤 한 인물의 육체의 부활은, 최소한 제가 생각하기에는, 로마 세계의 대중문화 속에서는 얼마든지 가능한 이적이었을 것입니다. 어쨌든 그 이상의 의미는 없었겠지만요.

라이트: 제 책 끝부분에서 나는 어떤 로마 군인이 기원후 60년대 중반쯤에 들었을 법한 이야기 하나를 상상력을 동원해 만들어보

았습니다. "이봐, 우리 중에는 이것을 실제로 믿고 그를 본 사람이 많이 있었지네." 그때 그 로마 군인이 생각할 수 있었던 범주는 완전히 비유대적인 것이었을 것입니다. 그는 그 부활에 관해 아는 바가 없었을 것입니다. 그가 생각할 수 있었던 것은 그들 가운데 어떤 이들이 70년대 초반에 '네로 레디비부스'(네로의 부활)에 관해 생각했던 것과 같았을 것입니다. "그는 정말 대단한 사람이었지. 아마 그는 실제로는 죽지 않았을 거야. 언젠가는 다시 돌아올지도 몰라." 우리가 알고 있는 바로는, 이러한 생각은 유대교나 기독교의 개념과 아무런 상관이 없었습니다. 로마 군인들이 이와 같이 네로가 다시 돌아오리라고 생각하게 된 이유는 단순히 네로가 로마 군대에 커다란 영향을 미쳤기 때문이었습니다. 따라서 저는 어떤 사람이라도 이 말을 그런 식으로 이해했을 것이라고 쉽게 상상할 수 있습니다. 이것이 추측컨대 아주, 아주 초기의 신조가, 그러니까 예를 들면 고린도전서 15:3이하에서 바울이 성경대로 그리스도께서 우리 죄를 위하여 죽으시고 장사 지낸 바 되셨다가 성경대로 사흘 만에 다시 살아나셨다고 말하는 이유일 것입니다. 다시 말해서 이 사건은 지금까지 이 세상 역사 속에서 일어난 사건 가운데 가장 기이한 사건입니다. 만약 당신이 이 사건이 의미하는 바를 알고 싶다면, 성서를 읽어보시기 바랍니다. 저는 당신이 이것을 역으로 읽어서는 결코 그 의미를 알 수 없다고 생각합니다. 그리고 또 당신은 그들이 성서를 읽기 시작했기 때문에 "와, 그가 정말로 죽은 자 가운데서 다시 살아났나 보구나!"라는 결론에 이르렀다고 말할 수도 없다고 생각합니다. 왜냐하면 그들이 만약 그렇게 했다면, 부활 내러티브도 십자가 내러티브와 마찬가지로 많은 성서 구절이 섞여 있었을 것이라는 것이 제 요점이기 때문입니다. 그런데 그들은 상당히 다르게 행동했던 것 같습니다. 왜냐하면 만약 그들이 다니엘 12장을 염두에 두고 있었다면, 그들은 분명히 부활하신 예수를 별과 같이 빛나는 모습으로 그렸을 것이기 때문이죠. 그런데 예수는 그렇게 빛나는 모습으로 그려지지 않았습니다.

크로산: 우리는 그 부분에 대해서는 이견이 없습니다. 더욱 분명히 말하자면, 저는 당신이 "이것은 예수와 함께 시작되었다"라고 말하지 않고는 그 어느 방향으로도 갈 수 없다고 생각합니다. 저는 어떤 사람이 새 창조가 예수의 부활과 함께 시작되었다고 말하면 약간 초조해집니다. 사실은 그렇지 않습니다. 저는 새 창조는 "하나님 나라가 이미 도래했다"고 선포하신 예수의 말씀과 함께, 그리고 더 중요하게는 그 말씀을 삶으로 담아내는 것과 함께 시작되었다고 생각합니다. 저는 그때 새 창조가 시작되었다고 생각합니다. 따라서 저는 이것이 바울이 말한 것과 또 어떤 이가 말한 것처럼 새 창조는 부활과 함께 시작되었다는 말과 서로 상충되지 않는다고 생각합니다. 하지만 당신이 "서로 동일하다"(isomorphic)고 말하는 이유가 바로 이 때문이겠지요.

라이트: 저도 그것에 만족합니다. 그러니까 첫 시작이라는 것이 있고, 나중에 또 일종의 중간 시작이 있다는 것 말이죠. 그것은 문제

가 안 됩니다.

크로산: 그것은 일어난 사건을 다른 신학적 관점을 통해 설명하는 것입니다. 제가 상상해보려고 시도하는 것은 로마 제국의 평범한 사람들이 신적 카이사르와 그 나머지 것을 다 보았을 때 그들이 드러내 보인 모습입니다. 저는 만약 우리가 기독교만의 특유한 칭호라고, 또 초기 그리스도인들이 만들어낸 칭호라고 생각한 것들이 예수가 이 땅에 존재하기 이전에도 이미 로마 제국의 일반 담화의 소재였다는 것을 알게 된다면 많은 이들에게 상당히 충격적일 것이라고 생각합니다.

라이트: 그 칭호들은 동전에 새겨져 있지요.

크로산: 물론 모두 동전에 새겨져 있습니다. 그것은 고대 세계의 유일한 매스미디어였으니까요. 저는 그런 모습을 상상해 봅니다. 이를테면 어떤 이들은 그것을 100퍼센트 문자적으로 이해했을 겁니다. 또 다른 이들은 그것을 은유적으로도 이해했을 것이라고 생각합니다. 기회가 주어지면 암살을 시도하려고 했던 이들은 그것을 믿지 않았을 겁니다. 따라서 100퍼센트 문자적 해석에서 100퍼센트 은유적 해석이라는 아주 다양한 스펙트럼 가운데 당신은 예수의 경우에 대해 100퍼센트 은유적이거나 100퍼센트 문자적이라고 말할 수 있습니다. 어느 지점이든 선택할 수 있겠지만, 만약 당신이 예수를 100퍼센트 문자적으로 본다면, 어쨌든 당신은 카이사르에 대해 대역죄를 범하는 것입니다. 저는 그것이 문자적이냐 아니면 은유적이냐는 것을 논쟁하기보다는 바로 이 점을 강조하고 싶습니다. 저도 그것을

논증할 수 있습니다. 우리는 우리에게 주어진 대부분의 시간을 사실 그것을 논증하는 데 할애했습니다. 저를 약간 두렵게 만드는 것이 바로 이것입니다. 왜냐하면 우리는 이것을 이미 지난 200년 동안 해왔기 때문입니다. 그런데 나는 이러한 논쟁이 사람들을 변화시킨다는 증거를 발견하지 못했습니다. 그리고 저는 이것이 가장 교활한 책임 회피라고 생각합니다. 자, 이제는 이 문제를 함께 논의하고, 그것을 실천에 옮김으로써 우리 스스로 곤란한 상황에 처해보십시다. 왜냐하면 그런 일을 하면 우리 자신이 십자가에 못 박히는 일이 벌어질 테니까요. 저는 이것이 부활을 무효화시킨다고 말하는 것이 아닙니다. 다만 적어도 우리는, 누구를 특정지어서 말하는 것이 아니라, 예수의 부활과 보편적 부활을 실천에 옮기는 일에 적어도 이 두 부활 사이에 동일한 시간을 할애할 수 있다고 생각합니다. 왜냐하면 이제 이 기간은 점점 더 늘어나고 있기 때문이죠.

라이트: 저는 그 부분에 있어서 당신의 생각에 전적으로 동의합니다. 재차 반복하지만, 하나님이 이 세상을 선한 세상으로 만드셨기 때문에 저도 그렇게 생각합니다. 저는 "좋았더라, 좋았더라, 좋았더라, 심히 좋았더라"라고 말씀하신 하나님이 유대교와 기독교 신학 전체의 기반이시며, 따라서 하나님이 정의로우시며 자신이 만든 이 좋은 세상을 돌보시는 분이라면, 그분은 궁극적으로 이 세상을 쓰레기통 속에 던져버리시고 모든 사람을 완전히 다른 곳으로 구출시킬 수 없다고 생각합니다. 저는 다양한 기독교 전통에 속해 있는 수많은 사람과 달

리 우리가 이 부분에 있어서는 완전히 동일한 입장이라고 생각합니다. 하지만 하나님이 실제로 예수에게 바로 그 일을 행하셨고 그의 몸이 무덤 속에서 그대로 썩도록 남겨 두지 아니하셨다고 제가 믿을 수 있도록 저를 저 다른 끝자락(곧 역사)으로부터 지탱해주는 것이 저에게는 바로 이와 같은 전체적인 그림에 해당하는 것입니다. 그리고 저는 예수가 메시아로서 자기 백성을 대표하고, 또 그 대표 직분을 통해 이를테면 전 우주의 주인공이었음을 믿고, 또 이에 대해 골로새서 1장 등에 나타난 바울의 견해에 동의하기 때문에, 저는 예수가 부활하시는 순간 어떤 의미에서는 전 우주에 어떤 충격파가 전해졌다고 믿습니다. 바울은 골로새서 1:23에서 이 복음이 이미 천하 만민에게 전파되었다고 말합니다. 이제 당신은 그것을 일종의 "지옥 정복"과 같은 것으로 말할 수 있겠습니다만, 사실은 부활절과 함께 이 전 우주에는 어떤 일이 일어난 것입니다. 따라서 실제로 부활이 일어났다면, 우리가 비로소 카이사르의 왕국에 대항하는 하나님 나라(왕국)로 들어갈 수 있는 문이 열린 것입니다. 좌익 계몽주의건 우익 계몽주의건 간에 저는 계몽주의가 바로 그 열린 문을 무시했고, 마치 "천국은 있습니다. 그러니 이 땅보다는 천국이 더 중요합니다"라는 식으로 부활을 상당히 잘못 사용해왔다는 당신의 의견에 전적으로 동의합니다. 그리고 저는 그 점에 있어서는 우리가 완전히 공감한다고 생각합니다.

크로산: 예. 감사합니다.

2

도미닉 전승과 토마스 전승에 대한 평가*
예수 연구에 대한 크로산과 라이트의 공헌

크레이그 A. 에반스

---

* 나의 이 익살스러운 논문 제목(In Appreciation of the Dominical and Thomistic Traditions)은 N. T. Wright가 쓴 유쾌하고 풍자적인 서평 에세이 "Taking the Text with Her Pleasure: A Post-Post-Modernist Response to J. Dominic Crossan, *The Historical Jesus: The Life of a Mediterranean Jewish Peasant* (T.&T. Clark/HarperSanFrancisco, 1991)," *Theology* 96 (1993): 303-310, 특히 305에서 영감을 받았다. Wright는 Crossan (John *Dominic* Crossan)이 도미닉(즉 신약성서의 복음서; 라틴어로 '도미누스'는 '주님'을 가리킨다—편집자 주) 전승을 희생시킨 채 **토마스** 전승(즉 도마복음서)만을 강조한 반면, 자기 자신(N. *Thomas* Wright)은 토마스 전승을 회피하고 **도미닉** 전승을 강조했다는 아이러니를 익살스럽게 드러낸다.

내가 예수의 부활 및 J. D. 크로산 교수와 N. T. 라이트 주교가 이 주제에 관해 기여한 부분에 초점을 맞춘 이 프로젝트에 참여하게 된 것은 정말 아이러니하다. 나의 첫 학술논문은 약 30년 전에 발표되었는데, 그 논문은 공교롭게도 크로산 교수가 마가복음에 나타난 빈 무덤 이야기에 관해 쓴 논문에 대응하는 내용이었다.[1] 당시 나는 이 아일랜드계 미국인 학자가 쓴 자극적이고 혁신적인 저술에 내가 이렇게 많은 관심을 기울이고 또 지금까지 수많은 세월 동안 이렇게 많은 에너지를 쏟아붓게 될지 미처 깨닫지 못했었다!

먼저 나는 크로산과 라이트가 예수 연구에 기여한 공헌을 평가하게 된 것을 기쁘게 생각한다. 본서의 초점은 부활에 있고 나머지 모든 장도 부활 주제를 다루고 있다. 이번 장에서 나는 부활에 관해서도 조금은 다루겠지만, 내 논문의 초점은 이보다 광범위하며 보다 더 포괄적인 정황을 제공하는 데 그 목적을 두고 있다.

나는 이 논문을 (1) 예수와 복음서 연구에 기여한 크로산과 라이트의 일반적인 공헌, (2) 크로산의 독특한 공헌, (3) 라이트의 독특한

---

[1] John Dominic Crossan, "Empty Tomb and Absent Lord (Mark 16:1-8)," *The Passion in Mark*, ed. W. Kelber (Philadelphia: Fortress Press, 1976), 135-152; C. A. Evans, "Mark's Use of the Empty Tomb Tradition," *Studia Biblica et Theologica* 8, no. 2 (1978): 50-55.

공헌 등 세 부분으로 나누어 다룰 것이다. 이어서 나는 예수의 부활과 더불어 왜 그를 따르는 자들이 그의 부활을 어떤 다른 관점이 아닌 바로 부활이란 관점에서 이해했는지에 관한 간략한 후기로 마무리할 것이다.

복음서 연구에 기여한 크로산과 라이트의 일반적인 공헌

이번 그리어-허드 포럼에서 다루어질 부활에 관한 논의는 크로산 교수와 라이트 주교의 강의 및 저술 활동이 크게 주도했다고 해도 과언이 아니다. 그동안 두 학자는 역사적 예수와 그의 부활에 관해 대대적인 저술 활동을 전개해왔다.

1991년에 출판된 돔 크로산의 저서 『역사적 예수: 지중해 연안의 한 유대인 농부의 생애』(*The Historical Jesus: The Life of a Mediterranean Jewish Peasant*, 한국기독교연구소 역간)는 약 20여 년에 걸쳐 진행된 그의 연구와 저술을 집대성한 대표 작품이다.[2] 이 책도 크로산 교수의 다른 모든 저서와 마찬가지로 매우 정교하고 자극적이며 매력적이다. 이 책은 예수를 지중해 동부 연안 세계의 포괄적인 문맥에서 이해하려는 데 심혈을 기울인다. 나는 이것이 이 책의 가장 큰 장점이라

---

2 John Dominic Crossan, *The Historical Jesus: The Life of a Mediterranean Jewish Peasant* (San Francisco: HarperSanFrancisco, 1991). 이 책에 대한 나의 서평은 *Trinity Journal* 13 (1992): 230-239에 실려 있다.

고 믿으며, 이 장점에 대해서는 다시 곧 다룰 것이다. 이 책은 예수의 가르침과 행동이 일종의 유대인 특유의 견유주의적인 형태를 띠고 있다고 제안함으로써 사람들의 이목을 집중시켰다. 또한 크로산은 이 책에서 예수는 성장하는 과정에서 세포리스 근교에 근거를 둔 견유학파의 영향을 받았을 것이라고 주장했다.

또 크로산은 『누가 예수를 죽였는가?』(*Who Killed Jesus*, 1995)라는 책을 통해서도 유명세를 얻었다. 그는 이 책에서 예수의 시체는 십자가 처형 이후 유대인의 관습에 따라 정상적으로 내려진 후 장사되지 않았을 가능성도 있고, 혹은 만약 그의 시체가 십자가에서 내려졌다면 도랑에 던져져 석회로 덮고 들짐승의 먹이가 되도록 내버려졌을 수도 있다고 주장했다.[3] 그의 이전 저서인 『역사적 예수』(*The Historical Jesus*)와 마찬가지로 『누가 예수를 죽였는가?』도 부활에 관한 자신의 몇 가지 생각을 크로산이 언급하는 것으로 끝맺는다.[4] 크로산은 『기독교의 탄생』(*The Birth of Christianity*, 1998)과 1999년에 발표된 논문 그리고 2003년에 발표된 다른 논문에서도 부활 주제를 다룬다.[5] 이 저

---

3 John Dominic Crossan, *Who Killed Jesus? Exposing the Roots of Anti-Semitism in the Gospel Story of the Death of Jesus* (San Francisco: HarperCollins, 1995). 이 책에 대한 나의 서평은 "The Passion of Jesus: History Remembered or Prophecy Historicized?" *Bulletin for Biblical Research* 6 (1996): 159-165에 실려 있다.

4 John Dominic Crossan, *Who Killed Jesus?* 189-210. 이 책의 핵심 주제들은 그의 저서 *Jesus: A Revolutionary Biography* (San Francisco: HarperCollins, 1994), 123-158(예수의 죽음과 장사에 관해), 159-192(예수의 부활에 관해)에서 미리 선을 보인 바 있다.

5 John Dominic Crossan, *The Birth of Christianity: Discovering What Happened in the Years Immediately after the Execution of Jesus* (San Francisco: HarperCollins, 1998), xiii-xxxi, 527-573; John Dominic Crossan, "Historical Jesus as Risen Lord," J. D. Crossan, L. T. Johnson and W. H. Kellber, *The Jesus Controversy: Perspectives in Conflict* (Harrisburg,

술을 통해 크로산 교수는 마가복음의 빈 무덤 이야기―다른 복음서 저자들도 그대로 따라간―가 사회적·신학적 이유에서 마가복음의 저자가 지어낸 이야기였다는 자신의 견해를 재차 강조했다. 크로산에 의하면 예수의 빈 무덤은 역사적 사실이 아닌 반면, 부활은, 비록 단지 환상에 의한 것이긴 해도, 실제적 사실이다.

크로산 교수는 이 저술 외에도 신약성서에 포함된 복음서와 신약성서에 포함되지 않은 복음서에 관한 일련의 저서와 논문도 출판했다. 크로산의 연구는 현지 답사, 면밀한 본문 주석, 새로운 가설 및 과감한 결론으로 정평이 나 있는데, 그중 몇 가지는 여기서 다룰 것이다.

라이트 주교 역시 다수의 중요한 작품을 출판했다. 1992년에 출간된 『신약성서와 하나님의 백성』(*The New Testament and the People of God*)은 이 작품의 후속편으로 1996년에 출간된 대작 『예수와 하나님의 승리』(*Jesus and the Victory of God*)에 대한 풍부한 배경을 제공한다.[6] 『신약성서와 하나님의 백성』은 역사 자료 및 역사 서술과 관련된 문제, 그리스-로마 세계에 속한 1세기 유대교에 대한 이해, 기독교 신앙의 출현에 대한 이해 등과 관련된 주제를 재고한다. 『예수와 하나님의 승리』는 야웨가 시온으로 돌아오신 것을 선포하고, 자신의 사역

Pa.: Trinity Press International, 1999), 1-47; John Dominic Crossan, "The Resurrection of Jesus in Its Jewish Context," *Neotestamentica* 37 (2003): 29-57.

[6] N. T. Wright, *The New Testament and the People of God*, Christian Origins and the Question of God, vol. 1 (Minneapolis: Fortress Press; London: SPCK, 1992); N. T. Wright, *Jesus and the Victory of God*, Christian Origins and the Question of God, vol. 2. (London: SPCK, Minneapolis: Fortress Press, 1996).

과 죽음과 구속을 통해 이스라엘의 경전(구약성서)에 주어진 모든 약속을 성취하신 예수에게 초점을 맞춘다. 나는 라이트 주교의 해박한 지식과 특히 고대 후기에 회자되었던 성서적·사상적 전승—유대적 전승과 비유대적 전승 모두—에 대한 심도 있는 평가에 깊은 인상을 받았다.

라이트 주교는 예수의 부활에 관해서도 폭넓게 다루었다.[7] 그는 크로산 교수를 비롯한 다수의 주요 학자의 견해를 심도 있게 논의하며 넓은 의미에서 보면 "정통적" 입장으로 평가될 수 있는 결론에 도달하지만, 특정 부분에 있어서는 결코 전통적이지 않은 결론을 제시한다. 나는 여기서도 라이트 주교의 일차 문헌에 대한 탁월한 지식과 그 지식이 이 중요한 주제에 미치는 영향에 대해 깊은 인상을 받았다.[8] 라이트의 저술은 종종 새로운 통찰력과 놀랄 만한 논증을 제공해준다. 이것은 학자들이 정말 원하는 것이다.

본서에 글을 기고한 학자는 누구나 크로산 교수와 라이트 주교가 부활에 관해서는 말할 것도 없고 여러 부분에서 큰 견해 차이를 나타낸다는 사실을 잘 알고 있다. 그러나 이러한 논증과 반증의 과정을 통해 두 학자의 연구가 얼마나 큰 진보를 이루어냈으며 두 학자의 견해가 특정 부분에서는 얼마나 상호 보완적인지를 놓쳐서는 안 된다. 이러한 진보는 특별히 두 학자의 연구를 한두 세대 이전에 상

---

7 N. T. Wright, *The Resurrection of the Son of God*, Christian Origins and the Question of God, vol. 3 (Minneapolis: Fortress Press, London: SPCK, 2003).
8 L. M. McDonald가 쓴 매우 긍정적인 서평은 *Bulletin for Biblical Research* 14 (2004): 313-318에 실려 있다.

당한 영향력을 행사했던 일부 학문적 작품과 비교해 보면 훨씬 더 분명해진다. 나는 이 점을 숙고하는 과정에서 내가 갖고 있던 아주 오래된 루돌프 불트만의 책 여러 권을 다시 펴보았다. 불트만 교수는 한창 전성기 때 어느 누구보다도 영향력이 큰 학자였다. 심지어 불트만을 비판하던 학자들조차도 그의 위대함을 인정했다. 그리고 비록 지난 수십 년 사이에 불트만의 영향력이 상당히 감소되기는 했어도 완전히 사라진 것은 아니며 〈예수 세미나〉를 통해 약간 수정된 형태로 여전히 살아남아 있다.[9]

나는 불트만이 1926년에 출판한 『예수』라는 짧은 제목의 그 유명한 책에서 배경에 관해 다룬 한 장을 살펴보았다.[10] 이 장에서 불트만은 "유대 종교"와 "메시아 운동"에 관해 설명한다.[11] 그는 유대인들에게는 "문화적 성취라는 의미에서 지성적 혹은 영적 삶이 없었다"고 말한다.[12] 그는 또 다른 저서에서 유대인의 종교와 신앙을 "율법주의"로 규정한다.[13] 불트만은 시종일관 추상적으로 이야기한다. 그는 요세푸스의 작품과 같은 일부 문헌과 일부 묵시 문헌에 관해서는 정통했지만, 이스라엘 땅(그가 한 번도 방문한 적이 없는)이나 그 땅의 지리, 지형, 고고학 혹은 물질 문화에 관해서는 거의 지식이 없었음을 보여

---

9   이런 이유에서 Wright는 〈예수 세미나〉의 연구를 현재 진행 중인 제3차 탐구에 포함시키지 않고, 1950-1960년대의 역사적 예수의 새 탐구에 포함시킨다.
10   R. Bultmann, *Jesus* (Berlin: Deutsche Bibliothek, 1926); English translation: *Jesus and the Word* (New York: Scribner, 1934).
11   Bultmann, *Jesus and the Word*, 16-22.
12   Ibid., 16.
13   R. Bultmann, *Theology of the New Testament*, 2 vols. (New York: Scribner, 1951-1955), 1:11.

준다. 불트만이 "배경"이라고 부른 것은 사실 오늘날의 기준에서 보면 합격할 만한 수준이 못 된다.

이와는 정반대로, 크로산과 라이트는 예수와 그가 주도한 운동의 환경과 배경에 대한 풍부한 지식을 독자들에게 제공한다. 독자들은 그들의 저서를 읽고 난후에는 이스라엘 땅과 지중해 연안 세계, 유대인의 풍습과 전통, 그리고 오늘날과 전혀 다른 세상에서 유대인들과 그리스도인들이 직면해야 했던 위험 요소에 대해 깊은 지식을 습득하게 된다.

사실 크로산과 라이트는 두 가지 부분에서 루돌프 불트만의 견해에 도전한다. 크로산은 불트만이 성급하면서도 단언적으로 비정경 복음서들의 가치를 무시한 것에 대해 의문을 제기한다. 불트만은 다음과 같이 말한다. 공관복음은 "기독교 신앙과 예배에 전적으로 예속되어 있다. 그리고 우리가 외경 복음서를 통해 알고 있는 지식은 이런 그림을 바꿀 만한 힘이 전혀 없다. 이 복음서들은 전설적인 내용으로 각색하고 확대된 것에 불과하다."[14] 외경 복음서에 관한 크로산의 상세한 연구는 외경 복음서가 단순히 "전설적인 내용으로 각색하고 확대된 것" 이상의 가치가 있다는 것을 보여준다. 라이트는 예수의 유대적 배경에 대한 불트만의 미흡했던 관심과 유대적 특성에 대한 지나친 왜곡을 강하게 지적한다.

---

14   R. Bultmann, *The History of the Synoptic Tradition* (Oxford: Blackwell, 1972), 374.

크로산의 독특한 공헌

나는 크로산 교수가 다음 세 가지 측면에서 예수 연구에 중대한 공헌을 했다고 생각한다. 즉 (1) 예수의 수난 이야기에 대한 편집비평적 평가, (2) 비정경 자료 및 그 자료가 예수에 관해 그리고 정경적 자료에 보존된 전승의 성격에 관해 얼마나 보여줄 수 있는지에 대한 그의 열린 자세, (3) 예수의 환경 및 이 환경이 우리에게 줄 수 있는 통찰력에 대한 그의 창의적인 탐구 및 적용 등을 꼽을 수 있다. 이제 이 세 가지를 순서대로 살펴보자.

첫째, 마가복음에 나타난 빈 무덤 이야기에 대한 크로산의 통찰력 있는 편집비평적 연구는 여러 가지 중요한 질문을 제기할 뿐만 아니라 마가복음 저자의 복음서 기록 목적을 파악하는 데에도 새로운 해석학적 가능성을 열어준다. 간단히 말하자면, 크로산은 어느 것 하나도 당연시하지 않는다. 이야기 하나 하나, 심지어 세부 내용 하나 하나를 신중하게 비판적으로 평가한다. 이것은 역사인가? 아니면 성서나 문화 속 무언가에 기초한 신앙고백인가? 예수는 장사되었는가? 무덤이 있었는가? 예수의 장사를 총괄한 아리마대 요셉이란 사람은 과연 존재했는가? 여자들은 무덤에 가보고 거기서 빈 무덤을 발견했는가? 예수는 제자들에게 나타나 자신의 손에 난 못 자국을 보여주셨나? 예수는 제자들에게 나타나 그들과 함께 음식을 먹었는가? 어떤 세부적인 내용이라도 제대로 검토하지 않고는 그냥 넘어가지 않고, 어떤 전통적인 설명이라도 비판적 평가 없이는 쉽게 받아들이지 않는다. 요약하자면, 크로산 교수는 자신의 숙제를 다 했으며, 그의 결론에 동의하든 안 하든 간에 우리는 그의 논증과 그가 제시한 자료를 고찰하면서 훨씬 더 많은 지식을 얻게 된다.

둘째, 비정경 복음서에 대한 크로산의 비평적·석의적 연구는 훌륭할 뿐만 아니라 우리가 그의 결론에 대해 어떤 입장을 취하든지 간에 복음서 연구 발전에 크게 이바지했다는 평을 받는다. 크로산은 신약성서에 들어 있거나 들어 있지 않은 다른 복음서와의 문학적 관계와 상관없이 비정경 복음서 자체를 탐구한다. 그는 이 비정경 복음서를 단락별로 석의적 연구를 수행하고, 그 연구를 토대로 각 단락의 최초 형태 및 기능이 부여하는 의미와 현 문맥에서의 의미에 대한 결론을 이끌어낸다. 다시 말하면 크로산은 대다수 학자가 정경 복음서를 다룰 때 요구되는 학문성을 비정경 복음서를 다룰 때에도 동일하게 적용했다. 그런 점에서 크로산의 연구는 모범적이라 할 만하다.

이러한 그의 연구는 1985년에 출판되고 1992년에 재판된 『네 편의 다른 복음서: 정경 주변에 드리운 그림자』(*Four Other Gospel: Shadows on the Contours of Canon*)에서 간단명료하게 소개된다.[15] 이 책에서 크로산은 「도마복음」, 「에거튼 파피루스」(또는 「에거튼 복음」), 「마가의 비밀 복음」, 「베드로복음」 등의 본문을 탐구한다. 크로산은 이 중에서도 「베드로복음」을 특히 더 상세하게 연구했는데, 그는 이 연구를 바탕으로 초기의 "십자가복음"이 「베드로복음」의 기초이며, 이 "십자가복음"이 마태복음, 마가복음, 누가복음, 요한복음의 수난 기

---

15 John Dominic Crossan, *Four Other Gospels: Shadows on the Contours of Canon* (1985, reprint, Sonoma, Calif.: Polebridge, 1992).

사의 자료라고 결론짓는다.[16] 크로산은 이 네 편의 비정경 복음서는 모두 정경 복음서와 독립적인 내용을 담고 있다고 주장한다. 이 네 편의 복음서는 정경 복음서와 독립적이고, 평행적이며, 때로는 정경 복음서보다 시기적으로 앞서고, 심지어 더 정확한 내용을 담고 있다는 것이다. 이렇게 이 네 편의 복음서가 독립적인 내용을 담고 있거나 이른 시기의 내용을 담고 있는 것이 사실이라면, 우리는 이 자료를 통해 신약성서의 복음서에 보존된 모습과 다소 색다른 예수를 발견할 수도 있다는 것이다.

비정경 복음서에 과도하게 의존하는 크로산의 입장은 그의 결론만큼이나 커다란 논란을 불러일으켰다. 많은 이들은 크로산이 정경 복음서와 독립적인 내용을 담고 있거나 또는 적어도 이른 시기의 독립적인 내용을 담고 있다고 간주하는 이 네 편의 복음서가 모두 기원후 2세기에 쓴 작품이라고 생각한다. 예를 들어, 「에거튼 파피루스」는 순교자 유스티누스와 같이 2세기 기독교 저술가들의 작품에서 발견되는 일종의 조합 문서(conflation, 이 경우에는 요한복음과 공관복음의 조합)의 한 사례라고 할 수 있다.[17] 「도마복음」 역시 2세기 작품으로 볼 수 있다. 왜냐하면 이 작품도 신약성서의 글 절반 이상을 인

---

16 John Dominic Crossan, *The Cross That Spoke: The Origins of the Passion Narrative* (San Francisco: Harper & Row, 1988).
17 『첫 번째 변증』 15. 10-12에서 순교자 유스티누스는 예수 전승의 일부를 산상(또는 평지) 설교의 마태복음과 누가복음의 형태와 결합시키고, 이 결합된 내용을 하나의 예수 어록으로 소개한다. 또한 『첫 번째 변증』 16.9-13에서는 공관복음의 내용이 요한복음의 내용과 결합되어 있는데, 그는 결합된 내용을 예수의 "말씀"으로 소개하며 하나의 어록으로 제시한다.

용하거나 암시하고 있으며, 또 타티아누스의 「디아테사론」을 비롯한 2세기의 시리아 전승도 잘 알고 있기 때문이다.[18] 많은 이들은 기상천외한 내용과 유대교 관습 및 정치적 현실에 대한 오류 그리고 영지주의적 사상에 따라 수정된 내용이 담겨 있는 「베드로복음」의 초기 저작설을 쉽게 인정하지 않는다.[19] 또한 마지막으로 고(故) 모튼 스미스(Morton Smith)에 의해 발견된 이른바 「마가의 비밀 복음」이란 것이 있는데, 이 작품의 두 인용문이 17세기 판 이그나티우스의 편지 뒷면에 기록된 클레멘스의 편지에서 발견되었다.[20] 「마가의 비밀 복음」은 1940년에 발표된 「마르 사바의 비밀」이라는 제목의 소설과

---

18 C. A. Evans, R. L. Webb and R. A. Wiebe, ed., *Nag Hammadi Texts and the Bible: A Synopsis and Index*, NTTS 18 (Leiden: Brill, 1993), 88-144; N. Perrin, *Thomas and Tatian: The Relationship between the Gospel of Thomas and the Diatessaron*, Academia Biblica 5 (Atlanta: Society of Biblical Literature, 2002)를 보라.

19 본서에서 Charles L. Quarles가 쓴 논문을 보라. 「베드로복음」의 이차적인 성격에 관해 이 논문보다 더 나은 평가 자료는 없다.

20 Smith는 「마가의 비밀 복음」에 관해 두 권의 책을 출판했는데, 한 권은 학문적이며 다른 한 권은 대중적이다. *Clement of Alexandria and a Secret Gospel of Mark* (Cambridge, Mass.: Harvard University Press, 1973); *The Secret Gospel: The Discovery and Interpretation of the Secret Gospel according to Mark* (New York: Harper & Row, 1973).
  Voss(1618-1689)는 본문을 라틴어와 그리스어로 병기한다(*Epistolae genuinae S. Ignatii martyris; quae nunc primum lucem vident ex bibliotheca Florentina. Addunter S. Ignatii epistolae vulgo circumferuntur. Adhaec S. Barnabae Epistola. Accessit universis translatio vetus* [The genuine letters of Saint Ignatius the martyr; now seeing the first light out of the library of Florence. To which are added the letters of Saint Ignatius that are commonly circulating. To which is added the letter of Saint Barnabas in its entirety in old translation], ed. and with notes by Isaac Voss [Amsterdam: Ioannem Blaeu, 1646]). 그의 각주는 라틴어로 되어 있다. 제목이 암시하듯이 이 작품은 이그나티우스의 "참된" 편지들과 「바나바의 서신」을 포함하고 있다. 「마가의 비밀 복음」에 관한 언급을 담고 있는 클레멘스의 친필 편지는 그 작품의 마지막 부분인 「바나바의 서신」 바로 뒤에 들어가 있다.

두드러지게 유사한데, 이 점을 감안하면 「마가의 비밀 복음」은 사실상 날조일 가능성이 높다. 스미스는 이 소설이 출판되기 1년 전에 마르 사바 수도원을 방문해달라는 초청을 받았고, 거기서 교회를 당혹스럽게 만들 수 있는, 오래전에 소실된 문서를 드디어 찾아냈다고 말한다.[21] 두 문서가 서로 너무 유사하다는 점을 비롯해 적절한 검증과 입증을 거치지 않았다는 점 및 클레멘스의 편지가 실린 현존 문서 첫 번째 쪽에 스미스가 **자신의 이름을 서명했다**는 흥미로운 사실을 감안한다면, 우리는 이 "자료"(「마가의 비밀 복음」)를 기초로 하여 정경 복음서의 기원과 상호 관계를 가설적으로 재구성하는 데 각별히 조심해야 할 것이다.[22]

21　J. H. Hunter, *The Mystery of Mar Saba* (New York: Evangelical Publishers, 1940). 이 책은 1946년까지 해마다 재출간되었다. 일부 학자는 주목할 만한 평행 요소가 있다고 지적했다. P. Jenkins, *Hidden Gospels: How the Search for Jesus Lost Its Way* (New York: Oxford University Press, 2001), 102; R. M. Price, "Second Thoughts on the Secret Gospel," *Bulletin for Biblical Research* 14 (2004): 127-132를 보라.

22　Smith의 서명은 그의 1973년 책 사진에서는 분명하지 않다. 하지만 C. W. Hedrick, N. Olympiou, "Secret Mark: New Photographs, New Witnessses," *The Fourth R* 13, no.5 (September-October 2000): 10에서는 선명히 나타나 있다. Smith의 서명과 관련하여 Price("Second Thoughts," 130)는 수사적으로 "그는 자신의 작품에 서명한 것일까?"라고 질문한다.

　이 편지의 진정성을 옹호하고 동시에 Morton Smith를 옹호한 학자도 여럿 있다. 예를 들어 S. J. Patterson("The Secret Gospel of Mark," R. J. Miller ed., *The Complete Gospels* [Sonoma, Calif.: Polebridge, 1992], 402)은 다음과 같이 말한다. "[그 편지]에 관한 초기의 논의는 분명 부분적으로 논쟁적인 내용 때문에 위조와 사기라는 비난에 의해 혼란을 빚은 것이 사실이다. 그러나 오늘날 클레멘스 연구 학자들 사이에서는 이 편지의 진정성에 관해 거의 만장일치가 이루어지고 있다." B. Ehrman(*Lost Christianities: The Battles for Scripture and the Faiths We Never Knew* [Oxford: Oxford University Press, 2003], 79)은 이렇게 주장한다. "그 편지를 쓸 수 있는 자로 클레멘스 외에 다른 인물을 상상하기는 거의 불가능할 것이다." 그러나 어떤 이들은 이 편지가 확실히 위조 작품이며, Smith

셋째, 나는 예수의 사고와 행동이 당시의 환경에 영향을 받았을 것이라는 크로산 교수의 상상력 넘치는 탐구를 높이 평가한다. 때로는 예수에 관한 저술을 보면 사회적·문화적·정치적·경제적 배경의 문제 및 우리가 예수를 이해하는 데 이 배경이 미치는 영향을 입에 발린 말 수준으로 다루는 데 그치는 경우가 많다. 그렇지만 앞에서 언급한 크로산의 『역사적 예수』는 절반 정도의 분량을 로마 제국("중재된 제국")과 이스라엘("궁지에 몰린 중재")을 다루는 데 할애한다. 이 사실은 나에게 샌더스(E. P. Sanders)의 대작 『바울과 팔레스타인 유대교』(*Paul and Palestinian Judaism*, 알맹e 역간)를 상기시킨다. 샌더스가 바울신학으로 곧바로 들어가기 이전에 유대교 사상에 관해 길게 논의

가 이 위조의 장본인이라고 판단하는 데 전혀 어려움을 느끼지 않는다. 앞의 각주에 언급된 Jenkins와 Price 외에, D. H. Akenson, *Saint Saul: A Skeleton Key to the Historical Jesus* (Oxford: Oxford University Press, 2000), 88-89; Q. Quesnell, "The Mar Saba Clementine: A Question of Evidence," CBQ 37 (1975): 48-67에서 최초로 제기된 의혹도 보라. 내가 보기에 Smith를 옹호하는 자들은 Q. Quesnell의 통찰력 있고 사려 깊은 평가를 주목하지 못했다.

Morton Smith가 이 작품을 위조했을 가능성, 심지어 위조했을 개연성을 포함하여 클레멘스의 편지와 「마가의 비밀 복음」의 진정성에 대한 논쟁은 계속되고 있을 뿐만 아니라 더욱더 치열해지고 있는 것으로 보인다. S. G. Brown, *Mask's Other Gospel: Rethinking Morton Smith's Controversial Discovery* (Waterloo, Ont.: Wilfrid Laurier University Press, 2005)는 이 편지의 진정성을 새롭게 옹호하고 나섰다. 이 책을 지지하면서 J. S Kloppenborg는 다음과 같이 말한다. "브라운은 '더 긴 마가복음'에 관한 논의를 풍자와 거짓 학문의 늪에서 건져내어 신중하고 균형 잡힌 논의의 장에 올려놓음으로써 클레멘스의 편지가 진정한 편지라는 것을 지지하고 이 복음서 단편들이 마가복음의 것이라고 결론지을 만한 충분한 증거를 제시했다"(책 추천사 중에서). 하지만 S. C. Carlson, *Uncovered: Morton Smith' Secret and the Anatomy of an Academic Hoax* (Waco, Tex.: Baylor University Press, 2005)는 이 편지에 대한 새로운 반론을 제기했다. Carlson은 Morton Smith가 친필로 쓴 자료들을 검증했다. 그는 Morton Smith가 거의 확실하게 클레멘스의 편지의 저자라고 결론짓는다!

하는 것으로 시작한 것처럼 크로산도 지중해 연안 세계의 삶에 대한 상세하고 수준 높은 정보를 독자들에게 제공하는 것으로 시작한다.[23] 이러한 비교 연구를 통해 크로산은 다음과 같은 결론에 도달한다. "따라서 역사적 예수는 유대인 견유주의자 농부였다. 예수가 살았던 마을은 세포리스와 같은 그리스-로마의 도시와 매우 가까운 곳에 위치해 있어서 예수의 견유주의적인 관점과 지식을 설명해주고 뒷받침해줄 만한 충분한 증거를 제시해준다."[24]

비록 나를 비롯해 다른 학자들은 이러한 결론을 받아들일 수는 없겠지만—특히 세포리스에서 진행 중인 고고학적 발굴을 통해 이 도시가 기원후 70년 이전에도 매우 강한 유대적 성격을 띠고 있었음이 입증되었으므로—나는 크로산이 시도한 비교 연구를 높이 평가한다.[25] 역사 서술과 엄밀한 주석 작업은 이러한 비교 연구 없이는 사

---

23 E. P. Sanders, *Paul and Palestinian Judaism: A Comparison of Patterns of Religion* (London: SCM Press; Philadelphia: Fortress Press, 1977), 33-428; Crossan, *The Historical Jesus*, 1-224.
24 Crossan, *The Historical Jesus,* 421.
25 Crossan의 『역사적 예수』(*Historical Jesus,* 1991)가 출판된 이후에 진행된 세포리스 지역의 고고학적 발굴을 통해 1세기 쓰레기 더미가 발견되었다. 고고학자들은 기원후 70년대 이후 시대로 추정되는 동물 뼈 가운데 돼지 뼈가 30퍼센트나 포함된 것에 비해 70년대 이전으로 추정되는 동물 뼈 중에는 돼지 뼈를 전혀 발견하지 못했다. 이처럼 이방인의 숫자가 많지 않았다는 점이나 최소한 유대인의 음식 법을 지키는 이들이 많았다는 점은 세포리스에 어떤 견유주의자가 살았다는 Crossan의 가설을 약화시킨다. 1990년대에 발굴된 유물 중에는 여러 개의 돌그릇과 미크바옷(정결 예식을 위한 연못)의 파편들이 발견되었다. 이러한 유물은, 이방인이 사용한 유물 및 건축물의 부재와 함께, 세포리스가 예수 당시에 율법을 지키던 유대인들이 살던 도시였음을 강력히 시사한다. 이에 대한 더 자세한 내용은 M. A. Chancey, *The Myth of a Gentile Galilee* (SNTSMS 118, Cambridge: Cambridge University Press, 2002); M. Chancey and E. M. Meyers, "How Jewish Was Sepphoris in Jesus' Time?" *Biblical Archeologist Reader* 26, no. 4 (2000): 18-

실상 불가능하다. 아무튼 예수 어록 중 대다수는 견유주의적인 표현과 견줄 때 그 뉘앙스가 더욱 뚜렷해진다. 물론 우리가 결국에는 예수는 견유주의자가 아니었다고 결론짓긴 하더라도 말이다.

라이트의 특별한 공헌

나는 예수 연구에 대한 라이트 주교의 가장 중요한 공헌은 예수의 생애, 죽음, 부활에 대한 유대교 배경과 예수의 생애, 죽음, 부활이 이스라엘의 이야기와 어떤 연속성을 지니고 있는지를 지칠 줄 모르는 열정을 가지고 탐구한 노력에 있다고 생각한다. 라이트 주교는 무수히 많은 세부 내용과 다양하고 복잡한 요소를 심도 있게 탐구하면서도 동시에 큰 그림을 볼 수 있는 시각을 소유하고 있다. 예수와 바울에 관한 그의 연구는, 신약성서 작품에 대한 수많은 주석과 자신의 견해를 명료하고 설득력 있게 제시하는 탁월한 능력과 더불어, 그를 복음주의 신학을 주도하는 신약학자로 우뚝 세우는 데 중추적인 역할을 감당했다.

나는 라이트 주교의 연구에 관해서는 말을 아낄 것이다. 왜냐하면 나는 그의 연구에 대체적으로 동의하며, 종종 그의 견해를 따르기도 하고, 때때로 일부 학자가 대담하고 획기적이라고 생각하기도 하는 그의 사상 중 일부를 옹호하기도 하기 때문이다. 내가 그의 연구

33, 61을 보라.

에 동의하는 적절한 사례를 하나 꼽는다면, 그것은 아마도 예수와 그 당시 사람들이 이스라엘을 어떤 의미에서든 유배 상태에 있었던 것으로 보았다는 그의 주장일 것이다. 모리스 케이시(Maurice Casey)는 라이트의 이런 주장이 크게 잘못되었다는 이유로 크게 분개했다. (케이시 박사를 아는 이들은 그가 다른 방식으로 반대 의사를 표현할 수 없다는 사실을 잘 알고 있다.) 왜냐하면 이스라엘은 엄연히 하나의 국가로 존재했고, 대다수는 아니더라도 다수의 유대인은 여전히 이스라엘에서 살고 있었기 때문이다.[26] 그렇다면 과연 어떤 의미에서 이스라엘이 "유배 상태"에 있었다고 말할 수 있단 말인가?[27]

케이시가 라이트의 요점을 제대로 파악하지 못한 이유는 그가 독자들로 하여금 큰 그림을 보게 하려는 라이트의 의도를 제대로 파악하지 못한 탓이기도 하다. 예수는 하나님의 통치와 더불어, 사탄의 통치로부터 이스라엘을 해방시키는 일에 관심을 두고 있었다. 희년의 의미가 담긴 예수의 죄 사함 혹은 "빚" 탕감 선포를 비롯해 하나님 나라의 실제적 임재를 보여주는 증거로 보여주신 귀신 축출과, 안

26　M. Casey, "Where Wright Is Wrong: A Critical Review of N. T. Wright's *Jesus and the Victory of God*," *Journal for the Study of the New Testament* 69 (1998): 95-103. 같은 저널에는 Wright의 책에 대한 또 다른 서평 논문이 함께 실렸다. C. Marsh, "Theological History? N. T. Wright's *Jesus and the Victory of God*," 77-94. 이 두 서평 논문에 대한 Wright의 답변은 "Theology, History and Jesus: A Response to Maurice Casey and Clive Marsh," 105-112에 실려 있다.

27　나는 내 논문 "Jesus and the Continuing Exile of Israel," *Jesus and the Restoration of Israel: A Critical Assessment of N. T. Wright's Jesus and the Victory of God*, ed. Carey C. Newman (Downers Grove, Ill.: InterVarsity, 1999), 77-100, 304-308에서 Casey의 반론을 포함하여 이 문제에 관해 다룬다. Wright는 이 책에 포함된 모든 에세이에 대해 "In Grateful Dialogue: A Response," 244-277에서 답변한다.

식일에 지체부자유자 여인을 치유하신 사건(사탄은 이 여인을 18년 동안 가혹하게 결박함, 눅 13:16)과, 강한 자 곧 사탄을 결박한 사건(막 3:26-27) 등은 가장 치욕스러운 유배와 포로 상태(즉 하나님과의 단절뿐 아니라 서로 간의 불화)로부터 이스라엘을 해방시키는 예수의 사역의 일환이었다.

라이트의 연구가 지닌 또 다른 장점으로는 예수와 그의 추종자들의 사고 및 행동에 이스라엘의 신성한 이야기와 경전이 미친 영향을 올바르게 파악했다는 점을 꼽을 수 있다. 이스라엘 안에서, 이스라엘을 위하여, 그리고 이스라엘을 통해 일하시는 하나님의 사역을 보여주는 이 이야기는 예수의 사역에서 지속적으로 나타난다. 라이트는 우리가 이 연속성을 제대로만 파악하면 예수의 의도와 그의 사역이 내포하고 있는 의미가 더욱더 명확해진다고 말한다.

아이러니하게도 크로산에게는 바로 이 이 연속성(복음서 내러티브와 이스라엘 경전 사이에 존재하는) 자체가 그의 마음에 의구심을 불러일으키는 주범이다. 라이트는 이 연속성 안에서 성서적 설명과 예언의 성취를 고대하는 역사를 발견한 반면, 크로산은 그 속에서 역사적 내러티브를 탄생시킨 성서의 다양한 약속을 발견한다.[28]

이 문제의 해답은 이 둘 사이의 어느 중간 지점에 있다고 나는 생각한다. 왜냐하면 지금까지 제시된 증거를 보면 둘 다 일장일단이 있어 보이기 때문이다. 이 증거를 보면 내러티브의 형성에 기여한 성

---

28 내가 염두에 두고 있는 부분은 *Who Killed Jesus?* 의 1장 도입(1-13쪽)이다. Crossan은 이 단락을 "기억된 역사와 역사로 서술된 예언"(History Remembered and Prophecy Historicized)으로 명명한다.

서("말씀을 이루려 하심이니")에 의존하는 모습이 발견되기도 하지만(나는 요한복음이 이에 대한 다양한 사례를 제공한다고 생각한다), 성서의 의미를 명확하게 밝혀주는 역사에 더 근접한 사례를 발견하기도 한다.[29] 물론 이 사례 중 일부는 어느 방향으로 영향이 미쳤는지—즉 역사적 사실에 대한 기억이 성서로, 아니면 성서가 내러티브로—판단하기가 어렵다.

나는 여기서 본인의 관점도 몇 가지 소개했다고 생각하지만, 나의 이러한 관점은 대부분 라이트 주교의 자극적이고 도전적인 저서에 대한 나의 반응이다. 2005년도 그리어-허드 포럼은 부활에 관한 문제에 집중했다. 주최측은 뛰어난 신학자, 철학자, 성서학자로 구성된 강사진을 선보였다. 이 뛰어난 강사진의 중심에는 두 기독교 사상가—돔 크로산과 톰 라이트—가 있다. 이 두 학자의 연구는 의심의 여지없이 앞으로도 기독교 신앙의 핵심이라고 할 수 있는 예수의 부활을 보다 깊이 이해하고 생산적인 대화를 지속적으로 이끌어 나가는 데 큰 몫을 담당할 것이다.

---

29 이 사실에 대한 가장 적절한 사례는 가룟 유다가 예수를 배신한 것과 연관된 성서 인용이다. 스가랴 11장과 예레미야 9장의 본문이 성전 안에 던져진 은 삼십으로 토기장이의 밭을 사는 이야기(마 27:3-10)를 낳았을까? 아니면 유다의 안타까운 이야기가 예언적 성서 본문을 찾도록 만들었을까? 아니면 이 두 가지가 다 조금씩 관련이 있을까?

후기

나는 부활에 관한 후기로 마무리하고자 한다. 나는 예수의 제자들이 도대체 왜 부활을 말했는지를 묻는 질문은 매우 중요하다고 생각한다. 왜 그들은 예수의 부활 이후의 출현을 일종의 "유령의 출현"(apparitions)으로 간주하지 않았을까? 다시 말하자면 그들은 왜 예수가 하나님의 복된 임재 가운데 들어갔다는 신념으로 이해하는 것으로 그치지 않았을까? 유대인들은 고대 후기 지중해 연안 지역의 모든 민족과 마찬가지로 자기들만의 유령 이야기를 가지고 있었다. 그렇다면 과연 무엇이 예수의 유대인 제자들로 하여금 **부활**을 이야기하도록 만들었을까?

예수를 따르는 이들 가운데서 급격하게 퍼진 소문—몇몇 사람이 살아 있는 예수를 목격했다는—은 아마도 유대인과 지중해 연안 지역에 널리 알려진 유령 출현의 렌즈를 통해, 그리고 심지어 물리적인 것을 뛰어넘어 비물질적이고 불멸의 성질을 가진 영혼의 초월성 개념을 통해 해석되었을 것이다. 예수가 살아 계시고 하늘에 계신다는 선언은 예수가 실제로 부활하셨다는 결론을 도출하기에는 충분하지 못했을 것이다. 사실은 이 사건의 일회성—오직 예수에게만 일어난[30]—이 부

---

[30] 나는 예수가 죽을 때 다수의 거룩한 이들이 부활하는 것을 묘사하는 마태복음 27:51b-53의 전승이 진정성을 담고 있다고 생각하지 않는다. 1세기 말이나 2세기 초에 필사자가 첨가한 것으로 보이는 이 전설적인 윤색은 예수와 다른 여러 성도가 보편적 부활의 "첫 열매"였다는 의미에서 예수의 부활 이후의 출현을 부활로 보게 하려는 시도라고 할 수 있다. 물론 이것이 바로 바울이 이 이상한 사건을 설명하려고 시도하는 방식이다(고전 15:23을 보라).

활에 대한 반론으로 작용했을 것이다. 왜냐하면 부활을 믿는 유대인들의 사고에서 부활은 **만인**이 다시 살아나는(단 12:2에서처럼) **보편적** 부활로 이해되었기 때문이다. 자신들의 스승이 죽은 자 가운데서 다시 살아나셨다는 믿음이 예수의 최초 추종자들 사이에 널리 퍼진 사실은 단순히 유령의 출현이라는 훨씬 더 쉽게 받아들여질 수 있는 관점에서 설명될 수 없는 무언가가 부활절과 부활 이후의 출현 사이에 일어났다는 것을 강하게 암시한다.[31]

---

31 D. C. Allison Jr., *Resurrecting Jesus: The Earliest Christian Tradition and Its Interpreters* (London: T. & T. Clark, 2005)는 이 점을 매우 설득력 있게 설명한다.

3

부활의 해석학

N. T. 라이트와 존 도미닉 크로산의 부활 내러티브 읽기

로버트 B. 스튜어트

현대 학자들 가운데 N. T. 라이트와 존 도미닉 크로산 만큼 칭송과 비판을 동시에 받는 학자는 거의 없다. 우리는 이 두 학자의 책을 인내심을 가지고 끝까지 읽으면서 각 저자가 무엇을 말하려는지를 파악하기보다는 그들이 내린 결론이 무엇인지 빨리 확인하고 싶은 나머지 책 뒷부분으로 건너뛸 때가 많다. 두 사람은 모두 본문을 혁신적인 방법을 통해 이해하고 거기서 역사적 의미를 발견하고자 노력하는 창의적인 성서 주석가들이다. 나는 내가 허락된 짧은 지면 안에서 라이트와 크로산에게 세 가지 근본적인 해석학적 질문을 던질 것이다. 그것은 (1) 본문이란 무엇인가? (2) 본문은 어떻게 읽혀야 할까? (3) 역사와 해석학의 관계는 무엇인가?이다. 이어서 나는 이 두 학자가 부활 내러티브를 어떻게 다루는지를 간략하게 정리하고, 내가 던진 세 가지 해석학적 질문에 대한 그들의 답변이 부활 내러티브에 대한 그들의 해석에 어떻게 작용하는지를 평가하고자 한다.[1]

---

[1] 이 문제들을 비롯해 해석학 및 예수 연구와 관련된 여러 다른 문제들에 관한 더 자세한 논의는 나의 *The Quest of the Hermeneutical Jesus: The Impact of Hermeneutics on the Jesus Research of John Dominic Crossan and N. T. Wright* (Lanham, Md.: University Press of America, 2008)를 보라.

본문이란 무엇인가?

라이트는 본문은 "세계관을 명확히 표현하는 것, 혹은 더 정확히 말하자면 **세계관을 명확히 표현하는 이야기에 대한 서술**(telling of stories)"이라고 확신한다.[2] 모든 본문은 암시된 내러티브(implied narrative)—본문 안에서 발견되는 이야기—를 전달한다.[3] 세계관은 다음과 같은 것을 통해 표현된다. 즉 (1) 현실에 대한 우리의 관점을 정리해주는 이야기, (2) 상징(이야기를 간략하게 표현하기), (3) 다섯 가지 궁극적인 질문(우리는 누구인가? 우리는 어디에 있는가? 무엇이 잘못되었는가? 해결책은 무엇인가? 그 해결책의 때는 언제인가?)에 대한 답변, (4) 실천(praxis) 곧 세상에서 존재하는 방식 등이다. 물론 이 중 어떤 것을 통해서도 전체적인 세계관이 어렴풋이 파악될 수도 있지만, 어쨌든 이야기는 세계관을 가장 잘 표현해준다.[4] 모든 세계관은 그 자체의 **이야기**를 가지고 있다. 모든 본문은 세계관에 관한 이야기와 연관되어 있다. 세계관은 독자에게 어떤 본문의 의미를 파악할 수 있는 기본적인 틀을 제공해준다.

본문은 우리가 저자의 사상이나 감정을 직접 만날 수 있게끔 해주지 못한다. 그렇다고 해서 본문이 저자와 완전히 분리되어 있는 것

---

2   N. T. Wright, *The New Testament and the People of God*, Christian Origins and the Question of God, vol. 1 (Minneapolis: Fortress Press; London: SPCK, 1992), 65.
3   Ibid..
4   Wright, *The New Testament and the People of God*, 122-124; N. T. Wright, *Jesus and the Victory of God*, Christian Origins and the Question of God, vol. 2 (Minneapolis: Fortress Press; London: SPCK, 1996), 137-138.

도 아니다. 왜냐하면 본문은 저자의 세계관과 저자가 있는 장소의 세계관을 반영하기 때문이다. 라이트에게 있어 세계관은 먼저 집단적인 개념으로 이해되기 이전에는 절대로 개인적인 개념으로 이해되지 않는다.[5] 따라서 세계관은 독자들에게 그 세계관의 의미를 파악하고 또 그 의미를 유발하는 (내러티브의) 틀을 제공한다.[6]

또한 본문은 다수의 의미를 담고 있거나 유발한다. 사실 **의미**는 다중적인 의미를 지닌 용어다. 본문은 독자에게 등장인물의 의도나 사건의 당대적 타당성 혹은 결과, 또는 하나님의 목적까지도 알려줄 수 있다.[7] 의미는 "지시 대상"(referent)이나 "함의"(implication)로도 이해될 수 있는데, 여기서 후자는 인류의 삶과 경험이라는 폭넓은 세계 안에서 의미가 갖고 있는 중요성을 가리킨다.[8]

비판적 실재론은 라이트에게 있어 본문을 이해하는 가장 핵심적인 요소다. 과학 철학에서 빌려온 방법론 중의 하나인 비판적 실재론은 모든 지식이 사회-역사적 성격을 띠고 있음을 인정하지만, "종교 언어는 신자들에게 어떤 의미에서도 실재가 인식론적 주장으로 묘사되지 않으면서도 그들의 행동을 이끌거나 의미를 부여하는 유용한 상징체계를 제공한다"는 주장을 거부한다.[9] 비판적 실재론은 "**인**

---

5 Wright, *The New Testament and the People of God*, 122.
6 Ibid., 77-80.
7 Ibid., 95-96.
8 N. T. Wright, *The Resurrection of the Son of God,* Christian Origins and the Question of God, vol. 3 (Minneapolis: Fortress Press; London: SPCK, 2003), 719-720.
9 Wentzel Van Huyssteen, *Essay in Postfoundationalist Theology* (Grand Rapids, Mich.: Eerdmans), 43.

식된 대상의 실재를 인식 주체와는 다른 어떤 것으로 인정하면서도 (따라서 '실재론'이다), 우리가 이 실재에 다가갈 수 있는 유일한 방법은 인식의 주체와 인식된 대상 사이의 적절한 대화를 통한 상승 작용의 과정에 있다는 점도 전적으로 인정한다(따라서 '비판적'이다).[10] 비판적 실재론의 옹호자들은 모든 지식은 잠정적이며, 따라서 수정될 수 있다는 사실을 인정한다. 비판적 실재론자들은 언어의 효력과 관련하여 본문은 객관적 세계의 파생물이라고 주장하지 않는다. 그들은 오히려 본문이 객관적 세계를 표상하고 지칭할 수 있다고 주장한다.[11]

크로산은 역사적 예수 탐구가 언제나 해석학에 깊은 관심을 두어왔음을 지적한다. 그는 『예수의 비유』(*In Parables*)라는 책 서문에서 이렇게 말한다. "'역사적 예수'라는 용어는 실제로 예수의 언어를 의미하며 특별히 그의 비유 자체를 의미한다."[12] 그는 『단편들』(*In Fragments*)이라는 책의 서론에서도 다음과 같이 말한다. "이로써 역사적 예수의 문제는 그 문제 자체를 해석학적 예수의 문제로 전환시키고 또한 변형시킨다."[13] 비록 본문 혹은 일반 언어의 본질에 대한 크로산의 이해는 세월이 흐르면서 어느 정도 바뀌었지만, 예수의 언어를 이해하는 것이 역사적 예수를 발견하는 열쇠가 된다는 그의 입장

---

10 Wright, *The New Testament and the People of God*, 35.
11 Ibid., 48.
12 John Dominic Crossan, *In Parables: The Challenge of the Historical Jesus* (New York: Harper & Row, 1973), xv.
13 John Dominic Crossan, *In Fragments: The Aphorisms of Jesus* (San Francisco: Harper & Row, 1983), vii.

은 전혀 바뀌지 않았다. 크로산은 자신의 초기 저작에서는 "신해석학"(New Hermeneutic)과 유사한 입장을 취하면서 언어, 특히 예수의 비유의 언어는 항상 "세계를 창조하는"(world creating) 언어임을 강조한다. 본문―특히 예수의 비유―은 독자에게 **정보**를 제공해주거나 비유 없이도 전달 가능한 어떤 요점을 설명하려는 의도를 갖고 있는 것이 아니라 오히려 독자를 그 비유의 세계로 초대하기 위한 것이다. 이것은 마치 시(또는 비유) 한 편을 읽을 때 우리가 그 시의 세계로 들어가기 이전에는 결코 그 시를 온전히 이해할 수 없는 것과도 같다.[14] 크로산은 예수의 비유의 내용보다는 그 비유의 구조와 그 비유에 의해 발생하는 효력에 초점을 맞춘다. **언어 사건**을 강조하는 신해석학의 영향이 이 지점에서 분명하게 드러난다.[15]

크로산은 『어두운 간격』(*The Dark Interval*)이란 책에서 언어의 세계-창조적인 성격보다는 언어의 보편성과 한계를 더 강조하기 시작한다. 크로산은 오직 언어만 존재하며 우리는 그 언어로부터 벗어날 수 없다고 선언한다. "우리는 바다 속 물고기와 같이 언어 속에서 산다."[16] 초기 비트겐슈타인을 비롯해 니체, 디킨슨, 엘리엇 등에 의존하면서 크로산은 비록 언어가 우리에게 초월적인 부분을 말해줄 수는 없다 하더라도 우리를 그 언어의 끝자락까지라도 이끌어가 거

---

14 Crossan, *In Parables*, 13.
15 James M. Robinson, "Hermeneutic since Barth," *The New Hermeneutic*, vol. 2, *New Frontiers in Theology: Discussion among Continental and American Theologians*, ed. James M. Robinson and John B. Cobb Jr. (New York: Harper & Row, 1964), 60-61.
16 John Dominic Crossan, *The Dark Interval: Towards a Theology of Story* (Sonoma, Calif.: Eagle, 1988, 『어두운 간격』, 한국기독교연구소 역간).

기서 언어의 한계를 뛰어넘음으로써 초월성을 경험할 수 있다는 소망을 안겨준다고 주장한다. 하지만 우리는 결코 언어를 통해 객관적으로 초월성(하나님)을 알 수는 없다. 그렇지 않다면 초월성은 초월성일 수 없기 때문이다. 크로산은 우리에게 중요한 것은 본문의 내용이 아니라 본문의 구조 및 본문의 구조가 발생하는 효력이라고 주장한다. 그는 예수의 비유에 대해 다음과 같이 선언한다. "예수의 비유는 우리가 받아들인 세계의 깊은 구조를 깨뜨려버리는 이야기이며, 이로써 우리로 하여금 그 이야기 자체가 상대적이라는 사실을 분명하게 깨닫게 만든다. 예수의 비유는 우리의 방어 수단을 제거하고 우리로 하여금 하나님 앞에서 취약한 존재로 만들어버린다. 하나님은 오직 그러한 경험을 통해서만 우리를 만질 수 있고, 오직 그런 순간에만 하나님 나라가 도래한다. 이것을 가리키는 나의 용어가 바로 초월성이다."[17]

크로산은 다음 두 작품에서도 언어(본문)의 영역을 벗어나서는 결코 실재를 지칭할 수 없는 바로 그 언어의 무능함을 지속적으로 강조한다. 크로산은 『발견하는 것이 첫 번째 행위다』(*Finding Is the First Act*)에서 비유가 직접 그 비유의 속성에 관해 말할 기회를 제공한다. "나는 하나님 나라가 어떤 것과 같은지 당신에게 말씀드리겠습니다. 내가 실패하는 모습과 또 내가 어떻게 실패하는지를 주의 깊게 살펴보십시오. 그리고 실패할 수밖에 없다는 것을 깨달으십시오. 나의 실패를 보셨나요? 만약 당신이 그것을 봤다면 나는 성공한 것입니다.

---

17 Ibid., 100.

그리고 나의 실패가 크면 클수록 나의 성공도 그만큼 더 커질 것입니다."[18] 크로산은 『명료함에 대한 습격』(Raid on the Articulate)에서 종말론을 포기하고 그에 따른 해석학적 결론짓기(interpretive closure)를 폐기할 것을 촉구하면서 구조주의를 탈피하여 탈구조주의로 나아갈 것을 강조하기 시작한다. 이를 위해 크로산은 스탠리 카벨(Stanley Cavell)의 글을 다음과 같이 인용한다.

> 함(Hamm)이 깨달은 것이 바로 구원은 막바지 단계를 끝내는 것, 즉 모든 최종적인 해결책을 마침내 포기하는 것에 있다고 상정해보자. 막바지 단계의 가장 마지막 단계는 종말론, 곧 이 땅에서 최종적으로 일어날 일은 질서와 정당성을 내포할 것이라는 개념이다. 그것이 바로 우리가 가망이 없는데도 불구하고 계속해서 희망을 버리지 않고 기대했던 것이며, 또 그것이 바로 앞으로 구원이 우리에게 보여줄 모습이다. 따라서 이제 우리는 구원이 종말론을 해체하고 유대-기독교 끝자락에 놓인 이 세상의 저주를 돌이키기 위해 이 세상의 질서에 종말을 기하면서 이 이야기의 방향을 되돌리는 것, 즉 종말에 관한 이야기에 종지부를 찍는 데 있다는 것을 알아야 한다.[19]

---

18 John Dominic Crossan, *Finding Is the First Act: Trove Folktales and Jesus' Treasure Parable*, Semeia Supplements (Philadelphia: Fortress Press, 1979), 120.

19 Stanley Cavell, "Ending the Waiting Game," *Must We Mean What We Say? A Book of Essays* (New York: Scribner, 1969), 149. 또한 John Dominic Crossan, *Raid on the Articulate: Comic Eschatology in Jesus and Borges* (New York: Harper & Row, 1976), 32-33도 보라.

크로산의 탈구조주의적 경향이 가장 잘 드러나 있는 책은 바로 『추락의 벼랑』(Cliffs of Fall)이다. 그는 은유적 언어가 문자적 언어와 이항대립적인 관계에 있다는 폴 리쾨르(Paul Ricoeur)의 견해에 동의한다. 그러나 크로산은 리쾨르와는 대조적으로 은유적 언어가 문자적 언어로부터 나오지 않는다고 주장한다. 오히려 그 정반대라는 것이다. 즉 모든 언어는 본질상 은유적이며, 오직 세월이 흐르면서 문자적인―즉 질서 있는―언어가 된다는 것이다.[20] 크로산은 이러한 보편적이며 원초적인 은유성은 리쾨르의 "의미의 잉여" 개념보다는 데리다의 "의미의 부재" 개념에 더 가깝다고 말한다.

> 고정된, 문자적, 일률적, 혹은 일의적 언어가 부재할 때 은유의 불가피성과 보편성이 대두된다. 그리고 이러한 언어의 부재는 모든 언어와 모든 사상의 근간과 지평이 된다. 만약 이 면에 있어 데리다가 옳다면―나는 데리다가 옳다고 생각한다―그것은 은유 또는 상징이 리쾨르의 표현대로 "의미의 잉여"라기보다는 **의미의 부재**를 의미할 것이다.[21]

비록 본문에 대한 크로산의 이해가 세월이 흐르면서 바뀌거나 발전하기도 했지만, 크로산의 모든 저서에서 동일하게 나타나는 공통점은 다양한 종류의 글이 서로 다른 특성과 목적 및 기능을 가지

---

20 John Dominic Crossan, *Cliffs of Fall: Paradox and Polyvalency in the Parables of Jesus* (New York: Seabury, 1980), 5-13.
21 Crossan, *Cliffs of Fall*, 9-10.

고 있을 뿐 아니라, 이러한 구조 혹은 형식을 파악하면 본문이 말하는 것보다는 그 본문이 본문의 의도를 어떻게 전달하는지에 더 집중함으로써 우리의 본문 이해를 향상시켜준다는 구조주의/형식주의에 대한 그의 강한 집념이다. 크로산은 그가 다루는 내용이 비유나 신화, 우화나 풍자, 시나 역사적 내러티브 중 어느 것이든지 간에 특정한 언어(따라서 본문)는 특정한 효과를 일으킨다는 입장을 견지한다. 본문에서 가장 중요한 것은 본문이 무엇을 말하느냐가 아니라, 본문이 어떤 효과를 일으키느냐에 있다는 것이다.[22]

우리는 이러한 개념이 크로산의 초기 연구에만 국한된다거나 또는 그의 역사적 예수 탐구가 그가 초기에 집필한 해석학 관련 저서와 전혀 다른 성격의 것이라고 생각해서는 안 된다. 그는 최근 2002년에도 비유가 역사적 예수 탐구에 있어서 다중적인 해석학적 효과를 일으킨다는 입장을 고수했다. 그는 「해석」(*Interpretation*)이란 저널에서 예수에 **의한** 비유(예수가 말한 비유)와 예수에 **관한** 비유를 논의한다. 그의 견해에 따르면 전자는, 비록 예수의 정확한 말(*ipsissma verba*)은 아니더라도, 예수의 비유의 원래 구조(*ipsissima structura*)를 그대로 반영한다.[23] 적어도 예수의 입에서 직접 나온 원래 형태의 비유는 다수의 해석을 낳았는데, 이는 또한 다분히 의도적이기도 했다. 예수의 비유는 그 의미에 관해 서로 토론하며 대화하도록 유도함으로써 스스로 배움의 길을 열어가는 기회를 청자들에게 주기 위한 것이

22　Crossan, *The Dark Interval*, 42를 보라.
23　John Dominic Crossan, "The Parables of Jesus," *Interpretation* 56, no. 3 (July 2002): 249.

었다.[24] 예수에 **의한** 비유와는 달리 예수에 **관한** 비유는 예수로부터 나온 것은 아니지만, 그럼에도 유사한 비유 구조를 공유한다.[25] 예수에 관한 비유는 이 세상을 정의가 이루어지는 장소로 만드는 과정에 교회를 참여시키려는 목적으로 만들어진 것이다. 크로산은 오병이어로 큰 무리를 먹이신 이야기를 분석한 후 다음과 같이 결론을 내린다.

> 이 이야기는 하나님이 예수 안에서 음식을 공평하고, 공정하며, 정당하게 나누어주실 때 거기 있던 음식은 모든 사람이 먹고도 남을 만큼 충분했다는 것을 의미한다. 또한 이 이야기는 교회(지도자로서 또는 상징적 집합체[?]로서의 제자들)가 이 기능적 운명의 일부가 되기를 원치 않으며, 예수에 의해 이 과정 안으로 끌려들어 와야(말하자면 발로 차고 큰 소리를 지르며) 한다는 것을 의미한다. 즉 예수는 제자들을 끌어들이고 제자들은 무리들을 끌어들이는 것이다. 제자들은 "무리를 보내소서"라고 말하고, 예수는 "너희가 먹을 것을 주라"고 말씀하신다. 이제서야 나는 왜 우리가 얻을 수는 있지만 원치 않는 공정한 분배보다는, 우리가 원하지만 얻지 못하는 기적적인 음식의 증가를 더 강조하고 싶어 하는지를 알 것 같다.[26]

따라서 비로소 우리는 왜 크로산이 정경 복음서의 내러티브 부분조차도, 그것이 명백히 비유적이든 아니든 간에, 비유적으로 해석

---

24 Ibid., 253.
25 Ibid., 254.
26 Ibid., 258.

하는지를 분명히 알게 된다.

본문의 성격에 대한 라이트와 크로산의 견해 사이에는 차이점과 유사점이 모두 존재한다. 라이트는 본문은 그 안에 암시된 세계관이나 또는 세계를 보는 방식을 담고 있으며, 또 그 세계관 안에서 본문은 그 본문이 의미하는 바를 의미한다고 주장한다. 아마 크로산 역시 이 점에는 동의하리라 생각된다. 그럼에도 불구하고 라이트는 본문은 일반적으로 본문 밖에 있는 세계를 가리킨다고 본다. 말하자면 라이트에게는 내용이 중요하다. 이에 비해 크로산은 본문은 그 본문 고유의 세계를 창출해낸다고 믿는다. 따라서 그는 일반적으로 본문의 내용보다는 그 효과에 초점을 맞춘다.

본문은 어떻게 읽혀야 할까?

라이트에 따르면 본문은 그 안에 담겨 있는 세계관에 따라 읽혀야 한다. 그는 이것을 실천에 옮기기 위해서는 본문이 전하고 있는(또는 전복시키고 있는) 이야기에 특별한 주의를 기울여야 한다고 말한다. 내러티브 비평은 이 목적을 달성하는 데 있어 매우 유용한 도구다. 라이트는 이를 위해 그레마스(A. J. Greimas)가 제시한 내러티브 구조주의의 여러 요소를 재활용할 것을 권한다.[27] 그레마스의 방법론이 결정적으로 형식주의적이자 반 역사적이라는 점을 인정하는 라이트는

27　Wright, *The New Testament and the People of God*, 69-70.

본문, 특히 예수의 어록의 구조와 기능을 이해하기 위해서는 무조건 그레마스의 방법론을 따르기보다는 오직 그 방법론의 특정 부분, 즉 행위자 분석만을 재활용할 것을 권한다.[28]

독자는 역사적 인물들의 목표와 의도를 파악하는 데 힘써야 한다. 라이트는 이렇게 말한다. "나는 역사는 '액면 그대로의 사실'(bare facts)도 아니고 '주관적인 해석'도 아니며, **사건과 의도로 구성된 의미 있는 내러티브**라고 주장할 것이다."[29] 그는 우리가 역사적 인물들의 말과 의도를 그들의 세계관이라는 배경에 비추어 평가함으로써 그 역사적 인물의 의도를 합리적으로 파악할 수 있다고 주장한다.[30] 라이트는 벤 메이어(Ben Meyer)의 연구를 기초 삼아 예수의 실천(구두적인 면과 시각적인 면 모두)을 제2성전기 유대교의 세계관이라는 문맥 안에서 평가함으로써 예수의 의도를 파악하고자 한다.[31] 이어서 그는 예수의 세계관을 기초 삼아 그의 기본 신념, 목표, 이에 따른 신념, 그리고 의도를 밝혀내는 연구를 수행한다.[32]

라이트는 정당한 성서 읽기는 성서의 역사적·문학적·신학적 측면도 신중하게 취급한다고 주장한다. 이 세 측면을 인정하지 않는 성서 읽기는 불완전할 수밖에 없다. 본문을 단순히 (현대적 관점의) 역사적 의미(기록 당시의 의미)만을 위해 읽는다면, 현 시대와 각 개인에게

28　Ibid., 70.
29　Ibid., 82.
30　Ibid., 109-112.
31　Ben F. Meyer, *The Aims of Jesus* (London: SCM, 1979), 19-21, 174-220.
32　기본 신념, 목표, 이에 따른 신념, 의도 등에 대한 더 자세한 논의는 Wright, *The New Testament and the People of God*, 110-111, 125-126을 보라.

주어지는 의미를 놓치게 될 것이다. 그러나 또 본문을 단순히 (탈근대적 관점의) 문학적 효과(내게 주는 의미)만을 위해 읽는다면, 이 또한 본문의 공적 의미를 상실하게 될 것이다.[33]

우리는 신학적 의미를 얻기 위해 본문을 읽는 것을 두려워해서는 안 된다. 세계관을 내포하고 있는 이야기 속에는, 그것이 명시적으로든 암시적으로든, 신학적 요소가 필수적으로 들어가 있기 마련이다.[34] 따라서 본문에 대한 신학적 질문을 던지는 행위는 본문에 대한 역사적 혹은 문학적 질문을 제기하는 행위와 깊은 관련이 있다. 라이트는 (하나님에 관한) 신학적인 진술을 정치적 혹은 사회학적 진술과 전혀 다르게 취급하는 행위는 해석학적 모순이라고 생각한다. 그러므로 신학적 언어는 "다른 어떤 것에 관한 언어와 동일한 위치"에 있으며, 따라서 우리는 "신학적 언어도 현실에 관한 담화의 필수적인 측면으로 간주될 권리가 있음을 인정해야" 한다.[35]

그렇다고 해서 라이트는 문학적 혹은 역사적 관심사를 건너뛸 것을 제안하지 않는다. 또한 그는 신학적 언어가 다른 언어가 갖고 있지 못한 어떤 특별한 관점을 부여받았다고 전제하지도 않는다. 라이트는 신학적 언어를 **공적인** 성격을 지닌, 즉 비판과 수정을 받아야 하는 언어로서 비판적 실재론에 부합하는 언어로 간주한다.[36] 이로써 그는 문학적 측면과 역사적 측면을 모두 강화하는 신학적 성서 읽기

---

33 Ibid., 66.
34 Ibid., 127.
35 Ibid., 130.
36 Ibid., 133-136.

를 추구한다.[37]

신학적 성서 읽기는 성서 해석학의 한 부분이 되어야만 한다. 왜냐하면 신학에 대한 관심은 역사비평과 문학비평이 직접 다룰 수 없는 세계관이라는 영역—더 구체적으로는 상징적 언어의 영역—을 부각시키기 때문이다.[38] 더 나아가 신학은 "이야기를 전달하는 특정 방식을 제시하고, 제기되는 다양한 질문에 어떻게 답해야 하는지를 강구하며, 상징에 대한 특정한 해석을 제공하고, 실천의 특정한 형태를 제시하고 비판한다."[39]

결론적으로 라이트는 독자가 본문에 담긴 세계관, 특히 본문의 세계관 이야기에 주의를 기울이면서 역사적 인물의 의도를 파악하려는 마음을 가지고 본문을 읽을 것을 강조한다. 또한 독자는 본문이 스스로 충분히 말할 수 있도록—본문에 담긴 역사적·문학적·신학적 의미가 전달되도록—해야 한다. 세계관 분석과 내러티브 비평 및 비판적 실재론은 이 목적을 이루는 데 매우 유용한 도구로 사용된다.

한편 크로산은 우리가 하나의 권위 있는 의미(one authoritative meaning)에 도달하기 위한 목적으로 본문을 읽어서는 안 된다고 주장한다. 『명료함에 대한 습격』에서 보여준 씨 뿌리는 자 비유에 대한 그의 해석은 그가 얼마나 권위적인 성서 읽기(authoritative readings)를 강력히 거부하는지를 잘 보여준다. 그는 씨 뿌리는 자 비유에 대한 전통적 해석이 "농사 경험 관련 자료와 적절한 조화"를 이룰 뿐 아니라

---

37   Ibid., 121.
38   Ibid., 126-130.
39   Ibid., 126.

"이 비유 이야기의 대한 해석의 **하나**로서 우리는 그[전통적 해석의] 타당성과 정당성을 결코 부인할 수" 없음을 인정한다. 하지만 그는 "다른 모든 해석을 배제하는 유일한 해석으로서의 전통적 해석은 모든 해석을 영구적으로 지배함으로써 이득과 손실, 파종 실패와 풍성한 수확의 갑작스런 병치라는 이 이야기의 핵심인 손실 속의 이득과 이득 속의 손실이라는 역설을 완전히 파괴한다"고 주장한다.[40] 크로산은 다음과 같이 말한다. "풍유적 비유는 **다중적**이면서도 **역설적인** 해석을 낳게 마련이다. 어떤 해석도 바로 그 주어진 해석이 가장 타당하고, 가장 완벽하며 또는 가장 흥미로운 해석이라고 주장할 권리가 있고, 또 그 해석이 언제나 인간의 선택(주석가들도 예술가들만큼 자유롭게 선택할 권리를 갖고 있다)을 보여주는 어떤 현상으로 받아들여지거나 주장될 수는 있겠지만, 비유의 중심에 놓여 있는 역설은 그 어느 해석에서도 결코 누락되어서는 안 된다.[41] 독자는 예수의 비유를 모범적인 이야기로 읽어야 한다는 유혹을 물리쳐야 한다. 왜냐하면 예수의 비유를 모범적인 이야기로 읽게 되면 그 중심에 있는 역설은 소실되고 다른 여러 관점은 등한시되는 일이 벌어지기 때문이다."[42] 따라서 독자는 권위적인 성서 읽기를 통해 감추어졌던 원래의 다의성(多義性)과 역설이 다시 드러나는 성서 읽기를 추구해야 한다. 이러

---

40 Crossan, *Raid on the Articulate*, 128.
41 Ibid., 129.
42 Crossan, "Responses and Reflections," *Jesus and Faith: A Conversation on the Work of John Dominic Crossan*, ed. Jeffrey Carlson and Robert A. Ludwig (Maryknoll, N. Y.: Orbis, 1994), 144.

한 성서 읽기는 독자가 하나의 올바른 해석을 찾으려는 시도를 "포기하고" "풍유는 풍유를 풍유화한다"(allegory allegorizes allegory)는 사실을 단순히 인정할 때에만 그 목적을 달성한다. "이야기는 항상 최후의 승자다."[43] 크로산은 『추락의 벼랑』에서 "의미를 찾는 자는 잃을 것이요, 의미를 잃는 자는 찾을 것이라"고 선언한다.[44]

우리는 독자가 역사비평의 성과를 무시할 자유가 있다고 생각해서는 안 된다. 아무튼 크로산은 우리가 자료비평, 양식비평, 편집비평의 성과를 토대로 작업을 해야 한다고 주장한다. 또한 크로산은 『발견하는 것이 첫 번째 행위다』에서도 다음과 같이 말한다.

> 나는 복음주의적인 예수 전통에서 실제로 역사적 예수 자신으로부터 어느 정도의 확신을 가지고 유추해내는 것을 매우 엄정하면서도 부정적인 평가를 내릴 수밖에 없는 해석 방법의 기본적인 타당성을 전제한다. 내 연구도 언제나 예컨대 다양한 예수의 칭호에 나타난 여러 신앙고백, 특히 매우 복잡한 인자의 개념(the Son of Man complex)을 본래 예수 자신이 하신 말씀으로 받아들이기보다는 예수에 대한 초기 공동체의 해석으로 이해하는 역사비평에 의해 확립된 예수 자료를 면밀히 검토한 **이후에** 시작되었고 그 자료에 **근거해** 진행되어왔다.[45]

---

43 Crossan, *Raid on the Articulate*, 123-124.
44 Crossan, *Cliffs of Fall*, 101.
45 Crossan, *Finding Is the First Act*, 1-2; 또한 Crossan, *In Parables*, 4도 보라.

하지만 역사비평은 의미를 파악해내기 위한 첫 번째 단계에 불과하다. 크로산은 문학비평이 배제된 역사비평은 "많은 공을 들여 재구성한 것을 이해하고 해석하는 데 있어 오히려 완전히 그리고 심지어는 음울하게 실패하고 말았다"고 말한다. 그 이유는 일차적으로 "자료를 재구성하는 데에는 **역사적** 사고가 필요한 반면, 그 자료의 의미를 해석하는 데에는 **문학적** 평가가 필요하기" 때문이다.[46] 궁극적으로 역사비평은 해석에 있어 가장 최종적 혹은 가장 중요한 단계이기보다는 해석을 위한 선행 조건으로 기능한다. 크로산은 그 무엇보다도 비유가 제공하는 도전을 듣고 반응하는 것이 가장 중요하다고 주장하면서 다음과 같이 말한다. "역사성과 관련된 질문은 언제나 타당하며, 또 어떤 경우에는 이 질문이 절대적으로 가장 중요한 질문일 때가 있다. 하지만 예수에 **의한** 비유나 혹은 특히 예수에 **관한** 비유에 있어서는 이러한 역사성에 관한 질문이 어떻게 비유가 주는 도전에 관한 질문을 회피하는 데 이용될 수 있는지를 주의 깊게 살펴볼 필요가 있다."[47]

따라서 적법한 성서 읽기는 다의성을 받아들이고, 다수파 전통에 의해 배제된 소수 의견을 참고해야 한다. 적법한 성서 읽기는 정의를 도모한다. 크로산은 해석상 복수의 의미를 전제하며, "**같은 전통 속에서 주어진 의미의 다양성을 가장 잘 설명해주는 것이 가장 원형적인 해석 방법**"이라고 주장한다.[48] 하지만 예수가 비유를 통해 만나

---

46 Crossan, *Finding Is the First Act*, 2.
47 Crossan, "The Parables of Jesus," 259.
48 John Dominic Crossan, "Divine Immediacy and Human Immediacy: Towards a New

고자 하는 모든 이에게 던지는 도전을 제대로 전달하지 못한다면 그 어떤 성서 읽기도 결코 적법한 성서 읽기가 될 수 없을 것이다.

역사와 해석학의 관계는 무엇인가?

라이트는 우리가 모든 역사적 탐구가 해석을 담고 있다는 사실을 제대로 이해하지 못한다면 역사적 재구성 작업 자체가 불가능하다고 주장한다. 그는 과거에 일어난 객관적 사건의 실재성을 거부하거나 혹은 사람들이 종종 역사를 이런 의미로 언급한다는 사실을 부인하지 않는다. 그는 다만 독자가 "순수한 역사"라는 개념은 결코 존재하지 않는다는 사실을 깨닫기를 바랄 뿐이다.[49] 아무튼 역사는 존재론적인 의미에서 볼 때 해석학에 의해 만들어지는 것이 아니다. 역사는 "액면 그대로의 사실"(bare facts)도, "주관적인 해석"도 아니다.[50] 따라서 해석(해석학)은 역사 읽기의 일환인 만큼이나 역사 쓰기의 일환이기도 하다. 라이트는 역사를 "과거에 일어난 실제 사건"으로 이해하고 배제하지 않는 차원에서 해석으로서의 역사를 서술하려고 시도한다.[51] 라이트가 이해하는 해석학과 역사의 관계는 비판적 실재론의 관점과 일치된다. 즉 역사는 해석과 분리된 상태에서가 아니라 **해석**

First Principle in Historical Jesus Research," *Semeia* 44 (1988): 125.
49 Wright, *The New Testament and the People of God*, 81-82, 88.
50 Ibid., 81-82.
51 Ibid., 82.

을 통해 과거에 일어난 **객관적 사건**에 관해 이야기하는 것이다.

역사가가 도달하고자 하는 목표는 사건에서부터 의미로 이동하는 것이다.[52] 라이트는 이 목적을 위해 실제로 일어난 사건으로서의 역사와, 실제로 일어난 사건에 관해 기록된 사건으로서의 역사를 서로 구분한다.[53] 라이트는 자신의 연구를 다음과 같이 평가한다. "내가 추구하는 연구 과제는 가능한 한 '일어난 사건으로서의 역사'에 가까이 다가가려는 의도를 가지고 '기록된 사건으로서의 역사'를 연구하는 것이었다."[54]

비판적 실재론을 추구하는 라이트는 이에 맞추어 대다수 학문이 사용하는 것과 유사한—하지만 역사가가 지닌 특유한 관심사와 유일무이하고 비반복적인 역사의 특성에 잘 부합한다는 점에서는 다른—역사적 탐구 모델, 즉 **먼저 가설을 세우고 이를 증명하는 탐구 방식**을 제안한다. 그는 모든 역사적 주장을 평가할 때 사용될 세 가지 기준을 다음과 같이 제시한다. 첫 번째 기준은 입수할 수 있는 자료와 관련이 있다. 모든 가설은 그 주제와 관련이 있는 모든 기존 자료를 포함해야 한다.[55] 두 번째 기준은 가설의 범위와 관련이 있다. 가설은 일관된 자료를 모두 포함한 것보다 더 복잡해서는 안 된다.[56] 세

---

52 Ibid., 109-110.
53 N. T. Wright, "In Grateful Dialogue: A Response," *Jesus and the Restoration of Israel: A Critical Assessment of N. T. Wright's Jesus and Victory of God*, ed. Carey C. Newman (Downers Grove, Ill.: InterVarsity, 1999), 246-248.
54 Wright, "In Grateful Dialogue," 249.
55 Wright, *The New Testament and the People of God*, 99-100.
56 Ibid., 100.

번째 기준은 여러 가지 면에서 모든 역사적 결론을 검증할 수 있는 시금석과 같다. 즉 이 가설은 다른 어떤 기존 가설보다 입수된 자료뿐만 아니라 다른 관련 분야 및 우리가 살고 있는 곳의 삶을 가장 잘 설명해줄 수 있어야 한다.[57] 이 모델은 본질적으로 몇몇 철학자가 **귀추법**(abduction)이라고 부른 것과 같다. 퍼스(C. S. Peirce)에 의해 가장 자세하게 제안된 이 논증 방식은 귀납법과 연역법으로부터 차용한 것이긴 하지만, 엄밀하게 말하면 그 어느 것도 아니다.[58]

라이트가 사용하는 방법론의 다른 모든 부분과 마찬가지로 이 부분도 지속적인 상승 작용을 통해 지식을 얻는 비판적 실재론에 의해 통제를 받는다. 역사가는 과거에 일어난 어떤 일에 관해서는 어느 정도 알 수 있지만, 사실 역사적 지식은 다른 모든 지식과 마찬가지로 항상 비판의 대상이자 끊임없이 수정되어야 할 대상이다.

크로산도 해석 없는 역사는 존재할 수 없다는 데 동의한다. 심지어 예수를 직접 목격한 이들조차도 그의 말과 행동을 모두 해석할 수밖에 없었다. 크로산은 "최초기 기독교에서의 역사적 예수"라는 논문에서 다음과 같이 진술한다.

> 예를 들어 예수의 생애 속에서 일어난 동일한 현상을 있는 그대로 듣고 본 모든 목격자의 입에서 나온 다양한 반응을 한번 상상해보라.

---

57 Ibid., 101-104.
58 C. S. Peirce, *Philosophical Writings of Peirce*, ed. Justus Buchler (New York: Dover, 1955), esp. vol. 5, 150-156, 190-217을 보라.

그는 벙어리다. 그러니 그를 무시하자.

그는 가망이 없는 자다. 그러니 그를 가만히 놔두자.

그는 위험한 인물이다. 그러니 그와 대결하자.

그는 범죄자다. 그러니 그를 처형시키자.

그는 신적 존재다. 그러니 그를 경배하자.[59]

크로산은 이러한 해석학적 다의성을 다음과 같이 확인한다.

신약성서는 매우 다양한 신학적 해석을 담고 있으며 이 다양한 해석은 각기 역사적 예수에 관한 서로 다른 측면 혹은 측면의 집합체에 초점을 맞추거나, 혹은 어쩌면 서로 다른 여러 역사적 예수에 초점을 맞춘다. 예를 들어 어떤 특정 전통에서는 오직 예수의 말씀, 예수의 기적 또는 예수의 죽음에만 깊은 관심을 가질 수 있지만, 이러한 특별한 관심은 무언가를 말씀하시고, 무언가를 행하시고, 어떤 특정한 방식으로 죽으신 여러 다양한 역사적 예수를 전제한다. 그러므로 나는 역사적 예수에 관한 서로 다른 시각은 다양한 신학적 해석을 가진 어떤 변증법을 제시하고, 신약성서 자체는 당연히 그러한 복수의 해석의 불가피성을 드러낼 수밖에 없다고 생각한다.[60]

크로산은 다음과 같이 주장한다. "우리 가운데에는 항상 서로

---

59 Crossan, "The Historical Jesus in Earliest Christianity," 3-4.
60 John Dominic Crossan, *The Historical Jesus: The Life of a Mediterranean Jewish Peasant* (San Francisco: HarperSanFrancisco, 1991), 423.

다른 여러 역사적 예수"와 "그 위에 세워진 다양한 그리스도가 있을 수밖에" 없지만 "기독교는 항상 **이것이 바로 우리가 그 당시의 예수를 현재의 그리스도로 보는 방식**이라며 따를 것이다. 나는 여기서 여러 예수와 여러 그리스도(또는 여러 아들, 여러 주 혹은 여러 지혜 등등…) 사이의 변증법은 절대적으로 타당하며, 항상 우리와 함께 있었고 아마도 항상 우리 곁에 있을 전통과 정경의 중심을 차지할 것임을 지적하고 싶다."[61] 크로산은 그 당시의 예수와 현재의 그리스도 사이의 변증법을 **상호작용론**(interactivism)이라고 부른다. 상호작용론은 예수가 마치 확정적으로 찾아낼 수 있는 무엇인 것처럼 역사적 예수를 탐구하는 작업을 회피한다. 역사적 예수는 결코 확정적으로 탐구할 수 있는 대상이 아니다. 역사적 예수는 과거와 현재가 상호 작용하는 과정을 통해 반복해서 재구성된다.[62] 이것은 우리가 단순히 역사(또는 본문)에 대한 객관적 지식을 얻을 수 없다는 의미가 아니다. 이것은 단지 우리가 그러한 객관적 지식을 얻고자 노력해서는 안 된다는 것이다. 크로산은 우리가 역사(또는 본문)를 정적이며 이미 확정된 어떤 해석 안으로 억지로 집어넣을 수는 있어도, 그러한 행위는 지식을 얻을 수 있는 새로운 원천을 무의미하게 만들기 때문에 결코 바람직하지 않다고 주장한다.[63] 즉 역사는 훨씬 더 유의미하게 정의되어야 한다는 것이다.

---

61 Ibid., 423.
62 Crossan, *The Birth of Christianity: Discovering What Happened in the Years Immediately after the Execution of Jesus* (San Francisco: HarperSanFrancisco, 1998), 42-45.
63 Ibid., 45-46.

이것이 바로 내가 채택한 역사에 대한 정의다. **역사는 공개적인 담론을 통해 논증된 증거를 가지고 현재와 과거가 서로 상호 작용하는 과정에서 재구성된 과거다.** 때로는 우리가 동일한 사건을 놓고 단지 대안적인 관점만 보게 될 때가 있다. (대안적인 관점들은 **언제나** 있게 마련이다. 심지어 우리가 그 관점들에 대해 듣지 못할 때에도 말이다.) 그러나 논증을 통해 재구성된 역사는 **우리의** 미래를 내다보는 목적을 가지고 **우리의** 과거를 재구성하는 데 필수적이다.[64]

역사는 본질상 논증된 담론을 통해 재구성되기 때문에 크로산은 다음과 같이 말한다.

그러나 나의 연구 속에는 역사적 예수나 최초기 기독교에 관해 무언가를 확정적으로 알 수 있다는 전제가 전혀 없다. 그리고 그것은 예수와 기독교가 특별하거나 유일무이하기 때문이 아니다. 지속적인 중요성을 내포하고 있는 과거는 반복적인 재구성을 결코 피할 수 없다.…각 세대마다 역사적 예수는 새롭게 재구성되어야 하며, 그 재구성은 믿음을 통해 현시점을 위한 하나님의 얼굴이 되어야 한다.[65]

따라서 해석학을 떠나서는 역사도 존재하지 않는다. 그러므로

---

64 Ibid., 20.
65 Ibid., 45.

크로산의 연구가 복음서의 집필과 정경화라는 해석 과정을 이해하는 데 집중되는 것은 어쩌면 극히 당연한 일이다.[66]

따라서 역사적 예수를 연구하는 학자는 객관적인 결론, 또는 더 나아가 개연적인 결론을 추구해서는 안 된다. 우리가 기대할 수 있는 최선의 길은 비판적인 자기 평가와 정직함이다. 크로산은 자신이 제시하는 방법이 객관적이라고 주장하지 않는다. 크로산은 솔직하게 말한다. "나는 실현 불가능한 객관성에 관심을 두지 않고 실현 가능한 정직함에 관심을 둔다. 내가 동료들에게 던지는 도전은 이러한 솔직함이라는 형식상의 전환을 받아들이라는 것이며, 만약 이러한 전환을 거부한다면 이보다 더 나은 것으로 대체하라는 것이다. 물론 그것은 단지 **형식상의** 전환일 수 있지만, 반드시 **내용상의** 투자를 요구한다."[67]

그렇다면 역사적 예수를 연구하는 학자가 정직함을 유지할 수 있는 길은 무엇일까? 크로산은 다음과 같이 답변한다.

> 방법, 방법, 그리고 방법이다. 방법은 우리에게 진리를 보장해주지는 못한다. 왜냐하면 그 어떤 것도 진리를 보장해줄 수 없기 때문이다. 그러나 우리가 그 방법을 자기 의식적이며 자기 비판적으로 만들 때 그 방법은 비로소 우리의 유일한 규범이 될 수 있다. 방법은 결코 우리를 우리의 현재의 피부와 몸, 지성과 마음, 사회와 문

---

66 John Dominic Crossan, *Four Other Gospels: Shadows on the Contour of the Canon* (Minneapolis: Winston, 1985), 7-11.
67 Crossan, *The Historical Jesus*, xxxiv.

화로부터 벗어나게 할 수는 없다. 그러나 방법은 정직함을 유지하기 위해 우리에게 유일하게 남아 있는 최고의 소망이다. 방법은 역사가 밟아야 할 정당한 절차다.[68]

결국 크로산은 각기 다른 해석이라도 명확하고 일관된 방법론에 의해 지지를 받을 수만 있다면 다수의 해석을 수용할 수 있는 역사적 탐구를 추구해야 한다고 강력하게 주장한다. 다시 말하면 역사도 문학과 마찬가지로 다의적(多義的, polyvalent)이라는 것이다.

요약하자면, 크로산에게 역사적 탐구란 일차적으로 해석학적인 과제를 말한다. 역사적 탐구는 우리가 역사를 권위적으로 읽어야 한다는 것을 결코 의미하지 않는다. 시나 비유를 읽고 해석하고자 하는 사람이 그 본문이 담고 있는 다양한 해석에 민감해야 하듯이, 역사가도 역사적 사건과 인물들에 대한 다양한 해석에 민감해야 한다. 역사적 인물이나 사건에 관한 온갖 다양한 해석에 주의를 기울일 때 비로소 우리는 어떻게 하나의 권위적인 전통이 원래의 복수적(다의적) 배경으로부터 나오게 되었는지를 볼 수 있다. 따라서 역사가가 궁극적으로 해결해야 할 과제는 역사를 해석함에 있어서 역사가 오늘날 우리에게 유의미한 것이 되도록 만드는 것이며, 이 또한 크로산의 견해에 의하면 역사적 예수 탐구가 수행해야 할 중요한 과제다.

---

68 Crossan, *The Birth of Christianity*, 44.

라이트와 크로산이 본 부활

라이트는 우리가 기독교 세계관을 왜곡시키지 않고서는 결코 예수의 부활과 초기 기독교를 서로 떼어놓을 수 없다고 주장한다. 라이트는 다음과 같이 말한다. "초기 그리스도인들은 이 [부활에 대한] 믿음을 중심으로 그들의 세계관과 목표와 사명을 재구성했기 때문에 예수의 부활은 단순히 그들이 갖고 있던 기존의 세계관의 끝자락에 덧붙여진 부차적인 요물이 아니라 그들의 사고를 완전히 바꾸어버린 핵심 원리가 되었다. 말하자면 하나님의 미래가 이미 현재에 도래했다는 사실을 알리는, 마치 닫혀 있던 휘장을 걷어내는 것과 같은 역할을 한 것이다."[69]

라이트는 초기 기독교 세계관이 "제2성전기 유대교 안에서 일어난 놀랍고도 새로운 변화"를 대변해준다고 본다.[70] 하지만 그는 "무엇이 이러한 변화를 일으켰을까?"라고 자문한다.[71] 이에 대한 그의 답변은 이렇다. 기독교 특유의 독특한 이야기와 실천과 상징, 그리고 유대교 세계관에 독특하게 대응하는 방식 등을 두루 구비한 초기 기독교 공동체가 탄생할 수 있었던 것은 바로 예수가 죽은 자 가운데서 육체적인 몸으로 부활했다는 초기 기독교의 믿음 때문이라는 것이다. 이 사실은 그로 하여금 무엇이 예수의 부활에 대한 초기 기독

---

69 Marcus J. Borg and N. T. Wright, *The Meaning of Jesus: Two Visions* (San Francisco: HarperSanFrancisco, 1998, 『예수의 의미』, 한국기독교연구소 역간), 118.
70 Wright, *The Resurrection of the Son of God*, 9, 28.
71 Ibid., 28.

교의 믿음을 탄생시켰는지를 묻게 만든다. 그의 답변은 단 두 가지, 즉 빈 무덤과 부활 이후의 출현으로 귀속된다.

라이트는 예수가 메시아 운동을 이끈 최초의 인물도 아니고 또한 최후의 인물도 아니었다는 사실과 이런 자칭 메시아들은 결국에는 한결같이 죽음에 처해졌다는 사실에 주목한다. 라이트는 그렇다면 도대체 어떻게 예수의 메시아 운동은 그를 대신하여 지도자를 세우지 않고서도 계속 지속될 수 있었는지를 묻고 다음과 같이 결론 내린다.

> 만일 예수의 시체에 아무런 일도 일어나지 않았다면, 나는 왜 그의 명시적 혹은 암시적 주장들이 사실로 받아들여져야만 했는지 이해할 수 없다. 그보다도 나는 역사가로서 사람들이 어떻게 그가 죽은 이후에도 그 운동에 계속 가담하며 예수를 그 운동의 메시아로 간주했는지 이해할 수가 없다. 예수 전후로 약 100년 동안만 해도 다수의 메시아 혹은 유사 메시아 운동이 일어났다. 이 운동은 모두 한결같이 지도자가 당국자에 의해서나 경쟁 집단에 의해 죽임을 당하는 것으로 끝이 났다. 만약 자기가 따르던 메시아가 죽임을 당하면, 사람들은 그가 메시아가 아니었다고 결론 내린다. 이 중 일부는 간혹 계속 유지되기도 했다. 이런 경우에는 같은 가문에서 새로운 지도자를 세웠다. (그러나 주목할 것은 지금까지 예수의 형제 야고보가 메시아였다고 주장한 사람은 아무도 없었다는 사실이다.) 또한 이들은 자기들이 따르던 메시아가 죽은 자 가운데서 다시 살아났다고 말하며 돌아다니지 않았다. 그러나 초기 그리스도인들은 예수가 죽은 자 가운데서 다시 살아나셨다고 믿었다. 더 나아가 나는 그들이

그 당시 사실을 말하지 않은 이상에는 이 모든 것이 역사적으로든 혹은 신학적으로든 결코 납득될 수 없다고 생각한다.[72]

초기 그리스도인들이 기존의 세계관을 얼마나 대대적으로 재편성했는지를 확인하고 싶다면 그들이 유대교의 유일신 사상을 계속 신봉하면서도 동시에 예수를 주로 경배하기 시작한 사실을 주목하면 된다.[73] 여기서 라이트가 강조하고자 하는 바는, 비록 오직 부활 **하나만으로는** 초기 (유대) 교회가 보여준 이러한 급진적인 실천적 변화를 제대로 설명할 수 없겠지만, 예수를 경배하는 행위가 그의 문자적 부활 없이도 과연 가능했는지는 쉽게 상상하기가 어렵다.[74]

라이트는 『하나님의 아들의 부활』에서 부활에 관해 두 가지 포괄적인 질문을 던진다. "초기 그리스도인들은 예수에게 무슨 일이 일어났다고 생각했으며, 또 우리는 그런 믿음의 개연성에 관해 어떻게 생각하는가?"[75] 분명 여기서 두 번째 질문은 역사적 방법론 및 인식론과 관련이 있다. 그러나 첫 번째 질문은 해석학을 전제한다. 사실 라이트가 부활에 관해 쓴 책의 상당 부분은 다음과 같은 **해석학적** 질문에 답변을 제공하는 데 할애한다. "초기 그리스도인들이 '메시아가 사흘 만에 죽은 자 가운데서 다시 살아나셨다'라고 말했을 때 그들은

---

72 N. T. Wright, "How Jesus Saw Himself," *Bible Review* 12 (June 1996): 29.
73 Wright, *Jesus and the Victory of God*, 111.
74 예수가 누구시며 무엇을 말씀하시고 어떤 일을 하셨는지가 이 근본적 변화의 요인으로 작용했다. Wright, *The New Testament and the People of God*, 399-400; Wright, *Jesus and the Victory of God*, 487-489.
75 Wright, *The Resurrection of the Son of God*, 6.

이 말을 어떤 의미로 이해했을까?" 라이트는 이것을 **의미**의 문제라고 부른다.[76] 그는 고대 이교도 작품, 구약성서, 구약성서 이후의 유대교 등을 비롯해 다양한 기독교 작품(바울 서신, 복음서, 사도행전, 히브리서, 공동 서신, 요한계시록을 비롯해 비정경 초기 기독교 문헌)에서 사후 세계를 어떻게 이해하고 논의했으며 **여러 관련 용어들이 어떤 의미였는지를** 논의하는 데에만 무려 500쪽 이상의 지면을 할애한다. 라이트는 우리가 이와 관련된 진술이 나오는 그 여러 문맥을 제대로 이해할 때에만 비로소 그 의미를 제대로 파악하고, 그 중요성을 이해하며, 또 그 진술들을 정확히 평가할 수 있다고 주장한다.

이러한 문헌에 담겨 있는 다양한 전통 및 그 전통에 속한 본문과 개념과 범주를 검토한 라이트는 정경 복음서 안에 들어 있는 예수의 부활에 관한 진술은 "이교도의 관점과는 대조적인 유대교의 관점과 맥을 같이하며, 유대교의 관점 안에서는 다른 여러 관점에 비해…바리새인의 관점과 맥을 같이한다"고 결론짓는다.[77] 의미에 대한 그의 결론은 분명하다.

> 복음서 저자들과 그들이 사용한 자료들은…예수의 처형 이후 사흘째 되던 날에 일어난 실제 사건들을 지칭할 의도를 가지고 있었다.…그들은 각기 서로 매우 다른 방식으로 자기들에게 실제로 일어난 사건들에 관해 기록하고 있다고 믿었다. 그들의 이야기는

---

76   Ibid., 9.
77   Ibid., 448.

은유적 혹은 풍유적으로 각양 각종의 것들을 가리키는 데 사용될 수 있었으며, 아마 그들은(누가와 요한의 경우에는 확실히) 그런 의도를 가지고 있었을 것이다. 그러나 그들이 전한 이야기와 의도적으로 그 이야기가 절정에 다달았을 때 마무리하는 그들의 이야기 전개 방식은 내러티브 문법을 비롯해 그 이야기에 담긴 신학으로 미루어볼 때 부활절에 일어난 사건들이 단순히 어떤 환상이 아니라 실제였으며, 또한 역사적인(historical) 사건이면서도 역사적으로 중대한(historic) 사건이라는 의미를 그들이 독자들에게 전달하려 했다는 사실을 말해준다.[78]

이런 믿음의 개연성과 관련하여 라이트는 예수의 빈 무덤과 부활 이후의 출현은 개별적으로 이런 믿음을 야기할 만한 필요조건이긴 하지만, 이 둘을 결합하면 이런 믿음을 불러일으킬 만한 충분조건이 된다고 주장한다.[79] 따라서 예수가 육신의 몸을 입고 다시 살아나셨다는 사실이야말로 이러한 믿음의 출현을 가장 잘 설명해줄 개연성이 매우 높다. 이러한 설명은 제2성전기 유대교 세계관의 관점에 비추어 볼 때 가장 타당성이 높으며, 역사적인 관점에서도 개연성이 가장 높다.[80]

---

78 Ibid., 680.
79 Ibid., 689-693. Wright는 빈 무덤과 부활 이후의 출현을 **필요**조건으로 볼 수 있는 근거를 제시하기는 더욱 어렵다는 점을 인정한다.
80 Wright는 여기서 "개연성이 매우 높다"는 말을 "역사가의 상식선에서"의 의미로 사용한다. 그는 "비록 역사적 증거는 '확실하다'라는 결론을 내릴 경우가 거의 없지만, 그 증거의 결론은 '개연성이 희박하다'에서부터 '가능하다', '그럴만하다', '개연성이 있다' 등

라이트는 여기서 만족하지 않고 우리가 고려해야 할 또 다른 해석학적 문제를 제기한다. 『하나님의 아들의 부활』은 **지시 대상**으로서의 의미를 주로 다루지만, 우리는 **함의**로서의 의미도 등한시해서는 안 된다. **지시 대상으로서** "하나님이 예수를 사흘 만에 다시 살리셨다"는 말의 의미는, 우리가 이 진술을 인정하든 거부하든 간에, 예수의 육체의 부활을 가리키는 것이었다. 이에 비해 **함의로서**의 의미를 다루는 문제는 초기 그리스도인들이 "하나님이 예수를 죽은 자 가운데서 다시 살리셨다"고 말했을 때 그들은 어떤 세계관을 받아들이고 또 어떤 부분에서 도전을 받았는지를 묻는다.[81] 예수를 부활하신 하나님의 아들(또는 신의 아들)로 고백하는 말이 담고 있는 함의는 엄청나다. 이런 고백을 한다는 것은 사실 유대 종교 지도자들과 로마 황제에게 모두 도전장을 내미는 것을 의미했기 때문이다. 유대 종교 지도자들에게 이 고백은 "새 언약이 도래했음"을 의미했다.[82] 한편 로마인들에게 이 고백은 카이사르의 권위에 대한 도전을 의미했다. 왜냐하면 카이사르가 아니라 예수가 "이방 세계에서도 참된 군주"가 되신다는 것을 의미했기 때문이다.[83] 하지만 무엇보다도 가장 중요한 질문은 "예수의 부활을 인정하는 것이 하나님 대해서는 무엇을 말해주느냐?"는 것이다. 라이트는 초기 그리스도인들이 예수의 부활

을 거쳐 '개연성이 매우 높다'까지 다양하게 내려질 수 있는 것 중의 하나"로 이 표현을 사용한다(Wright, *The Resurrection of the Son of God*, 687, n. 3). Wright의 논증에 대한 철학적 분석은 이 책에 포함된 William Lane Craig의 논문을 참조하라.
81 Ibid., 719-720.
82 Ibid., 727.
83 Ibid., 729.

을 인정했을 때 그들은 "예수가 유일하고 참되신 하나님의 인격적인 체현(體現, embodiment)이자 계시(revelation)임을 의미한 것"이라고 주장한다.[84] 이것은 정말 중대한 고백이며, 이 세상에 대한 정말로 커다란 함축적인 의미를 담고 있다. 즉 "이 세상은 하나님 나라가 하늘에서 이루어진 것같이 땅에서도 이루어져야 하는 곳이다.…나는 이제야 비로소 왜 고대와 현대를 막론하고 이 세상의 헤롯들과 카이사르들과 사두개인들이 실제적인 부활의 가능성을 모두 배제하고 싶어 했으며 또 배제하고 싶어 하는지 알 것 같다. 결국 그들은 이 현실 세계를 향해 맞고소를 걸고 있는 셈이다."[85]

라이트는 제2성전기 유대교 및 초기(1세기) 기독교 세계관에 기초를 두고 자신의 부활 내러티브 읽기를 시도한다. 그는 이스라엘의 거대한 이야기라는 배경을 통해 예수의 부활 이야기를 이해하고자 노력한다. 그리고 그는 그 결과 이 부활 이야기가 담고 있는 종교적·정치적 함의를 분명하게 파악한다. 라이트는 비판적 실재론자로서 부활을 역사적으로 확실한 사건으로 간주하기보다는 역사적으로 개연성이 매우 높은 사건으로 간주한다.

한편 크로산은 다음과 같이 주장한다. "예수의 최초 추종자들은 예수의 십자가 처형이나 죽음 또는 장사에 관한 자세한 내용에 대해 아는 것이 거의 없었다. 수난 기사에 상세하게 기록된 내용은 **기억된 역사**(history remembered)가 아니라 **역사로 서술된 예언**(prophecy

---

84 Ibid., 731.
85 Ibid., 737.

historicized)이다."[86] 크로산은 마르틴 헹엘(Martin Hengel)의 십자가 처형에 관한 글에 기초하여 예수는 정상적인 장례 절차를 따라 장사되지 못했을 개연성이 농후하다고 주장한다.[87] 일반적으로 십자가에 처형된 희생자는 들짐승들이 와서 뜯어먹도록 십자가 위에 그대로 내버려두거나 또는 얕은 무덤 속에 장사되곤 했다(따라서 이 경우에도 들짐승들에게 뜯겨 먹혔을 것이 분명하다).[88] 크로산은 사람들이 십자가 처형을 가장 두려워했던 이유 중 하나가 바로 희생자가 정상적인 장례 절차를 따라 매장되지 못하고 곧바로 들짐승에게 뜯겨 먹힐 수 있다는 사실 때문이라고 지적한다.[89] 그는 예수의 십자가 처형 전승이 "원수들에 의한 장사에서 친구들의 장사로, 부적절하고 황급한 장사에서 온전히, 심지어는 방부 처리까지 이루어진 장사로" 진행된 과정을 확인한다.[90] 간단히 말해, 크로산은 수난 내러티브가 예수의 죽음이나 장사에 관해 정확한 역사적 정보를 제공해주지 못한다고 말한다. 수난 내러티브의 서술 방식은 "예언은 감추고, 내러티브로 이야기를 전개하며, 역사는 날조하라"였다는 것이다.[91]

크로산이 예수의 장사의 역사성을 부인한다는 사실을 감안하면, 우리는 또한 그가 예수의 부활도 동일하게 부인하리라고 짐작

---

86   Crossan, "The Historical Jesus is Earliest Christianity," 16. John Dominic Crossan, *Jesus: A Revolutionary Biography* (San Francisco: HarperSanFrancisco, 1994), 145도 보라.
87   Martin Hengel, *Crucifixion in the Ancient World and the Folly of the Message of the Cross*, trans. John Bowden (Philadelphia: Fortress Press, 1977).
88   Crossan, *Jesus*, 123-126.
89   Ibid., 125-127.
90   Crossan, *The Historical Jesus*, 393. 또한 Crossan, *Jesus*, 156-158도 보라.
91   Crossan, *The Historical Jesus*, 372.

할 수 있다. 그러나 엄밀하게 말하자면 그는 예수의 부활을 **부인**하기보다는 이를 **재정의**한다. 크로산은 부활을 예수가 교회 안에 지속적으로 임재하신다는 사실을 은유적으로 표현하는 것으로 이해한다. 따라서 그는 예수가 구현한 삶(embodied life)이 "이 세상에서 강한 효력을 나타내고 있다고 주장한다.[92] 그는 이어서 이렇게 말한다.

> 육체의 부활은 소생된 몸이 무덤에서 나온 것과는 아무런 상관이 없다. 그리고 육체의 부활은 단지 기독교 신앙을 가리키는 또 다른 표현도 아니다. 육체의 부활은 역사적 예수가 **구현한**(embodied) 삶과 죽음이 이 세상에서 강한 효력을 나타내며 구원의 주체로 임재해 계심을 신자들이 지속적으로 경험하는 것을 의미한다. 그 삶은 항상 그러했듯이 이와 동일한 삶을 사는 공동체를 지속적으로 형성해나갔다.[93]

부활절에 일어난 일에 관해 질문을 받으면, 크로산은 다음과 같은 결론을 제시한다.

> 핵심만 말한다면 이것이 나의 결론이다. 첫째, 부활절 이야기는 단 하루에 일어난 여러 사건에 관한 이야기가 아니라 예수의 죽음과 또 그로부터 새로운 능력을 지속적으로 받는 경험의 의미를 파악

---

92 Crossan, *The Birth of Christianity*, xxx.
93 Ibid., xxxi.

하려는 예수의 추종자들의 몸부림을 반영한다. 둘째, 부활하신 예수가 여러 사람에게 나타나시는 이야기는 사실 "환상"과 전혀 관련이 없으며 초기 교회 안에서 나타난 주도권 다툼이 낳은 문학 소설에 불과하다. 셋째, 부활은 예수가 그의 추종자들과 친구들 가운데 지속적으로 임재해 계심을 표현하기 위해 사용된 여러 은유 가운데 하나—단지 하나—일 뿐이다.[94]

다시 말하면, 부활은 역사적 사실보다는 해석학적 사실에 더 가깝다. 크로산은 "복음서 저자들이 예수에 **의한** 비유 이야기를 이야기하고 반복적으로 이야기한 방식, 즉 그 이야기를 취하고 각색한 방식은, 그들이 예수에 **관한** 부활 이야기를 이야기하고 반복적으로 이야기한 방식, 즉 그 이야기를 취하고 각색한 방식과 괄목하리만큼 비슷하다"고 주장한다.[95] 그는 "이러한 부활 이야기를 **예수에 관한** 비유와 같이, 자신들이 하고 있는 작업이 어떤 것인지 잘 알고 있던 저자들이 자의식적으로 만들어낸 창작"으로 이해한다.[96]

"유대교 배경에서 본 예수의 부활"이라는 제목의 최근 논문에서 크로산은 1세기 유대인들에게 "부활"이 어떻게 이해되었는지에 관한 보다 더 근본적인 질문을 던지기 위해 예수의 장사, 빈 무덤의 발견, 동료들에게 나타나심 등 여러 타당한 역사적 질문을 현 복음서

---

94 John Dominic Crossan and Richard G. Watts, *Who Is Jesus?: Answers to Your Questions about the Historical Jesus* (Louisville, Ky.: Westminster John Knox, 1996), 121.
95 Crossan, "The Parables of Jesus," 254.
96 Ibid., 254.

문맥에서 이 이야기들이 의도하는 목적과 동일 선상에서 하나로 묶어 다룬다.⁹⁷ 그는 이와 관련하여 다음과 같이 말한다. "예수는 유대인으로 살다 죽었을 뿐만 아니라 유대인으로 다시 살아나셨다. 다시 말하면 예수의 육체의 부활은 당대 유대교 내의 특정 진영이 가지고 있던 부활에 관한 믿음과 신학 안에서만 온전히 이해될 수 있다."⁹⁸ 크로산은 전자에 관한 질문과 관련하여 다음과 같이 질문한다. "심지어 모든 일이 기록된 대로 다 일어났다고 하더라도 왜 그것을 '부활'이라고 불렀을까? 1세기 유대교 문맥에서 다른 용어나 해석 또는 이해가 불가능하리만큼 빈 무덤과 부활의 환상은 불가피하게 '부활'을 당연하게 암시하는가?"⁹⁹

크로산은 죽은 사람은 다시 살아나지 않는다거나 예수만이 유일하게 죽은 자 가운데서 다시 살아나셨다고 주장하는 것은 시대착오적이라고 생각한다. 그는 그런 주장을 계몽주의 이후 시대의 산물로 간주하며, 1세기에는 아무도 이런 개념을 가지고 있지 않았다고 주장한다. 계몽주의 이전 세계에서는 부활이 일어날 수도 있고 실제로 일어났다고도 보는 일반적인 통념 가운데 하나였다. 그런데 이보다 더 중요한 질문은 유의미성에 관한 질문이다. 예수가 죽은 자 가운데서 육체적인 몸으로 다시 살아나셨다는 것에 왜 우리는 관심

---

97 John Dominic Crossan, "The Resurrection of Jesus in Its Jewish Context," *Neotestamentica* 37, no. 1 (2003): 29-30.
98 Ibid., 29-30.
99 Ibid., 30.

을 가져야 하는가?[100]

　부활에 대한 1세기 유대교 신앙은 그들이 이교도 사상과 결부시켜 사후의 삶을 적극적으로 **불신했던** 문화로부터 특정 진영이 육체의 부활을 주장하는 문화로 바뀐 신학적 변화의 최종적 산물이었다.[101] 사후 세계 및 내세의 상벌에 대한 믿음을 유대교 속으로 가지고 들어온 이 변화는 유대교가 헬레니즘을 접하면서 일어난 결과이기도 하며, 의로운 순교자들의 죽음과 육체의 훼손에 대한 답변이기도 했다.[102] 크로산은 다음과 같이 주장한다. "육체의 부활은 우리의 생존에 관한 문제가 아니라 하나님의 정의에 관한 문제다.…**육체적** 부활은 인간의 운명에 대한 철학적 비전이 아니라 하나님의 성품에 대한 신학적 비전이다."[103] 더 나아가 그는 1세기 유대인은 본질상 **개인적** 부활이 아닌 **보편적** 부활을 기대했다고 주장한다. 예수가 죽은 자 가운데서 육체적인 몸으로 다시 살아나셨다는 기독교의 주장은 유대교 안에서는 깜짝 놀랄 만한 획기적인 것이었다. 즉 부활은 이미 시작되었지만, 이 부활은 하나님의 일회적이며 순간적인 행위라기보다는 일련의 과정이 될 것임을 가리키는 것이었다. 이런 주장은 이 세상이 변화되고 있다는 것을 보여주는 증거를 요구한다. 한편 이에 대한 증거는 포괄적인 삶의 방식을 통해 세상을 더 나은 곳으로

100　Ibid., 31-35.
101　Ibid., 34-37.
102　Ibid., 38-43.
103　Ibid., 42-43.

만들어 나가고 있던 기독교 공동체 안에서 발견되었다.[104]

이 사실은 크로산으로 하여금 다음과 같은 자신의 마지막이자 가장 중요한 질문을 던지게 만든다. 육체의 부활은 과연 문자적으로 이해해야 할까? 아니면 은유적으로 이해해야 할까? 크로산은 그 당시에도 지금처럼 이해의 스펙트럼이 100퍼센트 문자적 개념에서부터 100퍼센트 은유적 개념까지 광범위했음을 인정한다.[105] 결국 그는 우리가 육체의 부활을 보편적 부활과 묵시적 완성이 이미 시작되었음을 알리는 표지로 신중하게 받아들이는 한,—즉 우리가 이 세상을 보다 더 정의로운 세상으로 만들려고 노력하는 한—우리가 육체의 부활을 문자적으로나 은유적으로나 그 어떤 쪽으로 받아들여도 무관하다고 생각하는 것으로 보인다. 우리가 그러한 세상을 만드는 데 실패하는 것이 바로 우리의 믿음이 헛되다는 증거이며, 따라서 그리스도가 아직 부활하지 못하셨음을—높임을 받으셨는지는 모르지만 부활하지는 못하셨음을—증명해준다는 것이다.[106]

평가

라이트의 부활 내러티브 읽기를 자세히 살펴보면 그의 방법론 가운데 세계관 분석과 귀추법이라는 두 가지 측면이 두드러지게 부각

---

104 Ibid., 48-51.
105 Ibid., 55.
106 Ibid., 55-56.

된다. 그는 기독교의 부활 언어의 의미를 제2성전기 유대교의 세계관에 비추어 이해한다. 또한 그는 자신의 독법을 다른 여러 경쟁 가설과 비교하여 그 타당성을 검증하며, 그 결과 자신의 독법이 주어진 데이터를 가장 잘 설명해준다고 결론 내린다.[107]

한편 크로산의 부활 이야기 논의를 들여다보면 그의 해석학적 특징 가운데 특정 요소가 여럿 눈에 띤다. 첫째, 크로산의 구조주의/형식주의에 대한 강한 집념은 그가 예수에 **관한** 비유가 예수에 **의한** 비유와 유사한 구조를 가지고 있기 때문에 부활 내러티브가 예수에 **관한** 비유라고 선언하는 데서 분명하게 드러난다. 둘째, 그의 해석적 복수주의(다의성)에 대한 집념도 그가 부활의 양식을 어떻게 이해하느냐(문자적으로 혹은 은유적으로)에 달려 있기보다는 부활에 대한 각 개인의 믿음에 따라 어떤 삶을 사느냐에 달려 있다고 결론짓는 데서 분명하게 드러난다.

라이트와 크로산은 모두 우리가 "예수에게 어떤 일이 일어났는가?"라는 질문에 단순히 답할 수 없다는 데 동의한다. 또한 그들은 우리가 단순히 "그것이 내게 무슨 의미가 있는가?"라는 질문을 던질 수 없다는 데에도 의견을 같이한다. 두 사람은 똑같이 우리가 부활이 이 세상에 미치는 결과를 보아야 한다고 역설한다. 또한 두 사람은 승리주의를 개탄하며 하나님은 정의에 관심을 갖고 계신다고 천명한다. 하지만 라이트는 예수에게 일어난 일—그는 실제로 죽은 자 가운데서 다시 살아나셨다—이 왜곡된 이 세상을 바로잡는 기초를 제공해

---

107 Wright, *The Resurrection of the Son of God*, 697-706.

준다고 주장한다. 예수의 부활은 우리가—초기 그리스도인들은 차치하더라도—왜 오늘날 이 세상에 또 다른 왕이 존재하는 것처럼 살 수 있는지 그 이유를 제공해준다. 그 이유는 실제로 또 다른 왕이 계시고 그분은 모든 것을 바로 잡아가고 계시기 때문이다. 이 세상 전반에 걸쳐 정의가 실현되어야 한다는 것에 대한 관심이 없이는 결코 부활을 제대로 이해할 수 없다는 이 두 학자의 주장은 당연히 칭송받을 만하다. 이것이 내가 속한 전통(일반적으로는 복음주의, 구체적으로는 침례교 전통)이 종종 간과해온 메시지이며, 다시 회복해야 할 메시지다. 그럼에도 불구하고 우리는 예수의 역사적·문자적 부활의 중요성을 부인하거나 또는 정의에 대한 예수의 관심을 회복하는 과정에서 은혜와 속죄와 믿음과 구속의 신학을 약화시키지 않도록 조심해야 할 것이다.

4
다른 여러 탁월한 비판적 입장에서 본 예수의 육체의 부활 현현에 대한 최근 동향

개리 R. 하버마스

신학적 동향을 살펴보는 것은 상당히 보람 있는 작업일 수 있다. 최근의 움직임뿐만 아니라 저류의 변화를 관찰하는 작업은 당대의 연구 동향을 파악하는 데 큰 도움이 된다. 이 논문은 예수의 부활 이후의 출현에 관한 최근 연구가 어떻게 전개되고 있는지를 개관할 것이다.[1] 아마 이렇게 한정된 지면에서 매우 간략하게 진행되는 이러한 개관은 어느 정도 폭넓은 스케치와 때때로 포괄적인 진술이 불가피해진다.

예수의 부활은, 각 개인의 신학적 신념이나 경향이 어떠하든지 간에, 종종 기독교 신학에서 중심적인 위치를 차지한다. 그럼에도 주의 깊은 관찰자의 눈에는 다양한 경향과 노선이 시야에 들어오기 마련이다. 나는 지난 5년 동안 예수의 부활에 관한 학술 저작을 2천여 편 이상 살펴보았다. 이 저작들은 1975년부터 현재까지 매우 광범위한 비평학자들에 의해 독일어, 프랑스어, 영어로 출판된 것이다.

나는 현 시점에서 예수의 부활 이후 출현의 본질을 크게 네 가지 입장으로 나누어 개괄할 것이다. 이렇게 서로 다른 입장은 자연주

---

[1] 이 내용, 특히 자연주의적 이론의 대중화를 위한 다양한 시도에 관한 세부적 고찰에 대해서는 Gary R. Habermas, "The Late Twentieth-Century Resurgence of Naturalistic Responses to Jesus' Resurrection," *Trinity Journal*, New Series, 22 (2001): 179-196을 보라.

의적 입장에서부터 초자연주의적 입장까지 다양한 스펙트럼으로 나뉘며 최근 몇 년 동안 상당히 의미 있는 변화를 나타내고 있다. 이 논문에서 나는 지금까지 어떠한 명칭도 마다해온 다른 두 대안적 입장을 포함하여 총 네 가지 입장을 소개하고자 한다. 이어서 나는 비록 지금까지 일어난 변화를 모두 여기서 설명하지는 않겠지만, 오늘날 대다수 학자가 어디에 속해 있는지를 밝히고자 한다.

부활 연구의 핵심

예수의 부활 이후 출현에 관해 가장 최근에 진행된 연구를 보면, 몇 가지 독특한 변화가 눈에 띈다. 현대의 학자들은 여전히 예수가 죽은 이후 그를 따르던 초기 제자들이 적어도 부활하신 주님이 자신들 앞에 나타나셨다는 믿음을 갖게 된 경험을 했을 것이라는 데 대부분 동의한다. 더 나아가 이러한 확신은 초기 기독교로 하여금 복음을 널리 선포하게 만든 가장 커다란 원동력이 되었다는 데에도 의견을 같이한다.

이러한 기본적인 사실에 관해서는 급진적인 성향의 신학자들조차도 거의 의문을 제기하지 않는다. 이러한 사실은 신약성서 안에서도 매우 폭넓게 확립된 내용으로 간주된다. 따라서 예수의 부활 이후의 출현에 관한 수수께끼를 풀기 위해서는 초기 기독교의 이러한 기본적인 신념들을 매우 설득력 있게 설명할 필요가 있다. 왜 이러한 기본적인 신념들이 학문적 연구의 표준이 되는가? 이러한 학문적 수용의 배후에는 일련의 이유가 있는데, 여기서는 그 이유들을 간략하

게 소개하고자 한다.²

　예를 들어 신약성서 최초 저자 중 하나인 바울은 자신이 이러한 예수의 부활 이후 출현 중 하나를 개인적으로 경험했다고 진술한다(고전 9:1; 15:8). 나아가 바울은 회심 직후(갈 1:15-16) 예루살렘으로 올라가 다른 두 사도 곧 베드로와 예수의 형제 야고보를 만나(갈 1:18-24) 복음의 메시지(부활 이후 출현에 관한 이야기도 포함된, 고전 15:1-8)에 관해 논의했다. 나중에 바울은 구체적으로 자신이 전하는 복음의 메시지의 진위를 밝히기 위해 예루살렘을 다시 찾았고, 거기서 이 두 사도와 요한을 만나(갈 2:2) 그들의 승인을 얻어냈다(갈 2:9-10). 바울은 다른 사도들이 예수의 부활 이후 출현에 관해 가르쳤던 것을 자신도 알고 있었으며, 그들이 전한 메시지와 자신이 전한 메시지가 서로 같다고 말했다(고전 15:11). 따라서 이러한 바울의 증언이 우리로 하여금 사도들의 가장 오래된 복음 메시지에 매우 가까이 다가갈 수 있도록 해준다는 사실은 이미 공공연한 사실이다.

　더 나아가 최근의 대다수 학자는 야고보가 부활하신 예수의 출현을 경험하기 이전에는 신자가 아니었음을 인정한다(고전 15:7). 사도행전에 나오는 설교에 초기 기독교 신조가 담겨 있다고 생각하는 대다수 학자들은 이 사실이 예수의 부활 이후 출현에 대한 잠재적 증거가 된다고 본다.³ 사도들은 구체적으로 이 메시지를 위해 목숨까

2　비판적 검증과 합의를 포함하여 각 요점에 대한 세부 사항은 Gary R. Habermas, *The Risen Jesus and Future Hope* (Lanham, Md.: Rowman & Littlefield, 2003), 1장을 보라.
3　가장 인기가 많은 본문은 사도행전 1:21-22; 2:22-36; 3:13-16; 4:8-10; 5:29-32; 10:39-43; 13:28-31; 17:1-3, 30-31 등이다.

지 버릴 각오를 하고 있었다. 이러한 사도들의 변화는 그때나 지금이나 어떤 특별한 사건과 연계되어 있지도 않고 회심자가 그 주장의 본질을 달리 검증할 수도 없는 어떤 **이념** 때문에 기꺼이 죽음을 선택하겠다는 이들의 것과 다르다. 예수의 빈 무덤을 받아들이는 보다 적은 숫자의 학자들에게도(여전히 대다수다) 이 사실은 어떤 식으로든 부활 이후의 출현을 지지해준다.[4]

그런데 여기서 우리는 신중한 태도를 취할 필요가 있다. 논리적으로 이 사실은 예수가 죽음 이후에 그의 제자들에게 나타났다는 사실을 반드시 입증해주는 것은 아니기 때문이다. 대다수 학자들이 인정하는 것은 앞에서 나열한 이유 중 일부 또는 전부는 예수의 추종자들이 예수가 부활했다고 **생각했고**, 또 그중 일부가 그들이 그를 개인적으로나 집단적으로 목격했다고 **주장했음**을 말해줄 뿐이라는 것이다. 사실은 이것이 19세기 독일 신학 이후에 나타난 비판적 사고의 대표적인 입장이었다.

예를 들어 레지널드 풀러(Reginald Fuller)가 이미 수십 년 전에 지적했듯이, 예수의 제자들이 예수가 죽은 자 가운데서 다시 살아나셨다고 믿은 것은 "논란의 여지가 전혀 없는 역사적 사실 중 하나다." 그들이 예수의 출현으로 여긴 것을 그들이 직접 경험한 것은 "신자나 비신자가 모두 동의할 수 있는 사실이다."[5] 따라서 풀러는 제자들이

---

[4] 보다 더 세부적인 내용은 Habermas, *The Risen Jesus*, 특히 21-25를 보라. 참조. Gary R. Habermas, "Experiences of the Risen Jesus: The Foundational Historical Issue in the Early Proclamation of the Resurrection," forthcoming.

[5] Reginald H. Fuller, *The Foundations of New Testament Christology* (New York: Scribner,

겪은 이 경험은 적절하게 설명될 필요가 있다고 결론지었다. 이것은 "역사가로 하여금 성금요일 사건 외에 다른 어떤 사건, 즉 '부활절 신앙의 출현' 자체라기보다는 부활절 신앙의 **원인**이 된 사건을 전제할 수밖에 없다."[6]

최근 제임스 던(James D. G. Dunn)도 이에 동의했다. "역사적으로 볼 때 하나님이 예수를 죽은 자 가운데서 다시 살리셨다는 초기 그리스도인들의 일부 환상 경험이 기독교의 뿌리에 있다는 사실에 의문을 제기하기는 거의 불가능하다." 그럼에도 던은 이 초기 신자들이 단순히 내적 인식 혹은 내적 확신에 대해 이야기하고 있는 것은 아니라고 경고한다. "그들은 분명히 **예수** 자신에게 어떤 일이 일어났음을 말하고자 했다. 하나님은 단순히 **그들에게** 어떤 확신을 준 것이 아니라 **그를** 살리신 것이다."[7]

놀라운 사실은 어쩌면 훨씬 더 회의적인 학자들조차도 여전히 예수의 부활 이후의 출현의 근거들을 인정한다는 것이다. 노먼 페린(Norman Perrin)은 이렇게 말한다. "우리가 예수의 부활 이후의 출현과 관련이 있는 전승을 연구하면 할수록 이 출현 사건을 지탱하는 기반은 점점 더 견고해진다."[8] 헬무트 쾨스터(Helmut Koester)는 심지어 훨씬 더 긍정적이다.

1965), 142.

6 Reginald H. Fuller, *The Formation of the Resurrection Narratives* (Minneapolis: Fortress Press, 1980), 169(강조는 추가된 것임).

7 James D. G. Dunn, *The Evidence for Jesus* (Louisville, Ky.: Westminster, 1985), 75(강조는 원저자의 것임).

8 Norman Perrin, *The Resurrection according to Matthew, Mark, and Luke* (Philadelphia: Fortress Press, 1977), 80.

"우리는 부활하신 예수의 출현 및 그 효력에 관해 훨씬 더 견고한 토대 위에 서 있다.…예수가 다른 이들(베드로, 막달라 마리아, 야고보)에게도 나타나신 사실은 더 이상 의심할 수 없는 사실이다."[9]

따라서 이 문제의 핵심은 예수의 출현을 실제로 경험했는지의 **여부**에 있기보다는 이 초기의 경험들의 **본질을 우리가 어떻게 설명하느냐**에 있다. 그렇다면 예수가 사후에 다시 나타나셨다는 초기 기독교의 믿음을 가장 잘 설명할 수 있는 방법은 무엇인가?

피터 칸리(Peter Carnley)는 다음과 같이 설명한다. "최초기 제자들이 부활절 환상이나 출현을 그리스도가 하늘에 계신다는 임재의 표지로 해석했다는 데에는 의심의 여지가 없다. 그러므로 여기서 우리가 설명해야 할 부분은 그들이 **왜 초기 증언에 명시될 만큼 강한 확신을 가지고** 그렇게 해석할 마음이 생겼느냐는 것이다."[10] 바트 어만(Bart Ehrman)도 이와 비슷한 맥락에서 다음과 같이 말한다. "물론 역사가는 예수의 부활이 공식 기록에 남아 있는 사항이기 때문에 예수의 부활을 믿는 믿음에 관해 이야기하는 데 전혀 어려움을 느끼지 못한다. 왜냐하면 예수의 일부 추종자들이 그가 처형 직후 죽은 자 가운데서 다시 살아났다고 믿었다는 것은 역사적 사실이기 때문이다."[11] 부활에 대한 이 초기의 믿음이 바로 기독교의 역사적 기원이다.

---

9   Helmut Koester, *Introduction to the New Testament,* vol. 2, *History and Literature of Early Christianity* (Philadelphia: Fortress Press, 1982), 84. Koester는 예수가 어떤 의미로 나타나셨는지에 대한 자신의 생각을 설명하지 않는다.
10   Peter Carnley, *The Structure of Resurrection Belief* (Oxford: Clarendon, 1987), 246(강조는 추가된 것임).
11   Bart D. Ehrman, *Jesus: Apocalyptic Prophet of the New Millennium* (Oxford: Oxford

대다수 학자들은 예수의 초기 추종자 가운데 일부가 그의 죽음 이후에 그가 다시 살아 있는 모습을 목격했다고 주장한 사실에 동의한다. 하지만 이 문제의 핵심은 우리가 풀러와 칸리처럼 이 초기 기독교의 경험을 과연 어떻게 설명할 수 있을까라는 질문을 던질 때 비로소 선명해진다. 물론 역사적으로 이러한 포괄적인 설명을 놓고 나타나는 가장 큰 견해 차이는 예수가 다시 살아나셔서 제자들 앞에 나타나셨다는 초자연적 논지를 선호하기보다는 자연주의적 가설이 역사적 자료 및 기타 다른 자료를 훨씬 더 잘 설명해준다고 주장하는 학자들 사이에서 두드러지게 나타난다.

나는 이러한 두 포괄적인 설명은 각기 다시 세분화되어야 하고, 또 그 중간에는 불가지론이 포함되어야 한다는 것을 제안한다. 이러한 시도는, 비록 지나친 단순화처럼 보일 수도 있지만, 제자들의 경험의 본질을 비판적으로 평가하는 입장을 다섯 가지 범주로 나누어 개괄하는 데는 유용하다. 나는 이 중 네 범주는 다소 상세히 서술할 것이다.[12] 재차 강조하지만 이렇게 분류하는 목적은 이 분야의 학문적 지형을 확인하고 최근 이 분야 전반에 걸쳐 나타난 몇 가지 변화에 주목하기 위함이다.

먼저 자연주의적 가설이 우리에게 주어진 자료를 가장 잘 설명할 수 있다고 주장하는 견해부터 다루어보자. 이 견해를 견지하는 학자들 가운데 일부는 초기 그리스도인들의 내적·주관적 상태에 주

University Press, 1999), 231.
12   우리는 여기서 불가지론적 입장을 어떤 수준에서도 다루지 않을 것이다.

목하며 이것이 예수의 부활 이후 출현의 비밀을 가장 잘 풀어준다고 주장한다. 다른 학자들은 자연주의적 설명의 개연성을 인정하면서도 초기 기독교 공동체 밖에서 일어난 사건과 환경에 주목함으로써 보다 더 외적이며 객관적인 설명을 선호한다. 이 두 그룹은 예수가 실제로 죽은 자 가운데서 다시 살아나신 것이 아니며, 이러한 현상은 다른 방식으로도 얼마든지 더 잘 설명될 수 있다는 데 동의한다. 나는 이 두 관점을 각각 **자연주의적인 내적** 논지와 **자연주의적인 외적** 논지로 부를 것이다.[13]

하지만 대다수의 학자들은 이런 견해에 동의하지 않는다. 그들은 앞에서 언급된 여러 현상은 초기 신자들이 부활하신 예수의 출현을 실제로 목격했음을 시사한다고 주장한다. 그들은 제임스 던의 견해에 동의하며, 단순히 예수의 추종자들에게만 무슨 일이 일어난 것이 아니라 예수 자신에게도 분명 무슨 일이 일어난 것이라고 주장한다. 그런데 여기서도 세부적인 차이점이 나타난다. 이 학자들 중 일부는 믿음을 강조하면서 앞에서 언급된 다양한 이유를 제시하며 예수의 육체적인 몸과는 전혀 무관한 "빛 가운데" 나타난 천상의 현현을 더 선호한다. 한편 또 다른 학자들은 증거에 더 큰 비중을 두면서 예수가 외적·육체적 형태로 나타나셨다고 주장한다. 이 두 그룹은 예수가 죽은 자 가운데서 다시 살아나셨고, 또 자기를 따르는 자들에

---

13 우리는 여기서 이 두 견해 모두 예수가 실제로 죽은 자 가운데서 살아나지 않았다고 주장한다는 사실을 신중하게 짚고 넘어갈 필요가 있다. 따라서 "내적" 관점이나 "외적" 관점은 모두 초자연적인 역사를 전혀 언급하지 않는다. 이 용어들은 단순히 제자들의 감각적 자극의 방향을 묘사할 뿐이다.

게 실제로 나타나셨다는 것에 대한 확신을 서로 공유한다. 나는 이 두 입장을 각각 **초자연적인 내적** 논지와 **초자연적인 외적** 논지로 부를 것이다.[14]

이 두 커다란 범주 사이에는 또 다른 견해가 하나 더 있다. 이 견해에 동의하는 학자들은 어쩌면 앞에서 언급된 다양한 이유 중 거의 대부분을 인정하면서도 이 자료들을 어떻게 평가하는 것이 가장 좋은 방법인지에 대해서는 확신이 없다는 결론을 내린다. 더 나아가 그들은 종종 그 당시에 어떤 일이 일어났는지를 결정하는 것이 그리 쉬운 사안이 아니라고 설명한다. 말하자면 기독교는 이 질문에 답변을 제시하지 않아도 얼마든지 생존할 수 있다는 것이다. 이것이 바로 불가지론적 입장이다.

그렇다면 이 문제의 핵심은 바로 초기 그리스도인들이 예수의 부활을 온전히 믿었다는 데에 있다. 예수의 제자 중 일부는 예수가 사후에 자기들 앞에 나타나셨다고 가르쳤다. 이것이 바로 예수의 생애의 마지막과 초기 교회의 시작에 관해 공인된 여러 사실의 핵심이다. 비록 학자들은 이 자료를 매우 다양하게 설명하지만, 예수의 부활 이후 출현이 이 모든 것의 출발점인 것이다.

---

14 또한 우리는 여기서 이 두 관점 모두 예수가 실제로 죽은 자 가운데서 살아나셨다고 주장한다는 사실을 신중하게 짚고 넘어갈 필요가 있다. 따라서 "내적"이란 용어는 예수의 출현이 오로지 주관적 성격만을 가지고 있다는 의미로 이해되어서는 안 된다. 오히려 이 관점은 부활하신 예수가 사람들 가운데 자신을 나타내셨을 때 비육체적인 방식으로 나타나셨고, 어쩌면 부활 이후의 출현의 실재성에 대한 의구심이 제기되지 않으면서도 목격자에게 개별적으로 텔레파시를 통해 소통했을 것이라고 주장된다. "외적"이란 용어는 비록 예수의 육체적 출현을 가리키지만, 주석가들 사이에서는 보다 더 구체적인 차이점을 내포하지 않는다.

나는 이미 다른 논문에서 자연주의적 가설을 통해 예수의 부활을 설명하는 학자의 수가—비록 모든 주석가 중 여전히 소수이긴 하지만—최근 수십 년간 다소 증가세를 보이고 있다고 주장한 바 있다.[15] 우리 중 몇몇 학자는 이미 다년간 이런 현상이 일어나리라는 것을 예측했기에 이런 현상은 그리 충격적인 일은 아니었다. 하지만 그보다 훨씬 더 놀라운 일은 최근 어떤 의미에서든 예수가 죽은 자 가운데서 다시 살아났다고 믿은 이들 가운데서 나타나고 있는 새로운 국면일 것이다.

자연주의적 이론에 대한 개괄

지난 20-30년 동안 다수의 학자들은 예수가 죽은 자 가운데서 다시 살아나셨다는 신약성서의 기록에 대한 다양한 자연주의적 대안을 수용해왔다. 이미 오랜 세월이 흘렀고, 또 이 대안들을 지지하는 새로운 증거가 나타나지 않았기 때문에 이러한 추세를 제대로 설명하기란 그리 쉽지 않다. 이 관점들은 거의 대부분 간헐적으로 등장하는 새롭게 변형된 주장과 함께 19세기 독일에서 유행했던 예수의 전기와 그 맥을 같이 한다. 이 중 다수의 주장은 학문의 장을 통해 발표되기도 했지만, 또 다른 다수의 주장도 대중적인 저서를 통해 소개되었다. 어떤 주장은 상세히 전개되기도 했지만, 또 어떤 주장은 간략하게 언급

15　Habermas, "Twentieth-Century Resurgence," esp. 184-186.

되는 데 그치기도 했다. 이러한 자연주의적 가설들은 다양한 내적 및 외적 논지를 통해 전개된다.

자연주의적인 내적 이론

이 범주에 속한 학자들은 예수의 출현을 초기 그리스도인들의 **내적·주관적 상태**의 결과로 설명하는 것이 가장 바람직하다고 주장한다. 19세기 말 독일의 자유주의 신학에서 그랬던 것처럼 20세기 말에도 예수의 부활에 대한 대안 중 가장 인기를 끌었던 견해는 아마도 환각 혹은 주관적 환상 이론이었을 것이다. 제자들은 예수에게 실제로는 아무런 일이 일어나지 않았음에도 불구하고 자기들이 예수가 살아계신 것을 보았다고 확신하게 되었다는 것이다.

이 견해는 우리가 이미 언급한 바 있는 추세에 영향을 받았을 가능성이 높다. 비판적인 학자들은 이미 오래전부터 제자들이 예수가 사후에 자기들에게 나타나셨다고 **굳게 믿었다**는 점을 인정해왔다. 이러한 내적 논지는, 비록 이 범주 안에서 유일한 이론은 아니지만, 이 문제의 핵심―제자들의 믿음을 설명하는 문제―을 보게 한다.

이러한 주관적 환상 이론은 수십 년, 혹은 거의 한 세기 만에 다시 돌아온 셈이다. 환각은 실제 세계와 연관이 없는 잘못된 인식을 수반한다. 환각은 "실제적인 외적 자극과 연관이 없는 거짓된 감각 지각"으로 정의된다.[16] 이 범주에 속한 학자들 가운데 가장 영향력이 있는 주관적 환상 이론을 주창한 학자는 독일 신학자 게르트 뤼데

---

16 Harold I. Kaplan, Benjamin J. Sadock and Jack A. Grebb, *Synopsis of Psychiatry*, 7th ed.

만(Gerd Lüdemann)이다. 그는 "자극"과 "종교적 도취"와 "열광"과 같은 정신 상태가 베드로와 다른 이들이 환상을 보게 한 근본적인 원인이라고 주장한다. 그는 실제로 예수에게는 아무런 일도 일어나지 않았다는 점을 분명히 한다.[17] 하지만 이 견해에 크게 반발하며 강력한 반론을 제기하는 반응도 곳곳에서 나타났다.[18]

내적 논지 중에는 명칭이 없는 이론도 있었는데, 나는 이 이론을 **조명**(illumination) 이론으로 부른다. 빌리 마르크젠(Willi Marxsen)을 통해 알려진 이 이론은 거의 묘사 불가능한 어떤 내적 과정을 통해 다른 제자들로 하여금 예수가 죽은 자 가운데서 다시 살아나셨다는 확신을 갖게 만든 장본인은 바로 베드로였다고 주장한다. 즉 베드로의 놀라운 통찰력이 이러한 확신에 불을 붙였고, 그의 대단한 열정은 다른 제자들까지도 예수의 부활을 믿도록 만드는 원동력이 되었다는 것이다. 하지만 이 견해는 구체적인 세부 사항을 거의 제시하지 않는다.[19] 기이하게도 마르크젠은 나중에 쓴 저서에서 자신은 더 이상 예수에 대한 환상(또는 환상들)이 주관적인지 혹은 객관적인지 도무지

(Baltimore: Williams & Wilkins, 1994), 306-307.

17 Gerd Lüdemann, T*he Resurrection of Jesus: History, Experience, Theology,* trans. John Bowden (Minneapolis: Fortress Press, 1994), 106-107, 174-175, 180. 보다 더 대중적인 저서는 Gerd Lüdemann and Alf Ozen, *What Really Happened to Jesus: A Historical Approach to the Resurrection,* trans. John Bowden (Louisville, Ky.: Westminster John Knox, 1995)이다.

18 참조. Hansjürgen Verweyen ed., *Osterglaube ohne Auferstehung? Diskussion mit Gerd Lüdemann* (Freiburg: Herder, 1995). 이 견해를 비판하는 또 다른 예로는 *Wege zum Menschen* 46 (November-December 1994): 503-513에 등재된 Andreas Lindemann의 긴 서평을 꼽을 수 있다.

19 Willi Marxsen, *The Resurrection of Jesus of Nazareth,* trans. Margaret Kohl (Philadelphia:

확신할 수 없다고 시인한다.[20]

루돌프 페쉬(Rudolf Pesch)의 초기 연구는, 비록 조명 이론까지 전개해나가진 않지만, 예수가 십자가 사건 이전에 갖고 있었던 권위와 가르침과 영향력이 그의 제자들이 십자가 사건 이후에도 본래의 믿음을 그대로 유지할 수 있을 정도로 강력했다고 주장하는 소수의 견해와 맥을 같이했다.[21] 그러나 페쉬는 나중에 자신의 견해를 수정하고, 부활하신 예수의 출현은 철저한 연구를 통해 입증될 수 있음을 인정했다.[22]

환각 혹은 주관적 환상 가설과 조명 가설은 자연주의적인 내적 이론의 대표적인 이론으로 꼽힌다. 이 가설들은 내적 신앙과 열정의 힘을 앞세워 제자들의 차후 경험을 설명하는 데 주력했다.

Fortress Press, 1970), esp. 88-97. 이 책의 원형은 C. F. D. Moule ed., *The Significance of the Message of the Resurrection for Faith in Jesus Christ* (London: SCM, 1968), 5-50에 나오는 Willi Marxsen의 초기 논문 "The Resurrection of Jesus as a Historical and Theological Problem"이었다.

20 Willi Marxsen, *Jesus and Easter: Did God Raise the Historical Jesus from the Dead?* trans. Victor Paul Furnish (Nashville, Tenn.: Abingdon, 1990), 70-74.

21 Rudolf Pesch, "Zur Entstehung des Glaubens an die Auferstehung Jesu," T*heologiche Quartalschrift* 153 (1973): 219-226; Rudolf Pesch, "Materialien und Bemerkungen zu Entstehung und Sinn des Osterglaubens," in Anton Vogtle and Rudolf Pesch, *Wie kam es zum Osterglauben?* (Dusseldorf: Patmos, 1975), 157-168.

22 Rudolf Pesch, "Zur Entstehung des Glaubens an die Auferstehung Jesu: Ein neuer Versuch," *Freiburger Zeitschrift für Philosophie und Theologie* 30 (1983), esp. 87. Pesch의 사상의 변화를 탁월하게 요약한 논문을 위해서는 John Galvin, "The Origin of Faith in the Resurrection of Jesus: Two Recent Perspectives," *Theological Studies* 49 (1988): 27-35를 보라.

자연주의적인 외적 이론

최근에는 예수의 출현에 관한 신약성서의 기록을 초기 그리스도인들의 **외적인 상태와 조건**의 견지에서 설명하려는 시도가 다양하게 이루어졌다. 이러한 시도 중 일부는 거의 믿기 어려울 정도로 터무니없거나 심지어는 상상 속에서나 나올 법한 이론을 제시하기도 한다.

비록 학자들에 의해 좀처럼 제기되지는 않지만, 최근 일각에서 다시 등장한 아주 오래된 이론은 **졸도 혹은 외관상 죽음**(swoon or apparent death) 이론이다. 예외적으로 유일하게 학문적 접근을 시도한 사례로는 마거릿 데이비스(Margaret Lloyd Davies)와 트레버 데이비스(Trevor Lloyd Davies)가 쓴 아주 짧은 논문을 꼽을 수 있는데, 이 논문은 사실은 예수가 의식을 잃었던 것인데 옆에 있던 구경꾼들이 그것을 보고 예수가 죽었다고 결론지었다고 주장한다. 하지만 십자가에서 내려진 후 예수는 다시 의식을 회복했고 또 치료도 받았다는 것이다. 놀랍게도 이 이론은 예수의 부활 이후 출현이 나중에 예수가 실제로 다시 살아 나타나셨기 때문이 아니라 모종의 "지각"에 의해 그렇게 보인 것뿐이라고 주장하는데, 이는 다시 한번 환각의 가능성을 제기하는 계기가 된다.[23] 이에 의사들은 데이비스의 견해에 즉각적으로 반발하며 예수가 십자가 처형으로 인해 실제로 죽으셨다는 사실을 입증하는 다양한 증거를 제시하기도 했다.[24]

---

23 Margaret Lloyd Davies and Trevor A. Lloyd Davies, "Resurrection or Resuscitation?" *Journal of the Royal College of Physicians of London* 25 (April 1991): 167-170.
24 "Letters to the Editor," *Journal of the Royal College of Physicians of London* 25 (July 1991): 268-272.

아무튼 졸도 혹은 외관상 죽음 이론은 1835년에 다비트 슈트라우스(David Strauss)가 이 견해를 비판하는 연구를 발표한 이후로 거의 주목을 받지 못했다.²⁵ 20세기에 들어서면서부터 이 이론은 한낱 역사적 호기심에 불과한 것으로 간주되고 있다.²⁶

다른 학자들은 때때로 과거의 독일 학풍을 반영하는 가설로 회귀하면서 예수의 장사와 빈 무덤에 관한 복음서 기사에 의구심을 제기했다. 이 가운데 가장 잘 알려진 견해는 예수의 시체가 단순히 십자가 위에 그대로 남겨졌거나 또는 얕은 무덤에 매장되었을 것이라는 도미닉 크로산의 주장이다. 어느 추측이 맞든지 간에 크로산은 예수의 시체를 뜯어먹기 위해 "개들이 기다리고 있었다"고 주장한다.²⁷ 물론 이와는 전혀 다른 무덤 이론도 다수 제기되었다.²⁸

---

25 David Strauss, *The Life of Jesus Critically Examined*, trans. George Eliot, 4th German ed. (1835; reprint, n.p.: Sigler, 1994), esp. 678-679, 734, 737-739. 참조. Albert Schweitzer, *The Quest of the Historical Jesus: A Critical Study of Its Progress from Reimarus to Wrede*, trans. W. Montgomery (1906, reprint, New York: Macmillan, 1968). Schweitzer는 Strauss의 공격에 관해 설명하지만(56-57), 1938년 이후에 나타난 19세기의 절도 이론 옹호자 명단은 더 이상 열거하지 않는다. 사실 1864년에 발표된 Strauss의 후기 비판은 외관상 죽음 이론을 비판하는 데 훨씬 더 큰 영향을 미쳤다. David Strauss, *A New Life of Jesus* (Edinburgh: Williams & Norgate, 1879), 1:408-412.

26 참조. Eduard Riggenbach, *The Resurrection of Jesus* (New York: Eaton & Mains, 1907), 48-49; James Orr, *The Resurrection of Jesus* (1908, Grand Rapids, Mich.: Zondervan, 1965), 92; George Park Fisher, *The Grounds of Theistic and Christian Belief*, rev. ed. (New York: Scribner, 1909), 193.

27 John Dominic Crossan, *Jesus: A Revolutionary Biography* (San Francisco: Harper Collins, 1994), 152-158; John Dominc Crossan, *The Historical Jesus: The Life of a Mediterranean Peasant* (San Francisco: HarperSanFrancisco, 1991), 392-394.

28 예컨대 Michael Martin, *The Case against Christianity* (Philadelphia: Temple University Press, 1991), 95; A. N. Wilson, *Jesus* (London: Sinclair-Stevenson, 1992), 242.

19세기 말엽의 경우와 마찬가지로 20세기 말엽에도 다양한 유형의 전설 이론이 존재했다. 물론 대다수 비평 학자는 이런 유형의 주장을 전적으로 제기하지는 않지만, 전설적인 **요소**를 어느 정도 가미하는 것이 사실이다. 그러나 몇몇 학자는 전설적인 요소가 가미되었다는 주장을 더욱 크게 부각시키기도 했다. 그 가운데 가장 잘 알려진 급진적인 견해 중 하나가 바로 웰스(G. A. Wells)의 주장이다. 웰스는 예수가 실제로 존재한 적이 없거나 또는 기원후 1세기에 살았던 인물로 확정할 수 없는 무명의 고대인이었다고 주장한다. 그는 사복음서를 거의 대부분 날조된 것으로 간주하고, 예수의 부활 이후 출현을 전설에서 유래된 이야기 정도로 이해한다.[29]

　19세기 말엽에 등장한 논지 중 아주 인기가 높았던 견해는 신약성서의 가르침이 고대의 신비 종교에서 기원한 것으로 간주했던 종교사학파의 견해였다. 종교사학파의 견해를 최근에 가장 잘 대변해주는 학자로는 에번 페일즈(Evan Fales)를 꼽을 수 있는데, 그는 부활 이후의 출현 문제에 접근하는 가장 좋은 방법은 종교사학파와 같이 타무즈, 아도니스, 이시스, 오시리스 등과 같은 고대 근동의 신비적인 인물을 연구하는 것이라고 주장한다.[30]

　또 다른 자연주의적 가설―공인된 명칭이 없는 관계로 나는 이

29　Wells는 이 논지를 다음과 같은 저서에서 전개한다. *Did Jesus Exist?* 2nd ed. (London: Pemberton, 1986), esp. chs. 2 and 3; *A Resurrection Debate: The New Testament Evidence in Evangelical and Critical Perspective* (London: Rationalist Press, 1988), esp. chs. 5, 7, and 8.

30　Evan Fales, "Successful Defense? A Review of *In Defense of Miracles*," *Philosophia Christi*, Second Series, 3 (2001): 29-34.

가설을 **착각** 이론이라고 부름―은 종종 환각 가설의 친척 정도로 취급되기도 하지만, 별개의 이론으로 분류될 필요가 있다. 이 착각 이론은 분명 외적 이론에 속한다. 왜냐하면 이 이론은, 비록 거의 인정을 받지는 못하지만, 특별히 객관적인 세계 속에서 일어나는 지각 작용과 관련이 있기 때문이다. 앞에서 이미 논의한 바와 같이 환각은 본질상 주관적인 것에 해당한다. 그러나 착각은 실제 사물의 어떤 상태를 다른 상태로 잘못 인식하는 것―"실제적인 외적 감각 자극에 대한 잘못된 인식 또는 잘못된 해석"―이다.[31] 따라서 착각 이론은 환각 이론과는 달리 사람들이, 개인적으로든 집단적으로든, 실제 현상을 실재적인 것이 아닌 다른 어떤 것으로 착각하는 상황에 기초를 둔다.

마이클 마틴(Michael Martin)은 초기 그리스도인들이 예수께서 부활 이후 출현했다고 믿었던 것과 유사하다고 생각되는 착각 사례를 여럿 제시한다. 그가 제시한 사례 중에는 상당히 신기한 것―예컨대 UFO 현상과 괴기한 가축 도살을 비롯해 식민지 시대의 미국에서 나타난 주술 및 관련 현상에 관한 기록 등―이 다수 포함된다.[32] G. A. 웰스는 이러한 여러 착각 사례를 환각으로 잘못 분류한다.[33] 마이클 굴더(Michael Goulder) 역시 특히 빅풋[북미 서부에 살고 있는 것으로 여겨지는 온몸이 털로 덮인 원숭이―편집자 주]과 관련된 이야기에

---

31 Kaplan, Sadock, and Grebb, *Synopsis of Psychiatry*, 307. 참조. Jerrold Maxmen and Nicholas Ward, *Essential Psychopathology and Its Treatment* (New York: Norton, 1995), 483-485.
32 Michael Martin, *Case against Christianity*, 92-95.
33 G. A. Wells, *A Resurrection Debate*, 39-40.

집중하며 일부 기이한 착각 사건을 증거로 제시한다.³⁴

나는 지난 수십 년에 걸쳐 제기된 다른 여러 자연주의적 이론의 실례를 더 언급할 수도 있지만, 지금까지 제시한 것만으로도 자연주의적인 내적 이론과 자연주의적인 외적 이론의 차이를 확인하기에는 충분하다고 생각한다. 이 이론들 가운데 일부는 재차 등장하기도 했지만, 이 기간 동안에 등장한 학문적 견해 중 이 이론들은 여전히 소수의 의견으로 남아 있다.

자연주의적 이론들은 모두, 다른 이론에 대해서도 서로 비판을 가했던 것처럼, 19세기의 자유주의 학자들에 의해 개별적으로 공격을 받았다.³⁵ 20세기의 비평 학자들은 부활에 대한 자연주의적 접근을 대부분 일괄적으로 거부했다. 예를 들어 레이먼드 브라운(Raymond Brown)은 예수의 부활에 대한 자연주의적 접근법에 관해 논하면서 이러한 접근법이 제기하는 비난을 "무의미한 비난"으로 간주하며, 그들의 주장은 부활 문제에 관해 우리가 갖고 있는 정보와 일치하지 않는다고 지적한다.³⁶ N.T. 라이트는 자신이 "거짓된 흔적"이라고 부르는 내용에 관해 폭넓게 다루면서 이 접근법이 지닌 문제점은 그들의 주장이 "1세기 역사"와 충돌을 일으키는 것이라고 결론짓는다.³⁷ 제임스 던도 마찬가지로 현재 주어진 "자료에 대한 대안

---

34 Michael Goulder, "The Baseless Fabric of a Vision," *Resurrection Reconsidered*, ed. Gavin D'Costa (Oxford: Oneworld Publications, 1996), 52-55.
35 다양한 예를 위해서는 Habermas, "Twentieth-Century Resurgence," esp. 180-184를 보라.
36 Raymond Brown, *An Introduction to New Testament Christology* (New York: Paulist, 1997), 163-166.
37 N.T. Weight, "Christian Origins and the Resurrection of Jesus; The Resurrection of Jesus

적 해석들은" 하나님이 예수를 죽은 자 가운데서 다시 살리셨다는 신약성서의 메시지보다 "훨씬 더 만족스러운 설명을 제시하지 못한다"고 주장한다.[38]

일부 철학자들도 이에 동의한다. 예를 들어 스티븐 데이비스(Steven T. Davis)는 이렇게 말한다. "내가 알고 있는 모든 대안적 가설은 한결같이 역사적으로 그 근거가 매우 빈약하다. 일부 가설은 너무나 빈약한 나머지 자세히 살펴보면 그 무게를 견디지 못하고 스스로 무너져 내린다.…지금까지 제기된 대안적 이론들은 다른 이론보다 그 근거가 훨씬 더 빈약할 뿐만 아니라 우리에게 주어진 역사적 증거를 설명하기에도 훨씬 더 역부족이다."[39] 리처드 스윈번(Richard Swinburne)은 이 문제에 관해 다음과 같이 결론짓는다. "내가 보기엔 대안적 가설들은 역사적 증거를 설명하는 능력에 있어 언제나 전통적 견해보다 훨씬 덜 만족스러운 설명을 제시한다."[40]

매우 다양한 스펙트럼의 연구자들 가운데 대다수는 정말 놀라울 정도로 서로 일치된 견해를 보여주면서 초기 그리스도인들의 부활 신앙에 대한 자연주의적 접근을 거부한다. 최근 수십 년에 걸쳐 자연주의적 접근을 거부한 학자들의 실례를 간추려서 언급한다고 해

---

as a Historical Problem," *Sewanee Theological Review* 41 (1998): 118-122.
38   Dunn, *The Evidence for Jesus*, 76.
39   Stephen T. Davis, "Is Belief in the Resurrection Rational?" *Philo* 2 (1999): 57-58.
40   Richard Swinburne, "Evidence for the Resurrection," in *The Resurrection: An Interdisciplinary Symposium on the Resurrection of Jesus*, ed. Stephen T. Davis, Daniel Kendall, and Gerald O'Collins (Oxford: Oxford University Press, 1997), 201.

도 그 분량은 상당하다.⁴¹ 따라서 자연주의적 가설을 주창하는 대안

---

41 예를 들어 Paul Tillich, *Systematic Theology* (Chicago: University of Chicago Press, 1957), vol. 2, esp. 155-156; Karl Barth, *Church Dogmatics,* ed. G. W. Bromiley and T. F. Torrance (Edinburgh: T. & T. Clark, 1956), 4:340; Michael C. Perry, *The Easter Enigma* (London: Faber & Faber, 1959), 120-133; Günther Bornkamm, *Jesus of Nazareth*, trans. Irene and Fraser McLuskey with James M. Robinson (New York: Harper & Row, 1960), 181-185; A. M. Ramsey, *The Resurrection of Christ*, rev. ed. (London: Collins, 1961), 48-53; A. M. Hunter, *Bible and Gospel* (Philadelphia: Westminster, 1969), 111-112; Helmut Thielicke, "The Resurrection Kerygma," *The Easter Message Today*, trans. Salvator Attanasio and Darrell Likens Guder (London: Thomas Nelson, 1964), 87-91, 103-104; Jürgen Moltmann, *Theology of Hope: On the Ground and the Implications of a Christian Eschatology*, trans. James W. Leitch (New York: Harper & Row, 1967), 186, 198-200; Neville Clark, *Interpreting the Resurrection* (Philadelphia: Westminster, 1967), 99-105; Joachim Jeremias, "Easter: The Earliest Tradition and the Earliest Interpretation," *New Testament Theology: The Proclamation of Jesus*, trans. John Bowden (New York: Scribner, 1971), 302; John A. T. Robinson, *Can We Trust the New Testament?* (Grand Rapids, Mich.: Eerdmans, 1977), 123-125; Ulrich Wilckens, *Resurrection: Biblical Testimony to the Resurrection: An Historical Examination and Explanation*, trans. A. M. Stewart (Edinburgh: Saint Andrew, 1977), 117-119; Wolfhart Pannenberg, *Jesus-God and Man*, 2nd ed., trans. Lewis L. Wilkins and Duane A. Priebe (Philadelphia: Westminster, 1977), 88-97; Pinchas Lapide, *The Resurrection of Jesus: A Jewish Perspective* (Minneapolis: Augsburg, 1983), 120-126; Hugo Staudinger, "The Resurrection of Jesus Christ as Saving Event and as 'Object' of Historical Research," *Scottish Journal of Theology* 36 (1983): 326; Murray J. Harris, *Raised Immortal: Resurrection and Immortality in the New Testament* (Grand Rapids, Mich.: Eerdmans, 1983), 57-71; John Drane, *Introducing the New Testament* (San Francisco: Harper & Row, 1986), 106; David Samuel, "Making Room in History for the Miraculous," *Churchman* 100 (1986): 111 John Macquarrie, "The Keystone of Christian Faith," 'If Christ Be Not Risen…': *Essays in Resurrection and Survival*, ed. John Greenhalgh and Elizabeth Russell (San Francisco: Collins, 1986), 18-22 C. E. B. Cranfield, "The Resurrection of Jesus Christ," *Expository Times* 101 (1990): 171; Luke Timothy Johnson, *The Writings of the New Testament: An Interpretation* (Philadelphia: Fortress Press, 1986), 99-107; Paul Barnett, Peter Jenson, and David Peterson, *Resurrection: Truth and Reality* (Sydney, Australia: Aquila 1994), 27; Paul Maier, *In the Fullness of Time: A Historian Looks at Christmas, Easter, and the Early Church* (San Francisco: Harper Collins, 1991), 193-196; Anthony Baxter, "Historical

적 견해는 이제 분명히 소수 의견에 속한다고 할 수 있다.

초자연적 이론에 대한 개괄

예수가 죽은 자 가운데서 초자연적인 방법으로 부활하셨다고 주장하는 견해들은, 비록 각기 미묘한 차이를 보이기는 하지만, 서로 크게 다르지 않다. 이 견해들의 공통점은 예수의 죽음 이후에 단순히 그의 제자들에게 무슨 일이 일어난 것이 아니라 예수 자신에게 무슨 일이 일어났다는 믿음이다. 이 초자연적 이론들은 예수가 나타나신 방식—빛을 발하는 (또는 다른) 환상으로 혹은 영적인 몸으로—에 있어서는 각기 차이를 보인다.

초자연적인 주관적 이론

19세기 말엽 독일의 자유주의 신학자 테오도르 카임(Theodor Keim)은 그의 대작인 『나사렛 예수의 역사』(*Die Geschichte Jesu von Nazara*)에서 다비트 슈트라우스의 주관적 환상 이론을 반박했다. 슈트라우스의 견해에 심각한 결함이 있음을 확신한 카임은 먼저 슈트라우스의 가설을 상세히 설명했다. 이어서 그는 종종 슈트라우스의 가설에 대한 가장 탁월한 논박이란 평을 받고 있는 비판을 다면적으로 제기

Judgement, Transcendent Perspective and 'Resurrection Appearances,'" *Heythrop Journal* 40 (1999): 22-23, 28, 37. 또한 각주 36-40에 제시된 최근 학자들도 보라.

했다.[42]

이 과정에서 카임은 흔히 **객관적 환상**으로 불리게 된 이론을 제시했다. 이 이론은, 비록 주관적 환상 이론이 결국 실패하기는 했어도, 우리에게 주어진 모든 자료는 제자들이 어떤 의미에서든 부활하신 예수를 목격했음을 시사하고 있기 때문에 예수의 출현은 여전히 설명을 필요로 한다고 주장했다. 슈트라우스나 다른 학자들과 같이 카임도 빈 무덤에 대한 적절한 설명을 피하기 위해 부활절 새벽에 여인들이 수행했던 역할을 서술한 복음서 기사를 거부했으며 예수가 갈릴리에 나타나셨다는 기사도 제거해버렸다. 이어서 카임은 부활 이후의 출현 혹은 "환상"은 영광을 받으신 예수와 협력하신 하나님의 "객관적" 사역일 수밖에 없다고 결론내렸다. 이로써 예수는 죽은 자 가운데서 다시 살아나셨고, 천상의 "전보"(telegrams)의 형태로 그의 제자들에게 나타나셔서 자신이 영광을 받으신 상태를 드러내셨고 자신이 여전히 살아 계심을 그들에게 확인시키셨다는 것이다. 카임은 자신의 이론이 초자연적이며 하나의 기적을 수반하는 이론임을 인정했다.[43]

이러한 일반적인 접근 방법은 몇몇 세부 사항을 제외하고는 20세기 후반기 동안 비평 신학에 지대한 영향을 미쳤다. 한스 그라스(Hans Grass)의 1956년 저서인 『부활 사건과 부활 보고』(*Ostergeschehen*

---

42   이 대작은 1867년과 1872년 사이에 총 3권으로 베를린에서 출판되었는데, 이 비판은 제3권(1872), 특히 594-600에 나타나 있다. 영문판은 E. M. Geldart와 A. Ransom이 공동으로 번역해 출판되었다(London: Williams & Norgate, 1883). esp. 361-365.
43   Keim, 600-605.

und Osterberichte)도 이와 비슷한 주장을 폈다. 즉 빈 무덤 기사는 전설적이며, 예수는 자연주의적 용어로는 설명될 수 없는 초자연적인 방식으로 형체가 없는 모습으로 갈릴리에 나타나셨다는 것이다.[44] 학계에서 자주 인용되는 그라스의 연구는 신학에 커다란 영향을 미쳤으며 카임의 견해와 유사한 부활 개념을 논쟁의 가장 중요한 위치에 올려놓았다.

이 현상을 아주 세밀하게 서술한 학자는 레지널드 풀러였다. 카임이나 그라스와는 대조적으로 빈 무덤의 역사성을 받아들인 풀러는 예수의 출현을 "의미의 전달과 결합된 환상적인 빛의 경험"으로 규정한다.[45] 풀러는 여기서 자신의 견해가 카임의 입장과 여러 면에서 유사한 점뿐 아니라 서로 상이한 점도 동시에 제시했는데, 그가 **객관적인** 용어 사용을 한정시킨 점은 차이점 중 하나라고 할 수 있다.[46]

그라스 이후 수십 년간 내가 부활 이후의 출현에 대한 **초자연적인 주관적** 이론이라고 부른 견해가 크게 인기를 누렸고, 이 견해는 가장 인기를 끌었던 견해는 아닐지라도 적어도 가장 영향력 있는 견해가 되었다. 수많은 주요 학자들도 이 입장을 고수했다.[47] 이 입장은

---

44 Hans Grass, *Ostergeschehen und Osterberichte*, 2nd ed. (Göttingen: Vandenhoeck and Ruprecht, 1962), 93, 118-119, 242, 279.
45 Fuller, *Resurrection Narratives*, esp. 48-49, 179-182.
46 Fuller와 Grass가 공통적으로 관심을 보인 용어는 **객관적**이다(예컨대 Fuller, *Resurrection Narratives*, 202n 48). 비록 Fuller는 분명 이 용어가 하나님의 행동을 가리킨다는 사실을 인정했지만, 이 용어가 지닌 종말론적인 함의도 분명하게 드러나기를 원한다(33).
47 Fuller와 Grass 외에 여기에 속하는 학자는 다음과 같다. Pannenberg, *Jesus: God and Man*, esp. 92; Moltmann, *Theology of Hope*, esp. 198; Jeremias, *New Testament Theology*, esp. 308, 310; Werner Georg Kümmel, *The Theology of the New Testament: According to Its*

주로 거의 확실하게 하늘로부터 왔다고 여겨지는 비육체적 환상을 강조하는데, 그 환상을 통해 부활하신 예수가 제자들에게 자신의 메시지를 (아마도 문자적인 말 없이 의미를 전하는 방식으로) 전달했다는 것이다. 예수는 하나님에 의해 실제로 다시 살아나셨지만, 이 사건은 주로 역사적으로 결코 입증될 수 없는 것으로 간주된다. 물론 이를 옹호하는 일부 적절한 논증이 있을 수 있긴 하지만 말이다. 그러나 이 견해의 높은 인기에도 불구하고 20세기 말에 들어서면서 이와는 전혀 다른 견해가 상당한 영향력을 발휘하기 시작했다.

초자연적인 객관적 이론

N. T. 라이트의 기념비적인 작품인 『하나님의 아들의 부활』이 2003년에 출판되기 이전에도 학계의 추세는 이미 예수가 기적적으로 죽은 자 가운데서 다시 살아나셨을 뿐만 아니라 영적인 몸을 입고 나타나셨다는 방향으로 흐르고 있었다.[48] 따라서 부활은 제자들의 내적 경험이나 자연적 현상이 아니라 예수에게 실제로 일어난 사건이라는 것이다. 부활하신 예수는 관찰이 가능하며, 어쩌면 심지어 만져볼 수도 있는 성질을 포함한 육체적 연속성뿐 아니라 변화된 불연속성도 소유하고 있었다. 따라서 예수는 하늘로부터 나타난 빛의 환상과는 전혀

Major Witnesses, Jesus-Paul-John (Nashville, Tenn.: Abingdon, 1973), 103-104; Gerald O'Collins, *What Are They Saying About the Resurrection?* (New York: Paulist, 1978), 54-55; Wilckens, *Resurrection*, 112, 119.

48 N. T. Wright, *The Resurrection of the Son of God*, Christian Origins and the Question of God, vol. 3 (Minneapolis: Fortress Press; London: SPCK, 2003).

다른 모습으로 나타나셨다. 더 나아가 학자들은 대체적으로 이러한 출현에는 견고한 역사적 증거가 뒤따른다는 주장을 견지했다.[49]

흥미롭게도 게르트 뤼데만과 같이 여전히 예수의 부활의 사실성을 거부하는 일부 주석가들조차도 예수가 그의 제자들에게 나타나신 방식을 보면 신약성서 저자들 또한 이 견해를 견지했다는 사실을 인정한다. 뤼데만은 심지어 바울도 예수가 자신에게 육체적 요소와 변화된 요소를 모두 표상하는 "그의 변화된 영적 부활의 형체로"(in his transformed spiritual resurrection corporeality) 나타나셨다고 생각했다고 주장한다.[50] 이것은 예수가 바울에게 나타나신 사건을 앞에서 언급한대로 초자연적, 영광 속에 들어간, 혹은 광채 나는 환상으로 설명하는 최근의 추세를 감안하면 상당히 놀라운 일이다.

또한 존 도미닉 크로산과 조너선 리드(Jonathan Reed)도 바울이 예수가 자신에게 나타나신 사건을 본질상 육체적인 출현 사건으로 간주하는 데 동의한다. 그들은 다음과 같이 말한다. "부활하신 예수

---

49 여기에 속한 학자는 다음과 같다. Thomas F. Torrance, *Space, Time, and Resurrection* (Grand Rapids, Mich.: Eerdmans, 1976), esp. ix-xi (Karl Barth 이후), 25-26, 87, 164, 171; Joseph A. Fitzmyer, "The Ascension of Christ and Pentecost," *Theological Studies* 45 (1984): 423; Robert H. Gundry, *Soma in Biblical Theology with Emphasis on Pauline Anthropology* (Cambridge: Cambridge University Press, 1976), chs. 12 and 13; Stephen T. Davis, '"Seeing' the Risen Jesus," (126-147), and William P. Alston, "Biblical Criticism and the Resurrection" (148-183), in Davis Kendall and O'Collins, *The Resurrection*; William Lane Craig, *Assessing the New Testament Evidence for the Historicity of the Resurrection of Jesus* (Lewiston, N. Y.: Edwin Mellen, 1989), 325-347. 또한 몇 가지를 제외하고서 Raymond E. Brown, *The Virginal Conception and Bodily Resurrection of Jesus* (New York: Paulist, 1973), 127-129.

50 Lüdemann with Özen, *What Really Happened to Jesus*, 103.

를 **보았다**는 바울의 주장을 진지하게 받아들인다면 우리는 그가 초기에 본 환상은 상한 동시에 영화롭게 된 예수의 몸이었을 것이라고 본다." 바울이 밝은 광채와 함께 나타난 환상을 보았다는 누가의 주장에 대해 크로산과 리드는 "우리는 빛에 의해 바울의 눈이 머는 장면은 배제하지만, 바울이 예수를 부활하신 그리스도 곧 다시 사신 주로 **보고** 또 듣게 되는 환상을 머릿속에 떠올린다"고 말한다.[51] 만일 뤼데만, 크로산, 리드 등과 같은 비평 학자들이 옳다면, 초기 기독교의 가르침을 진지하게 받아들이는 입장을 견지하는 입장은 적어도 초기 기독교의 주장의 본질을 진지하게 검토해야 한다.

이러한 방향 전환을 암시한 또 다른 연구는 2002년에 테드 피터스(Ted Peters), 로버트 러셀(Robert John Russell), 미하엘 벨커(Michael Welker)가 공동으로 편집한『부활』이라는 제목의 책이다.[52] 이 책에 논문을 기고한 열여덟 명의 학자는 대다수가 모종의 재구성주의(reconstitutionalism)를 견지하면서 예수와 신자들의 부활이 육체적인 몸을 입은 모습으로 일어날 것이라고 거듭 주장한다.[53]

한편 N. T. 라이트는 최근 이러한 주장을 한층 더 강화시켰다.

---

51 John Dominic Crossan and Jonathan L. Reed, *In Search of Paul: How Jesus's Apostle Opposed Rome's Empire with God's Kingdom* (San Francisco: HarperSanFrancisco, 2004), 6-10(강조는 원저자의 것임).

52 Ted Peters, Robert John Russell, and Michael Welker, eds., *Resurrection: Theological and Scientific Assessments* (Grand Rapids, Mich.: Eerdmans, 2002).

53 예컨대 Robert John Russell (25), Michael Welker (38), John Polkinghorne (49), Jeffrey P. Schloss (68-71), Peter Lampe (105-110), Hans-Joachim Eckstein (116-123)의 논문의 결론을 보라. 최소한 마지막 두 저자는 재구성주의 관점에 대해 몇 가지 질문을 제기한다(Lampe, 110-114, Eckstein, 120-121).

그는 자신의 최근 저서에서 500쪽이 넘는 지면을 할애하여 고대 지중해 연안의 이방인과 유대인은 **모두** 기원후 2세기에 이르기까지 "아나스타시스"라는 용어를 거의 한결같이 **몸**이 다시 부활하는 것을 의미하는 것으로 사용했다고 매우 설득력 있게 논증한다. 따라서 "아나스타시스"와 그 동족어("엑사나스타시스" 등)는 관련 용어("에게이로" 등)와 더불어 거의 예외 없이 육체의 부활을 가리켰다는 것이다. 심지어 육체의 부활을 인정하지 않은 고대인들조차도 이 용어들을 여전히 같은 의미로 사용했다는 것이다. 한편 혼이나 영이 영화롭게 되거나 또는 사후에 생존해 있는 것에 관해 이야기할 경우에는 **부활**이란 말 대신에 다른 용어를 사용했다는 것이다.[54] 더 나아가 심지어 다른 견해를 가르쳤다고 알려진 바울조차도 다른 나머지 신약성서 저자와 같이 예수의 육체의 부활을 강하게 천명했다.[55]

우리가 놓치거나 쉽게 간과해서는 안 될 부분은, 톰 라이트와 돔 크로산이 이번처럼 부활이란 주제를 놓고 과거에 두 번에 걸쳐 나눈 대화에서, 크로산도 육체의 부활이, 특히 유대-기독교 정황에서 갖는 의미에 커다란 강조점을 두는 라이트의 견해에 기본적으로 동의한다는 뜻을 밝혔다는 점이다.[56] 중요한 것은 크로산도 "이미 이 동일한 노선을 따라 자신의 사고를 정리하고 있었다"는 것이다.[57]

---

54 Wright, *The Resurrection of the Son of God*, xvii-xix, 31, 71, 82-83, 200-206.
55 Wright, *The Resurrection of the Son of God*, 5-8장, 특히 273, 314, 350-374(바울); 9, 10장, 특히 424, 476-479(다른 신약성서 저자).
56 본서에 부록으로 포함된 Crossan의 주강의인 "Bodily-Resurrection Faith"에서 언급된 것을 참조하라. 본서 372n3, 373, 376-377을 보라.
57 Crossan, "Bodily-Resurrection Faith," 216n3과 위의 24-26. 또한 John Dominic

크로산과 리드는 이 부분에 있어서도 상당히 유용하다. 두 사람은 초기 그리스도인들의 소망도 유대교의 주된 해석과 같이 육체의 부활에 있었다는 데 동의한다. 바울은 고린도에서 "그리스도의 육체의 부활의 유형성"에 대한 자신의 가르침에 반대하는 그리스의 플라톤주의자들을 향해 연설할 때 분명 육체의 부활에 대한 입장을 표명한다. 바울은 거기서 그리스인들의 주장을 다양한 방식으로 반박했는데, 그중에서도 예수가 죽은 자들의 부활의 시초로서 하나님의 능력으로 변화되었지만 여전히 실제적인 몸으로 다시 살아나셨다는, 영적인 몸에 대한 가르침이 가장 대표적이라고 할 수 있다. 바울은 데살로니가 교인들에게도 이와 동일한 견해를 가르쳤다.[58]

따라서 20세기를 마무리하고 21세기로 진입하는 오늘날의 신학적 추세는 일부 영역에 있어서는 어느 정도 보편적인 합의가 이루어지고 있다고 볼 수 있다. 특히 내가 **초자연적인 외적** 이론이라고 명명한 견해가 현재 인기를 끌고 있는 것을 감안하면(아래를 보라), 상당히 전통적인 입장을 견지하는 견해들이 본 주제에 관한 연구와 논의를 다시 한번 주도하는 위치를 점하고 있다고 할 수 있다. 학문적 지지도에 따라 평가하자면 예수가 육체적인 몸으로 부활했다는 견해가 몇 가지 새로운 묘안과 개선점을 내세우는 가운데 현 시점에서 가장 지배적인 입장이라고 할 수 있다. 더 나아가 이 견해를 거부하는

Crossan, "The Resurrection of Jesus in Its Jewish Context," *Neotestamentica* 37/1 (2003): 29-57, esp. 37-40, 46-49, 55와 비교해보라.
58 이 개념에 대해서는 Crossan and Reed, *In Search of Paul*, 133-135, 173-174, 296, 341-345를 보라.

학자들조차도 일부는 여전히 적어도 이 견해가 바울의 가르침은 물론 신약성서를 대표하는 입장이었다는 데 동의한다.[59] 이러한 현재의 동향은 최근 수십 년간 바울의 견해를 전혀 다른 방식으로 해석해온 것에 비하면 상당히 큰 변화임에는 틀림없다.

결론

첫머리에서 이미 언급한 바와 같이 이 논문은 개괄적인 목적을 가지고 진행되었다. 즉 이 논문의 주 목적은 예수의 부활 이후의 출현을 설명하기 위해 제시된 다양한 자연주의적·초자연적 이론에 대한 최근 동향을 간략하게나마 개관하는 것이다. 사실은 많은 학자들조차도 이 견해들의 독특한 역사와 현 분포도를 제대로 파악하지 못한 것으로 보인다.

나는 이 논문을 통해 매우 다양한 견해를 폭넓게 개괄하고, 특히 네 가지 범주에 속한 여러 견해―자연주의적인 내적 및 외적 이론과 초자연적인 내적 및 외적 이론―의 차이점을 쉽게 나열하고자 노력했다. 또한 나는 지금까지 다른 견해들과 따로 구분되지 않은 채 주장되어왔던 두 자연주의적 이론에 (조명 이론과 착각 이론으로) 명칭을 붙여줄 뿐 아니라 그 주된 내용을 비교적 상세히 서술했다.

---

[59] 나는 Lüdemann, Crossan, Reid가 이 초자연적인 외적 견해를 견지한다고 암시하는 것이 아니라 그들이 바울과 복음서 저자들도 예수가 죽은 자 가운데서 다시 살아나 육체로 나타나셨다고 가르친 것을 인정하는 이들 가운데 속해 있음을 암시하는 것이다.

비록 최근에 상승세를 탔던 자연주의적 이론이 크게 인기를 끌지 못하고 여전히 가장 보편적으로 받아들여지는 견해가 아님에도 불구하고, 이 이론을 수용하는 이들의 숫자는 주목할 만하다. 그럼에도 제3차 역사적 예수 탐구에 참여한 매우 영향력 있는 학자들 가운데 사실상 이 자연주의적 이론의 길을 선택한 이들이 거의 없다는 점은 시사하는 바가 크다. 한편 최근 들어 초자연적 진영으로 기우는 추세가 두드러지게 나타나고 있는 것도 사실이다.

그렇다면 현재 학계의 분포도는 어떻게 나타나고 있을까? 내가 이번 장을 시작하면서 언급한 최근의 부활에 관한 자료를 개관한 결과에 따르면, 예수의 부활의 역사성 문제를 다룬 비평 학자들 가운데 자연주의적 이론을 견지하는 학자는—그것이 내적 혹은 외적이든지 간에—4분의 1에도 미치지 못했다. 더더욱 놀라운 것은 이 문제에 관해 구체적으로 자신이 불가지론자임을 밝힌 학자는 손에 꼽을 정도였다는 것인데, 우리는 이렇게 숫자가 적은 데에는 그만한 이유가 있음을 잘 알고 있다.[60] 대략 4분의 3에 달하는 나머지 학자는 어떤 의미에서든 예수가 죽은 자 가운데서 다시 살아나셨다고 주장하는 두 견해 중 어느 하나를 취한다.

더 나아가 만약 내가 살펴본 최근의 부활 관련 자료가 정확한 척

---

60 여기에는 한 가지 이상의 이유가 있을 수 있다. 어쩌면 이것이 바로 일부 학자들이 침묵에 의한 논증으로 의심받을 될 수도 있음에도 불구하고 자신들의 입장을 밝히지 않는 이유일 것이다. 하지만 비록 불가지론이 첫 번째 대안이 될 수는 없겠지만, 이것이 일부 학자들이 답변을 요구당할 때 그들이 가장 흔히 제시하는 대안이 될 개연성이 높아 보인다.

도를 제시한다면, 여러 견해를 세부적으로 나눈 하위 범주들도 대략적으로 파악이 가능하다. 따로 분리된 범주로 간주한다면 자연주의적 견해는 환각설과 같은 내적 이론(이 범주에 속한 학자 중 약 3분의 1)과 전설 이론과 같은 객관적 이론(나머지 약 3분의 2)으로 나누어진다. 한편 초자연적 견해는 환상 이론을 더 선호하는 입장(약 4분의 1이 못 되는)과 예수가 비록 변화된 몸이긴 하지만 여전히 실제적인 몸으로 부활하셨다고 보는 입장(나머지 4분의 3 이상)으로 세분화된다.

여기서 우리는 몇 가지 흥미로운 추세를 감지할 수 있다. 혹자는 우리가 여기서 제시한 통계에 불만을 표시하거나 심지어 동의하지 않을 수도 있지만, 어떤 폭넓은 움직임이 일어나고 있는 것만은 분명해 보인다.[61] 종합해보면 자연주의적 견해는 소수 학자의 지지를 받고 있다. 그리고 이 자연주의적 견해 안에서 가장 인기가 높은 견해는 단연코 환각설이지만, 전반적으로 외적 범주에 속한 견해들이 훨씬 더 높은 인기를 누리고 있다(대략 2분의 1).

예수가 두 가지 의미 중 어느 하나에 따라 죽은 자 가운데서 부활하셨다고 믿는 초자연적인 견해는 자연주의적 견해에 비해 압도적으로 많은 지지를 받는 다수 의견이다(거의 3대 1 정도). 그런데 정말 놀랍게도 20세기 중엽부터 말엽까지 학자들 사이에서 가장 높은 인기를 누렸던 초자연적 내적 견해(구 "객관적 환상 이론")는 최근들어 부활하신 예수의 육체적 출현을 옹호하는 견해가 다수 의견으로(3대 1

---

[61] 물론 나는 이 질문에 답하는 학자들에 대한 연구가 철저하게 이루어졌다고 주장하는 것은 아니다. 하지만 나의 개관이 여전히 포괄적임에는 틀림이 없다.

이상) 자리 잡으면서 소수 의견으로 밀려나고 말았다.

    이 논문은 최근에 나타난 동향에 주목했다. 즉 어떤 특정한 견해를 논증하기보다는 현재의 학문적 기류에 대한 일반적인 지표를 제시하는 데 그 목적이 있다고 하겠다.

5
부활 신앙의 인식론

R. 더글러스 게이벳

예수의 육체의 부활을 믿는 전통적인 기독교 신앙은 과연 인식론적으로 정당한가? 나는 그렇다고 믿는다. 그러나 여기서 나의 목적은 이 주장에 대한 논증을 펼치려는 것이 아니다. 그보다 나는 부활 신앙의 인식론적 지위를 평가하는 것과 밀접하게 연관되어 있는 일련의 문제를 탐구하기를 원한다. 그리고 나의 고찰의 폭을 좁혀 이 주제를 예수의 부활의 본질과 그것을 믿는 것이 얼마나 합리적인지에 관한 N. T. 라이트와 존 도미닉 크로산의 연구와 연계시켜 전개하고자 한다. 이 과정에서 나는 내 자신을 크로산의 십자선과 라이트의 반대편에 놓는 위험을 무릅쓴다. (아마도 이것이 신약학자들이 은근히 철학자들이 범했으면 하는 잘못이 아닌가 싶다.)

나는 특별히 다음과 같은 질문에 관심이 있다. 크로산과 라이트가 채택한 연구 방법론을 감안할 때, "예수의 부활이란 개념은 과연 어떻게 정의하는 것이 가장 타당할까?" 라이트는 예수의 육체의 문자적인 부활을 인정한다. 크로산은 은유적 해석을 취하고 문자적인 해석을 부인한다. 라이트와 크로산은 예수의 부활에 대해 근본적으로 서로 다른 개념을 갖고 있다. 이것은 두 학자가 각기 다른 방법론을 사용하고 있음을 가리키는 것으로도 보일 수 있다. 그러나 나는 두 학자의 방법론이 상당히 비슷하다고 생각하며, 특히 부활 신앙에 대한 증거의 성격과 그 함의에 관해 서로 직접 대화를 나누는 것을 보면 더더욱 그러하다. 한 가지 매우 특별하면서도 중요한 유사점은 두 학자 모두 부활에 대한 최종 평가를 내릴 때 어떤 특정한 형이상학적 관점이나 개념적 틀 또는 세계관이 배제된 **역사적 증거**에 기초를 둔다는 것이다. 나는 이러한 일반적인 접근 방법은 (1) 그들이 도달하는 다양한 결론을 평가하기에 불충분하며, (2) "특수한 역사적 증거"라고 할 수 있는 것과는 독립적으로, 이미 알려져 있는 다른 어떤 것 또는 신뢰할 만한 다른 어떤 것으로 보완되어야 한다고 생각한다. 나는 "특수한 역사적 증거"(역사가가 역사가로서의 임무를 통해 찾아낸 증거)와 다른 증거, 즉 책임 있는 역사가가 역사적 판단을 내릴 때, 심지어 문제의 증거가 역사의 관행에 속하지 않은 탐구로부터 유래할 때에도 무시해서는 안 되는 다른 증거를 서로 구분한다.

N. T. 라이트는 전통적 노선을 따라 예수의 육체의 부활을 거의 문자적인 의미로 받아들이는 해석을 채택한다. 예수는 십자가 처형과 장사가 이후 상당 기간 동안 살아 계신 모습으로 나타났다는 것이다. 존 도미닉 크로산은 예수의 부활을 어떤 신앙 공동체 안에서 일어난 예수의 삶의 화신(化身, embodiment)으로 생각한다.[1] 예수와 매우 친밀한 관계를 유지하고 예수가 십자가에 못 박히셨을 때 그분과의 결별을 크게 슬퍼했던 이들은 어떠한 문자적 의미로도 예수가 다시 살아난 모습을 결코 보지 못했다는 것이다. 그들이 경험한 것은

---

1 John Dominic Crossan, *The Birth of Christianity: Discovering What Happened to Jesus in the Years Immediately after the Resurrection of Jesus* (San Francisco: HarperSanFrancisco, 1998), xxxi를 참조하라.

단지 보통 사람들이 종종 이와 비슷한 상황에서 경험하는 것과 같은 예수의 "환영"(幻影, apparition)이었다는 것이다. 크로산은 우리가 일반적으로 알고 있는 자연주의자가 아니다. 그는 소위 예수의 부활을 목격했다고 알려진 이들이, 수많은 "반기독교적 세속주의자"가 주장하듯이, 망상 또는 환각 증세를 보였다는 것을 부인한다.[2] 그럼에도 크로산의 부활 개념은 라이트의 관점에서 보면 확실히 "정교한 회의주의"에 해당한다.[3] 한편 크로산의 관점에서 보면 라이트의 관점은 "기독교 근본주의"에 해당한다.[4] 따라서 내 논문의 또 다른 제목을 붙인다면 그것은 아마도 "'정교한 회의주의' 대 '기독교 근본주의': 예수의 부활에 관한 N. T. 라이트와 존 도미닉 크로산에 대한 사례 연구―교착 상태 해결 방법은?"이 될 것이다.

라이트는 육체의 부활(크로산이 주장하는 특이한 관점이 아닌 전통적 관점에 따른)의 정당성이 어떤 특정한 세계관을 배제하고도 역사적 증거를 통해 확보될 수 있다고 생각한다. 그는 그의 저서 『하나님의 아들의 부활』에서 이러한 주장을 전개해나간다.[5]

"육체의 부활의 정당성"에 관해 말하는 것 자체가 여러 면에서 보면 애매한 감이 전혀 없지 않다. 네 가지 가능성이 있다. 부활에 대

---

2 Crossan, *The Birth of Christianity*, xvii, xviii.
3 N. T. Wright, *The Resurrection of the Son of God*, Christian Origins and the Question of God, vol. 3 (Minneapolis: Fortress Press; London: SPCK, 2003), 717.
4 Crossan, *The Birth of Christianity*, xviii.
5 Wright, *The Resurrection of the Son of God*, 686-687. 그의 방법론은 Marcus J. Borg and N. T. Wright, *The Meaning of Jesus: Two Visions* (San Francisco: HarperSanFrancisco, 1998), 2장에도 간략하게 서술되어 있다.

한 논거는 다음과 같다.

1. 최초의 그리스도인들은 예수가 죽은 자 가운데서 육체적인 몸으로 다시 살아나셨다고 믿었다.
2. 예수는 실제로 죽은 자 가운데서 육체적인 몸으로 다시 살아나셨다.
3. 최초의 그리스도인들은 예수가 **하나님에 의해** 죽은 자 가운데서 육체적인 몸으로 **다시 살리심을 받았다**고 믿었다.
4. 예수는 실제로 **하나님에 의해** 죽은 자 가운데서 육체적인 몸으로 **다시 살리심을 받았다**.

이 명제들을 비교해 보자. 명제 1과 2는 다르다. 명제 1은 최초의 그리스도인들이 어떤 일이 일어난 것을 **믿었던** 것에 관해 이야기하는 반면, 명제 2는 실제로 **일어난** 일에 관해 이야기한다. 명제 3과 4도 이와 동일한 맥락에서 다르다. 명제 3은 최초의 그리스도인들이 어떤 일이 일어난 것을 **믿었던** 것에 관해 이야기하는 반면, 명제 4는 실제로 **일어난** 일에 관해 이야기한다. 그러나 주목할 것이 있다. 명제 1과 2는 모두 **인과적 설명**에 대한 언급 없이 육체의 부활이라는 **사건**을 언급한다는 점에서 유사한 반면, 명제 3과 4는 모두 "**하나님에 의해** 죽은 자 가운데서 육체적인 몸으로 **다시 살리심을 받았다**"는 인과적 설명을 제시한다.

그렇다면 라이트는 과연 명제 1, 2, 3, 4 중에서 어느 명제를 주장하는 것일까? 내가 보기에 라이트는 분명히 대략 명제 1, 3, 2의 순으로 논지를 펼쳐간다. 그는 우리가 최초의 그리스도인들이 예수가 죽은 자 가운데서 육체적인 몸으로 다시 살아나셨다고 믿었다(명제 1)는 것을 입증할 만한 좋은 역사적 증거(나는 이것을 "특수한 역사적 증거"로 지칭할 것임)를 가지고 있다고 생각한다. 최초의 그리스도인들은 예수가 십자가가 못 박혀 죽고 장사된 지 얼마 되지 않아 빈 무덤을 발견하였고 예수가 육체적인 몸으로 다시 살아나 자기를 알고 있던 많은 이들에게 나타나셨다는 것을 근거로 그렇게 믿었다는 것이다. 더 나아가 최초의 그리스도인들은 이 사건을 이해하려는 과정에서 예수가 하나님에 의해 다시 살리심을 받았다(명제 3)고 믿었다. 그들이 이러한 사실을 믿었다는 증거를 가장 탁월하게 설명해주는 예는 예수가 실제로 죽은 자 가운데서 육체적인 몸으로 다시 살아나셨다(명제 2)는 것이다.

    나는 이것이 우리가 라이트의 논증을 따라 역사적 증거에 기초해 최대한으로 따라갈 수 있는 부분이라고 생각한다. 라이트가 다음과 같이 말하는 것처럼 말이다. "궁극적으로 우리가 직면해야 할 문제는 초기 그리스도인들이 주어진 자료를 바탕으로 스스로 제시한 설명, 즉 예수가 실제로 죽은 자 가운데서 다시 살아나셨다는 설명이 정교한 회의론…보다 '취합된' 증거를 훨씬 더 잘 '설명해주는지'다. 내 입장은 '그렇다'는 것이다."[6] 여기서 주목할 것은 "예수는 실제로 죽은 자 가운데서 다시 살아나셨다"는 것이다. 하지만 내 생각에 라이트는 예수가 실제로 **하나님에 의해** 죽은 자 가운데서 육체적인 몸

---

6   Wright, *The Resurrection of the Son of God*, 717.

으로 **다시 살리심을 받았다**는 명제 4의 주장에까지는 나아가지 않는다. 내가 라이트의 견해를 정확하게 이해했다면 그는 명제 4의 입증을 회피하고 있는 것이 맞다.

라이트는 왜 그러는 것일까? 이 질문을 다르게 표현해보자. 만약 그가 명제 4의 정당성을 논증하기를 원한다면 그는 어떻게 해야 할까? 나는 어느 역사가도 특정 세계관을 배제하고서는 명제 4를 추론해낼 수 없다고 생각한다. 라이트도 이에 동의하리라 본다. 육체의 부활에 대한 인과적 설명은 우리에게 주어진 특수한 역사적 증거에서 발견되지 않을 것이다. 그것은 다른 곳에서 발견되어야 한다. 그렇다면 가장 유력한 후보는 어디인가라는 질문을 던져볼 수 있다. 가장 유력한 후보는 분명 하나님이다. 하나님은 얼마든지 예수가 죽은 자 가운데서 다시 살아나게 하실 수 있었을 것이다. 이 정도까지는 논란의 여지가 없어 보인다(이를테면 철학에서는 모든 것이 가능한 것처럼).[7] 그러면 고대 후기(약 2천 년 전)에 일어난 육체적 부활 현상을 달리 설명할 방법은 없을까? 나는 다른 개연성 있는 그 어떤 설명도 생각해내지 못하겠다. 그렇다면 왜 하나님이 하셨다고 결론 내리면 안 될까?

그 이유가 바로 여기에 있다. 예를 들어 당신이 하나님을 믿지 않는다고 가정해보자. 당신이 아무리 라이트의 역사 연구 방법을 철저하게 따랐다고 하더라도 당신이 예수가 죽은 자 가운데서 육체적

---

7   R. Douglas Geivett, "Why I Believe in the Possibility of Miracles," in *Why I Am a Christian: Leading Thinkers Explain Why They Believe*, ed. Norman L. Geisler, Paul K. Hoffman (Grand Rapids, Mich.: Baker, 2001), 97-110.

인 몸으로 다시 살아나셨다(명제 2)는 결론에 도달할 가능성은 과연 얼마나 될까? 내가 보기에는 그럴 가능성은 거의 없다. 당신은 원칙적으로 역사적 탐구의 범주 안에 있는 모든 것에 관해서는 이를 입증할 만한 좋은 증거가 존재한다는 것을 인정할 것이다. 즉 많은 사람이 예수가 육체적인 몸으로 다시 살아나셨다고 믿었고(즉 많은 사람이 예수가 **하나님에 의해** 죽은 자 가운데서 육체적인 몸으로 **다시 살리심을 받았다**고 믿음), 예수의 시체를 장사 지낸 지 몇 시간이 되지 않아 무덤이 비어 있었으며, 또 예수는 이러한 사건이 일어난 이후에 여러 번에 걸쳐 많은 사람에게 나타나셨다는 등에 대한 증거 말이다. 하지만 이 사건들은 역사적 분석이 용이한 상황적 증거에 의해서뿐만 아니라 역사적 탐구의 고유 영역에 해당되지 않는 형이상학적 가능성에 의해서도 어느 정도 파악이 가능하다. 형이상학적 가능성이 무엇인지를 판단하는 작업은 역사가의 고유 영역이 아니며, 어떠한 인과적 설명이 가장 합리적인 설명인지 그 믿음의 기준을 세우는 작업 역시 역사가의 고유 영역이 아니다. 그 이유는 현 상황에서는 역사가가—역사가로서—더 이상 무언가 할 수 있는 것이 없고, 또 과거의 육체의 부활에 대해서는 어떠한 단서도 현재 남아 있지 않기 때문이다. 만약 예수가 죽은 자 가운데서 살아나셨고, 또 우리가 가지고 있는 역사적 증거가 그 사실을 **가리킨다면**, 그 사건은, 역사적 증거(또는 지식)에 관한 한, 일회적인 역사적 사건이다.

    역사가는 자기의 고유 영역에 속한 사건에 관해서는 인과적 설명을 시도한다. 하지만 역사가의 고유 영역에는, **그리고 특정한 세계관이 배제된** 가운데 제시된 다양한 설명에는 신적 동인(divine agency)

이나 또는 초인간적 동인(extrahuman agency)은 포함되지 않는다. 이것은 역사가는 결코 자기가 검토하는 사건을 신적 동인의 관점에서 파악할 수 없다는 것을 의미하지 않는다. 단지 역사가가 그렇게 할 때에는 하나님은 현존할 뿐 아니라 인간의 영역에서 역사하시는 동인임을 받아들이는 이른바 "섭리주의적 관점"을 가지고 있는 역사가로서 그렇게 하는 것이다. 말하자면 섭리주의적 역사 접근법 역시 인간의 영역 속에서 이루어지는 하나님의 행동은 때로는, 그리고 적어도 원칙적으로는, 확인 가능하다고 주장한다. 하지만 이런 방식을 따르는 역사가는 특정한 세계관을 결코 완전히 배제하지 않는다.

아무튼 나는 그럴 만한 다른 이유가 없는 이상 역사가가 자신이 받아들일 마음이 없는 인과적 설명을 신중하게 고려하지 않을 것이라고 생각한다. 물론 여기서는 이 "그럴 만한 다른 이유가 없는 이상"이란 단서가 중요한데, 그 이유는 인류 역사 속에서 일어나는 사건들을 설명해줄 수 있는 범주 안에 거의 직접적인 신적 동인을 허용하는 독립적인 근거들이 존재할 수 있기 때문이다. 하지만 나는 라이트의 역사적 방법이 그러한 가능성을 인정하는 세계관을—그것이 어떤 것이든 간에—배제한다고 생각한다. 그가 그렇게 하는 **이유**는 아마도 역사가가 해야 할 올바른 과제가 무엇인지에 대한 그의 뚜렷한 생각과 관련이 있거나 또는 다른 이들과 **동등한** 수준에서 대화를 하려는 특별한 목적 하에 증거의 능력과 **중립적인** 세계관에 근거를 둔 다양한 추론을 끝까지 이끌어내려는 그의 열망과 관련이 있기 때문일 것이다. 혹 또 다른 이유가 있다면 아마도 그것은 그가 자신의 유신론적 세계관을 뒷받침해줄 증거(예컨대 자연신학의 증거)를 제시할 수 있다는 희망을 거의 발견하지 못했기 때문일 수도 있다.

그럼에도 불구하고 라이트는 우리에게 주어진 **역사적** 증거에 대한 가장 탁월한 설명은 예수의 육체의 부활이라고 생각한다. 물론 그는 "역사적 논증만으로는 예수가 죽은 자 가운데서 다시 살아나셨다는 것을 믿으라고 그 누가에게도 강요할 수 없다"는 것을 인정한다.[8] 하지만 그는 더 나아가 "예수가 육체적인 몸으로 죽은 자 가운데서 다시 살아나셨다는 주장은 초기 기독교의 중심에 있는 역사적 자료를 설명할 수 있는 독보적인 힘을 소유하고 있다"고 말한다.[9] 기독교 변증에 대해 내가 알고 있는 지식에 의하면 나는 그 누구보다도 개리 하버마스와 윌리엄 레인 크레이그가 이 부분에 있어서 라이트와 의견을 같이한다고 생각한다. 하지만 나는 이 주장에 대해 다소 회의적이다. 혹 이 주장은 적어도 어떤 방식으로든 수정될 필요가 있다. 문제의 자료(즉 빈 무덤, 부활 이후의 출현 등)가 역사적으로 얼마든지 **탐구의 대상이 될 수 있다**는 점을 감안하면, 예수가 죽은 자 가운데서 육체적인 몸으로 다시 살아나셨다고 결론지을 수 있을 만큼 충분한 역사적인 능력이 있다고 볼 수 있다. 그러나 이러한 능력은 역사적인 탐구의 영역—**특정 세계관이 배제된**—안에 포함된 사건에 대한 인과적 설명이 한정적일 수밖에 없다는 사실에 의해 상쇄된다.

내가 보기에 육체의 부활에 대한 최상의 인과적 설명은 **기적**—하나님의 행위—이다. 따라서 부활에 관한 책에서 라이트가 제시한

---

8 Wright, *The Resurrection of the Son of God*, 718.
9 Ibid.

자료는 모종의 유신론을 뒷받침해줄 만한 증거를 어느 정도 제공해준다. 그러나 이 증거가 유신론의 타당성을 입증할 만큼 충분한 것일까? 나는 그렇다고 생각하지 않는다. 적어도 그 역사적 사건과 상황으로부터 멀리 떨어져 있는 우리에게는 결코 충분하지 않다. 라이트 자신도 "역사가는 **역사가로서** 기본 원리로 시작해서 하나님을 증명하는 것으로 마무리하는 논증은 펼칠 수 없다"고 말한다.[10] 세계관이 배제된 역사적 논증이 유신론에 대한 믿음을 정당화하기에 충분하지 않듯이, 그러한 논증은 육체의 부활에 대한 믿음을 정당화하는 데에도 충분하지 않다. 그러나 나도 라이트가 주장하듯이 역사적 증거는 충분히 도발적(provocative)이라는 데 동의한다. 하지만 나는 이것을 대안적 견해에 비해 유신론을 더 지지할 만한 충분한 증거가 될 수 있다는 생각을 새롭게 불러일으킬 수 있는 자극제로 보는 것이 더 바람직하다고 생각한다. 다시 말하면, 우리는 자연신학이 제시하는 증거들을 복원하고 부활에 대한 역사적 자료를 기독교 유신론의 정당성을 뒷받침하기에 필요한 점증적 논거로 삼아야 한다.

라이트는 한 가지 중요한 측면에서 하버마스와 크레이그와 결을 달리한다. 라이트는 (내 생각에) 역사가도 육체의 부활이 일어났다(명제 2)고 결론지을 수 있다고 생각한다. 물론 그는 이것이 하나님에 관해 무언가를 추론해낼 수 있는 기초가 될 수 있다는 것을 받아들일 수 없지만 말이다. 한편 하버마스와 크레이그는 하나님의 현존을 추

---

10 Wright, *The Resurrection of the Son of God*, 736. 여기서 그가 말하는 "기본 원리들"이 정확히 무엇을 뜻하는지 명확하지 않다.

론하는 것은 정당하다고 생각한다. 그렇다면 이 추론이 역사적 증거와는 별개로 추가적으로 진행되는 것으로 생각하는지가 과연 중요할까? 나는 그것이 그리 중요하다고 생각하지 않는다. 그들은 이 추론을 자신 있게 전개하지만, 라이트는 이에 이의를 제기한다. 누가 맞을까? 어찌 보면 양쪽의 결론 모두 만족스럽지 못하다. 왜냐하면 두 결론 모두 육체의 부활에 대한 믿음은 **오로지 역사적 증거**로만 입증 가능하다고 추정하기 때문이다. 그러나 역사적 증거가 그 기능을 수행하지 못하기 때문에 육체의 부활에 대한 라이트의 역사적 논증은 타당성 테스트를 통과하지 못한다. 또한 하버마스와 크레이그의 유신론 논증도 라이트의 논증과 유사한(적어도 대략적인 개요에 있어서는) 육체의 부활이라는 역사적 논증에 의존하기 때문에 동일한 테스트를 통과하지 못한다. 한편 예수의 생애와 가르침이라는 독특한 맥락 안에서 바라본 육체의 부활은 하나님의 행위를 함축하고 있다—즉 오늘날 우리에게 이러한 함의를 담고 있다—는 하버마스와 크레이그의 주장은 타당하다. 그런데 라이트는 내가 그를 이해하는 바로는 이것을 허용하지 않는다.

따라서 라이트(그리고 하버마스와 크레이그)가 제시한 역사적 방법과 증거에 대한 전제 조건—특정 세계관을 배제하는 것—을 염두에 둔다면, 나는 주어진 자료에 대한 크로산의 설명과 "육체의 부활"의 본질에 대한 그의 결론에 더 호감이 간다. 하지만 그의 결론 역시 바람직하지 않다. 스스로 인류학과 고고학(그리고 내 생각에는 인간 심리학도)의 자료를 함께 활용한다는 크로산의 "간학문적"(interdisciplinary) 방법론은 잠시 차치하더라도, 부활에 대한 그의 설명은 여전히 여러 가능성 있는 설명 중 하나에 불과하다. 그의 설명 역시 라이트가 제시한 설명보다 결코 낫지 않다.

사실 라이트와 크로산의 설명은 모두 어떤 가능성을 내포하고 있지만, 그렇다고 해서 특별히 더 개연성이 높은 것도 아니다. 그렇다면 그건 왜 그럴까? 첫째, 과연 초기 그리스도인들이 예수의 문자적인 육체의 부활을 믿었는지에 관한 질문이 적어도 아직까지 열려 있는 한, 기적의 가능성은 여전히 열려 있기 때문이다. (크로산의 모든 주장에도 불구하고, 나는 초기 그리스도인들이 이것을 믿었고, 또 자기들이 경험한 것을 크로산이 환영 출현이라고 간주하는 것과 쉽게 구분할 수 있었을 것이라고 생각한다.) 하지만 우리는 초역사적인 성격의 추가 증거 없이는 기적의 가능성을 가장 탁월한 설명으로 받아들일 수 없다. 신적 동인은 적어도 모두가 이해할 수 있는 인과적 설명의 범주에 의해 판단되어야 하기 때문이다.

라이트와 크로산은 이런 것들을 우리가 실제로 알고 있는 것을 바탕으로 판단해야 함을 암시한다. 따라서 원칙적으로 만약 우리가 하나님이 현존한다는 것과 하나님의 본성과 우리가 살고 있는 이 세상을 창조하신 하나님의 뜻(따라서 역사적 연구의 적절한 대상이기도 한)을 안다면, 우리가 소유하고 있는 **역사적** 자료는 예수가 죽은 자 가운데서 육체적인 몸으로 다시 살아나셨고 또 **하나님에 의해** 죽은 자 가운데서 **다시 살리심을 받았다**는 것을 믿는 확신을 정당화할 수 있다.

유신론이라는 가설은 역사적 자료를 설명해주기 때문에 그 역사적 자료는 유신론에 대한 증거를 어느 정도는—그러나 다른 자료와 분리된 상태에서는 그리 충분하지 않은—제시해준다. 그렇지만 이것은 내게 전혀 문제가 되지 않는다. 왜냐하면 유신론(또는 최소한 기독교 유신론)이 참되다면, 우리는 이에 대한 다른 증거도 똑같이 참되다는 것을 기대할 수 있기 때문이다. 따라서 우리는 기독교 유신론에 대한 믿음이 충분히 정당화될 수 있다고 기대해도 된다.

여기서 우리는 이른바 방법론적 자연주의에 대해 잠시 언급하고 넘어갈 필요가 있다. 방법론적 자연주의의 전형적인 특징 중 하나는, 그것이 어떠한 이성적인 탐구라 할지라도, 하나님은 존재하지 않는다거나 또는 하나님이 존재한다면 그분은 결코 역사적 사건에 직접 개입하시지 않으므로 유신론은 역사적 탐구 대상을 설명하는 데 있어 어떠한 역할도 해서는 안 된다는 전제 하에 진행한다면, 이는 "자연주의적"이라고 보는 것이다. 하지만 이러한 생각은 하나님이 실제로 존재하지 않는다고 전제하는 **형이상학적** 자연주의를 충분한 근거도 없이 옹호하는 억측으로 보일 수도 있다(즉 형이상학적 자연주의는 유신론의 부정을 내포한다). 다시 말하면 앞에서 방금 설명한 방법론적 자연주의는, 본 논의를 위해 그리고 잠정적으로, 형이상학적 자연주의가 맞다고 전제한다.

그런데 만약 우리가 일반적인 형이상학적 틀이나 세계관을 완전히 무시하는 관점—즉 우리의 역사적 설명은 어떤 형이상학적 사고방식을 통해서만 이해할 수 있는 자연의 법칙(다양한 종류의 규칙성)이 작용한다는 것을 전제하기 때문에 그리 쉽게 성립될 수 없는 관점—에서 어떤 방법론을 상고한다고 가정해보자. 그리고 또 우리가 특정 세계관을 어느 정도 철저하게 배제시키는 역사적 탐구를 시도한다고 가정해보자. 이와 같이 철저하리만큼 중립적인 방법론은 우리가 활용할 수 있는 예수의 부활에 관한 자료를 무용지물로 만들어 버릴 것이다. 이러한 방법론은 정보를 얻을 수 있는 다양한 출처를 발견하고 관련 자료를 생성해낼 수는 있지만, 역사적 탐구가 제시할 수 있는 가장 좋은 설명을 유추해내는 데 필요한 자원으로는 부족할 수밖에 없다.

예를 들어 공통된 학문적 관심을 바탕으로 진행되는 역사적 탐구의 형이상학적 중립성과 관련하여 라이트와 크로산 사이에 일종의 공통점이 있다고 가정해보자. 그리고 그 공통점에 근거하여 두 학자가 자신들의 방법론이 역사에 관한 지식을 얻는 데 가장 적합하다는 데 대체적으로 동의한다고 가정해보자. 나는 역사가마다 근본적으로 서로 다른 이 **육체의 부활** 개념—오로지 이 합의된 방법론에 의해 형성된(형이상학적으로 중립적이라는 데까지만 합의된)—이 똑같이 약한 의미에서의 "개연성"(plausible)이 있는지의 여부를 가리는 것은 역사가들에게 맡기겠다. 내가 여기서 "약한 의미에서의 개연성"이라고 말하는 이유는 두 이론 중 그 어느 것도 그들이 사용한 방법을 따라 찾아낸 자료를 통해서는 사실상 아무것도 예측하지 못할 것임을 알고 있기 때문이다. 두 학자의 방법론은 그것을 하기엔 너무나도 엄격하다. 그런데 그들의 이론은 각기 제시된 증거와 일관성을 표현할 수 있다. 그러므로 재차 강조하지만 이 문제는 역사가가 해결해야 할 문제다.

물론 자연신학을 하는 것은 라이트가 진행하는 프로젝트의 일부가 아니다. 그리고 나는 라이트가 이런 것을 세밀하게 검토할 필요도 없다고 생각한다. 어쨌든 그는 역사가이기 때문이다. 따라서 여기서 제기되는 질문은 이렇다. 라이트는 과연 자연신학의 가치(원칙적으로 그리고 그 긍정적 결과에 관해 모두)를 어떻게 평가하고 있으며, 예수와 부활과 초기 기독교 공동체의 출현에 관한 역사적 자료를 가장 효과적으로 활용하는 데 있어 그것이 담고 있는 함의는 무엇인가? 나는 육체의 부활의 역사적 논거(예수의 신성이나 하나님의 현존은 차치하더라도)는 자연신학의 증거로 보완될 필요가 있다고 믿는다. 그런데 나는 라이트가 예수의 육체의 부활에 대한 합리적 믿음이 이런 방식으로 보완되어야 한다는 데 동의하지 않는다고 생각한다. 또한 나는 유신론을 충족시킬 만한 논거가 (그 증거가 아무리 다채롭고 복합적이라 할지라도) 증거만으로 성립될 수 있다는 견해에 라이트가 의구심을 갖고 있다고 생각한다.[11] 이것은 나를 상당히 당혹스럽게 만든다. 왜냐하면 육체의 부활과 같이 거의 일어날 개연성이 없는 사건을 입증하는 데 필요한 역사적 증거를 그가 존중하는 이유가 우리가 자연신학의 증거를 존중해야 하는 이유와 기본적으로 동일하기 때문이다. 계몽주의 이후의 시대가 "합리주의"를 거의 용납하지 않는다는 라이트의 불평은 (역사적 증거의 가치에 관한 그의 한정적 진술에도 불구하고) 적어도 그의 역사에 대한 증거주의적인 접근과는 상당히 뚜렷하게 대립되는 것으로 보인다.[12]

따라서 내가 라이트에게 제기하고 싶은 질문은 두 가지다. 첫째, 라이트는 역사적 탐구, 특히 그 역사적 탐구가 개별적으로도 일어날

---

11 Wright, *The Resurrection of the Son of God*, 714, 717-718, 733, 736 등.
12 Wright, *The Resurrection of the Son of God*, 714-718.

개연성이 (매우) 낮은 어떤 사건에 대한 믿음을 정당화해준다고 여겨질 때에도 귀추법(abduction)에 그토록 큰 비중을 둠과 동시에 계시 친화적인 유신론 편에 서서 자연신학의 다채로운 프로그램의 전망을 어떻게 그토록 일관되게 반대할 수 있을까? 둘째, 기적을 믿는 믿음조차도 정당화하지 못하는 **육체**의 부활에 대한 믿음이 어떻게 정당화될 수 있을까?

그렇다면 크로산의 경우는 어떤가? 일반적으로 라이트의 형이상학에 대한 집념은, 심지어 그가 역사적 자료를 찾아내는 과정에서도 그런 집념을 배제하려고 노력한다고 해도, 분명하게 드러난다. 라이트는 자신의 글에서 자신이 고전적인 의미에서의 유신론자라는 사실에 대해 의심의 여지를 조금도 남겨두지 않는다. 그러나 크로산의 세계관은 그리 쉽게 드러나지 않는다. 그는 마치 자신이 하나님을 믿는 것처럼 하나님에 대해 이야기한다. 하지만 그 믿음의 본질에 대해 물으면 그는 굉장히 말을 아낀다. 간혹 그는 하나님의 특유한 본성에 관한 질문이나 또는 심지어 하나님의 현존에 관한 질문까지도 부적절하다고 보는 경향이 있다.[13] 나는 이것이 크로산이 결코 하나님을 전지전능하시고 절대적으로 자비로우시며 우주를 창조하신 초월자로 믿는 고전적 유신론자가 아님을 보여주는 충분한 증거가 된다고 생각한다. 하나님은 "전지전능하시며 절대적으로 자비로우시며 우주를 창조하신 초월자"라는 진술은 고전적 유신론자가 "하나님"이

13　예컨대 Paul Copan, ed., *Will the Real Jesus Please Stand Up?: A Debate between William Lane Craig and John Dominic Crossan* (Grand Rapids, Mich.: Baker Academic, 1998)에 실린 그의 진술을 참조하라.

라는 용어가 의미하는 바를 묘사하는 축약적인 표현 중 하나다. 만일 크로산이 이 진술이 난해하다고 생각한다면, 그것은 바로 **그가** "하나님"에 관해 이야기할 때 무엇을 의미하든지 간에 이 명제를 받아들이지 않는다는 것을 의미한다. 따라서 그는 하나님과 하나님의 계획에 관해 상당히 자유롭게 이야기한다. 예를 들어 『기독교의 탄생』(*The Birth of Christianity*)에서 그는 부활의 의미를 정의의 편에 서 계시는 하나님의 관점에서 묘사한다.[14] 이 책 앞부분에 실린 라이트와의 대화에서도 그는 하나님의 계획을 "이 세상을 정화하는" 것으로 이야기한다.[15] 그는 예수를 폭력 등에 반대하는 "유대인의 하나님"의 태도를 취하고 있는 유대인 농부로 묘사한다.[16] 크로산은 예수에 대해 오해의 소지가 없는 존경심을 갖고 있으며 자기 자신을 그리스도인으로 소개한다. 그러나 그는 과연 예수 자신이 믿었던 하나님을 믿고 있는가? 그리고 그는 과연 하나님이 이 세상을 성공적으로 정화하실 것이라는 보장을 받으신 분으로 믿고 있는가? 만약 믿는다면, 우리가 그 사이에 죽었을 때 크로산 자신과 내가 과연 그 성공적인 결과를 향유하기 위해 거기에 있을까? 마카비 시대의 순교자들도 부활의 생명이라는 절정적 순간에 참여하게 될까? 만약 그렇다면, 그것은 하나님이 어떤 분이신지에 관해 무엇을 말해줄까?

나는 아직도 크로산이 자신의 글에서 말하는 하나님에 대한 개념을 제대로 이해하지 못하겠다. 또한 나는 그가 하나님에 관해 이야

14　Crossan, *The Birth of Christianity*, xxx, 182-208을 보라.
15　이 책 71-72쪽을 보라.
16　Crossan, *The Birth of Christianity*, xxx.

기하는 것을 보면 문자적인 의미가 아니라 은유적인 의미를 사용하는 것으로 보이는데, 그는 왜 하나님이 마치 객관적으로 존재하시는 것처럼 보이는 언어로 하나님을 (피상적으로) 언급하는지 아직 잘 이해하지 못하겠다. 그럼에도 크로산은 자신이 "자연주의자"로 불리는 것 역시 원치 않는다. 사실 그는 자연주의자들이 예수의 부활 이후의 출현을 보고한 제자들이 사실은 환영을 보거나 망상에 빠진 것이라고 주장하는 것은 그들을 너무 무시하는 행위라고 비판한다. 그는 예수의 제자들은 자기들이 무척 아끼고 자기들의 삶에 방향을 제시해 주던 사람을 잃고 그의 죽음을 슬퍼하던 아주 평범한 사람들이었다고 생각한다. 따라서 예수가 십자가 처형을 당한 후 제자들이 그에 대한 환상을 보게 된 것은 극히 자연스러운 경험이었다는 것이다. 크로산의 견해에 따르면 이러한 "환영 출현"은 보통 사람이라면 이러한 상황에서 누구나 경험할 수 있는 것이다.

그러나 그가 비록 자연주의자는 아니라 할지라도 예수의 부활을 둘러싼 자료를 설명하는 그의 방식은 가히 자연주의적이다. 그의 설명은 초자연적인 것이지만 비자연적인 것에 대해서는 전혀 언급하지 않는다. 나는 그가 문자적인 육체의 부활을 믿지 않는 이유가 바로 그것을 믿는 순간 그는 자신이 견지하는 세계관을 완전히 바꿔야 하기 때문이라고 생각한다. 내 생각이 맞다면 이는 그가 역사적 연구를 중립적인 세계관을 가지고 진행하지 않았다는 것을 의미한다. 그렇다면 어떤 세계관이 그의 역사적 판단을 걸러내는 역할을 하고 있는 것일까?

만약 크로산이 철학적/과학적 자연주의와 고전적 유신론을 동

시에 모두 거부한다면, 예수의 부활에 관한 역사적 자료를 이해할 수 있는 가능성은 크게 줄어들 수밖에 없다. 그는 한편으로는 자연주의를 거부하고 또 다른 한편으로는 고전적 유신론을 포기하는 입장에서 우리에게 주어진 역사적 자료를 가장 잘 설명해줄 수 있는 이론을 제시하지 않으면 안 된다. 따라서 그가 "육체의 부활은 무덤으로부터 나온 소생된 몸과 전혀 무관하다"고 말하는 것은 전혀 놀랄 만한 일이 아니다.[17] 만약 그가 예수는 무덤에서 육체적인 몸으로 다시 살아날 수 없었다고 생각한다면, 그것은 분명 그가 자연주의자이기 때문이 아니라 유신론자가 아니기 때문일 것이다. 이러한 사실은 그가 적극적으로 추구하는 형이상학이 과연 무엇이며, 또 그가 왜 그런 형이상학을 추구하는지에 대해서는 여전히 명확한 답을 제시해주지 못한다.

만약 그가 선별하고 또 해석하는 **역사적** 자료를 받아들일 것을 요구한다면, 나는 그가 추구하는 형이상학에 대해 더 깊이 알기를 원한다고 말하고 싶다. 나는 크로산에 관해 다음과 같은 기본적인 세 가지 질문을 던지고 싶다. 첫째, 내가 "고전적 유신론"으로 명명한 것과 명시적으로 대조를 이루는 그의 세계관은 과연 어떤 일반적인 특징을 가지고 있는가? 둘째, 자신이 가장 옳다고 생각하는 세계관은 배제하면서 마치 **자기 자신의 입장**이 가장 탁월한 설명인 것처럼 생각한다면 그는 과연 톰 라이트의 부활 개념보다 자신의 개념이 훨씬 더 개연성이 높을 가능성은 어떻게 배제할 수 있을까? 셋째, 크로산

---

17   Ibid., xxxi.

은 만약 자신이 고전적 유신론자라면 그때에도 여전히 자신의 설명이 가장 탁월한 설명이라고 생각할까?

2005년 3월에 뉴올리언스 침례신학교가 주최한 그리어-허드 포럼을 통해 이제 우리는 앞에서 언급한 질문에 대해 적어도 부분적으로나마 어느 정도 답변을 얻게 되었다. 그 당시 크로산은 내 질문에 답하면서 자신은 "유신론을 전제하는" 사람이 아님을 인정했다. 그는 인간은 "생래적으로 종교를 원하는 존재"이며 우리는 또 생래적으로 "거룩하신 이의 이름을 부르는" 존재로 태어났다고 주장하는 것으로 자신의 입장을 대변했다. 우리는 누구나 이런저런 방식으로 그렇게 한다. 그러나 거룩하신 이를 부르기 위해 붙여지는 이름은 모두 우리가 거룩하신 이를 부르기 위해 만든 "메가-은유"(mega-metaphor)와도 같다. 크로산은 거룩하신 이를 위한 메가-은유가 기본적으로 네 가지가 있다고 생각한다. 첫째, 유대교와 기독교에서 채택한 **인격**이라는 은유가 있다. 둘째, 어떤 **상태**를 나타내는 은유로서, 예를 들어 불교에서는 이 은유가 "존재"가 아닌 열반(니르바나)의 경지를 나타내는 개념과 함께 사용된다. 크로산은 세 번째 은유를 가리키면서 "유교에는 **우주를 유지하는 질서**는 있지만, 그 질서를 유지하는 자는 없다"고 말한다. 그리고 우리가 더 적절한 이름이 없어서 그냥 "토종" 또는 "원시" 종교라고 부르는 종교 집합체에는 거룩한 이를 가리키는 **능력**이라는 네 번째 은유가 있다. 크로산은 이 은유들이 각기 타당성을 가지고 있으며 이 중 그 어느 것도 다른 어떤 것보다 본질적으로 더 타당한 것은 없다고 주장했다. 그럼에도 불구하고 각 은유가 무너져 내릴 때가 있다. 크로산은 **인격**이라는 은유는 허리케인이 어떤 도시를 휩쓸고 지나가고 또 다른 사람의 집은 완전히 무너지는데 자기 집만 건너뛸 때 비로소 무너져 내린다고 한다.[18]

비록 우리가 그의 세부적인 입장까지 파악하기는 어렵지만, 그렇지만 이것만으로도 충분해 보인다. 크로산은 고전적 유신론자가 아니다. 그가 "나는 고전적 유신론을 전제하지 않는다"라고 말할 때, 그는 신약성서를 연구하는 역사가로서 고전적 유신론에 대한 자기 자신의 형이상학적 입장을 배제하거나 또는 그러한 입장을 배제하는 것을 허용한다는 결론을 부활로부터 유추해내는 것을 의미하지는 않는다. 그리고 그가 예수의 부활에 대해 역사적 질문을 제기할 때 **하나님**이라는 용어를 사용하기는 하지만, 그는 그 맥락에서 가장 유용한 은유를 단순히 채택한 것뿐이라고 나는 생각한다.

내가 앞에서 제기한 세 가지 질문으로 다시 돌아가 보면 우리는 부분적으로나마 이에 대한 답변을 얻었다. 즉 크로산은 고전적 유신론자가 아니다. 그의 견해는 다원주의적이다. (그가 이번 컨퍼런스에서 진술한 내용으로만 보면, 그의 견해는 존 힉[John Hick]의 입장과 비슷하다.)[19] **하나님**이라는 용어는, 우리가 마침 미심쩍어 했던 것처럼, 하나의 은유에 불과하며, 이와 비슷한 맥락에서 **부활**도 "예수의 부활"을 언급할 때 사용하는 하나의 은유일 뿐이다. 다시 말하면 예수가 죽은 자

---

18   R. Douglas Geivett, "The Epistemology of Resurrection Belief," 2005 Greer-Heard Forum 오디오 CD (http://www.greer-heard.com에서 입수 가능).

19   Geivett, "The Epistemology of Resurrection Belief." 참조. John Hick, *An Interpretation of Religion: Human Responses to the Transcendent*, 2nd ed. (New Haven, Conn.: Yale University Press, 2005).

가운데서 육체적인 몸으로 다시 살아나셨다는 것은 문자적으로 사실이 아니며, 예수를 죽은 자 가운데서 다시 살리시기를 원하시고 또 그렇게 하실 수 있는 위치에 계신 하나님―전지전능하시며 절대적으로 자비로우신―이 계신다는 것 역시도 사실이 아니다. 따라서 크로산이 부활의 본질에 관해 라이트와 의견을 달리하는 것은 절대 놀랄 만한 일이 아니다. 또한 그가 예수는 문자적으로 죽은 자 가운데서 육체적인 몸으로 다시 살아나시지 않았다고 결론짓는 것도 절대 놀랄 만한 일이 아니다. 왜냐하면 그의 형이상학적인 집념이 부정한 것이 예수가 하나님에 의해 문자적으로 육체적인 몸으로 다시 살아났을 **가능성**을 배제하기 때문이다. 이것은 예수의 부활에 대한 크로산의 최종 평가가 그의 형이상학적인 관점이 부정하는 것에 의해 좌우되는 것을 의미한다. 따라서 신약성서를 연구하는 역사가로서 그가 내린 최종 판단은 그가 견지하는 세계관을 결코 배제시키지 못한다. 그의 판단은 형이상학적으로 중립적이라고 할 수 없다.

이상의 설명은 크로산의 방법론에 대한 비판이 결코 아니다. 결국 역사가는 초역사적인 지식이 조사 대상 사건을 둘러싸고 있는 자료를 이해하는 데 필요하다면 이 지식이 언제든지 자신들의 역사적 판단에 영향을 미치도록 해야 한다. 물론 어떤 것을 초역사적인 지식으로 간주해야 하는지에 대해서는 여전히 이견이 있을 수 있다. 우리는 이러한 지식의 내용과 범위가 역사적 분석의 특정한 범위에서 벗어날 경우 역사가들이 이에 대해 서로 동의할 것을 기대할 수 없다. 그러나 역사가의 형이상학적 입장이 자신의 역사적 판단에 영향을 미친다면 우리는 반드시 그로 하여금 오해의 소지가 조금도 남지 않도록 자신이 가지고 있는 형이상학적 입장을 분명하게 밝힐 것을 요구해야 한다. 또한 역사가는 자신의 형이상학적 입장이 다른 대안적 입장보다 더 타당하다는 판단이 들 경우에는 이에 대한 증거를 제시할 준비가 되어 있어야 한다. 왜냐하면 자신이 가지고 있는 형이상학적 입장에 대한 인식 상황이 늘 자신이 내리는 역사적 판단에 영향을 미치기 때문이다. 이것은 특히 형이상학적으로 아주 민감한 문제일수록 더욱더 그러하다. 예수의 부활이라는 사건과 그 본질에 대한 사려 깊은 판단은 유신론을 옹호하는 자연신학의 증거를 얼마나 신중하게 평가하느냐에 달려 있다.

N. T. 라이트와 존 도미닉 크로산은 광범위하면서도 사려가 깊은 연구를 통해 역사적 증거 및 예수의 부활이라는 문제를 다루는 글을 썼다. 비록 그들은 여기서 제기된 문제에 관해 충분한 논의를 전개하지는 않았지만, 각자의 연구 프로젝트에 대한 설명과 각자가 도달한 결론은 더 충분한 논의가 요구되는 문제들을 다루고 있다. 나는 두 학자가 자신들의 고유한 방식으로 이해한 부활 신앙을 평가하기 위해 채택한 원리가 보다 더 자세히 상술되었으면 하는 바람이 있다. 또한 나는 그들의 방법 및 자료가 더 확대되어 특수한 역사적 증거뿐만 아니라 우리가 알고 있거나 합리적으로 믿을 수 있는 것도 포함시켜줄 것을 제안하고 싶다. 또한 나는 두 학자가 각자의 연구를 "합리적으로 받아들일 만한 믿음"이라거나 "인식론적으로 정당한 결론"이라고 언급하는 것을 자제하는 그들의 지성적 겸손을 높이 평가하지 않을 수 없다. 가능한 한 우리는 항상 우리 자신의 지식과 이해의 한계를 인정할 필요가 있다. 하지만 또한 나는 인식론적 겸손은 지식

의 참된 원천과 지식의 온전한 범위를 인정하는 데에도 적용되어야 한다고 말하고 싶다. 아울러 나는 이미 우리에게 주어진 하나님의 현존과 본성에 관한 증거에 더 큰 관심을 갖는다면 우리는 부활 신앙에 관해서도 더 풍성한 이해를 얻을 수 있을 것이라고 확신한다.[20]

---

20 나는 다른 곳에서 다음과 같은 취지로 여러 주장을 펼친 바 있다. 자연신학은 하나님에 대한 믿음을 정당화하는 데 충분한 증거를 가지고 있다. 이 증거를 비롯해 다른 증거들도 하나님은 특별히 인간의 상태를 완화시켜주기 위해 인류 역사에 직접 참여하시기를 원하는 강한 의욕을 가지고 계신다는 사실을 시사해준다. 예수의 육체의 부활에 대한 역사적 증거를 이러한 배경에 비추어 본다면 예수가 육체적으로 부활했다는 믿음은 오늘날 우리에게 합리적인 소망을 가져다준다. 이 관점에 대한 최근 추세에 관해서는 *In Defence of Natural Theology*, ed. James F. Sennett, Douglas Groothuis (Downers Grove, Ill.: InterVarsity, 2005)에 실린 나의 논문 "David Hume and a Cumulative Case Argument"를 보라.

6

베드로복음
정경 복음서 이전의
부활 내러티브를 담고 있는가?

찰스 L. 퀄즈

서론

「베드로복음」은 예수의 재판과 십자가 죽음 및 부활에 관한 내용을 담고 있는 내러티브다.[1] 이 복음서는 상(上)이집트에 있는 아흐밈의 한 무덤의 부적에서 발견된 그리스어 단편에 포함되어 있었는데, 60절로 이루어진 8세기 혹은 9세기경 문서로 추정된다. 「베드로복음」은 기원후 200년경에 기록된 옥시링쿠스 파피루스에서 나온 2,5절로 이루어진 매우 작은 두 그리스어 단편에서도 찾아볼 수 있다.[2]

---

1   오늘날 「베드로복음」의 내용에 대한 지식은 완벽한 본문이 존재하지 않는 관계로 제한적일 수밖에 없다. 「베드로복음」이 담긴 가장 긴 단편은 예수의 재판이 끝나는 시점에서 시작되어 그리스도가 부활 이후 열두 제자에게 나타나시는 장면이 시작되는 부분에서 끝난다. 원베드로복음은 예수의 탄생, 어린 시절, 청년 시절, 성인 사역 등에 관한 기사를 포함했을 것으로 추측된다. 이러한 추측은 「베드로복음」이 마리아의 남편 요셉에게 넌짓번 결혼을 통해 낳은 자식들이 있었다고 주장했다는 오리게네스의 주장(In Matt. 10,17)에 의해 지지를 받는다.

2   Helmut Koester, *Ancient Christian Gospels: Their History and Development* (London: SCM, 1990), 216-217을 보라. 아흐밈 단편에 대한 완전한 그리스어 본문은 H. B. Swete, *The Apocryphal of Peter: The Greek Text of the Newly Discovered Fragment* (London: n.p., 1893); Erich Klostermann, *Apocrypha I: Reste des Petrusevangeliums, der Petrusapokalyse und des Kerygma Petri* (Berlin: De Gruyter, 1933); M. G. Mara, *Évangile de Pierre: Introduction, texte critique, traduction, Commentaire et index* (Paris: Gabalda, 1973)에 실려 있다. 지금은 꽤 오래 되긴 했지만, 「베드로복음」에 관한 광범위한 참

지금까지 「베드로복음」을 가장 폭넓게 활용하고 있는 학자는 바로 존 도미닉 크로산이다. 「베드로복음」을 정경 복음서와 세밀하게 대조해본 크로산은 「베드로복음」에 담겨 있는 최초기 단층은 가상의 "십자가복음"이라고 결론지었다.[3] 그는 이 초기 내러티브가 공관복음과 요한복음에 의해 활용되었으며, 정경 복음서에 담긴 수난 내러티브의 유일한 자료로 사용되었다고 주장했다.[4]

비록 크로산의 이론이 학계의 폭넓은 지지를 받지는 못했지만, 최근 어떤 학자는 "앞으로 진행될 「베드로복음」에 관한 모든 연구는 크로산의 연구를 진지하게 고려하는 것부터 시작할 필요가 있다"고 주장했다.[5] 나는 이 논문의 나머지 부분에서 무덤을 지키는 자에 대한 "십자가복음"의 묘사(「베드로복음」 8:29-33, 9:35-10:42, 11:45-49//마 27:62-66; 28:2-4, 11-15)의 우선성과 독립성을 주장하는 크로산의 견해를 검토하고 비판할 것이다. 특히 예수의 무덤을 지키는 자에 관한

고 문헌은 James H. Charlesworth, *The New Testament Apocrypha and Pseudepigrapha: A Guide to Publications, With Excurses on Apocalypses* (Metuchen, N.J.: Scarecrew, 1987), 321-327을 참조하라. David Wright는 「에거튼 2 파피루스」가 「베드로복음」의 초기 버전일 가능성을 제기했다("Papyrus Egerton 2 [the Unknown Gospel]-Part of the *GP?*" *Second Century* 5 (1985-1986): 129-150.

3   John Dominic Crossan, *Four Other Gospels: Shadows on the Contours of Canon* (Chicago: Winston, 1985), 132-134; Crossan, *The Cross That Spoke: The Origins of the Passion Narrative* (San Francisco: Harper & Row, 1988), 16-30; Crossan, *Historical Jesus: The Life of a Mediterranean Jewish Peasant* (New York: HarperCollins), 429.

4   Crossan은 마가복음과 요한복음 그리고 「베드로복음」이 서로 독립적으로 보다 이른 시기의 자료에 의존했을 것이라는 Koester의 이론을 인정했다. 그러나 그는 다음과 같은 주장을 폈다. "기원후 50년대 갈릴리의 세포리스에서 작성된 것으로 추정되는 십자가복음은 정경 복음서의 수난 내러티브에 사용된 유일한 자료다"(Crossan, *Historical Jesus*, 429).

5   *Anchor Bible Dictionary*, s.v. "Peter, Gospel of."

기사가 여호수아 10장의 내러티브 모티프를 창의적으로 각색한 미드라쉬적 해석이거나 혹은 마태복음의 평행 기사를 확대한 것이라는 주장에 의문을 제기할 것이다. 또한 이 논문은 "십자가복음"이 연대기적으로 정경 복음서보다 후대의 것임을 암시하는 내적 증거도 함께 검토할 것이다. 마지막으로 나는 크로산의 이론이 예수의 부활을 믿는 기독교 신앙에 주는 함의도 다룰 것이다.

예수의 무덤을 지키는 자에 관한 「베드로복음」 기사의 성서적 토대

크로산은 예수의 재판과 학대 및 십자가 죽음과 관련된 거의 모든 요소는 예수의 "수난 예언"을 토대로 베드로가 창작해낸 것이라고 주장했다. "십자가복음"은 근본적으로 구약의 모티프를 토대로 만든 하나의 창작 내러티브로서, 예수의 수난과 관련이 있는 구약 본문에 대한 초기 교회의 미드라쉬라는 것이다.[6] 크로산에 따르면 수난 내러티브가 구약 본문에 크게 의존하고 있다는 사실은 애당초 수난 내러티브가 정경 복음서에 의존할 필요가 없었음을 보여준다는 것이다. 또한 상호 의존 관계를 추적해보면 "십자가복음"과 결과적으로 이 복음서에 의존했다는 정경 복음서가 "역사화된 예언"(prophecy historicized), 즉 예수의 수난이라는 실제 사건과는 전혀 무관하지만 그럼에도 구약의 예언이 성취되었다는 인상을 주기 위해 꾸며낸 이야기임이 드러난다는 것이다. 크로산에 따르면 군인들이 예수의 무

---

6 참조. Crossan, *Four Other Gospels*, 138-148, esp. 138; Crossan, *Cross That Spoke*, 276. 미드라쉬 비평에 관한 탁월한 개론과 철저한 비판은 Charles L. Quarles, *Midrash Criticism: Introduction and Appraisal* (Lanham, Md.: University Press of America, 1998)을 참조하라.

덤을 지키는 내용의 기사는 여호수아 10장에 나오는 이야기의 모티프를 사용하고 있을 뿐, 예수의 "수난 예언"과는 아무런 상관이 없다. 여호수아 10장에는 여호수아가 전쟁에 패배하고 나서 남몰래 굴속에 숨어 있던 아모리 족속의 다섯 왕을 발견하는 이야기가 나온다. 이에 여호수아는 돌을 굴려 굴의 입구를 막고, 이스라엘 군대가 그들의 군사들을 추적하는 동안 소수의 군인이 그곳을 지키도록 명령한다. 아모리 족속을 진멸한 이스라엘 군대는 다시 굴로 돌아와 다섯 왕을 죽인 후 그들의 시체를 다섯 나무에 매단다. 크로산은 여호수아 10장 본문과 「베드로복음」의 무덤을 지키는 기사에서 문학적 의존 관계를 암시하는 다수의 평행 요소를 발견했다. 크로산이 제시한 이러한 평행 관계는 도표 1에 잘 나타나 있다.

도표 1

여호수아 10장(NRSV w/LXX)	십자가 복음(마우러)
십자가 처형: "여호수아가 그 왕들을 죽여 다섯 나무에 매달고"(10:26)	십자가 처형: "그들 사이에서 주님을 십자가에 달아 죽였다"(4:10)
장사: "그들이 숨어 있던 굴속으로 [그들의 시체를] 던지고"(10:27b)	장사: "우리는 그를 장사지내야 한다"(2:5a)
경비병: "그곳[굴]을 지키도록(φυλάσσειν) 그곳에 사람들을 두어"(10:18b)	경비병: "그의 무덤을 지킬 수 있도록 (φυλάξω[μεν]) 우리 군인들을 보내고"(8:30)
돌: "큰 돌을 굴려(κυλίσατε λίθους) 굴 어구를 막고"(10:18a)	돌: "저쪽으로 큰 돌을 굴려 (κυλίσαντες λίθον μέγαν) 무덤 입구에(ἐπί) 두었고"(8:32)
저녁: "저녁까지 나무에 매달아 두었다. 해질 때에 여호수아가 명령하자 그들을 나무에서 내려"(10:26b-27a)	저녁: "그가 아직 살아 있었기 때문에 그들은 해가 이미 지지나 않을까 염려하며 불안해했다. 이는 해가 지기 전에 죽임을 당해야 한다고 기록되어 있기 때문이다"(5:15)

| 열림: "굴 어귀를 열고(ἀνοίξατε)"(10:22) | 열림: "무덤 입구를 막기 위해 두었던 돌이 스스로 옆으로 굴려져 무덤이 열렸다 (ἠνοίγη)"(9:37) |

이 평행 관계 중 일부는 상당히 흥미롭다. 하지만 수난 내러티브와 구약 본문의 모티프 사이의 연관성이 역사화된 예언의 존재를 암시한다는 선험적 전제를 받아들인다고 해도, 베드로가 구약성서에 의존했다는 증거는 그 증거 능력이 상당히 빈약하다. 심지어는 평행 관계를 면밀히 검토해보기 이전에도 두 본문 간의 연관성을 상정하기에는 어려움이 있어 보인다. 우리는 「베드로복음」의 저자가 자신의 수난 내러티브에 세부적인 내용을 추가하는 데 훨씬 더 적합한 본문을 발견할 수는 없었는지 의아해하지 않을 수 없다. 「베드로복음」의 저자는 분명히 예수를 존경한다. 그는 일관되게 예수를 그분의 고유 이름 대신 "주"라는 표현을 사용해 지칭한다.[7] 그렇다면 그는 그 다섯 명의 이방 왕을 상기시키는 방식으로 "주"의 죽음과 장사를 묘사하면서도 전혀 주저하거나 아무런 거리낌도 없었단 말인가? 만약 두 본문 사이에 모종의 연관성이 존재했다면, 그는 왜 구약 율법에 의해 하나님의 백성의 모임에서 제외된 다섯 아모리인(신 23:1-2)의 역할보다는 같은 이름을 가진 여호수아의 역할을 예수에게 부여하지 않았을까?

두 본문을 보다 더 면밀히 검토해보면 처음에는 꽤 흥미로워 보였던 평행 관계가 그리 두드러져 보이지 않는다. 가장 두드러진 평행 관계 중 하나였던 해지기 전에 장사하는 내용도 베드로가 여호수아

---

7 「베드로복음」 1:2; 2:3(2회); 3:6, 8; 4:10; 5:19; 6:21, 24; 9:35; 12:50(3회); 14:59, 50.

본문에 의존했다기보다는 두 본문이 모두 모세 율법을 따른 결과일 것이다(신 21:22-23). 이런 방식으로 하나씩 개별적으로 검토해보면, 두 기사는 유사점보다는 차이점이 더 크게 부각된다. 다섯 명의 시체가 나무에 달린 여호수아 10장의 모습은 예수의 십자가 처형 모습과는 크게 다르다. 여호수아서에서 경비병들이 무덤을 지킨 이유는 살아 있는 이방 왕들이 도망가는 것을 막기 위한 것이었지, 추종자들이 그들의 시체를 훔쳐가는 것을 막기 위한 것이 아니었다. 여호수아 10장에서는 굴속의 왕들을 가둬놓기 위해 많은 돌이 필요했던 반면, 예수의 무덤은 큰 돌 하나로도 충분했다.

두 문서 간의 문학적 의존 관계를 입증하려면 해석자들은 (1) 우연의 일치로 볼 수 없는 두 문서 간에 나타나는 일련의 언어적 평행 관계, (2) 통상적 표현 방식에서 벗어나는 의존 저자의 어휘나 문법, (3) 피의존 문서에 나타난 특수한 또는 독특한 어휘와 문법 등을 제시해야 한다. 비록 크로산이 두 본문이 서로 공유하는 다섯 가지 어휘를 예로 제시하기는 했지만, 그가 제시한 공통적 어휘는 이러한 기준을 충족시키지 못한다. 그 어휘들은 「베드로복음」의 저자가 묘사하고자 하는 사건들에 비추어보면 저자가 당연히 사용해야만 했던 것들이며, 따라서 「베드로복음」의 저자가 여호수아 10장에 의존했다는 증거로 보기는 어렵다.[8]

---

8   더 나아가 두 본문 간에 단 한 번의 정확한 구문 일치는 전치사 ἐπί뿐이다.

마태복음과 「베드로복음」 간의 의존 관계에 대한 문학적 증거

예수의 무덤을 지키는 사건에 관한 기사를 보면 마태복음과 「베드로복음」 간의 밀접한 관계를 암시하는 증거가 넘쳐난다. 두 기사 모두 바리새인들이 빌라도 앞에 나와 사흘째 날에 일어났다고 꾸며댄 부활에 대한 우려를 나타내는 모습을 그린다. 두 본문 모두 예수의 무덤을 지키고 돌로 막은 것에 대해 언급한다. 두 본문 모두 유대인들을 "백성"으로 묘사한다(마 27:64 τῷ λαῷ, 「베드로복음」 8:28 ὁ λαὸς).[9] 마태복음과 「베드로복음」 간의 일관된 언어적 평행 관계는 어느 한 문서가 다른 한 문서에 의존하고 있음을 암시한다. μήποτε ἐλθόντες οἱ μαθηταὶ αὐτοῦ κλέψωσιν αὐτὸν("그의 제자들이 와서 그[그의 시체]를 도둑질해가지 못하도록", 마 27:64; 「베드로복음」 8:30). 이 구문은 구약성서 어디서도 나타나지 않는다. 따라서 이와 같은 일관된 평행 관계는 「베드로복음」이 마태복음에 문학적으로 의존했거나 아니면 그 반대 현상일 가능성이 가장 높다.[10] 크로산은 어휘와 문법이 지나치게 일치하기 때문에 마태와 「베

---

9   본 논문에 사용된 「베드로복음」의 그리스어 본문은 E. Klostermann의 본문으로서, 이 본문은 Kurt Aland, *Synopsis Quattuor Evangeliorum: Locis parallelis evangeliorum apocryphorum et partum adhibitis edidit* (Stuttgart: Deutsche Bibelgesellschaft, 1986) 여러 곳에 실려 있다. Klostermann의 본문은 비평 본문으로서는 가장 최근판이 Maria G. Mara의 본문과 비교해볼 때 오직 일부 추정적 판독에서만 차이를 나타낸다. 이 두 판의 비교를 위해서는 F. Neirynck, "Apocryphal Gospels and Mark," in *The New Testament in Early Christianity: La reception des écrits néotestamentaires dans le christianisme primitive*, ed. Jean-Marie Sevrin (Leuven, Belgium: Leuven University, 1989), 140-141을 보라.

10 「베드로복음」의 정확한 표현을 근거로 나온 추론은 잠정적일 수밖에 없다. 왜냐하면 현재 우리에게 주어진 이 복음서의 본문은 원 본문과 상당히 다를 수 있기 때문이다. 참조. Jay C. Treat, "The Two Manuscript Witnesses to the GP," *Society of Biblical Literature Seminar Papers* (Atlanta: Scholars, 1990), 398-399.

드로복음」의 저자가 구전에 의존했다고 보기 어렵다는 레온 바가나이(Léon Vaganay)의 견해에 의존한다.[11] 바가나이가 「베드로복음」 8:30은 마태복음 27:64b에 의존한 결과라고 주장했음에도 불구하고, 크로산은 이와는 정반대되는 관계가 더욱 설득력이 있다고 주장했다.[12]

「베드로복음」이나 마태복음이 서로 중복되는 단어들을 어떻게 편집했는지를 자세히 살펴보면 객관적인 의존 방향을 결정할 수 있는 길이 보인다. 사용된 어휘와 문법은 「베드로복음」이 마태복음에 의존하고 있음을 강력히 시사한다. 로버트 건드리(Robert Gundry)는 이 어휘들을 "일련의 마태의 습관"(series of Mattheanisms)이라고 묘사했다.[13] 건드리는 일련의 마태의 습관에 해당되는 단어와 형태에 관한 통계를 다음과 같이 제시했다. 첫 번째 숫자는 다른 공관복음과 평행을 이루는 내용에 마태가 삽입한 횟수를 가리킨다. 두 번째 숫자는 마태복음에만 나오는 횟수를 가리킨다. 세 번째 숫자는 마가복음이나 누가복음과 공유하고 있는 횟수를 가리킨다. 괄호 안의 숫자는 각각 마태복음, 마가복음, 누가복음에 나타난 전체 횟수를 가리킨다.

μήποτε 2, 4, 2, (8, 2, 7)
ἐλθόντες 10, 10, 8 (28, 16, 12) [ἔρχομαι의 주격 상황 분사 형태]
μαθηταὶ 31, 5, 36-37 (72-73, 46, 37)

11　Léon Vaganay, *L'Évangile de Pierre*, 2nd ed. (Paris: Gabalda, 1930).
12　Crossan, *Cross That Spoke*, 271.
13　Robert Gundry, *Matthew: A Commentary on His Handbook for a Mixed Church under Persecution* (Grand Rapids, Mich.: Eerdmans, 1994), 584.

κλέψωσιν 2, 2, 1 (5, 1, 1)[14]

이 단어와 형태가 마태복음에 나타나는 빈도와는 대조적으로 "제자"(μαθητής)라는 용어는 십자가복음 그 어디서도 결코 나타나지 않는다. 더 나아가 이 용어는 보존된 「베드로복음」의 단편에서 단 한 번만(14:59) 나타난다.[15] 이와 마찬가지로 비록 "훔치다"라는 동사가 마태복음에서 이 외에 4회에 걸쳐 나타나지만, 「베드로복음」의 다른 곳에서는 전혀 나타나지 않는다. 또 접속사 μήποτε(~하지 않도록)가 마태복음의 다른 곳에서 7회에 걸쳐 나타나지만, 「베드로복음」에서는 매우 상이한 문법적 구조에서 단 한 번만 나타난다. 「베드로복음」 5:15에는 "해가 질까 우려하여"(μήποτε ὁ ἥλιος ἔδυ)라는 표현이 나오는데, 여기서 접속사와 함께 나오는 동사는 마태복음의 평행 본문에서처럼 가정법 동사가 아니라 제2부정과거 직설법 동사다.[16] 이 단서는 「베드로복음」의 저자가 접속사와 함께 사용될 때는 직설법을 선호하고, 그가 「베드로복음」 8:30에서 가정법을 사용한 이유는 그가 마태복음에 의존했기 때문임을 암시해준다. 또한 비록 분사 ἐλθόντες("오다")가 마태복음에

14　Gundry, *Matthew*, 674-682.
15　"여제자"(μαθήτρια)라는 관련 용어를 사용하는 「베드로복음」 12:50도 참조하라.
16　Friedrich Blass, Albert Debrunner and Robert Funk, *A Greek Grammar of the New Testament and Other Early Christian Literature* (Chicago: University of Chicago, 1961), 188은 고전 그리스어에서 μήποτε가 부정과거 직설법 문장에서 우려를 표현하는 데 사용되었음을 보여준다. 「베드로복음」에서 두 번에 걸쳐 사용된 이 접속사의 용법은 우려의 표현으로 사용되긴 하지만, Blass, Debrunner, Funk는 이 우려의 표현은 어느 동사와도 함께 사용될 수 있어서 「베드로복음」에 나타난 문법적 불일치는 설명이 필요하다고 말한다. 이 접속사는 신약성서에서는 단 한 번도 부정과거 직설법 문장에서 사용된 적이 없다.

서는 28회에 걸쳐 사용되지만,「베드로복음」의 다른 본문에서는 전혀 나타나지 않는다.[17] 존 마이어(John P. Meier)는 다음과 같은 결론에 도달하는데 그의 결론은 타당해 보인다. "누가 누구에게 의존했는지와 관련해서는 모든 증거가 마태복음의 우선성을 말해준다.…그 구문은 마태복음의 어휘와 문체로서,「베드로복음」의 나머지 부분에서는 거의 나오지 않는 어휘와 문체다."[18] 일련의 공통 요소가 마태복음의 특유한 모습을 여럿 담고 있는 것으로 미루어 보아 마태복음이「베드로복음」에 의존했다기보다는「베드로복음」이 마태복음에 의존했다는 견해가 훨씬 더 개연성이 높아 보인다.[19]

또 다른 여러 마태복음의 특성이 인접 문맥에서도 나타난다.「베드로복음」 13:56의 ἴδετε τὸν τόπον ἔνθα ἔκειτο("그가 누우셨던 곳을 보라")라는 구문은 마태복음의 ἴδετε τὸν τόπον ὅπου ἔκειτο("그가 누우셨던 곳을 보라", 마 28:6)와 매우 유사하다. 마태복음의 표현은 마가복음의 보다 거친 그리스어 구문 ἴδε ὁ τόπος ὅπου ἔθηκαν

---

17 「베드로복음」의 단편이 마태복음에 비해 상대적으로 짧다는 사실은 편집 상향에 기초한 논증의 효력을 다소 감소시킨다. 그럼에도 우리가 어휘와 문법에 관한 통계를 단지 마태복음의 수난 내러티브를 통해서만 도출해낸다고 해도, 이 두 용어와 구문이 함께 사용된 사례는「베드로복음」보다 마태복음에서 훨씬 더 빈번하게 나타난다. 마태복음 27장과 28장에서 μήποτε는 다섯 번 사용되었고(마 26:64, 28:7, 8, 13, 16), 분사 ἐλθόντες는 네 번 사용되었다(마 27:33, 64; 28:11, 13).

18 John P. Meier, *The Roots of the Problem and the Person*, vol. 1 of *A Marginal Jew: Rethinking the Historical Jesus* (New York: Doubleday, 1991), 117.

19 어쩌면 이러한 의존 가능성은「베드로복음」저자가 마태복음 기사에 대한 기억을 가지고 있었기 때문일 것이다. 참조. Raymond Brown, *The Death of the Messiah: From Gethsemane to the Grave: A Commentary on the Passion Narratives in the Four Gospels* (New York: Doubleday, 1994), 2:1334-1336.

αὐτόν("보라! 그를 두었던 곳이니라")를 다시 편집한 것이다.[20] 크로산은 이것이 마태가 자신이 알고 있는 십자가복음에 비추어 마가복음을 편집한 사례라며 반론을 제시할 수도 있다. 그러나 그의 주장이 설득력을 얻으려면, 마가가 십자가복음의 더 수준 높은 그리스어 표현을 버리고 훨씬 더 거칠고 원시적인 표현을 채택했다는 가설이 필요하다. 가장 단순한 설명은 「베드로복음」 저자가 마태복음을 알고 있었으며 이를 사용했다는 것이다. 따라서 십자가복음 저자가 수난 내러티브에 세부적인 내용을 덧붙여 이야기를 전개해나가기 위해 정경 복음서보다는 수난 예언과 구약성서 내러티브에 의존했다는 주장은 설득력이 없다.

「베드로복음」이 정경 복음서에 의존한 2세기 작품임을 보여주는 증거

예수의 무덤 경비에 관한 「베드로복음」 기사의 초기 저작설에 대한 반론

<u>후대 교회의 교리.</u> 십자가를 향해 하늘로부터 들린 질문―"잠자는 이

---

20 마태는 "보라!"는 감탄사를 어떤 것을 실제로 명령하는 명령형으로 수정했다. 만약 마가복음의 ἴδε가 감탄사가 아니라 명령형이었다면, 마가는 아마도 주격 ὁ τόπος 대신 목적격 τὸν τόπον을 사용했을 것이다. 마가복음의 표현은 마태복음의 매끄러운 그리스어에 비해 거칠고 퉁명스러운 불완전한 문장 때문에 나온 것이다. 마태는 κεῖμαι 동사를 단 세 번만 사용한다(마 3:10; 5:14; 28:6). 마태복음 5:14과 28:6의 용례는 편집의 결과다. 그러나 마태복음 3:10의 용례는 이중 전승에서 비롯된 것이다. 이 동사는 누가복음에서는 여섯 번 걸쳐 나타나지만, 마가복음에서는 전혀 나타나지 않는다.

들에게 복음을 선포하였는가?"—은 예수가 죽은 자들에게 말씀을 선포하기 위해 자신의 죽음과 부활 사이에 음부로 내려가셨다는 후대 교회의 교리를 저자가 알고 있었다는 사실을 보여준다. 최근에 학자들은 신약성서가 과연 이 교리를 실제로 가르쳤는지에 관해서도 의문을 제기한다.[21] 크로산은 처음에는 베드로전서 3:19-20과 4:6이 이 교리를 가르치고 있다는 이유로 이 교리가 1세기 그리스도인들에게도 잘 알려져 있었다고 주장했었다.[22] 그러나 그는 차후 달튼(Dalton)의 연구에 영향을 받아 자신의 견해를 바꾸어,[23] 이 교리는 "심지어 신약성서에조차 들어 있지 않다"고 시인했다.[24]

비록 이 두 본문의 의미는 여전히 논란이 되고 있긴 하지만, 최근에 베드로서 전문가들은 베드로전서 본문이 예수가 죽은 자들에게 복음을 선포하기 위해 음부에 내려가신 것이 아니라 하늘로 승천하시는 동안 낮은 하늘에서 악한 영들을 향해 승리를 선언하신 것을 묘

---

21   John Elliot, *l Peter* (New York: Doubleday, 2000), 706-710; Bo Reicke, *The Disobedient Spirits and Christian Baptism: A Study of l Peter III.19 and Its Context* (Copenhagen: Munksgaard, 1946), 115-118; E. G. Selwyn, "Unsolved New Testament Problems: The Problem of the Authorship of I Peter," *Expository Times* 59 (1947): 340.
22   Crossan, *Four Other Gospels*, 166. Crossan은 Dalton의 저서를 읽은 이후에 쓴 저서에서는 "그것은 심지어 신약성서에 들어 있지도 않다"고 시인했다. 그는 이 교리가 사도신경의 "그는 지옥으로 내려가셨다"라는 진술에 의해 지지를 받았다고 주장했다(Crossan, *Historical Jesus*, 388). 그러나 Philip Schaff는 사도신경의 최초기 버전이 그리스도의 지옥 강하를 언급하지 않았다는 사실을 입증했다. 지옥강하에 대한 언급은 기원후 390년 아퀼레이아의 신조에서 처음 등장했다. 참조. Philip Schaff, *The Greek and Latin Creeds*, vol 2 of *The Creeds of Christendom* (Grand Rapids, Mich.: Baker, 1996), 46, 54.
23   W. J. Dalton, *Christ's Proclamation to the Spirits: A Study of l Peter 3:18-4:6* (Rome: Pontifical Biblical Institute, 1989).
24   Crossan, *Historical Jesus*, 388.

사하고 있다는 데 의견을 같이하고 있다.²⁵ 이 의견 일치가 타당하다면, 베드로전서 해석에 대한 이러한 「베드로복음」에 잠자는 이들에게 복음을 선포하는 내용이 언급되었다는 사실은 이 문서가 2세기 첫 사반세기 이전에 기록된 것이 아니라는 사실을 대변해준다. 그러나 심지어 베드로전서가 예수의 음부 강하를 언급했다고 하더라도, 베드로전서의 베드로 저작설을 부인하면서 이 서신을 2세기 초기의 작품으로 보는 학자들은 이 교리가 어떻게 기원후 40년대에 등장하게 되었고, 다른 초기 기독교 문서들이 이 문제에 대해 60년 이상 침묵하고 있었는지를 반드시 설명해야 할 것이다.²⁶

<u>일곱 인</u>. 마태복음과 「베드로복음」은 예수의 무덤을 인봉하는 이야기를 묘사하는 데 있어 약간의 차이점을 나타낸다. 마태복음은 단순히 무덤이 인봉되었다고 말한다(마 27:66). 「베드로복음」은 일곱 인으로 인봉되었다는 사실을 덧붙인다(「베드로복음」 8:33). 그러나 무덤이 일곱 인으로 인봉되었다는 증거는 그 어디에도 없다. 일곱 인에 대한 언급

---

25 특히 W. J. Dalton, *Christ's Proclamation to the Spirits*, 26을 보라. 참조. Luther's Works 30:113; J. P. Jenson, *Laeren om Kristi Nedfahrt til de Döde* (Copenhagen: n.p., 1903), 181; K. Gschwind, *Die Niederfahrt Christi in die Unterwelt, Ein Beitrag zur Exegese des Neuen Testaments und zur Geschichte des Taufsymbols*, NTabh 2 (Münster: Aschendorff, 1911), 88-89, 97-114; J. N. D. Kelly, *The Epistles of Peter and of Jude*, HNTC (New York: Harper and Row, 1969), 175-176; Elliot, *1 Peter*, 647-662; J. Ramsey Michaels, *1 Peter*, WBC 49 (Waco, Tex.: Word, 1988), 205-211; Peter H. Davids, *The First Epistle of Peter*, NICNT (Grand Rapids, Mich.: Eerdmans, 1990), 140-141.
26 Crossan (*Historical Jesus*, 432)은 베드로전서는 "로마에서 기록되었고, 기원후 110년 경…베드로라는 위명이 붙여졌다"고 주장한다.

은 무덤을 인봉하는 데 일곱 사람이 가담했음을 암시하거나, 또는 「베드로복음」 저자가 아마도 이 지점에서 요한계시록 5:1에 비추어 변증적 목적을 가지고 마태복음 기사를 적당히 윤색했음을 암시한다.[27]

다니엘 6:17(그리고 「벨과 용」 14장도 보라)이 아마도 마태복음과 「베드로복음」에 나오는 무덤 인봉 장면과 가장 유사한 성서 본문일 것이다. 이 본문은 사자 굴의 어귀를 돌로 인봉하는 내용을 담고 있는데, 왕과 귀족들이 그 돌에 인을 쳤다고 말한다. 인(印)의 수는 그 일에 관여한 권위 있는 증인의 수에 따라 정해졌다. 그러나 「베드로복음」에 기록된 인의 수는 그 일에 관여한 증인의 수와는 관련이 없어 보인다. 「베드로복음」 8:32-33은 유대 지도자들을 비롯해 백부장과 군인들을 포함하여 그곳에 있었던 이들 모두가 돌을 굴려 무덤을 봉했다고 서술한다. 군인들이 "둘씩 짝을 지어" 보초를 섰기 때문에 백부장 페트로니우스는 최소한 네 명의 군인을 배치시켰을 것이다. 뿐만 아니라 장로들과 서기관들도 무덤에 돌을 굴려 인봉하는 작업을 도왔다. 여기서 "장로"와 "서기관"이 복수형으로 되어 있다는 사실은 적어도 각각 두 명씩은 있었다는 것을 보여준다. 따라서 이 사실은 최소한 일곱 인이 아닌 아홉 인이어야 함을 짐작게 한다.

---

[27] Mara(*Évangile de Pierre*)는 요한계시록의 묵시적 심상에 대한 언급은 일련의 이러한 인유의 일환이라고 주장한다. 일곱 인을 뗄 수 있는 능력을 가지신 영광스러운 그리스도의 모습은 요한계시록 5:1과 매우 흡사하다(170). 주의 날에 하늘로부터 들린 큰 음성도 요한계시록 1:10에 기록된 요한의 경험과 유사하다. 요한계시록 11:11-12은 「베드로복음」과 같이 큰 음성과 부활 및 승천에 관해 언급한다(177-178). 요한계시록 10:1-3은 엄청나게 큰 천상의 존재에 관해 언급한다(183-184). 참조. Brown, *Death of the Messiah*, 2: 1296.

이 본문은 분명 여기서 일관성이 떨어진다. 그곳에 있었던 사람들이 모두 무덤의 인봉에 관여했다고 주장하는 것이 잘못되었건, 아니면 일곱 인에 관한 언급이 잘못되었건 간에 이 본문에는 무언가 어떤 오류가 있다. 인의 수와 참석한 증인의 수의 불일치는 무덤을 지키라는 백부장의 지시가 자신이 인솔하는 백인대(百人隊, century) 전체에 내린 지시일 가능성을 감안하면 훨씬 더 심각하다.[28] 「베드로복음」이 인의 수를 언급한 것은 이 문서의 저자와 독자들이 일곱 인이 최종적 인증을 제공해주는 특별한 의미를 담고 있음을 암시한다. 아무튼 「베드로복음」 저자가 변증적 효과를 높이기 위해 자신의 자료를 각색한 것은 분명해 보인다. 신뢰할 만한 증인 전원이 인봉 과정에 참여하는 내용이 다른 본문에서도 나타난다는 점으로 미루어 보아 일곱 인에 대한 구체적인 언급은 적어도 로마의 유언 법과 관련하여 변증적 목적에 따라 마태복음을 보충한 것으로 볼 수 있다.[29] 그러나 유언 법이 무덤 인봉과 어떠한 뚜렷한 연관성이 없기 때문에 이러한 구체적인 언급은 요한계시록 5:1에 대한 암시였을 개연성이 더 높아 보인다. 「베드로복음」 10:41이 베드로전서 3:19에 대한 후대의 해석을 간접적으로 인용한 사실은 이러한 가능성을 더욱 높여준다. 이는 「베드로복음」 9:35과 12:50이 한 주간의 첫째 날을 "주의 날"로

---

28 비록 "백인대"라는 명칭이 100명으로 구성된 부대를 가리키는 것을 의미하지만, 로마 제국의 백인대는 대체로 80명의 군인으로 구성되어 있었다. 참조. *Anchor Bible Dictionary*, s.v. "Roman Army."
29 로마법에 따르면 유언은 유언 당사자와 6명의 증인이 인증하도록 규정되어 있었다. *Theological Dictionary of the New Testament*, s.v. "σφραγίς"를 보라. 인의 수는 문서의 진정성을 인증하는 사람의 수와 관련되어 있었다.

묘사한 것과도 비슷한 현상이다. 왜냐하면 이 어구는 신약성서 전체에서 오직 요한계시록에만 등장하기 때문이다.

주의 날. "주의 날"이라는 어구는 「베드로복음」의 기록 연대를 결정하는 데 특별히 중요하다.[30] 가장 오래된 문서 중에서 이 표현이 등장하는 본문은 요한계시록 1:10(κυριακῇ ἡμέρα, "주의 날")과 디다케 14:1 (κατὰ κυριακὴν δὲ κυρίου συναχθέντες, "주의 날에 함께 모여"), 그리고 이그나티우스의 「마그네시아 사람들에게 보내는 편지」 9:1 (μηκέτι σαββατίζοντες ἀλλὰ κατὰ κυριακὴν ζῶντες, "이제 안식일을 지키지 않고 주의 날을 따라 살고") 등이다. 예수가 부활하신 날을 가리키는 표현으로서 보다 더 원시적인 형태는 공관복음의 수난기사와 요한복음 20:1, 19, 26, 사도행전 20:7, 고린도전서 16:2 등에 나오는 "매주 첫날"이라는 어구다. 이 어구는 1세기 중반과 말경에 초기 교회 내에서 통상적으로 사용되었다. "주의 날"에 대한 언급이 신약성서 가운데 초기 문서에는 나타나지 않고, 요한계시록과 디다케에만 나타나는 현상은 이 어구가 1세기 말에 이르러서야 비로소 보편화되었다는 사실을 암시한다. 따라서 "주의 날"이라는 표현, 특히 그 압축된 형태가 사용되

---

30 다른 여러 학자들도 독자적으로 이 용어에 대한 언급이 이 문서의 기록 연대를 결정하는 데 상당히 중요하다는 사실을 인정했다. 참조. Alan Kirk, "Examining Priorities: Another Look at the *GP*'s Relationship to the New Testament Gospels," *New Testament Studies* 40 (1994): 593. N. T. Wright, *The Resurrection of the Son of God*, Christian Origins and the Question of God, vol. 3 (Minneapolis: Fortress Press; London: SPCK, 2003), 594는 다른 일곱 가지 요소와 더불어 이 표현을 "「베드로복음」이 정경 복음서의 평행 본문보다 후대의 기록일 뿐만 아니라 더 발전된 성향을 가진 문서라는 결정적 증거"로 꼽는다.

었다는 사실은 십자가복음이 크로산이 수용하는 것보다 후대의 작품임을 말해준다.[31]

「베드로복음」 저자의 집필 전략

크로산은 최근 한 토론에서 「베드로복음」 저자가 정경 복음서를 참조하여 자신의 복음서를 어떻게 집필했는지 그 경위를 합리적으로 설명해준다면 자신은 「베드로복음」이 정경 복음서에 의존했다는 사실을 인정할 것이라고 말했다. 본 단락은 「베드로복음」의 집필 전략을 다른 2세기에 쓰인 외경의 집필 전략과 비교 분석함으로써 크로산이 요구하는 그 경위에 대한 설명을 제시하고자 한다.

<u>수난 이전 자료를 「베드로복음」의 수난 내러티브 집필에 활용함.</u> 「베드로복음」 9:35-44과 12:50-13:57에 나오는 부활 사건에 관한 묘사를 보면 특이하게도 공관복음에 기록된 예수의 수세 장면에 관한 묘사를 상기시키는 두 가지 구문이 나타난다. 첫째, 「베드로복음」 9:36은 무덤을 지키던 경비병들이 두 사람이 하늘에서 내려와 무덤 안으로 들어가려 할 때 "하늘이 열리는 것을 보았다"(εἶδον ἀνοιχθέντας τοὺς οὐρανοὺς)라고 기록한다. 이 구문은 예수가 세례 받으실 때 하늘에서 일어난 현상을 묘사한 공관복음의 기사를 각색한 것처럼 보인다. 마가복음 1:10은 세례를 받으신 예수가 "하늘이 갈라지는 것을 보

---

31 Crossan, *Historical Jesus*, 429는 십자가복음이 아마도 기원후 50년대 갈릴리의 세포리스에서 작성되었을 것이라고 말한다. 다른 학자들도 「베드로복음」이 지닌 역사적인 문제점을 추가적으로 지적했다(Brown, *Death of the Messiah*, 2:1232).

왔다"(εἶδεν σχιζομένους τοὺς οὐρανούς)라고 기록한다. 「베드로복음」은 마가복음의 단수형 εἶδεν 대신 복수형 εἶδον을 사용하지만, 이것은 「베드로복음」의 새로운 문맥에 맞춘 것에 불과하다. 「베드로복음」 저자가 σχίζω("찢다") 대신에 ἀνοίγω("열다")를 사용하긴 했지만, 그는 마가복음과는 달리 σχίζω 대신 ἀνοίγω를 사용한 마태복음과 누가복음의 예수의 수세 기사에 나오는 단어를 선택한 것으로 보인다.[32]

「베드로복음」 저자가 이 기사를 공관복음의 수세 기사에서 가져왔다는 또 다른 단서는 부활 이후에 나타난 하늘의 현상을 묘사한 기사에서 단수형 "하늘"(μεγάλη φωνὴ ἐγένετο ἐν τῷ οὐρανῷ)에서 복수형 "하늘들"(εἶδον ἀνοιχθέντας τοὺς οὐρανοὺς와 φωνῆς ἤκουον ἐκ τῶν οὐρανῶν)로 어색하게 바뀌었다는 데 있다. 공관복음은 수세 기사에서 각각 하늘(들)을 두 차례 언급하는데, 첫 번째 언급은 하늘이 열리는 것과 관련이 있고, 두 번째 언급은 하늘에서 들린 음성과 관련이 있다. 마태복음과 마가복음은 두 번 모두 복수형을 사용한 반면, 누가복음은 두 번 모두 단수형을 사용한다. 정경 복음서에서의 두 차례 언급이 이와 같이 일관되게 동일한 수가 사용된 점은 「베드로복음」에서 수가 바뀌는 모습과는 흥미로운 대조를 이룬다. 비록 「베드로복음」 저자가 창공으로서의 하늘과 하나님의 거처로서의 하늘을 구분하기 위해 단수형을 복수형으로 바꾸었다고(이 또한 「베드로복음」 10:40의 차이점을 가장 잘 설명해준다) 주장할 수는 있겠지만, 여기서는 무덤을 에워싸고 있던 자들의 눈을 하늘로 돌리게 한 φωνή("음성")가 하늘이 열

---

32 마태복음 3:16과 누가복음 3:21을 보라.

리는 소리였다는 것을 감안하면 그럴 가능성은 희박하다. 나중에「베드로복음」10:41의 하늘로부터 들린 φωνή에 대한 언급과는 달리 여기서는 하나님의 음성에 대한 기록이 없으며, 따라서 μεγάλη φωνή는 "큰 음성"이라기보다는 하늘이 열리면서 발생한 큰 소리였다는 인상을 준다. 단수형 "하늘"에서 복수형 "하늘들"로 바뀐 것 역시 예수의 수세 사건에서 하늘로부터 들린 φωνή에 관해 서술한 공관복음 기사를 각색한 것으로 설명하는 것이 가장 좋다.「베드로복음」저자는 φωνή라는 명사를 공관복음서 세 본문 중 그 어떤 본문에서든 가져왔을 것이다. 동사 ἐγένετο("되었다")는 아마도 마가복음에서 가져왔을 것이고, 단수형 "하늘"은 누가복음에서 가져왔을 것이다.[33]

「베드로복음」저자는 이어서 "그들은 하늘로부터 '잠자는 이들에게 복음을 선포하였는가?'라고 말하는 음성을 들었다"(καὶ φωνῆς ἤκουον ἐκ τῶν οὐρανῶν λεγούσης;「베드로복음」10:41)라는 구문을 덧붙인다. 이 표현은 마태복음의 수세 기사에 나오는 καὶ ἰδοὺ φωνὴ ἐκ τῶν οὐρανῶν λέγουσα("하늘로부터 소리가 있어 말씀하시되", 마 3:17)라는 구문과 매우 흡사하다. 이 구문은 새로운 문맥으로 오면서 약간의 문법적 변화가 필요했다. "듣다" 동사가 "보라!"라는 감탄사와 대체되면서 "소리"라는 명사가 소유격으로 바뀌었고, "말하는"이라는 분사가 필요해졌다. 결과적으로 이러한 변화의 필연성에도 불구하고 예수의 수세 사건과 함께 나타난 하늘의 현상을 묘사한 공관복음의 내용을「베드로복음」저자가 예수의 부활을 둘러싸고 일어난 사건들

33　마가복음 1:11과 누가복음 3:22을 보라.

을 묘사하는 데 활용했을 것이라는 의구심은 피하기 어렵게 되었다.

이러한 집필 방식은 2세기의 다른 외경 작품에서도 동일하게 나타난다. 예를 들어 「야고보의 원복음」의 저자는 정경 복음서에 나오는 성인 예수의 사역을 묘사하는 어구들을 예수의 탄생 기사를 묘사하는 데 재활용했다.[34] 「베드로복음」의 수난 내러티브는 「야고보의 원복음」의 탄생 기사와 비슷한 집필 전략을 사용한 것으로 보인다. 그러나 「베드로복음」 저자는 예수의 생애 후반에 일어난 사건들을 초반에 일어난 사건들을 묘사하는 데 활용하기보다는, 초반에 일어난 사건들을 부활 사건을 서술하는 데 활용했다. 이러한 집필 전략은 정경 복음서에서는 결코 찾아볼 수 없다. 이 사실은 정경 복음서 저자들이 그리스도에 관한 전승을 충실히 보존하는 데 심혈을 기울인 반면, 「베드로복음」 저자는 상상력을 동원하여 창의적인 역사 기술에 앞장섰음을 여실히 보여준다. 따라서 「베드로복음」의 집필 전략은 이 복음서가 2세기 위경서와 유사한 배경을 공유하고 있음을 보여줄 뿐만 아니라, 이 복음서가 정경 복음서보다 이른 시기에 기록되었다고 주장하는 크로산의 견해에 커다란 의문을 제기한다.

<u>「베드로복음」에 나타난 기적 사건의 증가.</u> 「베드로복음」은 정경 복음서에서는 전혀 찾아볼 수 없는 수많은 이적 기사를 포함하고 있다. 이러한 수많은 초자연적인 사건은 예수의 무덤을 지키는 사건에 관한

---

34 참조. Quarles, "The Protevangelium of James as an Alleged Parallel to Creative Historiography in the Synoptic Birth Narratives," *Bulletin for Biblical Research* 8 (1988): 139-149, esp. 144-149; Brown, *Death of the Messiah*, 2:1135.

기사에서 집중적으로 나타난다. 첫째, 「베드로복음」 9:38은 예수가 부활하셨을 때 큰 소리/음성이 하늘로부터 들렸고, 하늘이 열렸으며, 찬란한 광채에 에워싸인 두 사람이 갈라진 하늘의 틈을 통해 내려왔다고 기록한다. 둘째, 이 두 천상의 인물이 무덤에 가까이 오자 큰 돌이 자동적으로 또는 "저절로"(ἀφ' ἑαυτοῦ) 무덤 어귀에서 굴러 나갔다고 한다.[35] 저자는 앞서 돌을 굴려 어귀를 막는 데 최소한 아홉 사람이 필요했음을 이야기하면서 이 사건을 엄청난 기적으로 받아들이도록 독자들을 예비시켰다(「베드로복음」 8:32). 셋째, 이 두 천상의 인물이 무덤 안으로 들어갔는데, 그곳에서 나온 사람은 모두 세 명이었다. 처음에 나온 두 사람은 세 번째로 나온 사람이 똑바로 서도록 도와주었다. 처음 두 사람의 머리가 하늘에까지 닿았는데, 세 번째 인물의 머리는 심지어 하늘 위로 치솟았다.[36] 이러한 부활하신 예수에 관한 묘사는 당연히 환상적이라고밖에 할 수 없으며, 정경 복음서의 묘사와 상당히 다르다. 넷째, 세 인물이 무덤으로부터 나오자 공중을 나는 십자가가 그들을 뒤따랐다.[37] 다섯째, 그 십자가는 말을 할 수 있었다. 하늘로부터 나는 음성이 "잠자는 이들에게 복음을 선포하였는가?"라고 묻자 십자가는 "그렇다"라고 대답했다.[38]

---

35 「베드로복음」 9:37. 「베드로복음」의 그리스어 본문에서 이 전치사구는 분사 절 중 강조를 나타내는 위치에서 처음 등장한다. 이는 돌이 신비스럽게 움직인 것에 대한 저자의 놀라움을 표현하는 역할을 한다.

36 「베드로복음」 10:39-40.

37 Crossan(*Historical Jesus*, 389)은 이 십자가를 예수와 함께 부활한 사람들의 "십자가 형태의 긴 행렬"로 묘사한다. 참조. Crossan, *Who Killed Jesus?*, 197. 대다수 학자는 이 말하는 십자가에 대한 Crossan의 해석에 설득되지 않았다. 참조. Wright, *Resurrection*, 595.

38 「베드로복음」 10:39-42.

2세기 외경 문헌은 앞에서 언급한 여러 가지 특징을 가지고 있었다. 「야고보의 원복음」 및 「도마의 유아기 복음」과 같은 외경서가 초자연적 현상을 많이 담고 있는 것은 사실이지만, 다른 2세기 본문들도 스스로 움직이는 십자가에 관해 언급하기도 하고 부활하신 그리스도를 초자연적인 신장을 가진 인물로 그린다.[39] 2세기 문헌인 「사도 서한」은 예수가 재림하실 때 그는 자신보다 앞서 나는 십자가와 함께 구름 날개를 타고 오실 것이라고 기록한다.[40] 이와 비슷한 맥락에서 「베드로의 에티오피아 묵시」도 그리스도의 재림을 태양보다 일곱 배나 밝은 광채와 더불어 자신보다 앞서 나는 십자가와 함께 영광 가운데 나타나시는 것으로 묘사한다.[41] 기독교 문헌은 1세기 말경부터 그리스도를 거대한 신장을 가진 인물로 묘사하기 시작한다. 「헤르마스의 목자」 83:1은 그리스도를 어떤 탑보다 더 우뚝 솟은 거대한 신장의 소유자로 묘사했다.[42] 또한 「에스라4서」 2:43도 나중에 하나님의 아들의 예외적인 신장에 대해 언급한다.[43] 이와 같이 「베드로복음」과 2세기 외경 문헌이 서로 공유한 집필 전략과 독특한 요소들을 자세히 살펴보면

---

39 나는 Vaganay, *L'Évangile de Pierre*, 300이 최초로 작성한 2세기 외경 문헌과의 평행적 요소를 지적해준 박사 과정 학생인 Bevin J. Creel에게 감사한다.
40 「사도 서한」 16.
41 「베드로의 묵시」 1.
42 나중에 「헤르마스의 목자」의 저자는 자신이 광범위하게 사용한 알레고리의 상세한 내용을 설명해준다. 「헤르마스의 목자」 89.8은 이 거대한 신장을 가진 인물을 하나님의 아들로 간주한다. 「헤르마스의 목자」 90.1은 여기서 언급된 탑을 교회로 간주한다.
43 「에스라4서」에 담긴 내용 중 거의 대부분은 기원후 100년경에 작성되었지만, 이 본문은 3세기 중반이나 후반에 그리스도인들에 의해 삽입된 부분이다. B. M. Metzger, "The Fourth Book of Ezra," in *Old Testament Pseudepigrapha*, ed. James Charlesworth (New York: Doubleday, 1983), 1:520을 보라.

이 문서들이 모두 같은 역사적 배경에 속한 작품임을 암시한다.

「베드로복음」의 확충된 변증 목적. 예수의 무덤을 지키는 내용을 담은 「베드로복음」의 기사는 예수가 죽은 자 가운데서 살아나셨다는 주장의 진정성에 대한 의구심을 완전히 제거해버리려는 목적 하에 정경 복음서에서는 전혀 등장하지 않는 여러 구체적인 내용을 포함시키고 있다. 첫째, 「베드로복음」은 페트로니우스라는 이름을 가진 백부장을 무덤을 지키기 위해 보냄을 받은 군대의 지휘관으로 명시한다.[44] 경비병을 적절히 감독하는 백부장이 그곳에 있었다는 점과 순번에 따른 경비가 교대로 이루어졌다는 점은 대략 80명의 군인, 즉 마태복음에 기록된 경비병(κουστωδία)의 수보다 훨씬 더 많은 수가 무덤 주변을 지켰을 것을 암시한다. 둘째, 「베드로복음」은 로마 경비병이 유대인 서기관과 장로의 도움을 받아 돌을 굴려 무덤 입구를 막았다고 기록한다. 이 사실은 경비가 시작되었을 때 예수의 시체가 여전히 무덤 안에 있었다는 사실을 보장해준다. 마태복음을 보면 아리마대 요셉이 무덤 입구를 돌을 굴려 막고, 로마 경비병은 이튿날까지는 보초를 서지 않는다. 따라서 장사 직후 몇 시간 동안은 누구든지 경비병이 알아차리지 못하는 가운데 무덤에서 예수의 시체를 훔쳐갈 수도 있었다. 그러나 「베드로복음」에서는 경비병을 무덤 가까이에 배치함

---

44 페트로니우스는 당시 상당히 흔한 로마 이름이었다. 하지만 이 백부장이 이 복음서의 저자로 추정되는 이의 이름과 비슷한 이름을 가졌다는 사실은 단순한 우연의 일치보다 더 깊은 의미가 있는 것으로 보인다. Brown, *Death of the Messiah*, 2:1294를 보라.

으로써 시체의 도난 가능성을 아예 원천적으로 봉쇄해버렸다.[45] 더 나아가 모든 목격자는 예수의 시체가 무덤 속에 매장된 상태에서 돌로 봉인되어 있었음을 확인해주며, 비록 마태복음은 오직 하나의 인을 언급하지만, 「베드로복음」은 일곱 인을 언급한다.

셋째, 「베드로복음」 9:34는 예수가 장사된 후 이튿날 이른 아침에 예루살렘과 그 주변 지역에서 온 무리가 인봉된 무덤을 보러 찾아왔다고 진술한다. 따라서 심지어 훨씬 더 많은 수의 사람이 무덤의 안전을 확인한 셈이다. 넷째, 마태복음에서는 비록 군인들이 천사가 하늘에서 내려와 돌을 굴려내는 것을 보기는 해도, 그들은 두려움에 떨며 죽은 사람처럼 땅에 엎드려지는 바람에 예수가 무덤을 떠나는

---

[45] Crossan의 견해에 따르면 마태는 유대인들이 무덤을 지킬 경비병을 요청한 시간을 특정하기 위해 사용한 "이튿날"(τῇ ἐπαύριον)이라는 표현을 「베드로복음」 9:34에서 빌려왔다고 한다. Crossan은 다음과 같이 설명한다. "이 요청은 그리 지혜롭지 못한 처사였다. 왜냐하면 이로 인해 무덤이 밤새도록 무방비 상태에 놓여 있었기 때문이다"(*Four Other Gospels*, 151). "그리 지혜롭지 못한 처사"라는 말은 상당히 절제된 표현이다. 마태는 분명 변증적 목적을 가지고 있었다. 그런데 마태가 무덤을 지키는 장면을 「베드로복음」으로부터 가져오고 나서 나중에 다시 시간에 관한 언급을 무분별하게 가져옴으로써 경비병을 무덤 주변에 세운 목적 자체를 무용지물로 만들었다면 이는 마태를 극도로 어리석은 인물로 만드는 격이 되기 때문이다. 따라서 역사성을 중시하는 마태의 의지가 그의 복음서를 보호하는 역할을 했다고 보는 견해가 보다 더 합리적이다. 마태복음의 기사가 여러 시간 동안 예수의 무덤을 지키지 않는 상태로 내버려둔 것으로 기록하고 있는 이유는 유대 지도자들이 예수의 시체가 사라질 수도 있다는 우려를 뒤늦게 했기 때문이다. 예수의 무덤을 인봉하는 장면을 서술한 마태복음의 기사가 유대인들의 통상적 장사 절차와 더 잘 부합한다. 「베드로복음」은 밤새도록 무덤이 열려 있었고, 따라서 시체가 온갖 포식 동물에게 그대로 노출되어 있었던 것으로 묘사한다. Alan Kirk는 「베드로복음」에 기록된 사건들을 연대순으로 나열해보면 "아리마대 요셉이 시체를 조심스레 씻고, 감싸고, 자신의 무덤 속에 안치해놓고 나서 무덤 입구를 완전히 열어놓은 채 떠나가는 정말 어이가 없는 그림"이 연출된다는 사실을 지적한다(Kirk, "Examining Priorities," 590).

모습을 직접 보지는 못한다. 그런데 「베드로복음」에서는 두 군인이 예수가 무덤을 떠나는 것을 직접 목격하고, 거기에 있던 모든 군인과 유대 지도자들은 제자들이 도착하기를 기다리며 무덤에 앉아 있던 천사들이 하늘로부터 내려오는 장면을 목격한다.[46]

우리에게 주어진 증거를 살펴보면 마태가 「베드로복음」의 논란의 여지가 있는 요소들을 제거해버리기보다는 「베드로복음」 저자가 마태복음의 변증적 요소들을 부각시켰을 가능성이 더 높다. 마태복음도 마태 자신이 복음서를 기록할 당시 예수의 부활의 사실성에 대해 제기되었던 유대인들의 반론에 대응하려는 의도를 드러낸다(마 28:15). 네 정경 복음서 가운데 오직 마태복음만 예수의 무덤을 지키는 내용을 담고 있다(마 27:62-66; 28:2, 4, 11-15). 따라서 "십자가복음"에 담긴 자신의 변증적 목적에 부합하는 유용한 내용을 마태 자신이 직접 제거해버렸을 리는 만무하다. 이 사실은 오히려 「베드로복음」 저자가 마태복음에 의존하면서 예수의 부활에 대한 보다 더 설득력 있는 증거를 마련하기 위해 마태복음을 수정했음을 말해준다.[47]

이러한 「베드로복음」의 확충된 변증 목적은 「야고보의 원복음」

---

46 「베드로복음」 저자가 변증을 위한 목적으로 마태복음 기사를 개작했다는 추가적인 증거에 대해서는 Vaganay, *L'Évangile de Pierre*, 275-278을 보라.

47 Joel B. Green, "The Gospel of Peter: Source for a Pre-canonical Passion Narrative?" *Zeitschrift für die neutestamentliche Wissenschaft und die Kunde der älteren Kirche* 78 (1987): 293-301, esp. 300-301도 이와 비슷한 결론을 내린다. 그러나 Green은 마태복음에서는 빌라도가 유대인들에게 경비병을 내어주기를 거절했을 것이라고 제안한다. 참조. Christian Mauer, "The Gospel of Peter," in *Gospels and Related Writings*, vol. 1 of *New Testament Apocrypha*, ed. Wilhelm Schneemelcher (Philadelphia: Westminster, 1963), 181.

저자가 보여준 집필 전략과 매우 유사한 또 다른 사례로 꼽힌다.[48] 이 복음서 저자는 유대인들이 예수가 사생아로 태어났다고 비난하는 것에 대응하기 위해 정경 복음서의 탄생 내러티브 속에 여러 장면을 추가로 삽입했다. 첫째, 「야고보의 원복음」 16장은 마리아와 요셉이 쓴 물을 가지고 테스트를 받는 장면을 담고 있다. 이 테스트는 그들의 무고함을 확인해준다. 둘째, 「야고보의 원복음」 19-20장은 산파 살로메가 출산하는 동안 늘어나거나 찢어지지 않았는지를 판단하기 위해 친히 손으로 성모의 처녀막을 검사하는 내용을 담고 있다. 살로메는 어느 면에서 보나 그리고 심지어 출산 이후에도 마리아가 처녀로 남아 있었다는 사실을 발견한다. 그리고 살로메의 손은 불신앙에 대한 처벌로 돌연히 불에 탄다. 이와 같은 공통적인 집필 전략은 「베드로복음」이 「야고보의 원복음」과 같이 예수의 탄생과 생애와 죽음과 부활에 관한 전승을 충실하게 보존하려는 교회의 노력보다 이러한 변증적 목적을 더 중하게 여기는 환경 속에서 기록된 작품임을 여실히 보여준다.

결론. 2세기에 상당한 인기를 끌었던 집필 전략을 보면, 「베드로복음」 저자가 어떻게 정경 복음서의 내용을 차용하여 자신의 내러티브를 작성했는지를 쉽게 알 수 있다. 친로마 및 반유대 성향 등 「베드로복음」이 지닌 다른 특성들도 「빌라도행전」과 같은 여러 2세기 작품에서 발견된다. 이러한 유사한 특성은 「베드로복음」도 동일한 신학

---

48   참조. Quarles, *Midrash Criticism*, 115-116.

적·문화적 환경 속에서 작성된 2세기 작품임을 시사해준다.

이 연구가 담고 있는 함의

「베드로복음」의 기록 연대 및 정경 복음서와의 문학적 관계는 예수의 수난과 부활을 둘러싼 사건들을 재구성하는 데 결정적인 영향을 미치는 매우 중대한 문제다. 만일 "십자가복음"이 예수의 수난과 부활에 관한 최초의 내러티브였다면, 그리고 정경 복음서가 수난 기사를 작성하는 데 "십자가복음"을 유일한 원천 자료로 사용했다면(크로산이 주장하는 것처럼), 우리는 예수의 죽음이나 장사 또는 부활에 관해 알 수 있는 것이 거의 없다. 「베드로복음」은 실제 사건을 목격한 사람들의 목격담을 담은 작품이기보다는 저자의 창의적인 문학적 상상력이 낳은 작품에 더 가깝다는 것이다. 따라서 「베드로복음」이 수난 및 부활에 관한 정경 복음서 내러티브의 유일한 자료였다면 정경 복음서는 신뢰할 수 없는 전승을 담은 신뢰할 수 없는 작품이 되고 만다. 그렇게 되면 그 어느 정경 복음서도 역사적 예수의 생애 막판에 일어난 여러 사건에 대해 역사적으로 신뢰할 만한 증언을 제공해준다고 할 수 없다. 학자들은 유대인과 로마인의 관습, 기원후 30년대 초 예루살렘의 정치적 상황, 빌라도와 헤롯 안디바 및 유대 지도자들의 성품, 신약성서의 여러 서신에 나타난 예수의 죽음과 부활에 대한 언급 등과 같은 지식에 의존하여 예수에게 일어난 일에 관해서는 단지 사변적인 수준에서만 다룰 수밖에 없게 된다. 또한 예수가 결코 통상적

인 절차에 따라 정상적으로 장사되지 않았다는 크로산의 이론은 타당성을 갖게 될 것이다.[49]

한편 본 논문이 주장하는 것처럼 정경 복음서가 예수의 수난 및 부활에 관한 최초의 기록이며, 최초기 교회의 증언이 확증하고 내적 증거가 암시하는 것처럼 정경 복음서가 여러 목격자의 목격담을 토대로 작성된 내러티브를 담고 있다면, 예수의 죽음과 부활에 관한 최초기 내러티브는 역사화된 예언이 아니라 성취된 예언으로 간주될 수 있으며, 예수가 부활하지 않았다는 주장은 말할 것도 없고 심지어 제대로 무덤에 장사된 적도 없다는 사변은 전혀 근거 없는 주장에 불과하게 될 것이다.[50]

---

49 Crossan, *Historical Jesus*, 392: "내가 주장하듯이 만약 예수의 제자들이 예수가 체포됨과 동시에 모두 도망쳤고, 그가 십자가 처형을 당했다는 것 외에는 그의 운명에 대해 아는 것이 전혀 없었다면, 그들이 가장 두려워했던 것은 단지 예수가 처형당했다는 사실뿐만 아니라 심지어는 그가 정상적인 절차를 따라 장사되지 못했을 것이라는 생각이었을 것이다." 심지어 신뢰할 만한 복음서의 증언이 없다고 하더라도, 시체 처리에 관한 유대 법규 및 고고학을 비롯해 요세푸스와 필론의 글이 제시하는 유대 장례 관습에 대한 증거는 예수가 장사되지 않은 채 내버려졌다는 이론이 성립되기 어렵다는 사실을 암시한다. 참조. Crossan, *Who Killed Jesus? Exploring the Roots of Ati-Semitism in the Gospel Story of the Death of Jesus* (San Francisco: HarperSanFrancisco, 1995), 163-169.
50 Wright도 예수의 무덤을 지키는 장면을 다룬 기사가 어떤 초기 그리스도인에 의해 날조되었을 가능성을 검토했다. 그러나 그는 "이 기사는 어느 정도 괜찮은 기억에 기초를 두고 있을 것"이라고 제안했다(*The Resurrection of the Son of God*, 637). 나중에 Wright는 예수의 무덤을 지키는 이야기와 뇌물을 주는 내용이 담긴 기사의 역사성이 다른 대안적 이론, 특히 Bultmann이 제안한 복합적인 전개 이론보다 근본적으로 더 타당성이 높다고 주장한다(638-640).

7
예수의 부활
믿음인가? 역사인가?

앨런 F. 시걸

비록 이번 컨퍼런스에 직접 참석할 수는 없었지만, 나는 나의 논문을 이 논문집에 실어준 데 대해 모든 참석자와 주최 측에 감사를 전하고 싶다. 다른 분들이 기고한 논문을 모두 받아 읽게 된 것은 나에게 큰 즐거움이었고 나의 학문에 커다란 도움이 되었다. 나는 뒤늦게 도착한 내 논문이 앞으로 진행될 토론에서 다루어지기를 희망한다.

    본 논문이 제시하고자 하는 관점은 이 컨퍼런스에서 발표된 대다수 논문과는 상당히 다르다. 하지만 이와 같이 상당히 다른 관점에도 불구하고 나의 관점이 주의 깊게 다루어지기를 바란다. 일반적으로 나는 돔 크로산을 주축으로 형성된 학문적 성향에 더 크게 공감한다는 사실을 미리 밝혀두는 것이 바람직하리라고 생각한다. 크로산은 부활의 상징적 실재성이 신약성서가 우리에게 제시하는 것보다 언제나 더 구체적이라는 사실을 고집하지 않으면서도 그 실재성이 우리 사회에 주는 의미가 무엇인지를 이해하고자 노력하는 학자다. 한편 나는 1세기에 기록된 신약성서의 지배적인 견해는 예수가 육체적으로 부활하셨다는 톰 라이트의 역사적 탐구의 결과물에 일반적으로 동의하는 편이다. 하지만 나는 이것이 단순히 질문의 종착점이 아니라 시작에 불과하다고 생각한다. 예수의 육체의 부활을 믿는 믿음은 오직 복음서만의 특징이며, 바울 서신에서는 그리 두드러지게 나타나지 않는다. 그리고 이러한 믿음은 분명 초기 교회에서 많은 부분을 차지했던 신비주의자들과 영지주의자들의 특징도 결코 아니었다.

나 역시 세계 종교와 제2성전기 유대교에서 말하는 사후의 세계에 관한 글을 광범위하게 집필했다. 물론 기독교는 그중에서 중요한 부분을 차지한다.[1] 또한 나는 바울에 대해서도 지대한 관심과 매력을 느끼고 있으며, 그가 남긴 서신에 관해 여러 권의 책을 저술했다.[2] 본 논문에서 나는, 신약성서에서 육체의 부활은 저자에 따라 각기 다른 것을 의미하며, 부활에 대한 서로 다른 묘사는 최초기의 기독교 공동체의 매우 독특한 사고를 반영해준다는 의미에서 매우 흥미로울 뿐만 아니라, 신약성서의 믿음을 이해하는 데 필수적이라는 점을 보여주는 데 주력할 것이다. 초기 그리스도인들의 반응이 일률적이며 특정한 전통으로 나타나지 않았다는 사실은 신약성서 저자들이 일부 후대 해석자들에 비해 다양한 의견을 서로 존중하는 공동체(a community of opinion)의 일원이었음을 보여준다. 마지막으로 나는 본서에서 대다수 학자들이 주장하듯이 우리가 신약성서의 보고로부터 변화된 육체의 부활의 실재성으로 나아갈 수 있는지에 대해 의문을 제기할 것이다.

---

1   참조. Alan F. Segal, *Life fter Death: A History of the Afterlife in Western Religion* (New York: Doubleday, 2004).
2   Alan F. Segal, *Paul the Convert: The Apostasy and Apostolate of Saul the Pharisee* (New Haven, Conn.: Yale University Press, 1997); Alan F. Segal, *Rebecca's Children: Judaism and Christianity in the Roman World* (Cambridge, Mass.: Harvard University Press, 1986).

바울

본서에 기고한 학자는 모두 바울이 그리스도의 문자적 부활을 믿었고, 고린도전서 15장에 실린 바울의 부활 관련 설교는 그리스도의 부활의 육체적 본질과 영적 본질을 함께 강조한다는 데 동의한다. 나도 이에 대해 전적으로 동의하지만, 바울은 혈과 육이 다시 부활할 수 있다는 사실을 명시적으로 부인한다는 점 또한 지적하고 싶다(고전 15:44, 50, 53-54). 우리는 이 진술을 매우 진지하게 받아들여야 한다. 그가 "혈과 육은 하나님 나라를 이어받을 수 없고 또한 썩는 것은 썩지 아니하는 것을 유업으로 받지 못하느니라"(고전 15:50)는 진술을 전혀 다른 의미로 말했다고 생각할 만한 이유가 전혀 없다. 그는 여기서 단순히 생자필멸(生者必滅, mortality)을 부인하려는 것이 아니라 "영적인 몸"이 나타나기 이전에 변화가 먼저 일어나야만 하고(고전 15:51), 이 변화는 마지막 나팔 소리가 울릴 때, 즉 더 이상 사망과 죄와 율법이 없는 그때에 온전히 성취될 것임을 말하고 있는 것이다. 이 영적인 몸이 완전히 새롭게 창조된 종말론적 몸일지 또는 온전히 변화된 동일한 몸일지 여부는 고려의 대상이 아니다. 그러나 그 과정 자체는 신자의 몸이 이미 자신의 죽음과 부활을 통해 변화된 그리스도의 몸으로 변화되는 것으로 묘사된다. 그 과정은 점진적이며, 오직 종말에 가서야 온전히 실현된다.

　물론 여러 학자가 주장하듯이, 바울은 혈과 육이 다시 죽지 아니할(immortal) 혈과 육으로 변화될 것을 말하고자 했을 수도 있다. 그러나 바울은 이 문제에 대해 매우 모호한 입장을 취하며, 그가 사용한 어휘도 분명히 그가 선호하는 것이 아니다. 이러한 모호성은 바울의 글이 기독교 안에서 이 주제―또는 다른 어느 주제―에 관한 가장 오래된 것이기에 매우 중요하다. 그 이후에 쓰인 글은 모두 바울에 관해 전혀 몰랐거나, 아니면 그의 글에 대한 반응이었을 것이다. 후대에 기록된 대부분의 글은 바울이 이 주제에 관해 이야기한 것을 제2, 제3 세대 그리스도인에 의해 제기되었던 문제들에 비추어 다시 설명하거나, 심지어 이를 수정하고자 애썼다.

이것은 분명 적어도 한두 세대 이후에 기록된 복음서의 경우에 해당한다. 나는 누가가 사도행전의 후반부를 바울의 전기라고 할 만큼 그에 관해 잘 알고 있었다는 점을 우리가 잘 알고 있기 때문에 후대의 복음서 전승도 바울에 관해 잘 알고 있었고, 복음서 전승은 바울의 글을 보충하거나 수정하기 위한 것이었다고 보아야 한다고 생각한다. 바울 서신과 사복음서가 초기 기독교나 부활의 몸을 묘사할 때 하나의 공통된 어휘를 사용하지 않는다는 사실은 이 두 글 모음집 간의 차이점을 이해하는 데 매우 중요하다. 바울 서신과 사복음서는 하나님의 계획에 관한 새로운 계시를 묘사하는 데 있어서도 서로 전혀 다른 방식을 채택한다. 이 사실은 바울이 부활의 몸에 관하여 복음서 저자들과 다른 견해를 갖고 있다는 사실을 우리에게 확인시켜주는 것은 아니지만, 그렇다고 해서 그들이 서로 같은 견해를 갖고 있음을 확인시켜주는 것도 아니다. 사실 우리가 한 가지 확신할 수 있는 것은 바울이 육의 몸과 부활의 몸의 관계에 대해 전적으로 다른 개념을 갖고 있었다는 사실이다.[3] 내가 이미 말했듯이, 이 문제는 아주 애매모호해서 일률적인 답을 얻기는 매우 어렵다.

이 중대한 문제는 우리의 몸이 부활과 함께 새롭게 다시 창조되는 것인지, 아니면 단순히 옛 몸이 변화되는 것인지 여부에 달려 있다. 싹이 트기 전에 "썩어 없어지는" 씨에 관한 은유는 이 두 몸 사이의 분리를 암시하며, 또 아담과 그리스도 간의 교차 구조적인 평행 관계가 보여주듯이, 두 몸 가설(two-body hypothesis)을 지지하는 것으로 보일 수 있다. 비평가들은 "만일 두 몸이 공존한다면 정체성은 어떻게 결정되는가?"라고 묻는다. 그러나 이 질문은 "인격"은 그리스도 안에 있고 하나님은 주권자로서 자신이 원하는 것은 무엇이든지 하실 수 있는 분이시기 때문에 실상 우리에게는 매우 중요하게 느껴질 수 있지만, 바울에게는 전혀 그렇지 않을 가능성이 높다. 어쨌든 이 문제는 논란의 여지가 많다. 왜냐하면 이 본문은 수많은 수수께끼를 풀어주는 만큼이나 또 수많은 수수께끼를 만들어내기 때문이다. 다수의 연구자가 바울이 죽지 않도록 만들어진 자연의 몸에 관해 말한다고 추정하고 있기 때문에 나는 이것이 바울의 말을 이해하는 유일한 방법이거나, 심지어 가장 개연성이 높은 견해가 아니라는 점을 보여주기 위해 전혀 다른 가능성을 주장할 것이다.

---

[3] 한 몸 가설을 옹호하는 글은 넘쳐난다. 두 몸을 주장하는 매우 흥미로운 논문은 Richard Carrier, "The Spiritual Body of Christ and the Legend of the Empty Tomb," in *The Empty Tomb: Jesus Beyond the Grave*, ed. Robert M. Price and Jeffery Jay Lowder (Amherst, N.Y.: Prometheus Books, 2005), 105-232에서 찾아볼 수 있다. 길고 체계적인 이 논문은 세부적으로 검토해볼 만한 가치가 있다.

바울이 말하고자 하는 바는, 새 몸은 영적인 몸이 될 것이며 이 새 몸의 영적 본질은 육에 속한 몸과 대조된다는 것이다. 육에 속한 몸은 "소마 프쉬키콘", 즉 심령적인 몸(psychic body) 또는 혼을 담은 몸(ensouled body)으로, 때로는 영혼과 물질을 함께 소유하고 있는 "자연의 몸"(natural body)으로 번역되기도 하며, 심지어는 창세기에서처럼 생령으로 불리기도 한다. 이것은 "소마 프뉴마티콘", 즉 영적인 몸(spiritual body)과 대조된다. 이 영적인 몸은 몸의 형태를 취하면서도 영적인 본질을 가지고 있지만, 분명히 혈과 육으로 이루어진 몸은 아니다. 이러한 용어가 지닌 문제점은 이것이 그리스 문화의 배경에서는 뜻이 정확히 통하지 않는다는 것이다. 플라톤 철학에서는 영적인 몸(spiritud body)과 심령적인 몸(psychic body)이 서로 동일한 실체를 가리킬 수도 있다. 그러나 바울은 이 두 몸을 뚜렷하게 구분하고 있기 때문에 일반적으로 우리는 우리가 알고 있는 생명과 그리고 미래의 더 나은 영적인 생명, 즉 바울이 오직 자신이 본 환상과 신앙의 삶을 통해 알고 있는 생명이 서로 구분되는 것으로 이해한다.[4]

바울은 부활의 육체적 형태에 관해 다음과 같이 말한다.

누가 묻기를 "죽은 자들이 어떻게 다시 살아나며 어떠한 몸으로 오느냐" 하리니, 어리석은 자여, 네가 뿌리는 씨가 죽지 않으면 살아나지 못하겠고, 또 네가 뿌리는 것은 장래의 형체를 뿌리는 것이 아니요 다만 밀이나 다른 것의 알맹이뿐이로되, 하나님이 그 뜻대로

---

4   나의 저서 *Paul the Convert*를 보라.

그에게 형체를 주시되 각 종자에게 그 형체를 주시느니라. 육체는 다 같은 육체가 아니니, 하나는 사람의 육체요, 하나는 짐승의 육체요, 하나는 새의 육체요, 하나는 물고기의 육체라. 하늘에 속한 형체도 있고 땅에 속한 형체도 있으나, 하늘에 속한 것의 영광이 따로 있고 땅에 속한 것의 영광이 따로 있으니, 해의 영광이 다르고, 달의 영광이 다르며, 별의 영광도 다른데 별과 별의 영광이 다르도다. 죽은 자의 부활도 그와 같으니, 썩을 것으로 심고 썩지 아니할 것으로 다시 살아나며, 욕된 것으로 심고 영광스러운 것으로 다시 살아나며, 약한 것으로 심고 강한 것으로 다시 살아나며, 육의 몸으로 심고 신령한 몸으로 다시 살아나나니, 육의 몸이 있은즉 또 영의 몸도 있느니라. 기록된바 "첫 사람 아담은 생령이 되었다" 함과 같이 마지막 아담은 살려 주는 영이 되었나니, 그러나 먼저는 신령한 사람이 아니요 육의 사람이요 그다음에 신령한 사람이니라. 첫 사람은 땅에서 났으니 흙에 속한 자이거니와, 둘째 사람은 하늘에서 나셨느니라. 무릇 흙에 속한 자들은 저 흙에 속한 자와 같고, 무릇 하늘에 속한 자들은 저 하늘에 속한 이와 같으니, 우리가 흙에 속한 자의 형상을 입은 것 같이 또한 하늘에 속한 이의 형상을 입으리라 (고전 15:35-49).

위의 본문은 매우 길고 모호한 내용으로 가득 차 있어 난해하기로 유명하지만, 중요한 요점을 찾아내어 부각시키는 것은 가능하다. 그리스도의 몸은 본질상 신자들의 부활한 몸과 같다. 부활의 변화는 그리스도의 변화와 유사하며, 그 반대도 마찬가지다. 이 변화는 죽을 육의 몸과 영원한 천상의 몸 사이에 존재하는 차이와도 유사하다. 인간이 육의 사람, 곧 아담의 **형상**을 소유한 것처럼 또한 우리는 불멸의 하늘의 별과 천체에 합류하신 하늘에 속한 사람, 곧 그리스도의 **형상**을 소유하게 될 것이다. 이는 바울이 다니엘 12:3의 부활에 관한 예언을 어떻게 이해했는지를 보여준다. "지혜 있는 자는 궁창의 빛과 같이 빛날 것이요, 많은 사람을 옳은 데로 돌아오게 한 자는 별과 같이 영원토록 빛나리라." 나는 여기서 별의 연계성이 하나의 우연의 일치가 아니라, 별 자체가 보편적으로 "천사 같은"(angelic) 것을 의미하는 것처럼(욥 38:7; 삿 5:20) 부활한 몸도 "천사 같은" 몸이라는 사실을 보여준다고 제안할 것이다. 바울은 세례 받은 자는 모두 그리스도의 순교자적인 죽음과 연합되었고, 이로써 모든 이가 이 변화에 참여할 자격을 얻게 되었다고 생각한다. 나는 이것이 바로 다니엘서에 예언된 최고의 상급의 민주화(democratization)를 표상한다고 생각한다.

빌립보서 2:5-11에 나오는 그리스도의 겸손과 순종에 대한 바울의 유명한 묘사 역시 예수와 하나님의 형상의 하나됨이 교회 안에서 전례(典禮)의 형식으로 재현되었음을 암시한다.

> 너희 안에 이 마음을 품으라, 곧 그리스도 예수의 마음이니
>   그는 근본 하나님의 본체시나
>   하나님과 동등 됨을 취할 것으로
>   여기지 아니하시고
>   오히려 자기를 비워
>   종의 형체를 가지사

사람들과 같이 되셨고
사람의 모양으로 나타나사
　　자기를 낮추시고
　　죽기까지 복종하셨으니
　　곧 십자가에 죽으심이라.
이러므로 하나님이 그를 지극히 높여
　　모든 이름 위에
　　뛰어난 이름을 주사
하늘에 있는 자들과 땅에 있는 자들과 땅 아래에 있는 자들로
　　모든 무릎을
　　예수의 이름에 꿇게 하시고
　　모든 입으로 예수 그리스도를
　　주라 시인하여
　　하나님 아버지께 영광을 돌리게 하셨느니라(빌 2:5-11).

　　학자들은 이 본문이 몇 가지 찬송의 특징을 나타낸다는 이유로 바울이 기존의 초기 전례의 일부를 인용하거나 또는 어떤 전례의 배경을 언급하고 있다고 주장한다.[5] 따라서 빌립보서 2장은 바울 서신 가운데 가장 오래된 글일 뿐만 아니라 신약성서에서 가장 오래된 기

5　Ralph P. Martin, *Carmen Christi: Philippians 2:5-11 in Recent Interpretation and in the Setting of Early Christian Worship*, rev. ed. (Grand Rapids, Mich.: Eerdmans, 1983, Cambridge University Press, 1967). 참조. James Sanders, "Dissent Tradition," *Journal of Biblical Literature*.

독론이라고 할 수 있는데, 이 본문이 예수를 가장 높이 칭송하는 기독론이라는 점은 그리 놀랄 만한 일이 아니다.[6]

빌립보서 2:6에서 예수와 하나님의 본체가 동일시된다는 사실은 예수의 선재성을 암시한다. 그리스도는 여기서 높은 지위에 연연하지 않는 하나님의 영원한 속성을 가지셨음에도 불구하고, 사람의 모양을 취하고 사람들의 운명을 따라 심지어 십자가의 죽음까지(물론 다수의 학자는 이 표현은 바울이 원 찬송시에 첨가한 것으로 간주한다) 감수하기로 작정하신 분으로 묘사된다. 이렇게 신적 존재에서 이 땅의 인간으로 낮아지신 변화는 역으로 인간 예수가 하나님으로 다시 돌아가는 재변화(retransformation)로 이어진다. 바로 이러한 순종 때문에 하나님은 예수를 높이셨고 그에게 "모든 이름 위에 뛰어난 이름"을 주셨다(빌 2:9).

유대인에게(바울은 한평생을 유대인으로 살았다) "모든 이름 위에 뛰어난 이름"이라는 구문은 오직 예수가 그리스어로 '퀴리오스' 또는 '주님'으로 번역되는 하나님의 이름 네 글자 YHWH를 수여받은 것을 의미할 수밖에 없다. 하나님의 이름을 공유한다는 것은 초기 유대교 묵시 사상에서 자주 등장하는 모티프인데, 거기서 하나님의 중보자 역할을 맡은 천사장은 출애굽기 23장에서 야웨의 사자로 묘사된

---

[6] 또 다른 고기독론으로 꼽히는 사도행전 3장에 나오는 베드로의 오순절 설교도 내가 보기에는 최종 성문 형태가 갖추어지기 이전까지 수차례의 편집 과정을 거친 것으로 보인다. 참조. J. A. T. Robinson, "The Most Primitive Christology of All," in *Twelve New Testament Studies* (London: SCM, 1962), reprinted from *Journal of Theological Studies* 7 (1956): 177-189); Richard Zehnle, *Peter's Pentecost Discourse: Tradition and Lukan Reinterpretation in Peter's Speeches of Acts 2 and Three* (Nashville: Abingdon, 1971).

것처럼 야웨라는 이름을 소유하고 있다.

그리스어 '모르페'(형체, 모양)가 지니고 있는 함축적 의미는 그리스도가 히브리어 '카보드'(영광)와 그리스어 '에이콘'(형상)과 동일한 신적인 몸의 형체를 갖고 계신다는 뜻이다. 그 이유는 창세기 1:26의 그리스어 본문을 보면 사람이 하나님의 '에이콘'을 따라 지음 받았고, 따라서 신의 '모르페'(그리스어로는 "형체"를 의미하고 히브리어의 '데무트'에 해당함)를 갖고 있기 때문이다. 여기서 바울의 고백의 클라이맥스는 "예수 그리스도는 주님이시며, 이는 하나님 아버지께 영광을 돌리기 위함"(빌 2:11)이라고 할 수 있다. 이 고백의 의미는 메시아 예수가 영광을 받으시면서 주라는 이름을 수여받았고, 예수가 이 땅에서 사용하던 개인 이름이 아닌 바로 이 이름이 모든 이의 무릎을 꿇게 하고 또 모든 입술이 고백할 그 이름이라는 것이다.[7]

바울이 이 찬송시의 일부를 자신의 편지에 직접 인용한 것을 보면 초기 기독교 공동체가 하나님과 대등한 이 인간적 존재를 기도의 대상으로 삼았음을 알 수 있다(고전 16:22이하; 롬 10:9-12; 고전 12:3). 이

---

7   빌립보서 2:6-11과 골로새서 1:15-20에 등장하는 바울 및 바울 이후 찬송시 관련 문헌은 끝이 없다. 참조. E. Schillebeeckx, *Jesus: An Experiment in Christology* (New York: Seabuty, 1979); M. Hengel, "Hymn and Christology," in E. A. Livingstone ed., *Studia Biblica* 1972, 173-197, reprinted in Hengel, *Between Jesus and Paul* (Philadelphia: Fortress Press, 1983), 78-96; J. Murphy O' Connor, "Christological Anthropology in Phil. 2:6-11," *Revue biblique* 83 (1976): 25-50; D. Georgi, "Der vorpaulinische Hymnus Phil. 2:6-11," in *Zeit und Geschichte, Dankesgabe an Rudolf Bultmann*, ed. E. Dinkler (Tübingen: Mohr, 1964), 263-293, esp. 291. David Balch가 나에게 상기시켜준 바와 같이 Käsemann은 바울이 몸과 그 지체들을 은유적으로 사용한 것은 신자와 부활하신 주님 간의 관계를 강조하는 권면 단락의 특징이라고 주장한다. *Theological Dictionary of the New Testament*, 7:1073에 실린 Eduard Schweitzer의 논의도 참조하라.

것이 더욱더 놀라운 이유는 그리스도인들이 유대인들처럼 다른 어떤 신이나 영웅을 경배하는 행위를 철저히 거부해왔기 때문이다. 그러나 한 가지 새로운 사실은 랍비 시대 이전에도 다수의 유대교 및 기독교 전통이, 특히 두 신적 존재를 언급하는 다니엘 7:9-10에 따라, 이위일체적인(binitarian) 하나님 개념을 용납했다는 것이다.[8] 차후 유대 공동체의 주도권을 차지하게 된 랍비들은 천사 숭배를 강력히 반대했고, 다른 성서 본문 중에서도 구체적으로 출애굽기 23:21을 인용하면서 하나님 외에도 죄를 용서할 수 있는 다른 천상적 존재가 있다는 믿음을 강하게 반박했다(바빌로니아 탈무드 산헤드린 38b). 랍비들은 "하늘에 두 세력"이 있다고 믿는 이들을 이단으로 규정했다. 그들은 (비록 독점적이진 않았지만) 주로 자신들이 경고했던 행위—두 번째 세력을 경배하는 행위—를 행하는 그리스도인들을 가리킬 때마다 이 표현을 사용했다.[9]

바울이 말하는 신적 그리스도를 경배하는 행위에는 반드시 변화가 수반된다. 바울은 빌립보서 3:10에서 이렇게 말한다. "내가 그리스도와 그 부활의 권능과 그 고난에 참여함을 알고자 하여 그의 죽으심을 본받아"(συμμορφιζόμενος τῷ θανάτῳ αὐτοῦ). 신자는 믿음으로 그리고 전례를 통해 어느 정도 자신의 정체성을 그리스도와 공유하

---

8 참조. Segal, *Paul the Convert*.

9 나의 저서 *Two Powers in Heaven: Early Rabbinic Reports about Christianity and Gnosticism*, 2nd. ed. (Boston: Brill, 2002), 33-158, esp. 68-73; L. W. Hurtado, *One God, One Lord: Early Christian Devotion and Ancient Jewish Monotheism* (Philadelphia: Fortress Press, 1988), 377-391을 보라.

며, 또 이것은 부활의 능력을 드러낸다. 또 그는 빌립보서 3:20-21에서 이렇게 말한다. "그러나 우리의 시민권은 하늘에 있는지라. 거기로부터 구원하는 자 곧 주 예수 그리스도를 기다리노니, 그는 만물을 자기에게 복종하게 하실 수 있는 자의 역사로[κατὰ τὴν ἐνέργειαν τοῦ δύνασθαι αὐτὸν καὶ ὑποτάξαι αὐτῷ τὰ πάντα] 우리의 낮은 몸을 자기 영광의 몸[τῷ σώματι τῆς δόξης αὐτοῦ]의 형체와 같이[σύμμορφον] 변하게 하시리라[μετασχηματίσει]."

영어에는 이 생생한 이미지를 단 한 단어로 표현할 수 있는 방법이 없다. 만약 이에 상응하는 영어 단어가 있다면 그것은 아마도 *metamorphosis*와 같이 *symmorphosis*가 될 수 있겠지만, 이 그리스어 단어는 이보다 더 친밀하고 변혁적인 의미를 담고 있을 것이다. 그리스어 동사는 문자적으로 "다른 무엇과 함께 변화되다"라는 의미인데, 이 변화가 그의 영광스러운 몸과 "함께"(sym-) 분명하게 나타날 것이며, 따라서 그 변화의 결과가 이 둘이 새롭게 병합된 것을 가리킨다는 점을 제외하면 영어의 metamorphose 동사가 될 것이다. 신자의 몸은 결국 그리스도의 몸과 함께 변화될 것이며, 구원자의 몸과 같은 영적이며 영광스러운 몸으로 변화될 것이다. 이 몸이 바로 신자의 정체성이 마지막 순간에 새로운 몸으로 창조될 때까지 "저장되어 있을" 곳이다. 그렇다면 이 몸은 그 이전의 죽을 몸과 같은 몸인가, 아니면 다른 몸인가? 나는 바울이 어떤 의미로 말했는지 정확하게 알 수 있는 절대적인 근거는 없다고 생각하며, 바로 이런 이유 때문에 이에 대한 주석이 후대의 기독교 문헌에 다양하게 나타나게 되었다고 본다.

우리는 바울이 이러한 변화를 약간 다른 방식으로 설명하는 바로 다음 부분을 이해하려면 다른 새로운 단어를 고안해낼 필요가 있다. 바울은 자신의 신비적 직관을 어떻게 표현할지 고심한다. 또한 그는 이 변화가 우리의 낮은 몸을 "다른 형체로 바꿀 것"(μετασχηματίσει)이며 이로 인해 우리의 낮은 몸은 그리스도의 영광스러운 몸과 같이 될 것이라고 말한다(빌 3:21). 재차 강조하지만, 영어는 그리스어의 이 독특한 뉘앙스를 제대로 담아내지 못한다. 그러나 바울은 우리의 이 낮은 몸이 그리스도의 영광스러운 몸으로 바뀌는 것을 가리켜 새로운 초월적 구조(metascheme)를 창조한다고 말하는데, 어쩌면 이는 새로운 불멸의 몸을 가리킨다고도 볼 수 있다. 이러한 비전은 궁극적으로 구원이 무엇을 의미하는지를 완전히 새로운 각도에서 볼 수 있도록 도와준다. 왜냐하면 이 비전은 십자가에 못 박히신 메시아와 종말에 대한 비전을 결합시켜주기 때문이다. 우리는 그 이야기의 많은 부분이 전혀 새롭지 않다는 것을 잘 알고 있다. 하지만 천상의 신적 존재와 십자가에 못 박히신 이 땅의 메시아가 동일시되는 것은 전적으로 새로운 이야기다. 이 새로운 이야기는 분명히 기존의 예언으로부터 비롯된 것이 아니라 예수의 지상의 삶이 끝나는 무렵에 일어난 사건으로부터 비롯되었다.

바울은 자기를 따르는 자들에게 자신이 그리스도를 본받은 것처럼 그들도 그리스도를 본받으라고 권면한다. "형제들아, 너희는 함께 나를 본받으라. 그리고 너희가 우리를 본받은 것처럼 그와 같이 행하는 자들을 눈여겨보라"(Συμμιμηταί μου γίνεσθε, ἀδελφοί, καὶ σκοπεῖτε τοὺς οὕτω περιπατοῦντας καθὼς ἔχετε τύπον ἡμᾶς). 그를 따르는 자들은 바울 자신이 예수를 본받는 것처럼 바울을 본받아야 한다. 이 모든 것은 신자의 몸이 문자적으로 그리스도의 영광스러운 몸으로 재형성될 것임을 암시하는데, 이는 회심과 믿음으로 시작해서 예수의 재림, 곧 역사의 종말로 끝나는 과정을 가리킨다. 이 모든 것은 영적으로 새롭게 변화된 물질, 즉 하나님 나라를 이어받을 수 없는 혈과 육에 속하지 않은 새로운 몸(고전 15:50)이라는 개념에 달려 있다.

구원과 신자의 변화에 대한 바울의 묘사는 그리스도의 영화(glorification)에 대한 그의 이해에 기초를 두고 있는데, 그가 사용한 표현들은 초기 유대교의 묵시적 신비주의에서 빌려온 것이다.[10] 천사나 별의 형체로 변화될 것이라는 기본적인 개념은 바울이 여기서 부활을 전혀 언급하지 않는 것으로 보아 기독교가 출현하기 이전의 배경에서 나온 개념일 수도 있다. 분명히 이 본문에서는 영화가 부활의

---

10 바울의 모든 사상의 근거를 그의 일회적이며 황홀한 회심 경험에 두기를 원하는 김세윤과 같은 학자들은—이들은 이 경험을 누가가 쓴 바울의 회심 기사와 동일시함—이 본문을 기독교 전례 찬송에서 유래한 단편으로 받아들이는 데 미온적이다. 왜냐하면 이는 바울의 개인적인 계시 경험의 가치를 떨어뜨린다고 생각하기 때문이다. 그러나 황홀한 언어는 보편적으로 종교 집단 안에서 전해지고 있는 전승으로부터 나오는 것이기 때문에 굳이 이 본문이 원래 바울의 것(따라서 "다메섹 계시"를 통해 직접 받은 것)인지를 밝힐 필요는 없다. 기독교 신비주의자는 기독교의 언어를 사용하고, 무슬림 신비주의자는 이슬람에서 신비주의를 위해 개발한 언어를 사용한다. 따라서 지금까지 그 어떤 신비주의자도, 자신의 환상이 의식적이면서도 명시적으로 그런 의도를 갖고 있지 않는 한, 다른 종교의 신비주의와 혼동하는 적은 결코 없었다. 참조. R. C. Zaehner, *Hinduism and Muslim Mysticism* (New York: Schocken, 1969); Steven Katz, "Language, Epistemology, and *Mysticism,*" in *Mysticism and Philosophical Analysis, ed.* Steven Katz (Oxford: Oxford University Press, 1978). 이 경우에도 심지어 여기서 사용한 언어는 대체적으로 기독교 언어가 아니다. 비록 그리스도와 보좌에 앉아 계신 분을 서로 동일시하는 후대의 주석이 그리스도인에 의해 이루어지긴 했어도, 그 기본 언어는 유대교 신비주의에서 유래된 것이다. 보좌에 앉으신 하나님에 대한 환상은 유대교 내에서 흥행했던 신비적 사변의 최종 목표였다.

역할을 대신한다. 또한 로마서 12:2에서도 바울은 청자들에게 "오직 마음을 새롭게 함으로 변화를 받으라(μεταμορφοῦσθε)"고 권면한다. 갈라디아서 4:19에서도 이와 매우 유사한 변화가 언급된다. "나의 자녀들아, **너희 속에 그리스도의 형상을 이루기까지**(μέχρις οὗ μορφωθῇ Χριστὸς ἐν ὑμῖν) 다시 너희를 위하여 해산하는 수고를 하노니."

놀랍게도 이 변화는 그리스도의 **죽으심**을 본받는(συμμορφιζόμενος τῷ θανάτῳ αὐτοῦ, 빌 3:10) 변화를 통해 일어난다. 이와 같이 예수의 죽으심과 하나가 된다는 것은 바울의 종교적 경험을 이해하는 데 있어 절대적으로 중요하다. 바울은 신자가 그리스도 안에서 죽고 다시 태어남으로써 그리스도의 영광스러운 몸으로 변화될 것이라고 말한다. 바울은 이러한 변화가 세례와 관련이 있다고 본다. 여기서 바울이 선포하고자 하는 메시지의 핵심은 바로 이것이다. 즉 예수는 주님이시며, 그를 믿는 자는 모두 이미 그리스도의 죽으심과 같은 죽음을 경험했고, 따라서 그리스도의 형체와 영과 형상으로 변화됨으로써 그의 부활에도 참여하게 된다는 것이다. 이 메시지는 세례 전례를 반영하는데, 이는 세례가 신자가 "그리스도 안에" 거하게 되는 계기를 마련해주는 사건이라는 점을 암시한다. 기독교는 아마도 유대교 분파 중에서 세례를 예비 의식이 아닌 핵심 의식으로 삼은 유일한 분파일 수 있지만, 일부 신비적인 심상은 유대교의 관습으로부터, 어쩌면 세례 요한의 가르침을 통해 전래되었을 가능성이 높다.[11]

또한 바울은 갈라디아서 1:16에서 "[하나님이] 그의 아들을 이

---

11 Nils A. Dahl, *The Crucified Messiah* (Minneapolis: Augsburg, 1974); James D. G. Dunn,

방에 전하기 위하여 그를 **내 안에**[ἐν ἐμοί] 나타내시기를 기뻐하셨다"라고 말한다. 여기서 "내 안에"는 단순 여격이 아니라 바울이 자신 안에 성령을 받은, 즉 그의 경우에는 회심을 통해 자기 안에 성령을 받은 것을 가리킨다. **그리스도 안에** 있다는 것은 그리스도의 거룩한 형상―그의 영적인 몸과 같은 의미―으로 변화되거나 연합되는 것을 의미한다. 하지만 이러한 축복은 세례를 통해 모든 그리스도인에게 똑같이 주어진다. 세례를 통해 그리스도와 함께 죽고 다시 사는 것은 이를 통해 신자가 동일한 하나님의 형상, 즉 그의 '에이콘'을 얻는 **과정의 시작**이며, 이 하나님의 '에이콘'은 예수가 인자―다니엘서의 묵시 부분에서 심판을 행하기 위해 오시는 천상의 인물―가 되셨을 때 인류에게 비로소 알려지게 되었다. 아마도 이 '에이콘' 또는 그 유의어 중 하나가 자연적인 사람에서 영적인 사람으로 변화된 자의 정체성을 나타내는 표지가 될 것이다. 한 가지 분명한 것은 바울이 이 과정이 성취되는 때가 곧 임할 것이라고 보았다는 것이다. 바울은 이 마지막 때가 자신이 살아 있는 동안에 일어나리라고 내다보았다.

따라서 부활하신 그리스도의 몸을 **영적인 몸**(고전 15:43-44)과 영광의 몸으로(빌 3:21) 보는 바울의 개념은 유대교의 묵시문학 사상과 신비주의 사상에서 비롯되었지만, 초기 기독교에서 발생한 독특한 사건들에 의해 수정되었다고 볼 수 있다. **영**(Spirit)은 그리스도가

Baptism in the Holy Spirit: A Re-examination of the New Testament Teaching on the Gift of the Spirit in Relation to Pentecostalism Today (Philadelphia: Westminster, 1977).

이미 받으신 "영광" 및 "형체"와 동의어다. 로마서 8:29의 의미도 유대교의 비전(秘傳, esoteric) 전통의 배경에서 이해하면 더욱더 명확해질 수 있다. 이미 우리가 살펴본 바와 같이 거기서 바울은 "그 아들의 형상을 본받게 하기 위하여(προώρισεν συμμόρφους τῆς εἰκόνος τοῦ υἱοῦ αὐτοῦ) [미리 아신 자들을] 미리 정하신" 하나님에 대해 이야기한다. 바울은 여기서 빌립보서 3:21에서 사용한 여격 대신 소유격을 사용하여 신자와 구주가 서로 동일시되는 것을 완화한다. 그러나 바울이 신자들이 그의 아들의 형상을 본받는다고 말할 때에 예수와 신자 사이에 생각이나 사상이 서로 일치한다는 것을 의미하는 것은 아니다. 여기서도 본받는다는 동사 뒤에는 또다시 σύμμορφον("함께 변화하다")이 자리 잡고 있다. 사격(斜格, oblique case; 동사와 직접 관계되지 않는 용법을 가리킴—편집자 주)으로 사용된 συμμόρφους("본받다")도 여전히 신자의 몸이 하나님의 형상의 형체로 바뀌는 영적 변화를 의미한다. 바울이 회심을 가리킬 때 사용하는 용어—**그리스도 안에 있다**—도 그리스 철학에서 나온 것이 아니라 유대교 신비주의 사상에서 유래한 것이다.

나는 이것이 바울이 신자들이 그리스도를 믿을 때 얻게 될 것이라고 말한 바로 그 상(賞)이라고 생각한다. 신자들은 액면 그대로 **그리스도 안에** 있게 되는 것이다. 바울은 로마서에서 말하듯이, 이스라엘에 속한 모든 자는 구원을 받을 것이라고 전제하는 듯하다. 바울은 그리스도를 믿는 자들이 받을 축복이 단순히 구원이 아니라 변화라고 말한다. 이것은 확실히 줄곧 사두개인들이 제시해왔고, 또 일반적으로 바리새주의에 따라 의로운 유대인으로 간주된 자들에게 주어진다고 여겨졌던 상을 넘어서는 것이다(참조. 미쉬나 산헤드린 10).[12] 바울은 여기서 그리스도를 믿는 자―유대인이나 이방인이나 동일하게―는 그리스도의 거룩한 몸과 연합될 것이라고 주장한다.

고린도전서에서 바울은 부활과 변화 자체를 논하기 이전에 몸의 최후 상태에 대한 문제를 논한다. 이 본문에서 그는 영혼은 계속 살아 있지만 몸은 썩는다는 그리스 철학의 개념에 대응하고 있다고도 볼 수 있다. 웨더번(A. J. M. Wedderburn)은 고린도전서 6장이 다루고 있는 문제는 그리스 문화에서 일반적으로 말하는 사후 세계에 대한 개념에 관한 것이라고 예리하게 지적했다.[13] 바울은 바로 이런 맥락에서 몸의 문제를 다루고 있는 것이다.

> "모든 것이 내게 가하나" 다 유익한 것이 아니요, "모든 것이 내게 가하나" 내가 무엇에든지 얽매이지 아니하리라. "음식은 배를 위하여 있고 배는 음식을 위하여 있으나"[14] 하나님은 이것저것을 다 폐하시리라. 몸은 음란을 위하여 있지 않고 오직 주를 위하여 있으며, 주는 몸을 위하여 계시느니라. 하나님이 주를 다시 살리셨고 또한 그의 권능으로 우리를 다시 살리시리라(고전 6:12-14).

---

12 Jonah Steinberg는 랍비들 역시 변화를 추구했으며 자기 자신들을 지상의 천사로 생각했다는 증거를 찾아낸다.
13 A. J. M. Wedderburn, "The Problem of the Denial of the Resurrection in 1 Corinthians XV," *Novum Testamentum* 23 (1981): 229-241.
14 이 인용문은 **폐하시리라**까지 연장될 수 있다.

그리스인들은 몸은 멸망할 운명을 타고났다고 믿었다. 그러나 바울은 영혼 불멸에 대해 플라톤 학파의 분석을 전적으로 따르지 않는다.[15] 대신 그는 유대교의 묵시적-신비적 세계에 남아 그 개념을 사후 삶의 지속성에 관한 그리스 철학의 전제의 견지에서 옹호하기도 하고 날카롭게 다듬기도 한다. 바울은 몸은 주께 속해 있기 때문에 죽음 이후에도 존속될 것이라고 말한다. 지금도 영적 상태에 계시는 예수의 몸을 다시 일으키신 것처럼 하나님은 우리 몸을 성령을 통해 영광과 온전함 가운데 다시 일으키실 것이다. 그렇다 하더라도 우리 몸이 주의 '에이콘'(형상), "형체", "영", 혹은 "영광"으로 창조될 것인지, 아니면 단순히 자연적인 몸으로 변화될 것인지의 여부는 분명하지 않다.

그리스-로마의 문맥에서 이런 유형의 논의는 필연적으로 보충 설명이 요구된다. 그러나 바울은 아직 여전히 기독교 공동체 안에서 벌어지는 다양한 도덕 관련 문제를 다루고 있기에 이에 관한 논의를 고린도전서 15장에서 다루게 될 때까지 미룬다. 거기서 바울은 신자들의 부활에 관한 묵시적 환상을 가지고 자신이 겪은 전반적인 종교적 경험을 요약한다. 바울은 자신이 이전에 선포한 메시지를 서술하는 것으로 시작하여 청자들이 부활에 대한 믿음을 포기한다면 그들은 그리스도를 헛되게 믿는 것이라고 주장한다.

---

15 Peter Lampe도 나와 마찬가지로 바울은 그리스의 불멸성 개념에 반대하면서 그 개념을 자신의 개념으로 대체시켰다고 주장한다. Peter Lampe, "Paul's Concept of a Spiritual Body," in *Resurrection: Theological and Scientific Assessments*, ed. Ted Peters, Robert John Russell and Michael Welker (Grand Rapids, Mich.: Eerdmans, 2002), 103-114를 보라.

그리스도께서 죽은 자 가운데서 다시 살아나셨다 전파되었거늘, 너희 중에서 어떤 사람들은 어찌하여 죽은 자 가운데서 부활이 없다 하느냐? 만일 죽은 자의 부활이 없으면 그리스도도 다시 살아나지 못하셨으리라. 그리스도께서 만일 다시 살아나지 못하셨으면 우리가 전파하는 것도 헛것이요, 또 너희 믿음도 헛것이며, 또 우리가 하나님의 거짓 증인으로 발견되리니, 우리가 하나님이 그리스도를 다시 살리셨다고 증언하였음이라. 만일 죽은 자가 다시 살아나는 일이 없으면 하나님이 그리스도를 다시 살리지 아니하셨으리라. 만일 죽은 자가 다시 살아나는 일이 없으면 그리스도도 다시 살아나신 일이 없었을 터이요, 그리스도께서 다시 살아나신 일이 없으면 너희의 믿음도 헛되고 너희가 여전히 죄 가운데 있을 것이요, 또한 그리스도 안에서 죽은[16] 자도 망하였으리니, 만일 그리스도 안에서 우리가 바라는 것이 다만 이 세상의 삶뿐이면 모든 사람 가운데 우리가 더욱 불쌍한 자이리라(고전 15:12-19).

바울은 자기 자신이 받은 대로 그들에게 전했으며 그것이 가장 참되고 중요한 가르침임을 강조한다. 그리고 그 가르침은 단순히 그리스도가 성서를 따라 죄를 위하여 죽으셨으며, 또 성서에 따라 무덤에 장사되었다가 사흘 만에 다시 살아나셨다는 것이다. 이 과정에 대한 바울의 지식이 매우 특수한 것임에는 틀림없다. 이에 대한 지식은 그의 묵시적이며 환상적인 삶으로부터 나오기 때문이다. 바로 이

---

16   그리스어 원문은 "잠자는"이다.

런 이유 때문에 바울은 그리스도의 영적 본질을 말한다. 그리스도의 몸이 신령한 것은 바울이 그리스도의 몸을 그렇게 보았기 때문이다. 바울은 이것이 장차 임할 묵시가 실현될 것으로 기대했으며, 또한 자기 생전에 임할 것으로 믿었다. 따라서 그는 의도적으로 그리스도의 영적 본질의 실현을 모호한 상태로 남겨둔다. 나는 바울이 자기가 본 그대로 일어날 것이라고 믿었기 때문에 그렇게 했다고 생각한다.

아울러 예수의 장사는 바울의 최초기 전승에 속해 있지만, 빈 무덤은 그렇지 않다는 점을 주목할 필요가 있다. 이것이 부활에 관해 가장 오래된 기독교의 가르침임에는 조금도 의심의 여지가 없다. 즉 부활은 교회의 최초의 '케뤼그마' 혹은 선포된 메시지며 빈 무덤은 복음서가 새로 도입한 내용이다.

복음서

부활한 몸에 대한 바울의 이해가 일반적으로 알려진 것보다 모호하다면, 빈 무덤 이야기에 대한 긍정적인 증거는 보편적으로 알려진 것보다 훨씬 적다. 사복음서는 바울 서신보다 훨씬 뒤늦게 기독교 전승에 합류했다. 사복음서는 바울 서신보다 한두 세대 이후에 등장했으며, 비록 예수의 사명에 관한 복음서의 내용이 어느 정도 일관성을 나타내긴 해도, 부활하신 그리스도에 대한 복음서의 다양한 묘사는 거의 일관성을 찾아보기 어렵다. 사복음서는 부활하신 그리스도에 대해 서로 완전히 다른 그림을 그린다. 이는 부활 전승이 예수의 교훈 전승보다 훨씬 덜 안정적이라는 사실을 암시한다. 더 나아가 바울 서신이 기록되고 사복음서가 작성되기까지 초기 기독교는 참으로 어려운 시기를 보냈다. 당시 그리스도인들은 교회가 선포하는 케뤼그마를 비판하는 유대교와 싸워야 했을 뿐만 아니라 묵시가 실제로 일어나지 않는 문제와도 씨름해야만 했다. 또한 사복음서는 제자들을 교회의 지도자로 승격시켰다. 사복음서에서 믿음은 교회 전승을 해석하는 이들에 대한 믿음을 가리켰다. 이들은 예수의 원 제자들에게 배운 제자들의 제자들이었기 때문에 사복음에서 말하는 믿음은 사도전승을 신뢰하는 것을 의미했다. 한편, 바울과 연관된 그리스도인들에게 믿음은 바울의 개인적 비전이 참되다고 믿는 것을 의미했다. 바울의 설교는 자신이 단 한 번도 만나본 적이 없는 인간 예수에 관해서는 거의 언급하지 않았다. 바울은 자신이 가지고 있는 비전의 영적 본질에 집중한 반면, 사복음서는 예수가 이 땅에서 입고 있던 몸에 관한 이야기에 집중한다. 따라서 바로 그의 이 땅에서의 몸이 부활 이후에 나타난 사건에서 높은 가치를 지니게 된다.

요한복음 20:24-29에 나오는 의심쟁이 도마 이야기는, 비록 복음서 전승 중에서도 뒤늦게 등장한 것이긴 하지만, 이 사실을 보여주는 좋은 실례라고 할 수 있다. 도마는 이렇게 말한다. "내가 그의 손의 못 자국을 보며 내 손가락을 그 못 자국에 넣으며 내 손을 그 옆구리에 넣어 보지 않고는 믿지 아니하겠노라"(25절). 이 본문은 명시적으로 도마가 예수를 만졌다고 말하지 않는다. 하지만 이 사실은 이 이야기의 명백한 의미, 즉 부활하신 그리스도가 나타나셨고, 여전히 십자가의 고난의 흔적을 갖고 계신 소생된 몸이라는 사실을 무시하기에는 불충분하다. 더 나아가 예수가 사방이 벽으로 둘러싸인 방에 나타나셨다는 사실(26절)은 그분이 혈과 육을 가진 존재라는 사실에 대한 반증은 아니다. 여기서 말하고자 하는 바는 비록 예수가 부활하셨지만 그래도 여전히 혈과 육을 가진 존재로서 그들 가운데 육체적으로 거하신다는 것이다. 도마는 자기 손가락을 예수의 상처 자국에 넣어 보고 이 사람이 과연 십자가에 못 박히신 그분과 동일 인물인지 확인해보고 싶어 했고, 그의 이러한 회의적인 생각은 부활 이후의 출현에 의해 충족된다. 이 이야기의 교훈은 예수가 도마에게 주신 답변에 내포되어 있다. "너는 나를 본 고로 믿느냐? 보지 못하고 믿는 자들은 복되도다"(29절). 바울은 그리스도를 본 사람들 중 한 사람이지만, 바울 세대와 그다음 세대는 그런 묵시 없이 살았다. 요한복음은 그 이전 세대를 살던 사람들의 믿음보다 당대를 살고 있던 사람들의 믿음이 훨씬 더 크다고 본다.

예수가 갈릴리에서 제자들과 함께 생선을 드시는 장면에서도 동일한 교훈이 제시된다(요 21:1-15). 간단하게 말하자면 바울 서신과 사복음서 간의 차이는 신비 문헌과 묵시 문헌의 차이와 흡사하다. 즉 신비 문헌이 환상적으로 묘사하는 것을 묵시 문헌은 사실적이며 예언자적으로 묘사할 수 있다는 것이다. 왜 이러한 전환이 일어났는지는 추론에 의존할 수밖에 없겠지만, 사복음서는 분명히 바울이 강조한 예수의 부활이 지니고 있는 영성(spirituality)보다 육체성(physicality)을 더 강조하기를 원한다. 현대 교회에서 이 두 기록을 "변화된 몸"이라는 하나의 교리로 융합하는 것이 그리 중대한 일이 아니었더라면, 이와 같은 차이점은 오늘날까지도 뚜렷하게 남아 있었을 것이다. 바울 서신과 사복음서는 부활과 관련된 어휘에 있어서 상당히 다르다. 더 나아가 우리는 사복음서에 관한 논의를 정경 복음서에만 국한시킬 수 없다. 비정경 복음서와 영지주의 문서는 부활을 영적으로 해석하는 데 있어 바울 서신보다 훨씬 더 깊이 들어간다. 나는 고대에는 부활하신 그리스도의 몸에 관해서 일치된 견해가 없었다고 생각한다.

이번 컨퍼런스에서는 빈 무덤에 관한 토론이 많이 이루어졌다. 하지만 이 주제는 최초기의 교회가 선포한 메시지가 아니었다. 빈 무덤 이야기는 바울의 가르침에서 전혀 발견되지 않으며, 오늘날 변증가들이 진행하는 역사성 테스트를 통과하지도 못한다. 예수의 빈 무덤은 사실 침묵 논증에 불과하며 가장 오래된 기독교 전승이 예수의 부활 자체를 전혀 언급하지 않고 있다는 사실만을 부각시켜줄 뿐이다. 가장 오래된 형태의 빈 무덤 이야기는 그 무엇보다도 부활에 대한 유대인들의 의구심에 대해 몹시 당혹스러워하는 초기 교회의 모습을 보여준다. 바울은 우리에게 예수가 장사되었다는 사실을 보여주지만(그리고 우리는 분명히 십자가 처형을 받은 다른 희생자들도 장사되었다는 증거를 가지고 있음), 빈 무덤에 대한 복음서 이전의 전승은 없다. 복음서가 기록될 당시에는 무덤 속에 무엇이 있었는지를 확인한다는 것은 매우 어려운 일이었을 것이다. 그 당시의 무덤은 영구적인 매장지가 아니라 단지 시체가 썩어 뼈만 남을 때까지 보관하는 임시 장소였다. 시체가 썩어 뼈만 남으면 그 뼈는 무덤 안 뒤편으로 밀어 넣어 두거나(따라서 나중에 기록된 복음서들은 아리마대 요셉이 뼈가 없는 새 무덤을 제공했다고 주장함) 뼈만 따로 추려 동굴에 모아두었다. 우리는 예수의 시체가 어떻게 되었는지 전혀 알지 못하지만, 바울의 글에는 적어도 바울이 예수의 시체가 장사되었다고 믿었음을 보여주는 고대의 증거가 남아 있다.

변화된 몸의 물리적 부활의 개연성

따라서 나는 실제로 예수가 물리적으로 변화된 몸으로 부활하셨다는 증거가 초기 교회 안에 존재했을 개연성을 검토하지 않고 이 논의를 결론지을 이유가 전혀 없다고 생각한다. 심지어 초기 교회는 이 문제가 얼마나 중요한 문제로 발전할지를 거의 예상하지 못했을 수도 있다. 바울은 단지 예수의 시체가 장사되었다는 사실만을 강조하는데, 사실 고대 세계에서는 이것만으로도 승리한 것이나 마찬가지였다. 예수의 "빈 무덤"은 고대 세계의 신앙이라는 심오한 신비로부터 과학적 확실성을 구축하면서 현대의 합리화된 변증의 집약체가 되었다. 여기서 나의 결론은 예수의 빈 무덤에 대한 현대인의 확실한 믿음이 사실 훨씬 더 애매하고 모호한 초기 교회 전승을 오히려 왜곡시킨다는 것이다.

나는 예수의 부활이 역사적 사실임을 입증하려는 시도 자체가 전적으로 범주의 오류(category mistake)를 범하는 것이라고 생각한다. 우선, 이 문제를 다룬 신약학자들이 예수의 부활은 문자적으로 변화된 몸의 부활이었다는 데 합의했다고 주장하는 것은 아무런 도움이 되지 않는다. 심지어 나는 그런 주장이 과연 타당한지도 잘 모르겠다.

이를 입증하기 위한 아무런 증거도 제시되지 않았으며, 설사 그것이 사실이라고 하더라도 우리는 뤼데만이 이 분야를 떠난다면 훨씬 더 행복할거라는 우스갯소리를 귀담아 들어야 한다. 이것은 다만 문자적 부활이 아닌 다른 결론에는 결사적으로 반대하는 학자들 집단이 존재한다는 사실을 분명하게 드러내줄 뿐이다. 이러한 상황 속에서도 과연 학문적 공평성이 유지되었다고 볼 수 있는지 모르겠다. 이러한 의견 일치에 속한 학자로 간주되는 학자들은 신자일 뿐만 아니라 이와 유사한 개념의 믿음―어쩌면 돔 크로산이 아주 편파적으로 "우아한 근본주의"라고 규정하지 않은 믿음―을 소유한 자들이다.

이러한 소규모의 학문적 의견 일치―실제로는 어떤 학파―는 그리 중요하지 않다. 왜냐하면 바로 이 같은 이야기를 연구하는 현대 역사가들 가운데 거의 대다수는 **지금까지 유일무이한 부활이 일어났음을 입증할 만한 증거가 전혀 없다**고 말할 것이기 때문이다. 예수의 부활이 일어났을 개연성은 있기도 하고 또 없기도 하다. 예수의 부활은 역사적으로 확증이 불가능하다. 이 문제는 이론적으로는 특별히 중요하다. 어떤 사건을 확증할 수도 없고 부정할 수도 없다면, 그 사건은 일어날 개연성이 없는 것도 아니고 또 있는 것도 아니다. 이 사건은 과학적 입증이라는 세계에 속해 있지 않기 때문이다. 사실 역사가는 유일무이한 기적적인 출현을 다룰 수 없다. 물론 그 누구도 진지하게 초기 그리스도인들이 그리스도가 다시 살아나셨다는 것을 믿지 않았다고 주장하지는 않을 것이다. 이것 못지않게 오늘날 어떤 역사가도 그 어떤 증거도 우리로 하여금 이 역사적 사실로부터 예수가 실제로 그리고 육체적으로 죽은 자 가운데서 다시 살아나셨으며,

변화된 육체적 몸을 입고 나타나셨다는 사고를 갖도록 할 수 있다고 주장하지는 않을 것이다. 만약 그렇게 할 수 있다면 6일 창조를 비롯해 구약성서의 모든 기적뿐만 아니라 코란이 기적같이 무함마드에게 주어졌다는 것은 왜 믿지 못하겠는가? 만약 이 기적 하나가 가능하다면 다른 모든 이적도 가능하다. 왜냐하면 관련 기록은 모두 나름대로 신뢰할 만한 증인을 가지고 있기 때문이다. 무슬림도, 비록 예수의 육체적 부활은 아니더라도, 예수의 예언은 믿는다. 나에게는 예수의 육체의 부활을 역사적 사실로 믿는 이들이 모두 기독교 신자인 반면, 제자들이 예수가 부활했다고 믿었다고 주장하는 이들은, 그들이 신약학자이든 아니든 간에, 다양한 스펙트럼의 학문적·종교적 집단에 속해 있다는 사실이 절대적으로 중요하다. 합리적인 사고를 하면서 역사를 다루는 역사가 공동체의 일원이 되려면 확증과 반증을 모두 기꺼이 인정할 수 있어야 한다. 그러나 일치된 견해는 특정한 신념을 가진 이들을 모두 아우르는 모든 종교 집단을 포함한다. 그렇다면 그들은 자신들의 믿음을 거부하지 않고서도 과연 반증을 인정할 수 있을까?

이 사실은 이것이 어떤 일치된 견해라기보다는 학문적 논증의 형태로 일반 학계에 자신들의 믿음을 어떻게든 강요하려는 소수의 학자 그룹이 있다는 것을 의미한다. 다시 말하면 예수의 실제적인 육체의 부활을 믿으려면 어떤 특정한 신학적 관점을 가진 그리스도인이 되어야만 한다는 것이다. 물론 동일한 의미로서 부활을 믿지 않더라도 그리스도인이 될 수는 있지만 말이다. 합리적인 사고를 하는 학계에서는 이러한 학자들이 도달하고 싶어 하는 지점까지 우리를 이끌어가지 못한다. 돔 크로산의 연구를 비롯해 이와 비슷한 수많은 연구는 사건에 대한 역사가의 이해를 향상시켜줄 수 있다. 즉 비록 어떤 학자가 그리스도인이며 부활을 믿는다고 하더라도, 그는 오늘날 합의된 합리성의 기준을 초월하는 주장을 하지는 않는다. 역사적 이론은 각자의 종교적 관점과는 무관하게 동의되거나 반대될 수 있어야 한다. 그리고 바로 이것이 일치된 견해에 대한 가장 정확하고 참된 진술이다.

범주의 오류와 신앙의 적절한 위치

이 같은 사실은 단지 최근에 진행되고 있는 부활하신 역사적 그리스도-불트만이 말했듯이, 역사에서 직접 나왔다기보다는 "케뤼그마에 의해" 형성된 그리스도-탐구가 얼마나 시대에 맞지 않는 철지난 연구임을 여실히 드러낼 뿐이라고 나는 생각한다.[17] 이러한 시도는 당연히 신앙의 영역에 속한 무언가를 합리적으로 입증하려는 것에 불과하다. 따라서 나는 여기서 예수의 부활을 믿는 것 자체가 잘못이라고 주장하거나 순진한 생각이라고 비판하려는 것이 아니다. 오히려 나는 그것이 신앙의 올바른 사용이 아니라는 것을 말하려는 것

---

17 Rudolf Bultmann, "The New Testament and Mythology," in *New Testament and Mythology and Other Basic Writings*, selected, edited and translated by Schubert M. Ogden (Philadelphia: Fortress, 1984), 40(German original 1941).

이다. 나는 예수의 부활을 역사적으로 증명하려는 시도는 삼위일체를 역사적으로 증명하려거나 아담과 하와를 과학적으로 증명하려고 하는 것과 동일한 범주의 오류임을 말하려는 것이다. 나는 나와 너의 사고(I-Thou thinking)와 나와 그것의 사고(I-It thinking)의 차이점을 통해 이 문제를 가장 적절하게 설명한 학자가 바로 마르틴 부버(Martin Buber)라고 생각한다. 나와 그것의 사고-역사적 사고를 포함한 통상적 의미의 사고-는 기본적으로 근접 원인들을 통해 어떤 현상을 설명한다. 나와 너의 사고는 실재의 영적 차원을 인식하는데, 이는 미적 영역에서 시작하여 인간의 운명에 대한 진술로 마무리한다. 나와 너의 사고는 결코 나와 그것의 사고에 의해 영향을-확증 혹은 반증-받지 않는다. 한 사람은 일몰 장면을 바라보다가 오염된 공기를 발견한다. 다른 사람은 똑같은 일몰 장면을 보면서 자비로우신 창조자의 흔적을 발견한다. 오직 나와 너의 사고만이 후자를 허용한다. 이것이 가장 위대하고 탁월한 나와 너의 사고 용법이다. 그러나 이것은 나와 그것의 사고 언어를 가지고는 결코 증명될 수 없다. 내가 보기에 이것은 신앙의 표지이며 합리적인 논증에 의존하지 않는다. 만일 합리적 논증에 의존한다면 그것은 이성이지 신앙이 아닐 것이다. 부활도 마찬가지다. 초기 그리스도인들이 예수의 부활을 사실로 받아들였다고 결론 내리는 것과 이것이 역사적으로 증명될 수 있다고 주장하는 것은 별개의 문제다. 이런 노력은 항상 실패로 끝나기 마련이다.

 나는 이것이 우리가 당면한 정치적 논의의 일환이 아니라면 이 부분을 이렇게 장황하게 논의하지 않았을 것이다. 이른바 과학적 창조론은 미국의 대법원에 의해 과학적이지 않다는 판결을 받았지만,

창세기의 6일 창조 이야기가 진화론만큼이나 과학적으로 증명이 가능하다고 느낀 사람들의 적극적인 지지를 받았다. 이러한 오류를 옹호하는 이들은 각 학교의 이사회와 시의회에서도 실제로 이 문제를 정식 과학 과목에서 채택하는 데 찬성한 이들의 일치된 의견을 대변할 수 있었다. 하지만 이것은 진화론이 거의 두 세기에 걸친 과학적 실험과 논의를 통해 서서히 이론의 지위를 획득한 것과 같이 하나의 이론의 지위를 얻는 것과는 다르다. 이제 "지적 설계 이론"으로 불리는 과학적 창조론 2.0은 최근에 과거 대법원의 불리한 판결 때문에 잃어버렸던 신뢰를 다시 되찾으려는 노력을 계속해왔다. 미국의 많은 이들이 모종의 "지적 설계 이론"을 당연하게 믿고 있지만, 과연 그것이 과학적 이론인가? 나는 아니라고 생각한다. 분명히 이 새로운 개념은 앞으로 미국의 곳곳에서 열렬한 지지자들을 만나게 될 것이다. 사실 이런 승리는 종종 "스콥스 원숭이 재판"과 같이 이 개념을 지지하는 공동체 안에서 과학적 증거와 같은 역할을 한다. 하지만 이것이 과연 과학적 증거인가? 이것은, 비록 현 공화당 행정부가 자당의 우파 종교인을 달래기 위해 지적 설계 이론을 적극적으로 지지하고 있는 것이 사실이지만, 결코 모두가 이해할 만한 수준에서의 과학적 증거라고 보기 어렵다. 내가 보기에 지적 설계 이론도 동일한 범주의 오류를 범하고 있다. 이 이론 역시 오직 신앙을 통해서만 확증 가능한 것을 잘못된 논리나 과학 혹은 역사적 추론을 통해 입증하려는 시도를 한다. 결국 이러한 시도는 우리 공동체 안에서 보존되어야 할 신앙의 가치를 떨어뜨리는 결과만을 가져다줄 것이다. 따라서 나는 우리가 우리 사회에서 최종적 의미를 결정하는 결정권자 역할을 하는 신앙이 그 영예로운 지위를 되찾을 수 있도록 해야 한다고 주장한다. 바울은 자신의 믿음을 신비로 묘사했다(롬 11:25; 16:25; 고전 2:7; 15:51). "그 신비의 계시를 따라 된 것이니, 이 복음으로 너희를 능히 견고하게 하실 지혜로우신 하나님께 예수 그리스도로 말미암아 영광이 세세무궁 하도록 있을지어다." 나는 바로 이것이 그리스도를 따르는 이들에게 확실한 지식보다는 믿음을 따라 사는 이 신비의 삶을 살도록 하는 것이라고 확신한다.

8
예수의 부활의 역사성에 관한 라이트와 크로산의 견해

윌리엄 레인 크레이그

『하나님의 아들의 부활』(2003)은 『신약성서와 하나님의 백성』(*The New Testament and the People of God*, 1992)과 『예수와 하나님의 승리』(*Jesus and the Victory of God*, 1996)의 후속편으로서 N.T. 라이트가 쓴 기독교의 기원에 관한 총서 가운데 세 번째 책이다. 역사적 예수에 관해 여러 두꺼운 책을 쓴 다른 저술가 존 마이어(John Meier)가 예수의 부활에 관한 주제를 전혀 언급조차 하지 않은 데 비해, 라이트가 이 주제를 다루는 데 무려 800쪽 이상을 할애했다는 사실은 숙고해볼 만한 가치가 충분히 있다고 나는 생각한다. 따라서 이 저서는 지금까지 출간된 예수의 부활의 역사성에 관한 연구서들 가운데 가장 탁월한 연구 중 하나로 꼽힌다.

　본 장에서 나는 예수의 부활을 옹호하는 라이트의 주장을 분석하고 부활에 관한 존 크로산의 역사적 비판에 비추어 라이트의 주장의 적합성을 평가하고자 한다. 나도 참여한 바 있지만 라이트의 책을 대상으로 진행된 지난 여러 토론을 보면 크로산은 라이트의 주장에 대해 역사적 차원에서 대화하기를 거부하고, 오히려 부활 신학에 관해 대화하기를 선호했음을 알 수 있다. 이러한 대화의 결여는 반드시 도전을 받아야 한다. 왜냐하면 이러한 대화 방식(modus operandi)은 예수의 부활의 역사성이 신학적으로 그리 중요하지 않으며, 따라서 심지어 그 사건의 역사성을 부인하는 이들조차도 예수의 부활을 믿으며 또 신실한 그리스도인으로 간주될 수 있다는 크로산의 신념을 반영하기 때문이다. 따라서 크로산이 라이트의 주장에 대해 역사적인 차원에서 논의하도록 강요하지 않는 한, 우리는 결국 이러한 역사적 질문이 별로 중요하지 않다는 크로산의 주장을 묵인하는 결과를 초래할 수밖에 없다. 나는 이번 컨퍼런스에서 크로산이 라이트의 구체적인 논증을 진지하게 받아들이고, 어떤 부분이 부적절한지를 보여주든지 아니면 예수의 부활이 역사적 사건이 아니라는 자신의 주장을 포기하기를 소망한다.

라이트의 논증 요약

라이트는 예수의 부활의 역사성을 지지하는 논증을 『하나님의 아들의 부활』 제5부 "믿음과 사건과 의미"에서 제시한다. 라이트의 논증은 매우 흥미롭게 구성되어 있다. 전형적으로 예수의 역사적 부활의 증거는 (1) 예수의 빈 무덤의 발견, (2) 예수의 부활 이후 출현, (3) 예수의 부활에 대한 제자들의 믿음의 기원 등을 포함한다. 라이트의 논증에서는 이 세 번째 요소가 가장 중요한 위치를 차지하며, 다른 두 요소의 사실성을 입증하는 증거로 사용된다. 예수의 이름이 붙은 이 초기 운동 안에서 예수의 부활에 대한 믿음의 중심적 위치와 그 필연성을 입증한 라이트는 다음과 같은 질문을 던진다. "무엇이 예수의 부활에 대한 믿음을 촉발시켰을까?"[1]

라이트는 이 질문에 대한 답변을 필요충분조건에 기초한 일곱 가지 단계의 논증에 대한 결론으로 제시한다.[2] 그의 논증은 다음과 같이 요약될 수 있다.

1. 초기 그리스도인들이 유대교의 부활 신앙을 철저하고 일관되게 수정하였다는 사실은 예수의 부활에 대한 믿음이 유대교 배경 안에서 자연스럽게 형성되었을 가능성을 배제한다. 오히려 초기 그리스도인들은 이 믿음의 기원을 예수의 빈 무덤 및 사후 출현이라는 사실에 둔다.
2. 빈 무덤이나 사후 출현은 개별적으로는 예수의 부활을 믿는 제자들의 믿음의 기원을 충분히 설명해주지 못한다.
3. 그러나 빈 무덤과 사후 출현이 서로 하나로 결합될 때에는 예수의 부활에 대한 믿음의 기원을 충분히 설명해준다.
4. 유대교 배경 안에서 **부활**이라는 용어가 기존에 가지고 있던 의미만으로는, 예수의 시체가 사라졌다는 것과 그가 다시 살아나셨다는 것이 널리 알려지지 않는 한, 결코 예수의 부활에 대한 믿음이 생겨날 수 없었을 것이다.
5. 예수의 부활에 대한 믿음의 기원을 설명하는 다른 대안들은 이에 비견될 만한 설명 능력을 갖추고 있지 못하다.

---

1 N. T. Wright, *The Resurrection of the Son of God*, Christian Origins and the Question of God, vol. 3 (Minneapolis: Fortress Press; London: SPCK, 2003), 685.
2 Ibid., 687.

6. 그러므로 예수의 무덤이 확실히 빈 상태로 발견되었고, 제자들이 사후에 다시 살아나 건장한 모습으로 나타나신 예수를 확실히 만났다는 것은 역사적으로도 개연성이 높다.
7. 예수의 빈 무덤과 사후 출현은 예수가 죽은 자 가운데서 육체적인 몸으로 다시 살아나셨다는 가설에 의해 가장 잘 설명된다.

요약하자면, 원시 기독교가 나사렛 예수가 죽은 자들의 보편적 부활에 앞서 죽은 자 가운데서 다시 살아나셨다는 것을 믿었음을 입증한 라이트는 예수의 빈 무덤의 발견과 사후에 다시 육체적인 몸으로 나타난 예수를 만난 사건이 하나로 결합되면 예수의 메시아 주장이라는 맥락에서는 제자들이 예수의 부활에 대한 믿음을 갖게 되는 충분조건이 된다고 주장한다. 한편 라이트는 이 두 가지 사실이 존재하지 않았다면, 하나님이 예수를 죽은 자 가운데서 다시 살리셨다는 제자들의 믿음의 기원을 제대로 설명해줄 만한 다른 역사적 선례가 초기 기독교 운동 안에 전혀 없다고 주장한다. 따라서 지금까지 제시된 라이트의 논증은 예수의 빈 무덤과 사후 출현의 사실성에 대한 가설이 지금까지 알려진 다른 어떤 가설보다 예수의 부활에 대한 믿음의 기원을 훨씬 더 제대로 설명할 수 있는 능력을 소유하고 있다는 주장으로 귀결된다. 여기서 한 가지 주목할 것은 이 가설이 예수가 죽은 자 가운데서 다시 살아나긴 했지만 오직 비기적적인 사실만 연루되어 있다는 가설과 동등한 것은 아니라는 점이다. 라이트는 오직 마지막 일곱 번째 단계에 이르러서야 비로소 예수의 부활을 빈 무덤과 사후 출현에 대한 가장 탁월한 설명으로 제시한다.

라이트의 논증 분석

라이트의 논증은 그리 철저하지 않다. 예를 들면 사실 제1단계는 그의 논증과 별로 상관이 없다. 유대교의 영향 때문에 예수의 부활에 대한 믿음이 자연스럽게 생겨났다는 가설의 부적합성은 그의 논증 제4단계에서 다루어진다. 제4단계가 사실이라면, 초기 그리스도인들이 예수의 부활을 믿게 된 동기가 예수의 빈 무덤의 발견과 사후 출현에 있었다는 사실은 결국 아무런 의미가 없다. 크로산은 초기 그리스도인들이 예수의 부활에 대한 자신들의 동기가 예수의 빈 무덤의 발견과 사후 출현에 있었다는 사실을 부인할 것이다. 하지만 그것은 라이트의 논증의 나머지 단계들이 모두 사실이라면 이를 반박하기에는 충분하지 못하다. 따라서 제1단계는 이번 논증에 어떠한 도움도 주지 못한다.

또한 조금만 반추해보면 제2단계도 라이트의 논증에 전혀 기여하는 것이 없음을 알 수 있다. 라이트의 논증에서 가장 결정적인 부분은 예수의 빈 무덤과 사후 출현이라는 사실이 예수의 부활에 대한 제자들의 믿음의 기원을 설명하기 위하여 함께 결합하면 충분조건이 되며(제3단계) 개별적으로는 필요조건(제4단계)이 된다는 주장이다. 부활절 사건의 역사성에 대한 회의적인 입장에도 불구하고 크로산 역시 빈 무덤과 사후 출현이 개별적으로는 부활 신앙의 기원을 설명하기에는 불충분하다는 사실을 기꺼이 인정할 것이다. 회의론자라도 빈 무덤과 사후 출현이 개별적으로는 예수의 부활에 대한 제자들의 믿음의 기원을 설명하는 데 부적절하다는 사실을 인정하는 데 전혀 문제가 없다.

따라서 라이트의 논증 가운데 가장 핵심적인 내용은 제3단계에서 나온다. 제3단계는 빈 무덤과 사후 출현이 사실성을 보유하고 있다는 가설이 예수의 부활에 대한 믿음의 기원을 설명해주는 데 가장 탁월한 능력을 가지고 있음을 주장한다. 나는 빈 무덤의 발견과 사후 출현이 함께 결합하면 부활 신앙의 기원을 설명하기에 충분하다는 라이트의 주장이, 우리가 여기서 단순히 환상이 아닌 육체적 출현에 관해 논하고 있다는 점을 감안하면, 비교적 커다란 논란의 여지가 있는 것은 아니라고 생각한다. 만일 예수의 무덤이 빈 상태로 발견되고 그가 사후에 육체적인 몸으로 다시 살아 나타나셨다면, 그의 메시아 주장이라는 정황에 비추어볼 때 제자들이 하나님이 죽은 자 가운데서 예수를 다시 살리셨다고 믿게 되었을 개연성은 상당히 높아 보인다. 나는 이 부분에 있어서는 심지어 크로산조차도 수용하리라고 생각한다.

사실 이보다 더 큰 논란은 빈 무덤과 사후 출현의 사실성이 개별적으로는 예수의 부활에 대한 믿음의 기원을 설명하기에 필수적이라고 주장하는 제4단계에서 나타난다. 라이트는 사실 부활 신앙의 출현이 예수의 빈 무덤과 사후 출현의 역사성을 증명하는 데 필수적임을 밝히기를 원한다. 이 주장을 지지하기 위한 고려 사항으로 라이트는 다음 두 가지를 제시한다. (1) **부활**이라는 용어가 지니고 있는 의미 자체가 다른 대부분의 견해를 배제시키며, (2) 다른 여러 주요 가

설은 이미 불충분하다고 판명이 났다.³

 첫 번째 고려 사항에 대한 그의 설명은 그리 매끄럽지 못하다. 라이트가 주장하고자 하는 바는 다음과 같다. (1) 그 당시 통용되던 부활이라는 어휘는 죽은 자가 새 생명을 얻어 다시 살아나는 것을 의미했기 때문에 빈 무덤은 반드시 남을 수밖에 없었다. (2) 죽은 자의 출현은 그의 부활에 대한 믿음을 불러일으키는 데 필수적이었다. 빈 무덤만으로는 불충분했기 때문이다. 이 부분은 우리도 수용할 수 있지만, 그렇다고 해서 "나사렛 예수의 시체가 무덤 안에 그대로 남아 있었다면 예수의 부활을 믿는 초기 그리스도인의 믿음은 저절로 생겨나지 않았을 것"이라는 논리적 결론으로 귀결되는 것은 아니다.⁴ 부활이라는 어휘로부터 파생되는 결론은 제자들이 만약 예수의 시체가 무덤 속에 그대로 남아 있다고 **생각했다면** 그들은 예수의 부활을 믿지 않았을 것이라는 점이다. 다시 말하면 예수의 부활을 믿는 제자들의 믿음에 대한 필요조건은, 부활이라는 단어의 의미를 감안할 때, 그의 시체가 그대로 무덤 속에 남아 있지 않을 것이라는 그들의 **믿음**이라는 것이다. 커숍 레이크(Kirsopp Lake)가 제시한 잘못된 무덤 가설도 이 조건과 잘 부합한다.⁵ 또한 예수의 시체가 죄수들을 매장하는 일반 묘지에 던져졌고 또 그 장소가 어디인지 잊혔다고 주장하는 크로산의 가설도 마찬가지다.

---

3 Ibid., 694.
4 Ibid., 695.
5 Kirsopp Lake, *The Historical Evidence for the Resurrection of Jesus* (London: Williams and Norgate, 1907), 29-33.

여기서 라이트가 복음서를 개관하는 과정에서 예수를 장사하는 내러티브의 역사성을 논하지 않은 점도 그의 논증의 취약점으로 꼽힌다. 라이트가 아리마대 요셉이 예수를 장사한 사실을 부인하려는 학자들의 시도(크로산의 시도와 같이)를 "필사적인 몸부림"으로 규정한 것은 옳지만, 그의 논증은 보완될 필요가 있는 허점을 담고 있다.[6] 라이트는 바울 서신에 나타나 있는 것처럼 자신의 책 앞부분에서 예수의 부활에 대한 믿음 자체만으로는 복음서에 나오는 빈 무덤과 같은 이야기를 만들어낼 개연성이 매우 부족하다고 피력했던 자신의 주장을 통해 이러한 허점을 보완할 수 있었을 것이다.[7] 하지만 그는 거기서 자신은 그 내러티브들의 역사성을 논증하려 한 것이 아니라 단순히 그 내러티브들이 논리적으로뿐만 아니라 연대기적으로도 바울 서신에 나타나 있는 신학보다 앞서 있다는 것을 논증하려 했음을 강조한다.[8] 라이트는 예수의 무덤이 실제로 비어 있지 않은 한, 예수의 빈 무덤에 대한 **믿음**은 결코 생겨날 수 없었다는 사실을 증명할 필요가 있다. 만약 라이트가 나사렛 예수가 예루살렘에 위치한 것으로 알려진 어떤 무덤에 장사된 것이 역사적 사실임을 입증하는 독자적인 증거를 제시한다면 그의 논증은 더욱 강화되었을 것이다. 그런데 이 증거는 손쉽게 제시될 수 있다. 예수가 아리마대 요셉에 의해 장사되

---

6   Ibid., 708. 참조. William Lane Craig, *Assessing the New Testament Evidence for the Historicity of the Resurrection of Jesus*, 3rd ed., Studies in the Bible and Early Christianity 16 (Toronto: Edwin Mellen, 2004), 5장과 부록 B를 보라.
7   Wright, *The Resurrection of the Son of God*, 13장, 세 번째 섹션.
8   Ibid., 612.

었다는 사실은 최소한 아홉 줄의 역사적 증거로서 뒷받침된다.⁹ 예수의 장사 내러티브의 역사성을 감안하면 사실 시체를 장사한 무덤이 있음에도 불구하고 어떻게 예루살렘에서 예수의 부활에 대한 믿음이 생겨나고 또 널리 퍼져나갈 수 있었는지 정확히 알기 어렵다. 오늘날 신약성서를 연구하는 역사가 중 대다수가 인정하는 장사 내러티브의 역사성은 크로산의 회의론이란 심장부에 꽂힌 단검과도 같다.

그렇다면 라이트의 두 번째 주장, 즉 오직 빈 무덤의 발견만으로는 애매한 점이 있기 때문에 죽은 자의 출현이 그의 부활에 대한 믿음을 촉발하는 데 필수적이었다는 주장은 과연 어떤가? 분명한 것은 **부활**이란 단어의 의미만 가지고는 출현이라는 사실을 유추해낼 수 없다는 점이다. 라이트의 요점은 오히려 예수의 출현이 제자들이 예수의 부활을 믿게 된 필요조건이라는 것이다.¹⁰ 그런데 그의 논증은 여기서 더욱더 탄탄하게 진행될 수 있었다. 그는 꿈은 어떤 사람의 부활에 대한 믿음으로 이어질 수 없기 때문에 꿈이 예수의 부활에 대한 믿음을 촉발했을 것이라는 가설을 배제한다. 물론 그럴 수도 있지만, 다만 그것은 오직 **꿈만으로는** 제자들의 믿음을 일으킬 만한 충분조건이 될 수 없다는 것을 입증할 뿐이다. 따라서 여기서 제기되는 질문은 만약 꿈이 예수의 빈 무덤의 발견과 결합될 경우 예수의 부활에 대한 믿음으로 이어지지는 않았을지의 여부다. 또 예수에 대한 환상이 그의 빈 무덤의 발견과 결합된다면 또한 어땠을까라는 보다 더

---

9   Craig, *Assessing*, 256-260.
10 Wright, *The Resurrection of the Son of God*, 695.

개연성 있는 질문이 대두된다. 왜 실제적인 출현만이 필요조건인가? 이 점에 관해 라이트는 유대교 사고 안에서 "부활"과 "승천" 간의 차이를 더욱더 확실하게 설명하고, 이어서 어떻게 후자가 전자에 비해 유대교 신앙을 더 잘 설명해주는 환상 경험인지를 밝혀야 한다. 만약 제자들이 단지 환상을 통해서만 예수의 출현을 경험한 것이라면, 이 경험은, 심지어 그의 빈 무덤에 관한 사실과 함께 고려한다고 해도, 기껏해야 제자들이 유대교 신앙을 따라 예수가 하늘로 높임을 받았다는 것을 믿고 또 그 사실을 선포하도록 만들었을지는 몰라도 유대교 신앙과 상반되는 예수의 부활을 믿게끔 만들지는 못했을 것이다. 사실 이 말은 라이트가 다른 곳에서 이 부분에 관해 이미 유려한 필치로 설명하지 않았다는 것이 아니라 다만 그가 이 시점에서 자신의 논거를 더욱더 강화할 필요가 있음을 지적할 뿐이다.

따라서 빈 무덤의 발견과 부활 이후의 출현이 부활 신앙의 필요조건임을 밝히기 위해 라이트가 제시한 첫 번째 고려 사항은, 원 제자들이 예수가 죽은 이후에 다시 살아나셔서 그들에게 나타나셨고 또 그의 빈 무덤을 발견하는 경험을 하지 않았다면, 그들이 예수가 죽은 자 가운데서 부활했다고 선포하지 않았을 것이라는 주장으로 정리될 수 있다. 사실 나는 이 주장이 상당히 타당하며 라이트가 제시한 것보다 훨씬 더 강력한 논증이 될 수 있다고 생각한다.

빈 무덤의 발견과 부활 이후의 출현이 부활 신앙의 필요조건임을 밝히기 위해 라이트가 제시한 두 번째 고려 사항은 다른 가설들이 예수의 부활을 믿는 제자들의 믿음의 기원을 설명하기에 불충분하다는 것이다. 여기서 그는 인지부조화(cognitive dissonance) 가설과 은혜의 새로운 경험 가설에 관해 탁월하게 논의한다.[11] 하지만 전자의 가설에 대한 그의 비판은, 다시 말하지만, 기대만큼 예리하지 않다. 여기서 가장 중요한 요점은, 13장 세 번째 섹션인 "부활 내러티브들의 놀라움"에서 제시된 주장을 감안할 때, 만약 제자들이 인지부조화 때문에 예수를 지속적으로 믿을 수밖에 없었다면, 그들은 우리가 사복음서에서 발견하는 그런 종류의 내러티브를 생산해내지 않았을 것이라는 점이다. 내러티브 안에 성서적 근거를 위한 본문 인용과 암시가 없고, 신자들이 종말론적 부활에 대한 소망을 공유한다는 언급이 없으며, 빛나는 영광 가운데 계시는 부활하신 그리스도에 대한 묵시적 묘사가 전혀 나타나지 않고, 여성이 괄목할 만한 역할을 맡고 있다는 점 등은 모두 예수가 죽은 이후에 나타난 인지부조화를 해소하는 차원에서 그의 부활을 상상해낸 이들이 이 내러티브들을 자유롭게 창작해낸 것이 아님을 말해준다. 이와 같은 그의 지적은 부활 내러티브가 초기 교회의 허구적 창작이라는 크로산의 견해와 크게 대립된다.

라이트는 이번 단계의 논증을 다음과 같은 말로 끝맺는다.

이런 일을 미리 예상한 이는 아무도 없었다. 어떠한 회심 경험도 이와 같은 개념을 만들어내지 못했을 것이다. 아무리 자기들이 죄책감을(또는 죄 사함을) 크게 느꼈다고 해도, 아무리 성서를 숙고하는 데 많은 시간을 들였다고 해도, 그 누구도 이 개념을 만들어내지는

---

11 인지부조화에 관해서는 Ibid., 697-801, 은혜에 관해서는 Ibid., 701-706을 보라.

못했을 것이다. 따라서 이와 반대되는 의견을 개진한다는 것은 역사적 탐구를 중단하고 우리 자신만의 환상의 세계로 들어가는 것, 즉 계몽주의 이후의 세계관이 몰락의 위험에 처해 있는 것을 보고 크게 걱정한 나머지 이 세계관의 몰락을 막기 위해 전략을 세우는, 포기할 줄 모르는 근대주의자의 새로운 인지부조화와도 같다.[12]

내가 장담컨대 크로산이 지금까지 저술한 글 중에서 위의 결론을 되돌릴 만한 힘은 그 어디에도 없다.

라이트는 지금까지 진행한 자신의 논증을 바탕으로 예수의 빈 무덤과 사후 출현이라는 이 두 사실의 역사적 개연성은 "기원후 14년의 아우구스투스 사망이나 기원후 70년의 예루살렘 멸망이 거의 확실한 만큼 매우 높다"고 판단한다.[13]

이제 논증의 마지막 단계에 이르렀다. 그렇다면 예수의 빈 무덤과 사후 출현이라는 사실에 대한 가장 좋은 설명은 무엇인가? 라이트는 여기서 자신의 논증이 가장 좋은 설명을 제시하는 추론(혹은 귀추법)이라고 말하는데, 그는 여기서도 다시 한번 설명의 범위, 개연성, 임시성의 정도 등과 같은 다른 기준은 제쳐두고 오로지 설명의 능력에 초점을 맞춘다.[14] 예수의 부활 가설은 예수의 빈 무덤과 사후 출현을 설명해주지만, 다른 경쟁 가설은 그렇지 않다고 그는 주장한다.[15]

---

12   Ibid., 707.
13   Ibid., 710.
14   Ibid., 716.
15   Ibid., 717.

라이트는 우리가 여기서 세계관이라는 문제에 직면하게 된다는 사실을 인정한다. 그는 중립 지대는 없다고 말한다. 내가 보기에 계몽주의 시대의 자연주의에 대한 라이트의 답변은 그리 뚜렷하지 않다.[16] 그는 계몽주의 정신은 그 어떤 해석이라도 선험적으로 미리 차단하지 않는 것이라고 말하면서 자연주의자들에게 지대를 바꾸어 주어진 사실들이 자연주의적 세계관 안에서보다 유신론적 세계관 안에서 더욱 잘 이해되는지 여부를 확인해볼 것을 권유하는 듯하다. 물론 이러한 권유는 건전한 자연신학이 유신론적 세계관을 지지하는 역할을 보다 더 잘 수행한다면 더더욱 매혹적일 것이다. 라이트의 부활 논증과 유사한 우주의 창조자 및 설계자 논증은 우주론과 같은 역사적 학문을 통해서도 제시될 수 있다. 만일 우리가 필요충분조건 논증을 바탕으로 우주의 기원과 미세 조정(fine tuning)이 우주의 창조자와 설계자가 우주 밖에 존재한다는 이론에 의해 가장 잘 설명된다는 주장을 받아들인다면, 예수의 빈 무덤과 사후 출현이 죽은 자 가운데서 다시 살아나신 예수의 부활에 의해 가장 잘 설명된다는 주장은 더더욱 설득력을 얻게 될 것이다.

라이트는 빈 무덤과 사후 출현에 대한 다른 주요 가설을 거부하는 이유를 간단하게 요약하는 것으로 자신의 논증을 끝맺는다.[17] 그런데 유감스럽게 여기서도 다소 혼란이 일어난다. 그가 염두에 두고 있는 네 가지 경쟁 가설(예수의 영혼의 불멸성, 예수의 비육체적 "부활", 예

16　Ibid., 710-716.
17　Ibid., 718.

수의 평행적 승귀, 후대 기독교 신앙의 소급 적용)은 사실 빈 무덤과 사후 출현을 설명해주기보다는 오히려 이를 부인하는 것이다. 이 가설들은 라이트가 예수의 부활에 대한 제자들의 믿음의 기원을 설명하기 위해서는 빈 무덤과 사후 출현이 필수적임을 논의했던 제4단계에서 이미 고려되고 거기서 거부되었어야만 했다. 여기서 고려되어야 할 경쟁 가설은 이 두 사실을 수용하고 이를 자연주의적인 관점에서 설명하려는 극소수의 가설뿐이다. 라이트는 이 지점에서 독자들에게 다른 경쟁 가설에 대한 자신의 개요를 소개하면서 단순히 개리 하버마스에게 공을 넘긴다. 나는 여기서 다시 한번 빈 무덤과 사후 출현을 예수의 부활과 분리시켜 설명하려는 시도는 전혀 가망이 없다는 데에 전적으로 동의한다는 사실을 분명히 밝힌다. 바로 이것이 크로산과 같은 회의론자들이 예수의 장사와 빈 무덤과 같은 사실들을 부인하면서 학계의 흐름에 역행할 수밖에 없는 이유다. 일단 이 사실들을 인정하게 되면, 이 사실들을 자연주의적으로 설명한다는 것은 사실상 불가능해지기 때문이다.

라이트 주장의 재구성

이상의 분석은 라이트의 논증이 다음과 같이 보다 더 명료하게 재구성될 수 있음을 보여준다.

1. 초기 그리스도인들은 예수의 (물리적, 육체적) 부활을 믿었다.

2. 이 믿음에 대한 가장 좋은 설명은 제자들이 예수의 빈 무덤을 발견한 것과 그들이 예수의 사후 출현을 목격한 가설이다.

   2.1 제자들이 예수의 빈 무덤을 발견한 것과 그들이 예수의 사후 출현을 목격한 가설은 이 믿음의 기원을 설명해줄 수 있는 능력을 가지고 있다.

   2.2 경쟁 가설들은 이 믿음에 대한 설명 능력을 갖고 있지 못하다.

      2.21 유대교 정황에서 자연스럽게 생겨났다는 가설

      2.22 예수에 관한 꿈 가설

      2.23 예수의 죽음 이후에 나타난 인지부조화 가설

      2.24 예수의 죽음 이후에 일어난 은혜의 새로운 경험 가설

      2.25 기타

3. 예수의 빈 무덤과 사후 출현 사실에 대한 가장 좋은 설명은 예수가 죽은 자 가운데서 다시 살아나셨다는 가설이다.

   3.1 이 부활 가설은 예수의 빈 무덤과 사후 출현에 대한 설명 능력을 가지고 있다.

   3.2 경쟁 가설들은 예수의 빈 무덤과 사후 출현에 대한 설명 능력을 가지고 있지 못하다.

      3.21 음모 가설

      3.22 외견상 죽음 가설

      3.23 환각 가설

      3.24 기타

요약하자면 나는 라이트의 책이 예수의 부활에 대한 제자들의 믿음의 기원이라는 사실을 바탕으로 예수의 부활에 대한 논증을 가장 광범위하게 전개한 저술이라고 생각한다. 그의 논증은 예수의 빈 무덤과 사후 출현 및 그의 부활의 역사성에 대한 비교적 강력한, 아니 훨씬 더 강력하고도 독립적인 논증에 의해 보완될 수 있다. 라이트의 책은 부활 연구에 대한 매우 소중한 참고 도서이자 기준을 제시해주는 저서다.

9
부활의 미래

테드 피터스

역사가는 과거에 일어난 부활을 고찰한다. 신학자는 미래에 있을 부활을 고찰한다. 그리스도인들의 설명에 따르면 우리 모두가 경험하게 될 미래의 부활은 과거에 일어난 예수의 부활에 달려 있다. 아니면 그 정반대일까? 어쩌면 우리가 과거의 한 사건으로 보고 있는 원부활절의 예수의 부활이 여전히 하나님의 약속으로 남아 있는 종말론적인 새 창조의 실현 여부에 달려 있는 것은 아닐까?

예수의 부활 사건이 실제로 일어났는지 여부를 판단하는 것은 다른 모든 역사적 판단과 마찬가지로 개연성의 문제다. N. T. 라이트는 예수의 부활은 상당히 개연성이 있다고 결론짓는다. 이에 비해 존 도미닉 크로산은 개연성이 없다고 결론짓는다. 두 사람 모두 우리가 물려받은 성서는 첫 번째 부활절에 예수에게 일어난 일과 하나님이 우리에게 우리의 미래에 관해 약속하신 것을 서로 연계시킨다는 점을 인정한다. 예수의 부활은 "잠자는[죽은] 자들"의 첫 열매다(고전 15:20). 역사적 예수와 새 창조의 도래 간의 연계는 신학적인 연계이며, 개연적인 역사적 판단과 종말론적 소망 간의 연계다.

신학자는 성서를 설명한다. 그러기 위해 그들은 이중적인 해석학을 사용한다. 우선 신학자는 역추적하는 역사가를 주시하면서 역사적 해석학을 따라 궁극적으로 성서 본문이 된 그 본문의 개연적인 역사적 배경을 재구성한다. 또한 신학자는 기독교 신앙이 시대에서 시대로, 문화에서 문화로 전해지며 근대적·탈계몽주의적·범세계적 정황이라는 지평에서 이해된 것으로 설명한다. 이러한 해석학적인 두 방향은 모두 성서라는 동일한 출발점에서 시작한다.

우리가 성서에서 보듯이 예수의 무덤 탈출과 부활 이후의 출현에 관한 기사는 예수를 하나님의 아들이자 이 세상의 구원자로 묘사하는 내용과 함께 하나의 일괄된 종말론으로 압축 포장되어 있다. 역사적 해석학이 역추적을 하여 신성 및 구원론이 결여된 신앙고백의 대상이 되기 이전의 예수를 상상하는 것은 사변적인 문제에 불과하다. 그러한 역사는 사변적 재구성이다. 우리가 알고 있는 가장 구체적인 예수는 성서의 예수이며, 이 예수가 이미 우리가 우리의 주님으로 고백하는 예수다. 우리의 주님으로 고백되지 않은 예수는 우리의 상상 속에 있는 예수에 불과하다.

이러한 성서적 주장의 진실 여부는 종말론적 예수와 관련이 있다. 즉 예수의 부활은 보편적 부활, 곧 새 창조의 도래와 불가분리적으로 결합되어 있다. 성서적 주장을 확증할지, 아니면 반증할지의 여부는 앞으로 다가올 미래에 달려 있다. 이론적으로는 만약 앞으로 다가올 그 미래에 하나님의 종말론적 완성 행위가 포함되어 있지 않다면, 예수는 부활절에 다시 부활하지 않았을 것이다. 적어도 성서이 묘사하는 것처럼 부활한 것은 아니라는 말이다.

이 부분을 좀 더 명확하게 설명하고자 한다. 종말론적인 보완 없이도 역사가는 빈 무덤의 발견과 부활 이후 제자들에게 출현했을 가능성에 대해 여전히 사변적으로 논의할 자유가 있다. 하지만 종말론적 사건으로서의 예수의 부활은 앞으로 우리의 미래에 일어날 일과 무관하지 않다. 이것은 신학자의 문제이지, 역사가의 문제는 아니다. 역사가는 예수의 부활에 대한 성서적 주장을 종말론적 주장으로 이해할 책임을 안고 있다.

심지어 과거가 미래에 의해 좌우되는 것으로 드러난다고 하더라도, 오늘날 우리는 부활하신 예수에 관한 기독교의 주장이 크게 의심받고 있는 상황에 처해 있다. 어떤 교회 목사는 최근에 발행된 「크리스천 센추리」에 다음과 같이 글을 썼다. "주류 교회에 속해 있는 우리는 더 이상 천국을 우리의 실제 목적지, 즉 실현될 소망으로 생각하지 않는다. 이제 천국은 비유적인 표현이자 장례식장에서나 들을 법한 위로를 위한 비유일 뿐이다. 나는 우리가 천국을 더 이상 믿지 않게 되었다고 말하는 것이 아니다. 오히려 나는 팀북투(현재 말리의 통북투 주에 있는 도시로서, 15세기와 16세기에 걸쳐 번성했던 아프리카의 이슬람 문화를 대표하는 유적이 많이 남아 있는 곳임—역자 주)와 같이 천국도 마치 매우 낯설고 아득히 멀리 있는 어떤 곳을 가리키는 말처럼 취급되고 있다고 말하는 것이다."[1]

내 판단으로는 이와 같은 소망 없는 믿음은 가질 필요가 없다. 그리스도인의 삶의 열정과 에너지는 성서의 약속을 의지할 때 나온다. 그러나 이것은 어디까지나 약속이다. 확실한 지식은 아니다. 이것은 언제나 그랬다. 그렇다면 왜 조심스러울까? 칼 브라텐(Carl

---

1 Mark Ralls, "Reclaiming Heaven," *Christian Century* 121, no. 25 (December 14, 2004): 34.

Braaten)은 우리에게 다음과 같은 말로 상기시킨다. "그것[부활]이 약속하는 삶으로 들어가는 데 어떤 설명이 필요하다는 주장은 어리석은 것이다. 이것은 마치 우리가 전기를 이해할 때까지 텔레비전 보는 것을 거부하거나 또는 사랑이 어떻게 생겼는지 설명하기 전에는 사랑에 빠진 것을 인정하지 않는 것과도 같다."[2] 이것은 맹신을 강요하는 것이 아니다. 오히려 여기서 말하고자 하는 바는 기독교 신앙이 아직 성취되지 않은 미래의 부활에 대한 기대에 달려 있다는 것이다.

그때까지 우리 역사가와 신학자는 각자 우리의 연구에 집중해야 한다. 나는 이제부터 존 도미닉 크로산과 N. T. 라이트의 연구에 관해 간략하게 해설한 후, 볼프하르트 판넨베르크(Wolfhart Pannenberg)와 존 폴킹혼(John Polkinghorne)의 연구를 더 간략하게 해설할 것이다. 가장 핵심적인 역사적 질문은 바로 이것이다. "부활은 실제로 일어났는가?" 이 질문에 답하기 위해 성서에서 역사로 옮겨가는 작업은 약간 다른 질문으로부터 시작된다. "초기 교회의 출현과 지금 우리가 갖고 있는 성서 기록의 출현을 제대로 설명하려면 어떤 일이 일어났어야만 했을까?" 우리가 이 역사적인 질문에서 신학적인 질문으로 시선을 옮기면 우리는 또 다음과 같은 질문에 직면하게 된다. "부활은 **종말론적인 사건으로서**, 즉 아직 미래에 일어날 일에 대한 예기(prolepsis, 豫期)로서 실제로 일어났는가?" 그리고 N. T. 라이트의 연구가 부활의 **육체적** 특성을 특별히 강조하기 때문에 우리는 다음과 같은 과학적 질문을 던지며 결론을 맺을 것이다. "과연 우

---

2   Carl E. Braaten, *The Future of God* (New York: Harper, 1969), 75.

리는 어떻게 종말론적 부활이 요구하는 새로운 자연의 법칙을 사변적으로 미리 구성해볼 수 있을까?"

존 도미닉 크로산

존 도미닉 크로산은 자신의 연구를 "신앙고백의 그리스도와는 달리 역사적 예수에 대해 정확하고 공평한 설명"의 필요성을 채워주기 위해 분투하는 한 역사가의 연구로 이해한다.[3] 그는 자신의 방법을 **역사적 연구**로 부르는데, 이는 "이론과 방법, 증거와 논증, 결과와 결론이 원칙적으로나 실제적으로 어느 인간 관찰자에게나, 어느 분야의 연구자에게나, 또 자의식적이면서 자기비판적인 어느 연구자에게나 열려 있는 분석을 의미한다.[4] 크로산은 정경 본문과 비정경 본문을 시작으로 역사적 예수를 재구성한다.

크로산의 역사적 연구는 역사적 예수를 세 가지 독립적인 방향이 교차하는 곳에서 찾는다. 그 세 방향은 곧 다문화적 인간학, 그리스-로마 및 특히 유대교의 역사, 그리고 문학비평 혹은 본문비평이다.[5] 세 번째 방향인 본문비평은 주요 성서 본문이 다음과 같이 연

3　John Dominic Crossan, *Jesus: A Revolutionary Biography* (San Francisco: Harper, 1994), xi.
4　Ibid., 199.
5　Ibid., xi-xii. 후속 저서에서 Crossan은 이렇게 말한다. "나의 새 **방법**은 인간학, 역사, 고고학, 문학 분야를 간학문적으로 결합시킨다"(John Dominic Crossan, *The Birth of Christianity* [San Francisco: Harper, 1998], x).

속적인 세 단계에 따라 구성되어 있음을 보여준다. 첫 번째 단계는 **원** 예수 혹은 역사적 예수의 자료의 보존이고, 두 번째 단계는 이 자료의 **전달** 혹은 발전이며, 세 번째 단계는 완전히 새롭거나 허구적인 내용의 창작을 포함한 **편집**이다.[6] 크로산에 의하면 이 세 가지 단계를 모두 포함하는 정경 본문의 구성은 예수에 관한 의도적인 신학적 혹은 신앙고백적 해석의 결과다. 따라서 크로산이 추구하는 과제는 원래의 예수 자료를 찾아내기 위해 이 신학적 혹은 신앙고백적 해석의 배후의 단계로 파고들어가는 것이다.

크로산은 다음과 같이 결론 내린다. "역사적 예수는 **유대교 견유학파 농부**였다.…암묵적으로는 자기 자신을 위한 것이며 명시적으로는 추종자들을 위한 것이었던 예수의 전략은 **무료 치유와 공동 식사**가 결합된 전략이었다. 이는 유대 종교와 로마 권력의 계급 제도와 후원 제도를 모두 즉각적으로 거부하는 종교적·경제적 평등주의를 추구하는 것을 의미했다."[7] 그가 내린 결론의 핵심 요소는 예수가 열린 식탁 교제, 즉 평등주의적이며 반계급주의를 따르는 식사를 제공했다는 것이다. 예수는 "열린 식사 교제, 곧 식탁을 사회의 수직적인 차별과 수평적인 분리의 척도로 사용하지 않고 함께 식사하는 모임"을 옹호하셨다.[8] 이것은 정치적으로 분열을 초래했다. 크로산은 이렇게 말한다. "열린 식사 교제는 급진적인 평등주의, 곧 사람 간의

---

6   Crossan, *Jesus*, xiii, 83, 145.
7   Ibid., 198(강조는 원저자의 것). 참조. John Dominic Crossan, *The Historical Jesus: The Life of a Mediterranean Jewish Peasant* (San Francisco: HarperSanFrancisco, 1991), 421.
8   Crossan, *Jesus*, 69.

차별의 합법성을 부인하고 사람 간의 계급 제도의 필요성을 부정하는 절대적 평등주의의 상징이자 구현이다."⁹

크로산은 기적 속에서도 이와 비슷한 사회적·정치적 의미를 발견한다. 예를 들어 축사(逐邪)는 물리적 혹은 영적 현상이 아니라 사회적 현상이었다. 이것이 사실일 수밖에 없는 이유는, 크로산이 전제하듯이, 귀신과 같은 존재는 실제로 존재하지 않기 때문이다. "나 자신은…우리 몸으로 침투하는 인격적인 초자연적 영이 있다는 것을 믿지 않는다."¹⁰ 따라서 이러한 전제를 따르는 한, 우리는 초자연주의적 설명이 아닌 역사적 설명—따라서 사회적 설명—도 따라야 한다.

크로산은 기적이 중요함에도 불구하고 예수가 실제로 질병을 치유할 수 있었다고 추정하지 않는다. 이것은 "질병은 고치지 않고 병만 치료하는" 길과 치유의 기적이라는 사회적 해석의 여지만 남겨 놓는다. 그는 이렇게 말한다. "기적은 물리적인 세계의 변화보다는 사회적인 세계의 변화를 의미하며, 어쨌든 우리가 물리적인 세계를 보고, 사용하고, 설명하는 방법을 가르쳐주는 것은 바로 우리가 사는 사회다." 예수는 "인간답게 살 수 있는 사회적인 세계"를 만들도록 도우신다.¹¹

예수와 그의 선교적 제자들은 "기적과 하나님 나라를 서로 공유하고 그 대가로 식탁과 집을 제공받는다. 나는 원 예수 운동의 핵심이라고 할 수 있는 평등주의에 입각한 영적·물질적 자원을 공유하는

---

9 Ibid., 71.
10 Ibid., 85.
11 Ibid., 82.

삶이 바로 여기에 있다고 생각한다."¹² 성서 본문의 전달 단계와 편집 단계를 제거해버린 크로산은 궁극적으로 기존의 계급적 세계관을 뒤엎는 사회적 평등의 메시지를 전하는 시골 출신 유대인 견유주의자를 발견한다.

크로산은 예수의 부활 사건이라는 위대한 기적에 대해서는 자신이 추정하는 바를 강력하게 천명한다. "나는 그 누구도, 그 어디서도, 그리고 그 어느 시대에도 죽은 사람을 다시 살릴 수는 없다고 생각한다."¹³ 그렇다면 만약 부활이 기록된 대로 일어날 수 없었던 기적이었다면, 그 부활을 기록한 신학적 혹은 신앙고백적 목적은 무엇이었을까? 크로산이 제시한 답변은 "리더십을 위한 권위 부여"다. 편집 단계를 보면, 성서 저자들은 계층 구조를 형성함으로써 역사적 예수가 원래 주창한 평등주의를 거스른다. 크로산은 이것을 증명하기 위해 스스로 "자연 기적"이라고 지칭한 다음과 같은 다수의 기적을 하나로 묶어 분석한다. 이 기적들은 곧 예수의 부활, 물 위를 걸으심, 많은 물고기를 잡음, 오천 명을 먹이심 혹은 누가가 기록한 부활 이후 해변에서 먹은 아침 식사와 같은 음식 기적 등이다. 크로산의 견해에 의하면 위의 사건은 모두 한 범주에 속해 있다. 크로산에 따르면 "예수의 자연 기적은 모두 실제로는 교회의 권위에 관한 신조적인 진술이다. 물론 이 모든 기적은 최고의 자연 기적이라고 할 수 있는, 죽음을 이기신 예수의 부활 승리를 그 배경으로 두고 있긴 하지만 말이다."¹⁴

---

12 Crossan, *The Historical Jesus*, 341.
13 Crossan, *Jesus*, 95.
14 Crossan, *The Historical Jesus*, 404.

이러한 자연 기적들은 원 단계 혹은 역사적 단계에서는 나타나지 않으며, 오직 전달 단계나 편집 단계에서만 나타난다. 이 기적들은 차후 편집 단계에서 사도적 리더십에 권위를 부여한다. "예수와 신앙 **공동체** 전체가 참여하고 부활과 의식(儀式)의 의미인 떡과 물고기 식사에 관한 최초의 전승들"은 "부활하신 주님의 성찬식 임재"가 "전반적인 지도계급이나 혹은 특정 지도자 한 사람을 강조하는 등 어떠한 차별도 나타나지 않은 상태에서 이루어졌다"는 사실을 암시한다.[15] 부활하신 예수의 출현을 다룬 기사가 지닌 문제는 이 기사가 개개인에게 개별적인 권위를 부여했고, 이로 인해 성장세를 보이던 교회가 계층적인 성직 제도를 정당화했다는 데 있다. 향후 이 성서를 바탕으로 남성 사제는 성찬식을 주재하고 여성은 섬기는 역할을 수행하게 된다. 예수가 주창했던 원래의 평등주의는 사라지고 말았다. 그것이 부활하신 주님의 출현을 비롯한 자연 이적이 교회에 끼친 결정적인 피해다.

부활은 첫 단계, 즉 원 단계 혹은 역사적 단계에서 일어난 일이 아니다. 그렇다면 부활에 관한 기사는 거짓말인가? 크로산은 성서가 거짓말이라는 개념과 씨름한다. 그는 이 용어의 사용을 회피한다. 오히려 그는 이렇게 말한다. "예수의 **말씀과 행위**는 새로운 상황과 문제, 새로운 공동체와 새로운 위기에 관해 말할 수 있도록 새롭게 갱신되었다(updated). 그의 말씀과 행위는 새롭게 채택되었고, 새롭게

---

15   Ibid., 399.

개작되었으며, 새롭게 고안되었고, 또 새롭게 창작되었다."[16] 세월이 지남에 따라 채택에서 개작으로 넘어가는 과정에서 생겨난 것은 바로 살아생전 예수가 몸소 구현하려고 하신 것이 그의 죽음 이후에도 지속되기를 바라는 신자들의 부활 공동체였다. 이와 관련하여 크로산은 누가복음 24:13-33에 나오는 예수의 부활 이후의 출현 이야기가 대표적인 역할을 했다고 본다. "부활의 삶과 부활 이후의 환상은 처소의 제공과 공동 식사로 나타난다. 부활만으로는 충분하지가 않다. 성서와 성찬, 전통과 식탁, 공동체와 정의가 필요하다. 그렇지 않으면 하나님의 임재는 인식되지 못한 상태로 그대로 남아 있고, 인간의 눈은 열리지 않은 상태로 그대로 남아 있게 된다."[17]

N. T. 라이트

크로산과 마찬가지로 N. T. 라이트도 자신의 연구를 역사적 연구로 이해한다. 라이트 역시 신앙고백 이전 혹은 신학이 발전하기 이전의 원 예수 혹은 역사적 예수의 기록을 찾아내기 위해 본문 전승의 여러 단계의 배후로 파고들어간다. 라이트는 "초기 기독교가 출현하기 위해서는 어떤 일이 반드시 일어나야만 했을까?"라는 핵심적인 질문을 던지면서, 이 질문에 대해 역사가가 제시할 수 있는 답변을 탐구한다.

---

16 Crossan, *The Birth of Christianity*, 524 (강조는 원저자의 것).
17 Ibid., xi.

초기 기독교는 왜 생겨났을까? 이 질문에 대해 라이트는 다음과 같이 대답한다. "초기 기독교가 시작되고 그런 형태를 갖추게 된 **유일한** 이유는 예수의 무덤이 실제로 비어 있었고, 사람들이 실제로 다시 부활하신 예수를 만났기 때문이다.…이 모든 현상에 대한 가장 좋은 역사적 설명은 예수가 진실로 죽은 자 가운데서 육체적으로 다시 살아나셨다는 것이다."[18] 라이트의 결론은 곧 그의 명제다. "빈 무덤과 살아 계신 예수의 출현의 결합이 초기 기독교 신앙의 기원에 대한 **필요조건과 충분조건**이며 또 그 여러 환경을 구축한다. 이 두 현상이 없었다면 우리는 왜 기독교 신앙이 생겨났으며 또 그런 형태를 취하게 되었는지를 설명할 방법이 없다. 우리는 이 두 현상을 가지고 그 이유를 정확하고 엄밀하게 설명할 수 있다."[19]

라이트는 오늘날의 성서 역사가 사이에서 주로 채택되고 있는 "지배적 패러다임"—그는 이 현상을 이렇게 부른다—에 대해 못마땅하게 여긴다. 그것은 라이트 자신이 철저히 거부하는 패러다임이다. 라이트는 자신이 직접 바꾸기를 원하는 이 지배적 패러다임을 다음과 같이 설명한다. (1) 고대 유대교의 배경으로 보면 "부활"은 하나의 안정적인 의미를 갖고 있지 않았고, 실제 시체가 실제 무덤에서 사라진 것을 반드시 암시하지는 않았다. (2) 부활에 관한 최초기 기독교의 설명, 곧 바울의 설명은 "육체"의 부활을 확증하기보다는 "영적 관점"을 제시했다. (3) 최초의 그리스도인들은 예수가 높임을 받거

---

18   N. T. Wright, *Resurrection of the Son of God*, Christian Origins and the Question of God, vol. 3 (Minneapolis: Fortress Press, London: SPCK, 2003), 8(강조는 원저자의 것).
19   Ibid., 696(강조는 원저자의 것).

나 영화되었다고 믿었고, 처음에는 그 믿음을 가리키는 의미에서 "부활"이라는 용어를 사용했다. (4) 사복음서의 부활 기사는 이 신앙고백적 믿음을 강화하기 위해 나중에 만들어진 것이다. (5) 예수의 출현은 바울의 회심 경험에 비추어 가장 잘 설명되며, 이 경험 또한 하나의 주관적인 "종교" 체험으로 설명된다. (6) 예수의 시체가 어떻게 되었든지 간에(장사되지 못했을 가능성이 있음) 그의 시체는 분명히 사복음서의 이야기가 암시하는 것처럼 문자적으로 "소생했거나" 또는 "죽은 자 가운데서 다시 살아나지" 않았다. 요약하자면, 이 "지배적 패러다임"은 부활에 대해 "영적인" 관점을 갖고 있는 바울이 최초의 증인이자 가장 신뢰할 만한 증인이며, 예수의 빈 무덤과 눈으로 볼 수 있고 손으로 만져볼 수 있는 예수의 부활 이후의 출현을 그리는 사복음서는 후대의 신뢰하기 어려운 문서로 추정한다.[20]

이에 대한 라이트의 반론은 다음과 같다. (1) 가장 이른 시기부터 그리스도인들은 예수의 빈 무덤과 부활 이후의 출현에 관한 이야기를 공유했으며, 이 초기의 구전 이야기는 우리가 지금 갖고 있는 사복음서의 성문 형식 속에 담겨 있는 것과 매우 비슷했다. (2) 바울은 예수의 부활에 관해 이와 다른 사실을 전하거나 영적인 관점을 제시하는 것이 아니라, 오히려 고린도전서 15장 도입 부분 및 다른 곳에서 이 초기의 이야기를 요약하고 있는 것이며, 그런 의미에서 그의 가장 중요한 공헌은 전혀 다른 새로운 이야기를 제공했다기보다는

---

20 나는 이 단락의 분석을 Robert H. Smith, "(W)right Thinking on the Resurrection?" *Dialog* 43, no. 3 (Fall 2004): 244-251에 의존했음을 밝힌다.

당시에 이미 잘 알려져 있던 이 전통적 이야기에 대한 신학적 사고방식을 제공했다는 데 있다. "사복음서의 부활 이야기는 바울에게 의존하지 않는다.…복음서의 최종 형태가 언제 형성되었는지와는 상관없이, 가장 개연성이 높은 견해는 사복음서에 들어 있는 부활절 이야기의 출처가 초기 구두 전승까지 거슬러 올라간다는 것이다."[21]

이 둘 사이의 극명한 대조를 한마디로 요약하면 다음과 같다. 지배적 패러다임은 초기 교회가 예수의 부활 이후의 출현 이야기를 먼저 만들어내고, 그 이후에 빈 무덤 이야기를 만들어냈다고 주장하는 반면, 라이트는 빈 무덤과 예수의 출현의 결합이 교회를 탄생시켰다고 주장한다.

지배적 패러다임이 제기한 빈 무덤 및 복음서의 출현 내러티브의 역사성에 관한 질문에 대한 라이트와 크로산의 답변은 엇갈린다. 크로산은 공관복음과 요한복음의 부활 기사를 후대의 세 번째 단계에서 만들어진 것으로 보는 반면, 라이트는 초기의 첫 번째 단계의 것으로 본다. 또한 크로산은 부활 기사를 허구의 창작으로 보는 반면, 라이트는 그것에 역사적 지위를 부여한다. 라이트는 이렇게 말한다. "크로산은 부활 이야기 자체의 기원을 예수 자신의 초기의 순수한 농부로서의 뿌리를 떠나 새로운 방향으로 전개된 교육받은 중산층 서기관 운동에서 찾는다.…따라서 부활 내러티브는 역사로서는 아무런 가치가 없는 것으로 간주된다. 곧 부활 내러티브는 계획된 정치이며, 그것도 잘못된 사람들 곧 고상한 덕목을 갖춘 농부들이기보다는

---

21   Ibid., 612.

교육받은 나쁜 서기관들의 정치라는 것이다.…크로산은 그것이 그리 되어서는 안 된다는 뜻으로 말하면서 마치 그것은 그리 될 수 없다고 말하는 것처럼 보인다."[22] 이런 논증은 라이트에게는 충분하지가 않다.

이미 앞에서 확인한 바와 같이 크로산은 아무도 죽은 자 가운데서 다시 살아났거나 살아날 것이라고 믿지 않는다. 라이트도 이것이 신약성서의 그리스도인들의 생각이었다는 것을 인정한다. "**죽은 사람은 일반적으로 다시 살아나지 못한다는 사실 자체는 초기 기독교 신앙의 일부**였지, 이에 대한 반론은 아니었다. 초기 그리스도인들은 예수에게 일어난 일은 전적으로 새로운 사건이라고 주장했다. 확실히 예수의 부활은 완전히 새로운 실존양식 곧 새 창조의 시작이었다."[23] 여기서 한 가지 중요한 방법론적 문제는 크로산의 전제가 역사적 증거를 평가하는 데 있어서 절대 양보할 수 없는 수준의 것인지의 여부다. 크로산은 에른스트 트뢸치(Ernst Troeltsch)의 유비 원리를 적용하고 있는 것으로 보인다. 즉 크로산은 자기 자신이 죽은 사람이 다시 살아나는 것을 본 적이 없기 때문에, 유비 원리에 따라 예수나 다른 어떤 사람이 과거에 다시 살아날 수 있었다는 주장에 개연성이 없다고 주장한다는 것이다. 라이트는 이러한 유비 원리의 사용을 무효화하기 위해 역사적 증거를 사용한다. "초기 교회 출현의 독특성이 바로 우리로 하여금 다음과 같이 말하도록 강요한다. 유비와는 무관

---

22 Ibid., 19.
23 Ibid., 712(강조는 원저자의 것).

하게, 과연 무슨 일이 일어난 것일까?"²⁴

초기 기독교 공동체가 견지한 부활 개념은 주변의 이교도 문화에서 유래한 것이 아니다. 왜냐하면 기독교 신앙으로 자리 잡은 것에 대한 선례가 이교도 정황에서 전혀 발견되지 않기 때문이다. 오히려 라이트는 기독교의 특유한 부활 신앙을 변화 과정 중에 있었던 유대교 개념의 변화(mutation) 혹은 다수의 변화로 묘사한다. 이 변화들은 다음과 같다. (1) 이전의 유대교 사상에서는 부활이 지엽적인 주제였지만, 기독교 신앙에서는 중심적인 위치를 차지한다. (2) 그리스도인들은 육체의 불멸성을 강조하면서 애매했던 과거의 개념을 더욱 정교하게 가다듬었다. (3) 거의 모든 초기 그리스도인들은 부활에 관해 동일한 이해를 가지고 있었으며, 이 개념에 대한 분명한 의미도 잘 알고 있었다. (4) 부활 사건은 두 단계로 나누어진다. 첫 번째 단계는 부활절에 예수와 함께 시작되었고, 두 번째 단계는 약속된 보편적 부활을 포함하게 된다. (5) **부활**이라는 용어는 문자적인 의미와 은유적인 의미로 모두 사용된다. (6) 죽음과 부활 개념에 메시아 개념이 결합되었고, 죽음과 부활에 대한 구약성서 본문의 예견들을 해석학적으로 사용하게 되었다. 라이트는 오직 예수의 부활과 같은 엄청나게 놀라운 사건만이 이와 같은 믿음을 초래할 수 있었다고 추정한다.

라이트도 크로산과 마찬가지로 예수가 정치적으로 중요한 인물이었다는 사실을 익히 잘 알고 있다. 두 사람 모두 인간이 구축한 계

---

24 Ibid., 18. 유비 원리를 역사적 탐구에 과용한 Troeltsch에 대한 철저한 비판에 관해서는 Wolfhart Pannenberg, *Basic Questions in Theology* (Minneapolis: Fortress Press, 1970-1971), 1:38-53을 보라.

층 구조와 지배 체계가 예수와 관련된 하나님 나라와 상반된다는 데 동의한다. 그러나 두 학자는 예수의 정치적 중요성을 어디에 두느냐에 있어서는 서로 이견을 나타낸다. 크로산은 예수의 정치적 중요성을 식사 모임과 예수가 생전에 지속적으로 추구했고 사후에 제자들에 의해 지속된 농부 평등주의에서 찾는다. 이에 비해 라이트는 예수의 정치적 중요성을 그의 부활에 둔다. 몸의 부활의 실체는 통치자들이 자신들의 지배권을 강화하기 위해 사람들을 죽음으로 위협하지 못하게 하는 것을 의미한다. 예수의 부활은 하나님이 사람들을 억압하는 주권자들과 독재자들을 무너뜨리실 것임을 증언한다. 흥미롭게도 라이트는 이 땅의 통치자들이 앞에서 언급한 지배적 패러다임을 따르는 학자들과 동맹 관계에 있는 것으로 간주하고 이 둘 모두를 거부한다. "고대와 현대를 막론하고 이 세상의 헤롯들과 카이사르들과 사두개인들이 왜 그렇게 실제적 부활의 가능성을 모두 거부하는 데 안간힘을 썼고 또 안간힘을 쓰고 있는지 이제야 알겠다. 결국 그들은 실제 세계에 반하는 주장을 내세우고 있는 것이다. 그리고 바로 이 폭군들과 독재자들(지성적·문화적 폭군들과 독재자들을 포함하여)은 힘(폭력)으로 이 실제 세계를 다스리려고 시도하지만, 그렇게 하기 위해서는 부활에 관한 온갖 소문, 곧 그들의 최대 무기인 죽음과 해체가 결국에는 전혀 아무런 힘을 발휘하지 못한다는 것을 암시하는 소문을 입막음하지 않으면 안 된다는 사실을 마침내 깨닫게 될 뿐이다."[25]

---

25 Wright, *The Resurrection of the Son of God*, 737.

예기(prolepsis)

과연 부활은 어떤 것일까? 이스라엘의 정치적 상승세에 대한 은유일까? 플라톤의 육체와 분리된 영혼일까? 지속되는 공동체에서 생겨나는 믿음일까? 라이트는 초기 교회가 믿은 것이 무엇인지를 설명하면서 그것은 바로 최초로는 예수에게, 나중에는 우리 모두에게 일어날 **육체**의 부활이라고 말한다. "초기 기독교는 처음부터 끝까지 철저하게 '부활' 운동이었으며…초기 기독교는 정확하게 '부활'이 함축하고 있는 의미를 훨씬 더 엄밀하게 진술했다(즉 부활은 죽음을 통과하여 새로운 종류의 육체적 실존으로 들어가는 것을 의미하고, 이는 두 단계에 걸쳐, 먼저 예수에게 그리고 나중에는 모든 사람에게 일어나는 것을 의미했다). 그리고…비록 초기 그리스도인들이 말한 문자적인 '부활'은 결단코 미래에 일어날 일로 이해되었지만, 또한 동시에 그리스도인들의 현재의 삶에 영향을 미쳤고, 또 그 삶의 모습을 직접 형성해나갔다."[26]

현재의 삶에도 영향을 미치는 새 창조에 대한 기대는 예기(豫期)라는 문제를 제기한다. 비록 이 용어는 라이트가 사용한 표현은 아니지만, 하나의 신학적 개념으로서 우리가 예수와 함께한 기본적인 역사적 경험에서 예수에 대한 종말론적 중요성 혹은 의미로 나아갈 수 있게 해준다. "그러므로 이 모든 것의 핵심과 중심은 예수 자신의 부활에서 얻어낸 예기적인 제압을 바탕으로 미래에 일어날 죽음을 제압하는 것이다. 혹 다른 방식으로 말하자면, 부활은 '현재의 악한 시

26　Ibid., 210.

대'의 한복판에서 메시아의 죽음과 부활을 통해 이미 도래한 '장차 올 시대'의 최종적 완결이다."[27] 예기를 통해 우리는 예수의 부활을 종말론적 새 창조의 도래에 대한 예시(preconfiguration)로 이해한다. 이것은 이미 신약성서에 나타나 있는 하나의 신학적인 판단이며 예수가 말하는 역사의 의미 안에 깊이 새겨져 있다.

로버트 스미스(Robert H. Smith)는 라이트가 크로산 및 예수 세미나와 함께 자신의 질문을 어떤 특정 사건이 실제로 일어났는지의 여부에 국한시킴으로써 자신의 주석을 왜곡시키는 우를 범한다고 우려한다. 라이트는 복음서 저자들을 신학자로 보지 않는다. 라이트는 마태의 부활 신학이나 마가나 누가나 요한의 부활 신학에 관해 묻지 않는다. 또한 그는 각 복음서 안에 있는 어떤 특정한 부활 내러티브가 각 복음서 안에서 어떻게 기능하는지도 묻지 않는다. 스미스는 이렇게 말한다. 복음서 내러티브 안에서 "복음서 저자들은 부활의 다양한 층위의 의미를 탐구한다.…부활 신앙은 '무덤이 비어 있고 예수가 다시 살아서 나타나신 것을 믿는 것' 그 이상의 의미를 담고 있다."[28]

이런 비판과는 무관하게 라이트가 추적하는 대상은 가장 이른 시기의 층위 혹은 단계다. 그는 사복음서가 사용한 원 자료들의 연대를 초기 곧 바울 이전 시기의 것으로 간주하는 것을 선호한다. 이 첫 단계에서 이 기사들은 아직 예수의 부활과 우리의 미래의 부활을 서로 연계하려는 시도를 하지 않는다. 말하자면, 적어도 부활절의 예

---

27   Ibid., 336.
28   Smith, "(W)right Thinking," 250.

수가 잠자는 자들의 첫 열매가 되신다(고전 15:20)는 바울의 해석에서 찾아볼 수 있는 수준에 이르지는 못했다는 것이다. 바울의 종말론이 아직 충분하게 발전하지 않았다면, 역사적 예수는 분명 최소한 원종말론에 근거하여 이해되었을 것이다. 역사적으로 보면 교회가 출범한 첫 시기에도 전혀 나타나지 않은 것은 아니지만, 이러한 사상은 마태, 마가, 누가, 요한의 신학에 이르러서야 비로소 어느 정도 발전된 형태를 취하게 된다.

라이트는 초기 교회가 믿었던 것과 초기 교회가 그것을 믿었던 이유에 관한 엄격한 역사적 평가를 넘어설 필요가 있음을 인정한다. 그다음 질문은 바로 그렇다면 "그것은 어떤 의미인가?"라는 것이다. 그것의 신학적 의미는 무엇인가? 역사에서 신학으로 넘어가기 위해 라이트는 지시 대상(referent)과 의미(meaning) 간의 해석학적 구분을 재설정한다. 그는 "지시 대상"은 예수가 죽은 자 가운데서 육체적으로 다시 살아나신 것에 대한 역사적 판단을 가리킨다고 본다. 또한 그는 "의미"라는 단어는 그 역사적 판단의 중요성을 가리키는 것으로 본다. 여기서 예수의 부활의 의미는 예수가 하나님의 아들이라는 것이다. "다시 말하면, 예수의 부활은 예수가 진실로 하나님의 아들이라는 사실을 선언한다. 이것은, 비록 바울이 여기서 확실히 그것을 의도하고 있기는 하지만, 예수가 메시아라는 의미를 나타낼 뿐만 아니라, 그리고 또 예수가 이 세상의 참된 주라는 의미를 나타낼 뿐만 아니라, 예수가 이스라엘의 하나님이신 살아 계신 하나님이 이 세상 속에 인격적으로 임하신 분이고, 처음부터 바로 이 하나님의 형상으로 지음 받은 인간 피조물의 한 사람이 되신 분이라는 것도 의미

한다."²⁹

우리가 여기서 지적할 만한 작은 해석학적 문제점이 있을까? 라이트는 과연 역사가는 지시 대상(역사적 사실)을 우선적으로 다루고 거기에 의미(신학적 해석)를 덧붙일 수 있다는 전제를 갖고 작업을 하는 것일까? 확실하지는 않지만 그는 거의 그렇게 작업한다. 이 문제를 더욱 깊이 다루는 차원에서 우리는 다음과 같은 질문을 던질 수 있다. "우리는 의미와 상관없이 독립적으로 지시 대상에 다가갈 방법이 있는가? 아이스크림 위에 뜨거운 퍼지를 올려놓는 것처럼 과연 우리는 역사적 사건 위에 신학적 의미를 붓는 호사를 누릴 수 있을까? 그럴 수 없다. 왜냐하면 우리가 지시 대상에 다가갈 수 있는 길은 오직 이미 의미가 적재된 본문을 통하는 수밖에 없기 때문이다. 또 다른 표현을 사용하자면, 우리가 알고 있는 예수의 단 한 번의 부활절 부활 사건은 바로 종말론적 사건이라는 것이다.

따라서 우리가 "그것이 일어났는가?"라고 묻는다면, 우리는 여전히 "일어난 '그것'은 무엇인가?"라고 질문할 필요가 있다. 예수의 부활 사건의 경우 "그것"은 바로 종말론적 하나님 나라에 대한 예기적인 또는 예견적인 사례다.

---

29 Wright, *The Resurrection of the Son of God*, 733.

교회의 탄생

만약 우리가 두 학자에게 동일한 질문—당신은 초기 교회의 출현 혹은 탄생을 어떻게 설명하는가?—을 던진다면, 두 사람은 분명 서로 상당히 다른 답변을 내놓을 것이다. 존 도미닉 크로산은 이렇게 대답한다. "기독교의 탄생은 역사적 예수와 예수의 최초 제자들 간의 상호 작용 및 그의 처형에도 불구하고 지속된 그 상호 관계에서 비롯되었다."[30] N. T. 라이트는 이렇게 대답한다. "예수가 죽은 자 가운데서 육체적으로 다시 살아나셨다는 주장은 초기 기독교 한복판에 있는 역사적 자료를 설명해줄 수 있는 독보적인 힘을 갖고 있다."[31] 크로산에 의하면 예수는 처형당해 죽은 상태로 남아 있었지만, 그의 추종자들은 처형 이전의 예수와 초기 교회의 탄생 사이에 연속성을 부여했다. 라이트에 의하면 처형당한 예수는 죽은 자 가운데서 육체적으로 다시 살아나셨으며, 바로 이 역사적 사실은 초기 교회가 견지한 믿음의 출현을 설명해준다.

---

30 Crossan, *The Birth of Christianity*, xxi. Robert W. Funk도 초기 교회가 예수를 왜곡시켰고, 정통 기독교는 오직 역사가만이 바로잡을 수 있는 왜곡된 집단이라는 유사한 주장을 펼친다 예수에 대한 학문적 "재구성"은 "예수의 복음"을 "복음서의 예수"로부터 해방시킬 것이며, 이로써 이제는 "성서나 신조가 아닌 예수가 다른 견해와 실천을 평가하는 규범이 될 것이다"(Robert W. Funk, *Honest to Jesus: Jesus for a New Millennium* [San Francisco: Harper, 1996], 19, 300-301). 만약 정통 기독교에게 성서의 예수가 전통적으로나 오늘날에도 규범이 된다면, 우리는 역사가에 의해 재구성된 탈성서화한 예수가 어떻게 모든 이에게 규범이 될 수 있는지 의아해할 수밖에 없다. 하지만 탈성서화한 예수가 〈예수 세미나〉 지지자들에게 인기를 얻는 이유는 그가 계층을 인정하는 정통 교회의 환상적인 그리스도보다 더 현실적이고 더 평등주의적이기 때문이다.

31 Wright, *The Resurrection of the Son of God*, 718.

흥미롭게도 크로산 역시 초기 기독교 공동체의 초교리적인 삶을 강조하기 위해 체현(embodiment)이라는 심상을 사용한다. "크로산 신조"(Crossan credo)라고 할 수 있는 것에 대해 그는 다음과 같이 말한다. "정의는 단순히 말과 사상에 관한 것이 아니라 언제나 몸과 삶에 관한 것이다. 부활은 단순히 예수의 영 혹은 영혼이 이 세상에서 계속 살아 있는 것을 의미하지 않는다. 그렇다고 해서 단순히 예수의 동료들이나 추종자들이 이 세상에서 지속적으로 살아 있는 것을 의미하는 것도 아니다. **부활**은 이 세상에서 강력한 영향력을 행사하며 살아가는 체현된 삶(embodied life)을 가리키는 것이 틀림없다. 나는 역사가로서 이러한 주장들을 인정할 뿐 아니라, 그리스도인으로서도 이 주장들을 믿는다."**32** 크로산은 "체현"이라는 용어를 라이트와 동일한 의미로 사용하고 있는 것일까? 그렇지 않아 보인다. 라이트는 무덤에서 나와 자기를 따르는 이들에게 나타나신 인간 예수의 문자적인 몸에 관심을 두고 있는 반면, 크로산은 기독교 신자들의 은유적인 몸에 관심을 두고 있다.

최초의 그리스도인들은 무언가를 새롭게 도입했을까? 아니면 고대 세계에서는 그 누구나 부활을 믿었을까? 크로산은 초기 기독교의 주장―즉 예수가 죽은 자 가운데서 다시 살아나셨다는 것―은 기독교의 선교 활동이 이루어진 유대 및 로마 세계의 정황에서는 평범한 것이었다고 주장한다. 예수에게 일어난 일은 유일무이한 일이 아니라 평범한 일이었다는 것이다. "다시 살아난 시체에 관한 환상이

---

32 Crossan, *The Birth of Christianity*, xxx(강조는 원저자의 것).

나 부활한 몸의 출현은 특별히 독특한 것이 아니다.…나는 여기서 다음과 같은 가설을 유추해낸다. 곧 기독교의 탄생은 역사적 예수와 예수의 최초 제자들 간의 상호 작용 및 그의 처형에도 불구하고 지속된 그 상호 관계에서 비롯되었다."[33] 그 논리는 다음과 같다. 곧 부활이 고대 로마 제국에서 일상적인 뉴스거리였다면, 그리고 예수에게 일어난 일의 보고에 독특한 사실이 전혀 덧붙여지지 않았다면, 예수의 부활 보고는 기독교의 탄생을 설명해주기에는 불충분하다. 따라서 이 모든 것을 설명해줄 수 있는 것은 그의 처형에 앞서 그의 동료들이 보여준 헌신일 수밖에 없다.

크로산의 역사적 판단은 세 가지 논점에서 논쟁의 여지가 있으며 다른 한 가지 논점은 수정될 필요가 있다. 첫째, 다른 역사가들은 초기 기독교의 선교 활동이 이루어지던 정황이 예수의 부활과 유사한 부활에 대한 보고 사례가 통상적으로 나타나던 정황이었다고 보지 않는다. 오히려 정반대로 초기 기독교 선교사들은 오해와 더 나아가 심지어 충돌을 겪어야만 했다. 마거릿 마일즈(Margaret Miles)는 자신이 집필한 기독교 신학의 역사에 관한 저서에서 불멸성 주장과 관련하여 몸의 역할에 대해 갈등이 존재했음을 확인한다. "몸의 부활에 대한 믿음은 기껏해야 혹신(惑信), 또는 최악의 경우 무지에 의한 미신, 곧 영혼의 불멸성과 육체의 부활이라는 두 가지 전혀 다른 신앙이 혼동을 일으키는 것으로 보인다.…영혼은 자연적으로 불멸한다는 플라톤의 가르침과 달리, 그리스도인들은 영혼의 불멸성은 하나님

---

33 Ibid., xxx-xi.

의 선물이며 이 선물은 곧 육체의 부활이 없다면 불충분하다고 주장했다."[34] 요약하자면, 초기 그리스도인들이 예수에 관하여 그리고 우리의 미래에 관해 이야기했던 것은 사후에 우리에게 일어날 일에 관하여 당시 널리 만연해 있던 신념들과 일치하지 않았다.

두 번째 논점은 크로산이 재구성한 역사적 예수는 구원의 메시지, 특히 예수의 부활 사건에서 나타난 구원의 능력과 단절되어 있다는 것이다. 이것은 독단적일 뿐 아니라 또한 불필요해 보인다. 성서의 예수는 구원의 메시지와 불가분의 관계에 있으며, 따라서 입증의 책임은 그 연관성을 제거하고자 하는 편에 있다. 알랜드 훌트그렌(Arland Hultgren)의 초기 교회의 탄생에 관한 설명을 보면, 역사적 부활과 그 부활의 구원적인 의미가 한 패키지 안에 들어 있다. "지상의 예수의 직속 제자들도 포함된 최초기의 신앙 공동체에게 예수의 죽음과 부활은 그의 운명에 대한 가장 기억에 남는 사건이었을 뿐만 아니라, 시대의 전환점 곧 죄와 사망이 극복되고 의와 생명이 성령을 통해 하나님의 선물로 주어지는 새 시대의 시작을 알리는 엄청난 사건이었다."[35] 이는 크로산이 재구성하는 역사적 예수가 추상적 인물,

---

34　Margaret R. Miles, *The Word Made Flesh: A History of Christian Thought* (Oxford: Blackwell, 2005), 26-27. Helmer Ringgren은 바알, 타무즈, 아도니스, 오시리스 등과 같이 죽었다가 다시 살아난 신들에 관한 고대의 주장을 검토한다. 그는 이런 신들의 신화는 농사 주기와 관련이 있는 반면, 부활에 대한 기독교의 독특한 이해와는 아무런 관련이 없음을 발견한다. 이와 유사한 사상은 다른 종교에 전혀 스며들지 않았고, 심지어는 다른 종교에는 존재하지도 않았다. Helmer Ringgren, "Resurrection," in *Encyclopedia of Religion*, 2nd ed.

35　Arland J. Hultgren, *The Rise of Normative Christianity* (Minneapolis: Fortress Press, 1994), 112.

즉 그리스도의 구원의 능력을 경험했다고 주장하는 공동체와 깊이 연계되어 있는 분과 완전히 단절된 인물이라는 것을 의미한다.

셋째, 크로산은 인과논리를 역으로 설명하고 있는 것으로 보인다. 그는 성문화된 성서 전승의 신앙고백적인 편견이 부활과 무관한 역사에 부활 신학을 중첩시켰다고 주장한다. 혹자는 이런 질문을 던질 수 있다. 그렇다면 이 저자들은 그들의 신앙고백적인 편견을 어디서 가져왔을까? 무엇이 그것을 초래했을까? 예수의 부활에 관한 보고가 그것을 초래했을까? 귄터 보른캄(Günther Bornkam)도 크로산과 마찬가지로 사복음서 기사들은 각기 서로 다르며 각 저자의 신앙적 입장의 흔적을 남겼다는 사실을 인정한다. 하지만 이러한 지적은 인과논리에 결코 문제를 제기하지 않는다. "부활하신 그리스도의 출현과 그의 증인들의 말은 애초부터 이 믿음을 불러일으켰다."[36] 티모시 존슨(Luke Timothy Johnson)은 크로산에게 다음과 같은 수사적 질문을 던진다. "만약 부활 이후의 출현 기사가 단순히 예수 운동 안에 있는 지도자들의 권위를 합리화하는 것에 불과했다면, 애초부터 나타난 이 운동의 시작은 어떻게 설명해야 할까?"[37]

이 세 가지 비판 외에도 우리는 크로산이 말하고자 하는 바에 한 가지를 수정할 수 있다. 즉 예수의 부활 사건의 원래의 종말론적 지평, 곧 우리가 오늘날도 여전히 그 안에서 기독교 신앙에 대한 헌신을 설명할 필요가 있는 바로 그 지평에 비추어 예수의 부활 사건의

---

36 Günther Bornkam, *Jesus of Nazareth* (New York: Harper, 1960), 183.
37 Luke Timothy Johnson, *The Real Jesus: The Misguided Quest for the Historical Jesus and the Truth of the Traditional Gospel* (San Francisco: Harper, 1996), 50.

성서적 의미를 더욱 온전히 파악할 필요성이 있다.[38] 우리는 과연 어느 단계에서 종말론적 의미를 발견하는가? 첫 번째 단계인가, 아니면 세 번째 단계인가? 크로산은 세 번째, 곧 편집 단계에서 발견한다고 말하는 반면, 라이트는 첫 번째 단계, 즉 예수에 대한 원 경험에 둔다. 라이트는 이렇게 말한다. "'예수의 묵시적 귀환'에 대한 예언은 첫 번째 단계에서 일어났으며 다양한 문서에서 나타나지만, [크로산에 따르면] 이는 예수 자신보다는 '예수에 대한 후대 전승으로부터' 비롯된 것으로 간주된다. 왜냐하면 크로산은 이러한 '묵시적' 자료는 예수의 특징을 반영하지 않는다고 이미 단정했기 때문이다."[39]

조직신학자가 해야 할 과제는 쌍방 해석학이다. 첫 번째 방향은 뒤로 거슬러 올라가는 것으로서, 곧 성서 본문으로부터 우리가 가지고 있는 본문을 탄생시킨 역사에 관해 사변적으로 접근하는 해석이다. 두 번째 방향은 우리의 현 문맥을 향해 앞으로 나아가는 것으

---

38 *Birth of Christianity*, 282에 실린 **종말론**에 대한 Crossan의 정의는 적절하다. "종말론은 신적 급진성(divine radicality)이다. 종말론은 어떤 초월적 위임에 기초한, 현 세상의 상태(常態, normalcy)에 대한 근본적인 부정이다." 윤리에 적용할 경우 종말론은 억압 체계에 비판적 판단을 내린다. Crossan은 이렇게 말한다. "**윤리적 종말론**(혹은 윤리주의)은 악하고 불의하고 폭력적이라고 판단되는 체계에 적극적으로 반대하고 비폭력적으로 저항함으로써 이 세상을 부정한다." *Birth*, 284(강조는 원저자의 것). 여기까지는 그럭저럭 다 좋다. 그런데 어떤 이유에서인지 Crossan은 묵시 형태의 종말론을 "대량 학살의 마음"(genocidal heart)과 동일시하며, 최소한 본 독자가 보기에는 예수의 부활 운명을 불필요하게 탈종말론화한다. 예수의 인격이 종말론적 기반을 갖고 있지 않다면 그의 윤리도 마찬가지다.

39 N. T. Wright, *Jesus and the Victory of God*, Christian Origins and the Question of God, vol. 2 (Minneapolis: Fortress Press; London; SPCK, 1996), 50-51. 묵시는 "'이 세상의 임박한 종말이라는 어두운 시나리오'가 **아니라** 현재의 세계 질서의 근본적인 전복이다"(57).

로서, 곧 현대의 탈계몽주의란 의미의 지평 안에서 기독교 신앙을 설명하는 해석이다. 두 방향 모두 동일한 지점, 곧 성서가 말하는 것에서 출발한다. 역사와 설명 모두 성서를 해석하는 것이다. 이때 미래의 지평은 역사와 설명 모두에서 중요한 역할을 수행한다.

볼프하르트 판넨베르크

하나님 나라의 도래에 관한 선포를 포함한 예수의 메시지는 예견적인 성격을 지니고 있었다. 예수의 메시지는 예언된 하나님의 메시아적 통치와 새 창조의 도래를 예견했다.[40] 크로산의 적절한 표현을 차용하자면, 예수의 식탁 교제는 예수의 치유 기적과 함께 종말론적 식탁 교제와 치유를 예견했다. 약속된 미래를 미리 앞당겨 구현하는 것이 바로 "예기"(prolepsis)라는 용어가 의미하는 것이다. 뮌헨 출신의 조직신학자 볼프하르트 판넨베르크(Wolfhart Pannenberg)는 종말론적

---

40 "지금 그리스도인들이 하나님이 예수를 죽은 자 가운데서 다시 **살리셨다**고 선포했다면 이것은 하나님이 유일무이한 이 한 사람 안에서 **종말**에 일어날 것으로 예상되었던 부활 과정을 이미 다 성취하신 것을 의미했다." Ulrich Wilckens, *Resurrection*, trans. A. M. Stewart (Louisville, Ky.: Westminster John Knox, 1978), 20(강조는 원저자의 것). Reginald H. Fuller는 *Formation of the Resurrection Narratives* (1971, reprint, Minneapolis: Fortress Press, 1980), 181에서 예수의 부활을 통해 "하나님께서 종말론적 실존을 시작하셨다"고 말한다. 종말론 자체는 역사를 초월하기 때문에 온전한 역사가 될 수 없다. 하지만 역사는 종말론을 미리 내다볼 수 있다. Fuller는 이렇게 설명을 이어나간다. "이 시대에 일어날 수 있는 일은 하나의 역사적 사건으로 충분히 설명이 가능한 사건임과 동시에, 신앙의 눈으로 보면 초월적이고 종말론적인 사건이 계시되는 사건이다."

약속의 선취(pre-realization)를 강조한다. "예수의 사역은 예기의 성격을 예언과 공유했지만, 단순히 사전 **인지**(pre-cognition)라는 의미에서의 예언과 묵시뿐 아니라, 말하자면 미래의 **선취**(pre-realization)라는 의미, 즉 그 미래의 예기적인 서막으로서의 성격을 지니고 있었다."[41]

예수의 부활 사건의 원 의미 안에는 이전에 묵시적 예언에서 예견된 보편적 혹은 우주적 부활의 도래가 내재되어 있다. 예수의 유대인 청자들이 부활에 관한 묵시적 환상을 믿었든 믿지 않았든 간에 그들은 그 의미를 이해하고 있었고, 그들은 부활절에 예수에게 일어난 일이 왜 이 지평 안에서 해석되는지 잘 알고 있었다. 예수의 부활은 "잠자는[죽은] 자들"의 "첫 열매"다(고전 15:20). 우리 모두에게 일어날 것으로 예상되었던 것이 이미 인간 예수에게 개인적으로 일어난 것이다. "종말론적 실재가 신속히 실현될 것이라는 예수의 기대는 단순히 실패하지 않았다.…비록 예수 자신에게만 국한되기는 했어도, 그것은 성취되었고, 따라서 확증되었다.…인류의 보편적 운명은 예수 안에서 실현된 것이다. 만약 그가 **실제로** 죽은 자 가운데서 부활하셨다면 말이다."[42]

판넨베르크가 자신의 신학적 주장을 어떻게 역사적 사실 여부—"만약 예수가 **실제로** 죽은 자 가운데서 부활하셨다면—에 따라 전개하는지를 주목하라. 신학적 입장은 예수의 개인적인 부활, 즉 기

---

41 Wolfhart Pannenberg, "Focal Essay: The Revelation of God in Jesus of Nazareth," in *Theology as History*, vol. 3 of New Frontiers in Theology, ed. James M. Robinson and John B. Cobb Jr. (New York: Harper, 1967), 112-113(강조는 원저자의 것).
42 Ibid., 114(강조는 원저자의 것).

초가 되는 사건의 역사성에 달려 있다. 신앙은 역사에 달려 있다. 신앙은, 비록 기독교 신앙의 주관적 적용이긴 해도, 그 신앙의 주관성으로 환원될 수 있는 것이 아니다. 신앙은 객관적 사실이라는 영역에 기반을 두어야 한다. 이는 그 무엇보다도 예수의 부활에 대한 성서의 주장의 진정성에 반하는 역사적 판단은 기독교 신앙을 훼손시킨다는 것을 의미한다.

판넨베르크에 의하면 이 사실은 신학이 사실과 의미, 곧 라이트가 "지시 대상"과 "의미"로 명명한 것이 재통합될 필요가 있음을 의미한다. 판넨베르크는 이렇게 말한다. "역사적 의식을 이와 같이 사실의 탐지(detection of facts)와 사실의 평가(evaluation of facts)로 분리시키는 것은…기독교 신앙이 용납할 수 없는 것이다. 그것은 예수의 부활의 메시지와 그분 안에 있는 하나님의 계시의 메시지가 단순히 주관적인 해석으로 전락될 뿐 아니라 구시대적이며 미심쩍은 역사적 방법을 반영하는 것이기 때문이다. 역사 속에 담긴 의미를 배제한 채 단순히 사실 자체만을 확인한다는 것은 실증주의적 역사가들의 헛된 목표에 기반을 둔 것이다.…이에 맞서 우리는 오늘날 사실과 그 의미의 원래적 통일성을 되찾아야만 한다."[43]

따라서 만약 부활하신 예수에 관해 성서가 주장하는 바의 역사성을 부인하는 크로산이 옳다면, 이와 같은 사고를 하는 조직신학자는 더 이상 기독교 신앙을 설명할 방도가 없다. 또한 만약 역사적 사실과 그 의미를 분리시키는 라이트가 옳다면, 신학자는 기독교 신앙

---

43   Ibid., 126-127.

에 대해 다룰 수는 있어도 이를 설명하는 데는 상당한 어려움이 따를 것이다. 배심원이 어떤 판결을 내릴 때까지 신학자는 역사성을 전제로 위험 부담을 무릅쓰고 계속 진행해나갈 수 있다. 이것이 바로 판넨베르크가 시도하고자 하는 것이다. "이제 우리는 예수의 부활에 관한 역사적 문제가 긍정적으로 판결났다고 가정해보자. 그렇다면 이 사건이 하나님의 최종 계시로서 갖는 의미는 더 이상 그 사건에 덧붙여져야 하는 무언가가 아니라, 이것이 바로 그 당대의 역사와 전승이라는 문맥 속에 내재되어 있는 원래 의미인 것이다."[44]

과연 이것은 안전한 가정일까? 개리 하버마스는 그렇다고 답변할 것이다. "내 입장은 예수의 부활을 과거에 일어난 역사적 사건으로 간주하는 것이 가장 적절하다는 것이다.…보수주의자이든 자유주의자이든 간에 대다수 비평 학자는 예수의 부활이 기독교 신앙의 핵심이라는 데 동의한다."[45] 만약 내가 하버마스를 올바르게 이해했다면, 그가 말하고자 하는 바는 아마도, 신학적 의미는 그 의미를 뒷받

---

44 Ibid., 128. 모두가 신앙을 역사와 이렇게 밀접하게 연관시키지는 않는다. 예컨대 Luke Timothy Johnson은 이렇게 주장한다. "따라서 부활의 경험은 단순히 예수에게만 일어난 사건이 아니라 예수를 따르는 자들에게도 동일하게 일어난 사건이다. 성령의 능력을 통해 예수의 새 생명에 참여하는 것이 바로 부활의 본질적인 요소다"(*Real Jesus*, 134). 이는 교회의 탄생을 설명해준다. 그럼에도 Johnson은 예수의 부활과 관련하여 역사의 본질적인 역할을 부인할 만한 이유를 이렇게 제시한다. "정의상 예수의 부활은 예수를 단순한 인간 이상의 차원으로 높인다. 그는 더 이상 시공간의 제약을 받지 않는다.…강한 의미의 관점에서 보면 예수의 부활에 대한 기독교의 주장은 단순히 '역사적'이지 않다. 하지만 이 경우의 문제는 예수의 부활의 실재성에 있지 않다. 문제는 역사의 제한적인 앎의 방식에 있다"(*Real Jesus*, 135).

45 Gary R. Habermas, *The Risen and Future Hope* (New York: Rowan & Littlefield, 2003), viii.

침하기 위해 여전히 독립적인 역사적 판단을 필요로 하며, 신학자는 역사가 신학적 의미를 지지할 것으로 가정하는 것이 안전하다는 판단일 것이다.

심지어 이것이 비교적 안전한 가정이라고 할지라도 이러한 가정은 여전히 역사적 판단을 포함한다. 사실 역사적 판단은 필연적이기보다는 기껏해야 개연적인 판단에 불과하다. 이 사실은 역사적 판단에 기초한 신학적 설명은 가설적일 수밖에 없음을 암시한다. 사실 이것은 그리 놀랄 만한 일이 아니다. 원칙적으로 어떤 신앙을 견지한다는 것은 가설적일 수밖에 없고, 또 하나님의 확증에 의해 좌우될 수밖에 없다. 판넨베르크는 다음과 같이 말한다. "그러므로 예견은 언제나 가설을 수반한다."[46] 따라서 조직신학자는 예수의 부활의 역사적 기반의 개연성을 염두에 두고 그 부활의 의미를 설명해나가는 것이 바람직하다.

부활절에 일어난 예수의 부활의 의미는 무엇일까? 판넨베르크에 의하면 이것이 바로 예수의 부활 사건의 신학적 의미다. 즉 만약 예수가 다시 부활하셨다면 (1) 이 세상의 종말은 시작되었고, (2) 하나님 자신이 부활 이전의 예수의 사역을 확증하셨으며, (3) 예수는 장차 오기로 예성된 인지이고, (4) 하나님은 궁극적으로 예수 안에서 자

46　Wolfhart Pannenberg, *Theology and the Philosophy of Science*, trans. Francis McDonagh (Louisville, Ky.: Westminster John Knox, 1976), 310. Pannenberg는 이렇게 말한다. "기독교 전통의 진리는 어느 신학이든지 과학적으로 진행하는 신학에서는 오직 가설로만 기능할 수 있다"(*Theology*, 261). 교의의 잠정성에 관해서는 Pannenberg, "What Is a Dogmatic statement?" in *Basic Questions*, 1:181-210을 보라.

신을 계시하셨으며, (5) 이스라엘의 하나님의 보편성이 이방인 선교에 동기를 부여하고, (6) 예수의 말씀과 그의 출현은 이와 동일한 내용을 담고 있는 것으로 해석되어야 한다.[47] 여기서 한 가지 주목해야 할 방법론적인 요점은 초기의 구두 전승 및 성문 전승에서나 또 오늘날 기독교 신앙을 가진 사람들에게 있어서 부활절에 일어난 예수의 부활에 대한 역사적 보고는, 말하자면 새 창조와 영원한 하나님 나라의 도래에 대한 종말론적인 약속이 모두 사전에 탑재되어 있었다는 사실에 있다. 이러한 역사적 사건에 대한 지시 대상과 그 의미는 모두 이 사건에 대한 종말론적인 확증 혹은 반증에 달려 있다.

판넨베르크는 역사적 예수를 둘러싼 이러한 예기적인 사건들과 새 창조라는 종말론적인 사건이 단 하나의 실재, 곧 시간의 제약을 받는 이 세상 안에서 영원하신 하나님이 행하시는 일회적인 행위라고 주장하면서 이 사실을 체계적으로 설명한다.

> 그리스도의 재림은 예수의 성육신 안에서 그리고 그의 부활과 함께 시작된 성령의 사역의 완성을 의미한다. 영원의 관점에서 보자면 우리는 지금 오직 동일한 한 사건에 관해 이야기하고 있는 것이다. 왜냐하면 성육신은 이미 하나님의 미래의 침투, 곧 영원이 시간 속으로 들어온 것이기 때문이다. 그럼에도 불구하고 우리에게 성육신이라는 신앙고백은 예수의 부활에 그 기초를 두고 있으며,

---

47　Wolfhart Pannenberg, *Jesus: God and Man*, trans. Lewis L. Wilkins and Duane A. Priebe, 2nd ed. (Louisville, Ky.: Westminster John Knox, 1977), 66-73.

오직 그의 재림 때에 가서야 비로소 부활절 사건의 실재성에 관한 논쟁이 종식되고, 그 실재성은 마침내 공적으로 효력을 발휘하게 될 것이다. 왜냐하면 예수의 부활은 구원이라는 새롭고 종말론적인 삶의 실재가 예수 자신 안에서 예기적으로 나타난 사건이기 때문이다.[48]

따라서 우리는 오직 미래에 가서야만 과거에 대해 확실히 알게 될 것이다.

새로운 자연의 법칙?

크로산은 자신은 죽은 사람이 다시 살아나는 것을 믿지 않는다는 것을 인정하며, 이것은 역사적 예수에게도 동일하게 적용되어야 한다고 주장한다. 라이트 역시 이러한 믿음은 신약성서가 기록된 고대 세계에서도 동일하게 보편적으로 받아들여졌던 믿음이었음을 지적한다. 죽은 사람은 적어도 예수가 다시 살아났다고 묘사된 방식으로 죽은 자 가운데서 다시 살아나지는 못한다는 것이다. 우리가 자연의

---

48 Wolfhart Pannenberg, *Systematic Theology*, trans. Geoffrey W. Bromily (Grand Rapids, Mich.: Eerdmans, 1991-1998), 3:627. 참조. Ted Peters, "Clarity of the Part versus Meaning of the Whole," in *Beginning with the End: God, Science, and Wolfhart Pannenberg*, ed. Carol Rausch Albright and Joel Haugen (Chicago: Open Court, 1997), 289-302.

법칙에 관해 오늘날과 같은 현대 생물학 시대에 배운 것은, 오직 죽은 사람은 죽은 상태 그대로 머물러 있다는 우리의 예측을 확증한다. 만일 우리의 우주가 우리가 지금까지 습득해온 대로 냉혹한 자연의 법칙의 지배를 받는 폐쇄적인 인과관계 속에 속해 있다면, 이 법칙에 대한 어떠한 예외도 합리적으로 수용될 수 없다. 트뢸치의 유비 원리가 적용되어야 한다. 즉 죽은 사람은 죽은 상태로 그대로 남아 있기 때문에 예수도 죽은 상태 그대로 남아 있어야 한다는 결론이 뒤따른다. 따라서 앞으로도 모든 인간은 그렇게 될 것이다.

그러나 만약 성서에 묘사된 이스라엘의 하나님이 존재한다면, 우리가 지금까지 배워온 자연의 법칙은 우리에게 최종적인 답을 주지 못한다. 자연의 법칙은 최종적인 것이 아니다. 자연의 법칙은 창조주가 여기에 두신 창조세계에 속해 있다. 창조주 하나님이 그것을 바꾸기로 작정하는 순간 우리는 뜻밖의 일을 맞이할 수밖에 없다.

데이비드 흄이 제시한 기적에 대한 정의에 따라 연구하는 신학자들은 부활절에 일어난 예수의 부활을 하나님이 기존의 자연의 법칙을 파기한 사건으로 간주할 것이다. 하지만 이러한 판단은 종말론적인 취지를 놓치고 만다. 이러한 판단은 부활절에 역사적으로 일어난 사건과 성서가 종말론적인 미래에 일어날 것으로 약속한 사건, 곧 새 창조의 도래와의 본질적인 연관성을 놓치기 때문이다. 성서가 내다보는 새 창조는 철저하게 우리가 현재 알고 있는 자연의 법칙에 따라 작동될 수 없다. 창조자는 일종의 재창조를 필요로 하신다.

버클리 대학교의 내 동료이며 GTU(Graduate Theological Union)의 신학 및 자연 과학 센터의 창립자이자 센터장인 로버트 러셀(Robert

John Russell)은 판넨베르크로부터 영감을 받았다. 그는 예수의 부활 사건을 "새로운 자연의 법칙의 최초 사례"(the first instantiation of a new law of nature)로 간주하고, 이것을 약자로 FINLON이라고 부른다. 기독교 신학은 장차 올, 약속된 새 창조로 완성되는 종말론을 상정하기 때문에 신학자들은 현재 우리가 사는 세계를 지배하는 자연의 법칙과 다른 자연의 법칙의 지배를 받는 세계를 상상할 수 있다.[49]

FINLON("새로운 자연의 법칙의 최초 사례")의 가능성을 인식하고 우리로 하여금 이를 인정하도록 유도하기 위해 러셀은 과학자들과 대다수 역사가가 제시하는 두 가지 철학적 전제, 곧 유비와 법칙의 보편성을 비판적인 관점에서 정지시킨다. 유비 원리에 따르면 과거와 미래는 현재와 흡사해야 한다. 이것은 현재 우리가 살고 있는 자연의 세계에 대한 관찰을 통한 유비에 근거하여 우리가 과거의 사건도 판단할 수 있으며, 미래의 사람들도 죽고, 또 죽은 후에는 죽은 상태로 그대로 남아 있을 것이라고 추측할 수 있다는 것을 의미한다. 하지만 이것은 비판을 필요로 한다. 만일 가깝거나 먼 미래에 하나님이 이 세상을 변화시키고 구속하기 위해 어떤 일을 행하셔서 죽은 사람이 다시 살아난다면, 이것은 유비 원리를 따라 예상할 수 있는 것이 아닐 것이다.

유비의 근저에는 법칙의 보편성이 자리 잡고 있다. 법칙의 보편성 원리에 따르면 과거와 현재를 지배하는 동일한 법칙이 미래도 지

---

49 Robert John Russell, "Bodily Resurrection, Eschatology, and Scientific Cosmology," in *Resurrection: Theological and Scientific Assessments*, ed. Ted Peters, Robert John Russell and Michael Welker (Grand Rapids, Mich.: Eerdmans, 2002), 3-30.

배할 것이다. 이것 역시 비판을 필요로 한다. 창조주 하나님이 (이리가 어린양과 함께 뛰놀고 또 죽음이 없는) 다른 법칙이 지배하는 세상을 재창조하신다면, 기존의 법칙은 더 이상 적용되지 않을 것이다. 죽은 사람은 죽은 상태에 머물러 있다는 법칙도 더 이상 적용되지 않을 것이다. 우리는 이제 예수를 "잠자는 자들의 첫 열매"(고전 15:20)로 묘사하는 바울 서신의 진리성에 관해 질문을 던질 준비가 되었다. 하나님은 부활절 날에 장차 우리의 눈 앞에서 보편적인 법칙이 될 새로운 자연의 법칙을 이미 시작하신 것이다.

케임브리지 대학교의 물리학자이자 신학자인 존 폴킹혼(John Polkinghorne)도 이에 동의한다. "새 창조는 그 우주가 창조자와 새롭고도 더 긴밀한 관계 속으로 자유롭게 들어감으로써 하나님의 임재로 가득 차고 완전히 성례적인 세계로 바뀌는 변화를 표상한다." 이러한 신적 임재의 충만함은 치유로 그 모습을 나타낸다. 폴킹혼은 이렇게 말한다. "그 과정은 고통으로부터 면제될 수 있다. 왜냐하면 스스로 발전해나가는 역사를 통해 세워져나가는 세계에 필요한 하나님의 자연 법칙이 다른 구성으로 이루어진 '물질' 형태, 즉 독립적인 실존에서 창조자와 함께 통합된 존재로 '스스로 회복된' 우주에 필요한 형태로 대체되는 것을 상상해볼 수 있기 때문이다."[50]

---

50 John Polkinghorne, 1993-1994 Gifford Lectures, in John Polkinghorne, *The Faith of a Physicist* (Princeton, N, J.: Princeton University Press, 1994), 혹은 John Polkinghorne, *Science and Christian Belief* (London: SPCK, 1994), 167.

결론

이 논문이 제시한 핵심 요점은 예수의 부활 사건에 대한 올바른 이해가 하나님이 약속하신 종말론적 새 창조와 불가분의 관계에 놓여 있다는 사실을 반드시 수반한다는 것이다. 예수의 빈 무덤 및 출현에 관한 기사는 예수의 역사적 부활을 하나님 나라라는 새로운 실재의 서막으로 해석하는 성서를 통해 이미 우리에게 주어졌다. 예수의 부활은 종말론적인 요소가 생략된 부활이 아니다.

그럼에도 불구하고 이와 같은 역사적인 질문을 던지는 것이 바로 우리의 책임이다. 과연 예수는 실제로 무덤으로부터 부활하셨는가? 초기 교회와 성서 기록의 기원을 설명하기 위해서는 예수가 반드시 무덤으로부터 다시 살아나시고 제자들에게 나타나셨어야만 하는가? 크로산은 이 질문에 대해 각각 "아니오"라고 대답하고, 라이트는 "예"라고 대답한다.

나의 판단은 만약 크로산의 견해가 옳다고 판명이 난다면 성서의 설명을 토대로 세워진 믿음은 헛것이라는 것이다. 그러나 만약 라이트가 옳다면, 성서를 믿는 신자들의 신뢰는, 비록 필연적인 지지는 아니너라도, 이 믿음을 보충적으로 지지하는 역할을 하게 될 것이다. 우리의 이러한 신학적 연구는 크로산에 의해 상처를 입고, 라이트에 의해 치유를 받을 것이다.

학자들은 부활절에 일어난 부활이 단순히 죽은 시체가 다시 일반적인 생명으로 회복된 것을 의미하거나 소크라테스가 말한 것처럼 예수의 영혼이 몸에서 빠져나간 것을 의미하지 않는다는 데 동의한다. 부활의 참된 정의는 이스라엘의 메시아와 하나님 나라의 도래, 그리고 죽은 자가 새 창조로 다시 부활하는 것에 대한 예언자적 기대를 그 속에 이미 내포하고 있다. 이러한 예상된 변화는 하나님의 행동, 즉 오직 하나님만이 일으키실 수 있는 결정적인 변화에 대한 기대를 포함하고 있었다. 부활절은 이 인간 예수가 하나님에 의해 이러한 종말론적인 변화의 일환으로 다시 살리심을 받은 것을 의미할 수밖에 없다. 더 정확하게 말하자면, 부활절은 장차 임할 종말론적인 사건에 대한 예기다. 이것이 바로 부활이라는 역사적 사건이 내포하고 있는 의미를 모두 함축한 의미다.

그런데 이 주장은 참일 수도 있고, 거짓일 수도 있다. 만약 크로산이 빈 무덤 이야기와 부활 이후의 출현 이야기가 거짓이라는 사실을 (단순히 추정하는 것이 아니라) 입증할 수 있다면, 우리는 기독교 신앙의 부당성을 입증할 만한 무언가를 얻게 되는 계기가 될 것이다. 혹은 우리 인류 역사가 하나님의 어떤 종말론적인 개입 없이 끝없이 계속 굴러간다면, 이것 역시 기독교 신앙의 부당성을 입증하는 계기가 될 것이다. 후자의 경우에는, 심지어 예수 자신이 죽은 자 가운데서 다시 살아나셨다고 하더라도, 이 사건이 우리 모두의 종말론적 부활과 연계되어 있지 않다면 아무런 소용이 없을 것이다. 가장 중요한 것은 기독교의 포괄적인 주장이지, 단순히 예수라는 역사적 인물을 둘러싸고 있는 세부적인 내용이 아니기 때문이다.

역사적으로 재구성된 예수로 거슬러 올라가는 것은 사변의 한 형태다. 부활이라는 가설적인 그림을 미리 내다보고 구성하는 것도 사변의 한 형태다. 이것이 바로 로버트 러셀이 말하고자 하는 것이다.

크로산이나 라이트와 마찬가지로 러셀도 성서를 해석하고 장차 다가올 세상에 대해 사변적인 전망을 내놓는다. 조직신학자는 역사와 종말론, 즉 하나의 성서에 대한 두 가지 형태의 건설적인 해석을 모두 필요로 한다.

부록

육체의 부활 신앙

존 도미닉 크로산

"어떤 사람이 '하늘로 올라가는 것'에 대해 이야기한다는 것은 그 사람이 (a) 원시적인 우주여행자가 되었다거나, (b) 이를 통해 현재의 시공간으로 이루어진 우주 안의 다른 어떤 장소에 도달했다는 것을 결코 의미하지 않았다. 우리는 1세기 유대인들이 문자주의적으로 이런 방식으로 생각했다고 상상하기 위해 중세 시대의 생생하고 현란한 용어나 우리가 현재 살고 있는 우주 속 어느 아주 먼 곳을 가리키기 위해 '하늘'이라는 단어를 사용하는 수많은 찬송과 기도문을 떠올려서는 안 된다. 어떤 이들은 그렇게 했을 수도 있다. 사실 사람들이 무엇을 믿을지는 알기 쉽지 않다. 어쨌든 우리는 초기 기독교 저술가들도 무조건 그렇게 생각했다고 상상해서는 안 된다"(N.T. 라이트, 『하나님의 아들의 부활』).

엠마오 이야기의 양식과 의미

위의 인용문에서 톰 라이트는 다음 세 가지 사실을 강조한다. 첫째, "초기 기독교 저술가들"은 문자적 용어와 은유적 용어 간의 차이를 꽤 정확하게 알고 있었다. 둘째, 그들은 "하늘로 올라가는 것"과 같은 어구나 "하늘"이라는 단어 자체를 문자적으로보다는 은유적으로 취급했다. 셋째, 이러한 용어를 은유적으로가 아닌 문자적으로 취급한 현상은 단지 후대의 잘못된 해석에서만 나타났다.

이번 대화를 위해 나는 문자적이고, 사실적이며, 실제적 또는 역사적인 것을 나타내는 언어 형태(예수는 나사렛 출신의 농부다)와 은유적이고, 허구적이며, 상징적 또는 비유적인 언어 형태(예수는 하나님의 어린양이다)를 구분하기 위해 **양식**(mode)이라는 용어를 사용할 것이다. 물론 문제는 추상적 이론에서보다는 실천적인 적용에서 발생한다. 이 진술이나 인용된 저 이야기는 어느 양식을 따라야 할까? 만약 은유적인 양식을 따라야 한다면 그 은유의 지시 대상은 무엇이며, 그 은유는 무슨 의미를 전달하고자 하는 것인가? 아무튼 나는 여기서 은유적인 진술이나 비유 이야기는 이를테면 어떤 사람의 성품이나 어떤 그룹의 정체성, 어떤 운동의 프로그램 혹은 어떤 제국의 운명 등 매우, 매우 구체적인 지시 대상을 나타낼 수 있음을 강조하고 싶다. 나는 누가복음 24:13-32에 나오는 엠마오 이야기를 가지고 실례를 들어보겠다.

지중해 연안의 전형적인 남성우월주의적 관습에 의하면 오직 남자의 이름만 밝히는 것이 관례이기 때문에, 추측건대 남자와 여자, 아니 어쩌면 남편과 아내일지도 모르는 두 남녀가 오늘날 우리가 부활 주일이라고 부르는 날 예루살렘을 떠나 길을 가던 중 예수를 만난다. 다른 모든 부활 이후의 출현과는 달리 예수는 이 만남에서 아주 평범한 낯선 사람으로 위장한 모습으로 나타난다. 그들이 말한 것처럼 예수가 성서를 펴서 그 안에 담긴 자신의 운명을 계시하실 때 그들의 마음은 뜨거워졌지만(눅 24:32), 오직 떡을 떼어 주실 때에야 비로소 "그들의 눈이 열리고 그를 알아보게 되었으며 그는 그들의 시야에서 사라졌다"(눅 24:31). 다만 이러한 결정적인 계시가 주어진 이유는 바로 앞의 구절들 때문이었다. "그들이 가는 마을에 가까이 가매 예수는 더 가려 하는 것 같이 하시니, 그들이 강권하여 이르되 '우리와 함께 유하사이다. 때가 저물어가고 날이 이미 기울었나이다' 하니, 이에 그들과 함께 유하러 들어가시니라"(눅 24:28-29). 그들의 집으로 추측되는 장소에서 함께 식사하자는 초대를 받았을 때에야 비로소 그 낯선 사람은 부활하신 주로 자기 자신을 드러내셨다. 예수는 그들을 위해 그의 성서를 열어주셨고, 그들은 예수를 위해 그들의 식탁을 펼쳐 열었다.

이제 이 이야기에 대한 두 가지 노선의 주석을 한번 생각해보자. 첫째, 우리는 이 이야기가 사실 혹은 허구로, 역사 혹은 비유로 기록된 것인지 그리고/또는 그렇게 해석되어야 하는지 여부를 놓고 논쟁할 수 있다. 그리고 우리는 거기서 더 넘어가지 않고 **양식**에 관한 논의에서 멈출 수도 있고, 또 쌍방 모두 자신들의 최초의 입장을 수정하지 않을 수도 있다. 또는 둘째, 우리는 양식에 관한 논쟁을 끝내고, 심지어 그 논쟁을 완전히 유보시키고 **의미**에 관한 논의로 넘어갈 수도 있다. 만일 이 이야기를 역사적으로 취급한다면, 이 이야기는 어떤 의미일까? 만일 이 이야기를 완전히 문자적으로 취급한다면, 부활하신 주님은 왜 그날 그들에게 다른 어떤 방식이 아닌 바로 그 방식으로 행동하기로 작정하셨을까? 사실 이 이야기를 문자적으로 취급하면 할수록, 그리고 예수가 자신이 원하는 것은 무엇이든 하실 수 있다고 온전히 믿으면 믿을수록, 우리는 왜 그가 이것 대신 저것을 하셨고, 왜 다른 방식 대신 이 방식으로 나타나셨는지 더 깊이 숙고해보아야 한다. 만일 이 이야기를 은유적으로 취급한다면, 이 이야기는 어떤 의미일까? 만일 이 이야기를 비유로 간주한다면, 그 의도와 목적과 영향과 교훈은 무엇일까? 어떤 양식을 따르든지 간에 그 의미는 동일할 수 있을까, 동일하게 될까, 또는 동일해야 할까?

양식에 관해 아무리 완벽하게 타당한 논의를 펼친다고 하더라도 **의미**에 관해 똑같이 또는 훨씬 더 타당하게 펼친 논의를 부정할 수는 없다. 그러나 첫째, 양식에 대한 논증은 종종 의미가 주는 도전을 무의식적으로 배제하거나 의식적으로 회피하곤 한다. 그리고 둘째, 오로지 또는 주로 양식에만 초점을 맞추는 경우에는 종종 이 문제를 초월해 의미에 대한 잠재적 합의를 모색하기보다는 이 문제에 대한 실제적인 불일치를 더욱 조장하는 결과를 초래하기도 한다. 우리는 분명 엠마오 이야기가 역사적 혹은 비유적 이야기로 기록된 것인지, 그리고/또는 그렇게 해석되어야 하는지 논쟁을 벌일 수는 있지만, 어느 쪽이든 그리고 어느 경우든 간에 이 논쟁은 우리로 하여금 양식을 넘어 의미로 나아가도록 도전한다. 즉 과연 우리는 처음에 우리가 성서에서 그분을 찾아 발견했을 때와, 또 궁극적으로 우리가 사는 이 세상이 우리의 것이 아니라 하나님께 속한 것이라며 이 세상을 낯선 자로 다가오시는 그분을 통해 공유하겠다고 할 때 비로소 부활하신 주님이 우리 가운데 임재하신다고 믿는가, 아니면 그렇게 믿지 않는가?

잠시 예수에 관한 비유로부터 예수에 의한 비유로 돌아가 보자.[1] 예수로부터 선한 사마리아인 이야기를 듣고 나서 우리는 그 이야기가 실제 역사인지 아니면 꾸며낸 비유인지를 놓고 끊임없이 논쟁을 벌일 수 있다. 그리고 **양식**에만 집중한다면 우리는 **의미**가 우리에게 주는 도전은 회피할 수 있다. 그 도전은 다음과 같다. "당신은 수렁에 빠져 죽어가는 당신의 문화적 이방인을 구하겠는가, 아니면 구하지 않겠는가?" 혹은 더 낫게 말하자면 "당신은 당신의 문화적 이방인이 수렁에 빠져 죽어가는 당신을 구할 수 있음을 받아들이겠는가, 아니면 받아들이지 않겠는가?"

나는 약 십 년 전에 이렇게 말한 적이 있다. "엠마오 사건은 결코 일어나지 않았다. 엠마오 사건은 항상 일어나고 있다."[2] 이 말은 엠마오 이야기가 지속적인 도전을 주기 위해 만들어진 비유라는 나의 견해를 아주 간결하게 표현해주는 역할을 수행한다. 이 경구의 전반부는 **양식**에 관한 것이고, 후반부는 **의미**에 관한 것이다. 이제 곧 다루게 될 예수의 부활에 관해 항상 나는 첫째, 양식과 의미를 구분하려고 노력할 것이며, 둘째, 양식에 관해 최종적 불일치가 존재하는 경우에는 적어도 의미에 관한 문제를 제기하려고 노력할 것이다. 이 포럼에서 흔히 부르는 대로 복음주의 학자들과 비복음주의 학자들이 서로 양립할 수 없는 양식에 관한 논쟁을 중단하고, 그 대신 의미의 장(場)을 놓고 합의점을 찾는 것이 과연 가능할까? 어쩌면 하나님의 세

---

1 John Dominic Crossan, "The Parables of Jesus," *Interpretation* (2002): 247-259.
2 John Dominic Crossan, *Jesus: A Revolutionary Biography* (San Francisco: HarperSanFrancisco, 1994), 197.

상이 점점 더 불의와 폭력에 의해 지배를 받게 되는 상황 속에서 더 이상 우리는 양식에 관한 논쟁이 지속되고 의미에 관한 논쟁이 지속적으로 유보되는 상황을 단순히 지켜만 보는 호사를 누릴 수는 없다.

육체의 부활 신앙의 기원과 주장

나는 여기서 먼저 보편적 육체의 부활에 대한 믿음의 기원을 유대교 전통 안에서 고찰한 후, 기독교적 유대교의 예수의 부활에 대한 믿음의 기원을 기존의 전통 안에서 고찰할 것이다. 첫 번째 내용에 관하여 나는 톰 라이트의 견해와 사실상 일치한다고 생각한다.[3] 두 번째 내용과 관련해서 나는 일부 중요한 단서를 붙일 것이다. 이러한 단서는 사실, 나의 무례한 견해에 따르면, 라이트 자신이 세운 원칙의 범위 안에서 수용될 수도 있고, 또 자신의 견해를 강화하기 위해 수용되어야 하는 법정 조언자(amicus curiae)의 변론 취지서와도 같다. 우리는 먼저 역사적 기원에 관한 상황을 분명하게 한 후에서야 비로소 언어적 양식과 신학적 의미에 관한 보다 더 심오한 질문으로 나아갈 수 있다.[4]

---

3   2002년 4월 9일 화요일 남아프리카 공화국 포체프스트롬에서 열린 남아프리카 신약학회 연례 모임의 개회 강연이었던 "유대교 배경에서 본 예수의 부활"에서 나는 이미 이러한 생각을 가지고 있었다. 이 강연의 원고는 추후 *Neotestamentica* 37/1 (2003): 29-57에 실렸다.

4   이 첫 부분은 2003년 11월 11일 토요일 애틀랜타에서 개최된 복음주의철학협회의 연례총회와 2004년 11월 19일 금요일 텍사스주 샌안토니오에서 열린 복음주의신학협회의 연례총회에서 Tom Wright의 책(*The Resurrection of the Son of God*, Christian Origins and the Question of God, vol. 3 [Minneapolis: Fortress Press; London: SPCK, 2003])에 대

유대교 전통 안에서

우주적 변화. 만일 여러분의 믿음은 이 세상이 의로우신 하나님에게 속해 있고 그 하나님의 지배를 받고 있다고 말하는 데 비해, 여러분의 경험은 이 세상이 불의한 인류에게 속해 있고 그 인류의 지배를 받고 있다고 말한다면, 이러한 총체적인 불일치를 해결하는 차원에서도 유토피아나 혹은 **종말론**은 불가피하다. 여러분은 하나님이 언젠가는 승리하실 것이라고 노래한다. 하나님은 오랜 세월 동안 악으로 가득 찬 이 세상을 새롭고 거룩하게 만들기 위해 반드시 역사하실 것이고, 또 역사하셔야만 한다. 종말론은 긍정적으로 이 시공간으로 이루어진 우주의 종말에 관한 것이 아니라, 오히려 우주적 시공간을 가득 채운 악과 부정과 불의와 폭력과 억압의 종말에 관한 것이다. 종말론은 이 땅을 하나님이 계신 하늘로 대피시키는 것과 관련이 있는 것이 아니라, 하나님이 친히 그분에게 속한 이 땅을 변화시키는 것과 관련이 있다. 종말론은 이 아래에 있는 하나님의 세상의 파괴에 관한 것이 아니라, 변화에 관한 것이다.

훨씬 더 강한 제국이 다른 제국으로부터 우주적 통치권을 계속해서 넘겨받으면 받을수록 하나님의 정의 실현 프로그램, 곧 하나님의 대대적인 우주 정화 작업이 임박했다는 사실은 점점 더 강렬하게 선포되었고 또한 요구되어왔다. **묵시**는 바로 이 종말론적인 사건에 관한 계시다. 엄밀히 말해 이것은 묵시의 어떤 측면이나 요소에 적용될 수 있는 반면, **묵시적 종말론**은 보통 이 아래에 있는 이 세상을 폭

한 나의 초기 반응을 전제하고, 요약하고, 인용한다.

력적인 정의의 세상에서 비폭력적인 정의의 세상으로 바꾸시는 하나님의 변화가 임박했다는 것을 가리킨다. 묵시적 종말론은 **우리가 아는 의미처럼** 이 세상의 임박한 종말 그 자체를 결코 가리키지 않는다. 물론 우리는 이러한 시나리오를 쉽게 상상할 수 있는데, 그 이유는 **우리가** 원자적·생물학적·화학적·인구학적·생태학적 등 대략 다섯 가지 방식으로 이미 실행에 옮길 수 있는 능력을 소유하고 있기 때문이다. 우리는 벌써 끝의 ㄲ자까지 와 있다!

이 묵시적 종말론이야말로 보편적 육체의 부활에 대한 유대교 신앙에서 절대 없어서는 안 될 배경이자 전제다. 이 묵시적 종말론이야말로 창조자가 사악하고 불의한 세상을 정의롭고 거룩하게 만드시는 과정의 최고 절정이자 대단원이 될 것이다. 그렇다면 왜 이 요소(육체의 부활)를 포함시키는 것이 그토록 중요했을까?

<u>육체의 부활</u>. 여기에는 보편적인 이유와 특수한 이유가 동시에 존재했다. 전자는 자연의 변혁과 관련이 있었고, 후자는 순교의 정당성 입증과 관련이 있었다.

보편적인 이유는 이 아래 있는 이 땅에 속한 모든 선한 피조물이 갱생되는 데 육체의 부활이 필요했기 때문이다. 새롭게 된 몸 없이 어떻게 새로워진 피조물이 생겨날 수 있겠는가? 온전한 묵시적 종말론은 다음 세 단계의 변화를 수반한다. 곧 **물리적** 세계는 수고하지 않아도 비옥하고 일하지 않아도 번성하는 장소가 되어야만 한다. **동물의** 세계는 초원과 야생이 조화를 이루는 장소가 되어야만 한다. **사회적** 세계는 비폭력적인 정의와 전 세계적인 평화가 넘치는 장소가 되어야

만 한다. 따라서 나는 이와 같은 유토피아적인 정황에서나 또 다른 정황에서 톰이 예수의 부활하신 몸을 가리키기 위해 선택한 "변화된 육체성"(transformed physicality) 혹은 "초육체성"(transphysicality)[5]이라는 단어가 어느 종말론적 완성에서 필수적인 초육체성보다 훨씬 더 놀랄 만한 것이 아니라고 생각한다. 예컨대 이사야 11:6에 나오는 이리와 함께 뒹구는 어린양들이나 또는 베르길리우스의 「네 번째 목가」 42-45에 나오는 총천연색의 숫양들은 확실히 초육체적 존재일 것이다.

특수한 이유는 기원전 160년대에 셀레우코스 왕조의 박해 기간에 벌어진 순교의 문제와 관련이 있다. 이 문제는 순교자들의 생존에 관한 것이 아니라, 구체적으로 학대와 고문을 받고 처형당한 순교자들의 **몸**과 직면한 하나님의 공의에 관한 것이었다. 나는 기원전 160년대에 벌어진 시리아의 종교적 박해의 배경에서 볼 때 다니엘 12:2-3은 "그 자체로는 '내세적인' 개념이라기보다는 훨씬 더 '현세적인' 개념이었던…구체적인 육체의 부활"을 가리킨다는 데 톰과 의견을 같이한다. 왜냐하면 "새롭게 된 육체적 생명 안에서 하나님은 어떤 이에게는 영생을 주시고, 또 어떤 이에게는 영원한 수치를 주실 것"이며, "한편으로 순교를 당한 의인들"에게는 생명을 주시고, "또 순교자들을 괴롭히고 살해한 자들"에게는 수치를 주실 것이기 때문이다.[6] 또한 나는 그 동일한 순교자들에 대한 반응으로 「마카비2서」가 (「마카비4서」와는 대조적으로!) "그 어느 때보다도 이 시대에 부활에

---

5 Wright, *The Resurrection of the Son of God*, 477, 612.
6 Ibid., 109-110.

대한 약속을 가장 명확하게 보여주는 그림을 제시해준다"는 톰의 견해에도 동의한다.[7] 순교가 **고문을 당한 몸**과 관련이 있기 때문에 하나님의 정의는 이처럼 과거에 **훼손된 몸**이 미래에 **변화된 몸**으로 바뀌는 것을 필수적으로 요구한다.

기독교 전통 속에서

<u>세 번째 변화</u>. 임박한 종말론에 대한 믿음은 유대교의 언약 신앙 안에서 대대적으로 일어난 첫 번째 변화였고, 육체의 부활은 이 첫 번째 변화 안에서 대대적으로 일어난 두 번째 변화였다. 따라서 나는 예수의 부활에 대한 기독교적 유대교 믿음을 일반적인 유대교 및 구체적인 바리새파 믿음의 "변화"로 묘사하는 톰의 전형적인 견해에 동의한다.[8] 말하자면 바로 이 변화가 마지막이자 세 번째 변화였다. 이 **기독교적 변화**는 보편적 육체의 부활이 단순히 임박한 것이 아니라 예수의 부활로 이미 시작되었다고 선언했다. 우주적 폭력과 불의에 대한 하나님의 대대적인 정화 작업은 이미 예수의 육체의 부활로 시작된 것이다. 다시 말하면 **부활**이라는 용어는 제아무리 예수에게만은 초월적인 것이었다고 주장해도, 결코 어떤 특권의 의미를 내포할 수 없었다. **부활**은 당연히 보편적인 육체의 부활을 의미했으며, 이 용어를 예수

---

7 Ibid., 150.
8 Wright는 이것을 "제2성전기 유대인들의 세계관 안에서 일어난 변화(mutation)"(225) 또는 "유대교 세계관 안에서 일어난 변화"(372)로 부른다. 그는 이 기독교적 "변화"를 "급작스럽고 극적인" 변화(9), "비범한" 변화(175), "새로운" 변화(206), "신선하고 독특한" 변화(472-473), "극적인" 변화(476), "놀라우면서도 일관된" 변화(686)라고 묘사한다.

에게 적용했을 때에는 이 세상의 종말론적 변화가 단순히 임박한 것이 아니라 이미 시작되었다는 것을 의미할 수밖에 없었다. 물론 그것이 바로 바울이 양방향으로 주장할 수 있는 이유였다. 곧 예수의 부활이 없다면 보편적 부활도 없고, 보편적 부활이 없다면 예수의 부활도 없다는 것이다(고전 15:12-13). 이러한 주장이 지닌 숨 막힐 정도로 놀라운 창의성과 깜짝 놀랄 만한 독창성은 아무리 강조해도 지나치지 않으며, 나는 이러한 주장의 출현은 철저한 역사적 설명을 필요로 한다는 톰의 주장에 동의한다.

<u>이중적 인과관계</u>. 톰은 자신의 저서 전반에 걸쳐 바리새파적 유대교의 부활 개념이 기독교적 유대교에 의해 깜짝 놀랄 만한 수준으로 바뀐 변화에 대한 필요 충분한 **역사적인** 설명은 예수의 빈 무덤의 **역사적** 발견에 이은 예수의 육체적 출현의 **역사적** 경험 등 단 두 가지 설명뿐이라는 것이다.[9] 이 설명에 동의하지 않는 나는 지금 여기서 예수의 장사나 빈 무덤의 발견의 역사성에 대하여 쟁론하지 않을 것이다. 대신 지금 여기서 (물론 인정하는 것은 아니지만) **나는 빈 무덤의 발견과 모든 부활 이후의 출현에 관한 복음서 이야기 전체를 역사적 사실로 취급할 것이다.**

하지만 부정적인 관점에서 보자면, 나는 톰이 제시하는 이 이중 조건이, 아무리 그 역사성을 충분히 인정한다고 하더라도, 어떻게 신자들이 예수가 그리스도와 주와 하나님의 아들로서 **완전히 유일무이**

---

9 예컨대 Ibid., 8, 10 혹은 696, 706을 보라.

하거나 혹은 **특유한 방식으로 하늘로 높임을 받았다**고 결론 내리는 것 그 이상으로 설명될 수 있는지 도저히 이해가 되지 않는다. 그들은 물론 예를 들어 시편 2편이나 시편 110편 혹은 빌립보서 2:9-11을 제시할 수는 있지만, 나는 (역사적으로 말해) 이 본문들이 높임(exaltation, 승귀)을 넘어 부활로 이해되었을 것이라고는 생각하지 않는다. 이 시점에서 톰의 책이 제시하는 두 가지 명제는 서로 상충한다. 톰이 바리새파적 유대교 개념(보편적 부활이 임박했다!)이 기독교적 유대교 개념(보편적 부활이 이미 도래했다!)으로 대대적인 급 선회를 한 것을 올바르게 강조하면 할수록 빈 무덤과 부활 이후의 출현이라는 그의 이중적 인과관계성은 역사적인 설명으로서 점점 더 부적절해질 수밖에 없다.

그런데 긍정적인 관점에서 보면 절대적인 필요조건이 하나 **더** 있었고, 나는 이 조건이 결정적이라고 생각한다. 이 생략된 조건이 바로 하나님 나라는 단순히 임박한 미래가 아니라 이미 도래했다는 역사적 예수 자신의 선포였다. 따라서 예수의 하나님 나라 선포는 그의 동료들이 그가 살았던 것과 동일한 방식으로 살아감으로써 하나님 나라에 이미 들어갔고, 또 이를 통해 그 나라의 임재가 가져다주는 능력을 스스로 경험했기 때문에 단순히 예수의 개인적인 비전이었을 뿐만 아니라 공동체적인 프로그램이었다. 톰이 제시한 필요 충분한 인과관계성에 대한 나의 답변은 다음과 같다. 그가 제시한 두 가지 조건은 모두 동시에 필수적이었지만, 그 두 가지 조건은 (1) 역사적 예수가 비록 하나님 나라가 아직 온전히 완성되진 않았지만 이미 도래했음을 자신의 개인적인 삶을 통해, 그리고 그의 공동체에게 전달했다는 사실과, (2) 그 동일한 예수가 사후에 다시 나타나셨다는 사실―곧 고린도전서 15장에 요약되어 있고 사복음서의 부활절 이야기에 전제되어 있거나 완전히 재구성된 경험―이었다. 나는 기록으로 남기는 차원에서, 그리고 본 논의의 진행을 위해, 이 두 가지 요소가 모두 역사적 사건임을 밝힌다.

본 논의를 위한 것은 아니지만 기록으로 남기는 차원에서 나는 다음과 같이 내 견해를 밝힌다. 첫째, 빈 무덤을 발견한 이야기는 마가가 (자신에 의해 이미 신뢰를 잃은) 열두 제자나 세 명의 수제자, 혹은 특별히 베드로에게 예수가 나타났다는 것을 회피하기 위해 꾸며낸 것이다. 둘째, 지금 우리가 갖고 있는 사복음서에 담겨 있는 사후 출현 이야기는 출현 자체에 관한 이야기라기보다는 권위에 관한 이야기이며, 더 정확히 말하자면 출현을 통한 권위 부여에 관한 이야기다. 물론 이 두 결론은 모두 당연히 원래의 부활 이후의 출현을 가리키며, 나는 비록 지금은 그 세부적인 내용이 우리의 손에서 영원히 사라지긴 했어도 그 부활 이후의 출현을 확실히 역사적 사건으로 인정한다.

나는 톰이 제시한 두 가지 조건(그것은 내게 아주 사소한 문제다) 가운데 빈 무덤을 제거하는 데 우리의 대화의 초점을 맞추기보다는 이미 현존하는 예수의 하나님 나라에 대한 공동체적 경험(이것이 내게 매우 중요한 문제다)을 덧붙이는 데 중심을 두고자 한다. 따라서 간략하게 요약하자면 두 조건은 다음과 같다.

1. 부활 신앙 =   빈 무덤 + 부활 이후 출현
2. 부활 신앙 = 역사적 예수 (± 빈 무덤) + 부활 이후 출현

재차 강조하지만, 톰의 이 두 가지 조건은 놀랄 만한 수준의 승귀까지는 이끌어갈 수 있지만, 대대적인 변화를 의미하는 부활까지는 이끌어가지 못한다. 다시 말하면 예수의 하나님 나라 개념은 바울의 그리스도의 부활 개념과 동일한 구조다. 두 개념은 모두 하나님의 대대적인 정화 작업이 이미 시작되었다는 것을 각기 다른 신학적 용어를 통해 선포한다.

<u>협력적 종말</u>. 첫 번째 변화 이후에 정말 놀라울 정도로 창의적인 두 번째 변화가 즉각적으로, 그리고 거의 불가피하게 따라온다. 종말론적인 변화와 보편적 부활, 그리고 우주적 심판을 어떤 신적 섬광이 번쩍이는 순간이라고 상상하는 한, 인류의 협력이라는 개념은 준비 기도나 지속적 경건을 제외하고는 거의 논의의 대상이 되지 않는다. 그러나 이제 기독교적 유대교는 이 모든 것이 하나님의 시간이라는 한 순간에서 인간의 시간이라는 한 시기로 바뀌었다고 말한다. 종말과 부활은 이미 시작되었고 최종적 완성을 향해 나아가고 있다(그들은 곧 완성되리라고 생각했지만, 2천 년이 넘도록 빗나갔고 지금도 계속되고 있다). 이와 마찬가지로 그리고 또 결과적으로 하나님의 배타적인 계획은 이제 포괄적인 신인(神人) 협력 관계로 바뀌었다. 이는 신자들이 새 창조라는 급진적인 윤리를 따라 살고, 이를 통해 정의와 평화가 넘쳐나는 비폭력적인 세계를 하나님과 함께 창조해나가도록 부르심을 받았기 때문이다. 어떤 의미에서 보면 기독교적 유대교의 협력 관계로서의 종말(eschaton-as-collaboration)은 과정으로서의 종말(eschaton-as-process)보다 훨씬 더 놀랄 만할 정도로 독창적이었지만, 어쩌면 협

력 관계로서의 종말 또한 그것으로부터 나온 불가피한 결과였을 것이다. 이것이 바로 예수가 제자들에게 세상에 나가 자신이 그동안 했던 일, 즉 병자를 치유하고, 치유를 받은 자들과 함께 먹고, 또 그 영적인 능력(치유)과 육적인 능력(식탁교제)을 서로 공유하는 가운데 하나님 나라가 이미 도래했다고 선포하신 일을 똑같이 행하라고 말씀하실 수 있었던 이유다. 하나님 나라의 도래는 주의 기도에서 말했듯이, 하나님의 뜻이 땅에서 이루어지는 것을 의미했고, 그것은 이미 시작된 것이다. 바울도 마찬가지다. 바울이 고린도후서 3:18에서 "우리가 다 수건을 벗은 얼굴로 거울을 보는 것 같이 주의 영광을 보매, 그와 같은 형상으로 변화하여 영광에서 영광에 이르니, 곧 주의 영으로 말미암음이니라"고 선언하게 된 것은 무아경의 상태가 아니라 정확한 현실 판단 때문이었다. 물론 이것은 신자들이 그리스도 안에서 계시된 정의와 평화의 비폭력적인 하나님을 몸소 구현하는(incarnates) 부활의 삶을 **사는 것**을 전제한다. 우리는 하나님이 역사하실 때를 기다리고 있는 것이 아니다. 하나님은 이미 역사하셨고, 그는 이제 우리가 그의 계획에 반응하고, 협력하며, 서로 협조할 뿐만 아니라 그 계획을 실천에 옮기기를 기다리고 계신다.

나는 이러한 협력적 종말과 새 창조, 그리고 폭력과 불의에서 비폭력과 정의로 전환하는 근본적인 우주적 변화에 관한 이해가 톰의 책이 제시하는 두 가지 방법 중 그 어느 것보다 기독교적 유대교의 획기적인 도전을 훨씬 더 잘 묘사해준다고 생각한다.

첫째, 이 변화를 묘사하는 톰의 전형적인 방법은 부활이 과거에 일어난 예수의 부활과 미래에 일어날 보편적 부활이라는 **두 가지 단**

계로 나누어져 있다고 말하는 것이다.[10] 과연 그것이 기독교 내에서 일어난 바리새파적 견해의 수정, 혁신 또는 변화를 가장 적절하게 묘사한다고 볼 수 있을까? 나는 바로 이 동일한 현상을 **찰라가 과정이 되었다**거나, **순간이 사건이 되었다**거나, 또는 **시작과 중간과 끝** 혹은 **출범과 지속과 완결**이 하나님의 정의 실현 과정(즉 궁극적으로 이 땅이 정의로운 곳이 되는)을 통해 이 땅에서 진행되는 하나의 지속적인 과정으로 묘사하는 것을 더 선호한다.

둘째, 부활에 대한 **분리된 두 단계**라는 해석에 이어 톰은 예수의 부활로 시작하여 보편적 부활로 끝나는 이 양극을 **문자적으로** 취급하지만, 그 중간에 있는 부활은 **은유적으로** 취급해야 한다고 생각한다. 톰은 자신의 책 전반에 걸쳐 "현재의 그리스도인의 삶과 관련하여 '부활'의 은유적 용법"에 대해 반복적으로 이야기한다.[11] 그러나 나는 기독교의 부활이 문자적 이해 → 은유적 이해 → 문자적 이해로 이루어져 있다고 보는 모델은 적절하지 못하다고 생각한다. 나는 부활을 단순히 인간의 시간을 끝내는 것이 아니라 그 시간을 속량하는 것으로 보는 견해가 우리로 하여금 이 전체 과정을 **전부 문자적이거나 혹은 전부 은유적으로 보고, 또 이 중 어느 해석을 따르더라도 바로 이 구체적인 실체는 현재 우리가 살고 있는 이 세상에서 이루어지고 있는 하나님의 정의 실현**임을 깨닫도록 도전한다고 생각한다. 이것이 바로 기독교적 유대교가 선포한 부활에 담겨 있는 궁극적인

---

10 예컨대 Ibid., 372, 395, 415, 448, 473, 568, 681을 보라.
11 Ibid., 360을 보라. 또한 다른 몇 가지 실례들에 관해서는 240, 271, 273, 310, 320, 360, 373, 436-437, 439, 448, 450, 475, 478, 522, 547을 보라.

주장이다. 이것을 보다 더 명확하고 정확하게, 그리고 더 직설적으로 표현하자면, 이는 하나님의 대대적인 우주 정화 작업이 이미 부활절에 시작되었음을 선포하는 것이다. 재차 반복한다. **부활을 완전히 문자적으로 취급하든지 혹은 완전히 은유적으로 취급하든지 간에** 기독교적 유대교의 부활 선언은 무언가가 문자적으로 이미 시작되었고, 따라서 무언가가 이미 문자적으로 현존해 있다는 주장이다. 만약 이와 같은 부활 선언이 단순히 미래에 일어날 사건에 관해서만 이야기했다면, 다른 모든 미래적 선언과 같이 이 선언도 입증이나 반증은 불가능했을 것이다. 그러나 일단 무언가가 이미 시작되었다고 선언했다는 것은(이 경우에는 하나님이 모든 피조물을 새롭게 변화시키신다는 것) 무언가가 입증될 수 있다는 것을 의미한다. 그리고 예수도 그랬고 바울도 그랬듯이, 그들은 이러한 도전을 다음과 같은 말로 응수했을 것이다. "우리 공동체가 어떻게 살고 있는지 와서 보라! 우리 안에 계신 하나님과 하나님 안에 거하는 우리가 세상을 어떻게 변화시키는지 와서 보라! 하나님이 실제로 그것을 행하시고 있는 것을 보면서 우리가 얼마나 놀라워하는지 와서 보라!"

육체의 부활 신앙의 양식과 의미

고대인들도 신화와 역사, 우화와 비유, 또는 문자적 언어와 은유적 언어 간의 차이에 대해서는 현대인들만큼이나 잘 알고 있었다. 추상적인 차원에서는 그때나 지금이나 모든 것이 분명했다. 사실 우리가 이 문제를 고전주의자들에게 제기한다면, 그들의 반응은 오만할 정도로 반항적일 때가 많다. 물론 그들은 고대인도 우리만큼이나 그 차이에 대해 잘 알고 있었다고 말할 것이다. 하지만 여기서 내 질문은 어떤 추상적이고 일반적인 질문이 아니라, 구체적이고 특정한 질문이다. 내 질문은 "이런 또는 저런 현상이 존재했다면 과연 그 현상은 어느 범주에 속했을까?"라는 질문이다. 그리고 여기서 내가 관심을 갖고 있는 그 현상은 바로 기독교의 부활 신학과 로마의 제왕 신학 간의 변증법이다.

부활 양식과 지옥 정복

예컨대 이사야 11:1-9에 등장하는 초기의 종말론적 환상을 읽어보면 그 환상은 내가 종종 지상의 **전망적**(prospective) 낙원이라고 부르는 내용을 담고 있다. 그 유토피아적인 완성은 언젠가 그때가 이르면 장차 나타날 그 **미래**의 세계에서는 엄청 놀랄 만한 일이 되겠지만, 그 당시의 **과거**에 대해서는 아무것도 말해주지 않는다(이와 유사한 대다수 환상이 다 어느 정도 이에 해당되지 않을까?). 하지만 특별히 마카비 시대의 순교자들 때문에 나중에 "바리새주의" 신학이 된 신학이 남긴 선례는 **전망적** 종말론뿐만 아니라 **회고적**(retrospective) 종말론도 함께 주장했다. 이러한 현상은 일차적으로 우리의 존속에 관한 것이 아니라 하나님의 정의에 관한 것이었기 때문에, 불의가 지속적으로 쌓여가는 문제가 결코 간과될 수만은 없었다.

따라서 나는 지옥 정복(또는 지옥 강하), 곧 의인으로 죽은 자들을 향한 해방 선언(proclamation, 설교[preaching]가 아니다!)은 톰이 주장하는 것보다 훨씬 더 진지하게 취급되어야 한다고 생각한다. 만약 변이된 "바리새주의" 신학이 예수의 부활과 함께 보편적 육체의 부활을 출범시켰다면, 이 신학은 모두를 포괄하는 공동체적인 사건이 아닌, 배타적인 개인적 사건을 결코 선포하지 못했을 것이다. 순교자들의 몸은 어떻게 되는 것일까? 물론 예수는 단순히 수많은 사람들 가운데 하나로 다시 살아나신 것이 아니라 "잠자는 자들"의 이상과 해방자로서 다시 살아나신 것이다. 사실은 「솔로몬의 송가」 42:21에서보다 이 사실을 더 아름답게 선포한 곳은 그 어디에도 없다. 거기서 예수는 의인들을 스올로부터 해방시키시면서 "그들은 이제 자유의 몸이 되었고, 그들은 이제 내 것이라"고 선포하신다.

라이트는 738쪽에 달하는 책에서 584쪽에 가서야 비로소 신약 복음서를 다루고, 586-682쪽에서 마태복음, 마가복음, 누가복음, 요한복음을 다루기 이전에 510-527쪽에서 테르툴리아누스, 이레나이우스, 히폴리투스, 오리게네스 등을 연구한다. 그런데 여기서 나는 그가 그리스도가 이끈 집단적 부활을 하나님의 대대적인 우주 정화 작업의 집단적 첫 열매로 해석하는 데 더 많은 지면을 할애했으면 한다. 이 신학은, 그것이 찬송이든, 내러티브든, 비유든 또는 이상한 내용을 담은 나머지 딘편(마 27:52-53에서와 같이)이든지 간에, 예수의 부활이 과거를 먼저 변화시키고 그다음에는 미래를 변화시킴으로써 불의한 이 세상에 대한 하나님의 정의 실현 계획을 출범시켰다는 사실을 대대적으로 강조한다. 또한 이 신학은 예수의 부활을 결코 최초의 집단적 부활이 아닌, 한 개인의 최고의 승귀로 해석할 수 없도록 만든다.

사도신경과 니케아 신조 사이 그 어느 시점에서 우리는 지옥 정복 또는 지옥 강하 신학을 잃어버리고 말았다. 나는 이것이 적어도 최초의 기독교 신학이 잃어버린 가장 심각한 상실 가운데 하나라고 생각한다. 왜냐하면 최초의 기독교 신학은 예수의 부활이 단순히 예수의 승귀에 관한 것이 아니라 이 세상에 대한 하나님의 정의 실현에 관한 것임을 분명히 강조했기 때문이다. 미래에 일어날 하나님의 정의 실현은 과거와 이미 쌓여 있는 불의, 그리고 정의를 위해 또는 불의 때문에 죽어 스올에 내려가 있는 이들에 대한 하나님의 정의가 먼저 선행되지 않고서는 결코 신뢰할 만한 것이 못된다. 하지만 의인의 집단적 부활과 예수의 승천 이전(당연히 승천하기 이전이겠지만)에 제자들에게 나타나신 사건을 **모두** 보존하는 것은 거의 불가능했다. 마태복음 27:52-53은 이 두 요소를 모두 보존하려고 했던 시도 중 하나였으며, 마태가 그것을 어떻게 이해했든지 간에 이 장엄한 지옥 정복은 편집된 현 본문 단편에서는 이미 자취를 감추고 말았다. 또한 마태복음 27:52-53은 황홀한 송시나 전례적인 시가 복음서의 이야기로 탈바꿈할 경우 어떤 일이 벌어지는지를 잘 보여준다. (나는 「베드로복음」이 실제로 그 불가능한 작업을 훨씬 더 능숙하게 처리했다고 생각한다.)

나는 다음과 같은 주장을 부드러우면서도 섬세하게, 하지만 동시에 확고하면서도 강력하게 제시할 것이다. 톰이 쓴 책의 표지와 우리의 대화를 광고하는 포스터는 무덤을 뚫고 나온 구세주보다는 체육관에서 운동을 마치고 나온 운동선수에 더 가까운 건장한 예수의 모습을 그리고 있다. 나는 지옥 강하 전통을 따라 그리스도가 이끈 집단적 구출 장면이 담긴 그림―예를 들면 한때 코라 수도원이었다가 현재는 이스탄불의 카리예 박물관으로 변신한 곳에 있는 파레클레시오 예배당의 반원형 지붕의 '아나스타시스'(부활)라는 프레스코 그림―을 사용했다면 더 좋았겠다고 생각한다.

마지막으로, 양식과 관련하여 한 가지 인정해야 할 부분이 있다. 내가 지옥 강하를 이토록 강조하는 이유도 어쩌면 그리스도가 시작한 이 집단적 부활이 나로 하여금 부활을 문자적으로 이해하기보다는 은유적으로 이해하는 방향을 선택하도록 강력하게 이끌었기 때문인지도 모른다. 나는 지옥 강하를 문자적으로 이해하는 데 참으로 어려움을 느낀다. 그리고 만약 그것이 문자적이었더라면 그 첫 부활절 아침에 자세히 살펴보아야 할 무덤이 예루살렘 주변에 단 하나뿐 아니라 아주 많았을 테니 말이다. 어쨌든 지옥 강하를 강조할지 말지의 여부는 최초기 그리스도인들의 부활 신앙을 은유적으로 이해해야 할지(나처럼), 아니면 문자적으로 이해해야 할지(톰처럼)와 어느 정도 깊이 연관되어 있을 것이다.

부활의 의미와 로마 제국

아우구스투스 황제는 예수가 탄생하시기 이전에 신, 하나님의 아들, 하나님, 하나님으로부터 온 하나님 등으로 선포되었고, 주, 속량자, 해방자, 세상의 구원자 등으로 선포되었다. 로마 제국 신학의 이러한 주장은 문서, 그림, 비문, 건축물 등 그 어디에서나 찾아볼 수 있었다.[12] 오늘날 우리 주변 곳곳에 광고판이 즐비하게 널려 있듯이 이

---

12 이 신학에 관한 논의는 John Dominic Crossan and Jonathan L. Reed, *In Search of Paul: How Jesus's Apostle Opposed Rome's Empire with God's Kingdom* (San Francisco: HarperSanFrancisco, 2004)를 참조하라. 다음과 같은 이전 연구도 참조하라. Simon

러한 주장은 아주 노골적이었으며 그 어디에서나 쉽게 접할 수 있었다.[13] 여기서 질문이 하나 제기된다. 로마 제국 인구 가운데 몇 퍼센트가 이 주장을 **문자적으로** 취급했고, 또 몇 퍼센트가 **은유적으로** 취급했을까?

문자적인가? 은유적인가? 나는 이 질문에 대한 솔직한 답변은 "우리는 이에 대해 전혀 아는 바가 없고, 심지어는 그것을 알 수 있는 방법조차 모른다"라고 답하는 것이라고 생각한다. 하지만 우리는 몇 퍼센트가 그 주장을 **정책적으로**(programmatically), 그러니까 하늘이 내린 명

R. F. Price, *Rituals and Power: The Roman Imperial Cult in Asia Minor* (Cambridge: Cambridge University Press, 1984); Paul Zanker, *The Power of Images in the Age of Augustus*, trans. Alan Shapiro, Jerome Lectures: Sixteenth Series (Ann Arbor: University of Michigan Press, 1990); Karl Galinsky, *Augustan Culture: An Interpretive Introduction* (Princeton, N. J.: Princeton University Press, 1996); Richard A. Horsley가 편집한 다음 저서도 참조하라. *Paul and Empire: Religion and Power in Roman Imperial Society* (Harrisburg, Pa.: Trinity Press International, 1997); *Paul and Politics: Ekklesia, Israel, Imperium, Interpretation: Essays in Honor of Krister Stendahl* (Harrisburg, Pa.: Trinity Press International, 2000); *Paul and the Roman Imperial Order* (Harrisburg, Pa.: Trinity Press International, 2004).

13 Ramsay MacMullen, *Romanization in the Time of Augustus* (New Haven, Conn.: Yale University Press, 2003), ix-x, 134. "로마 문명은 결국 도처에서 하나의 통일된 모습으로 나타났는데, 그때까지 이러한 수준에 도달한 문명은 존재하지 않았다. 아무리 불완전할지라도 그들의 업적은 놀랄 만한 수준이었고 모두에게 너무나도 익숙한 것이었다.…그러나 아우구스투스의 통치 시대보다 '로마 제국의 문명'이라고 불릴 만큼 단 하나의 유일한 삶의 방식을 형성하며 대대적인 진보를 이룬 시기는 없었다.…원주민들은 자기 스스로를 개혁하면—즉 로마인들과 같이 말하고, 입고, 보고, 또 모든 면에서 그들을 닮으면—지배 계급으로 진출할 수 있다는 사실을 깨닫게 되었다. 그들은 야망이 이끄는 대로 반응했을 것이고 또 실제로 그렇게 반응했다. 그들은 로마 문명을 자신들의 삶속으로—자신들의 집과 가정과 자신들의 세계 속으로—끌어들였다."

령에 관한 전략적 선언 및 명백한 운명에 관한 기능적 선포로 취급했는지는 비교적 확실히 알고 있다. 또는 아우구스투스가 주조했다는 동전에 신격화된 율리우스 카이사르의 광채나는 모습이 담겼을 때 얼마나 많은 사람이 그것을 **문자적인** 메시지로 이해했고, 또 얼마나 많은 사람이 그것을 **은유적인** 메시지로 이해했을까? 그리고 또 얼마나 많은 사람이 그러한 구분을 전혀 염두에 두지 않은 채 지중해 세계의 새로운 평화(로마 제국의 통치로 인해)를 수용하고 후원할 것을 촉진하는 초월적인 **정책적** 명령으로 받아들였을까? 이 모든 경우 믿음에 대한 도전은 꽤 분명했다. 즉 믿는다는 것은 로마 제국의 신학을 받아들이고, 지지하고, 내면화하는 것을 의미했으며, 또 로마 제국이 만들어나가는 세계를 1세기의 유일한 실재로 받아들이는 것을 의미했다. 어쩌면 그들도 우리와 마찬가지로 문자적인 의미와 은유적인 의미의 차이를 아주 깊이 숙고하지 않은 채 **상업적인** 메시지를 보고 듣고, 또 수용하고 따를 수 있는 능력을 소유하고 있지 않았을까?

어쩌면 문자적 혹은 은유적 메시지에 관한 문제와 그것을 수용하는 문제를 제기하는 것 자체가 계몽주의 이후에 생긴 구분을 계몽주의 이전 세계에 강요하는 것은 아닐까? 실제로 온갖 기적이 개별적으로는 거부될 수 있을지 몰라도, 이론상 집단적으로는 모든 것이 가능했던 계몽주의 이전의 세계에서 만인의 인정을 받았던 기준은 기적의 존재를 주장하는 것보다는 기적의 유효성을 입증하는 것이었다. 당신이 행하는 이적이나 기적이, 그리고 당신이 섬기는 신(여신)의 신성이나 당신의 영웅(여걸)의 신성화가 이 세상을 위해 행한 것이 과연 무엇인가?

이러한 정황을 놓고 볼 때 신자들 중 몇 퍼센트가 기독교의 부활 신앙을 **문자적으로** 이해했으며, 또 몇 퍼센트가 **은유적으로** 이해했는지에 대해 우리가 어떻게 확신할 수 있겠는가? 그러나 또 다른 한편으로 우리는 몇 퍼센트가 기독교의 부활 신앙을 **정책적으로**—예컨대 이를 위해 기꺼이 죽을 각오가 되어 있는—이해했는지에 대해서는 훨씬 더 확신할 수 있을 것이다. 물론 나는 문자적·은유적이라는 것이 실제적·비실제적이라는 것과 같다고 생각하지 않는다. 나는 문자적인 것과 실제적인 것을 결코 혼동하거나 동일시하지 않는다. 실제적인 것도 문자적으로 그리고/또는 은유적으로 선포될 수 있지만, 그 실제가 심오하면 심오할수록 그 선포는 그만큼 더 은유적일 수밖에 없다. 그렇다면 그때나 지금이나 무언가를 문자적으로 이해했다가 잘못 오해하는 것이 가능하지 않았을까? 그리고 또 그때나 지금이나 무언가를 은유적으로 이해했다가 그것을 올바르게 이해하는 것이 가능하지 않았을까? 또한 역으로도 모든 것이 가능하지 않았을까?

잠시 로마 제국 신학을 100퍼센트 문자적인 것으로부터 100퍼센트 은유적인 것으로까지 다양하게 이해하는 고대의(그리고/또는 현대의) 광범위한 스펙트럼을 한번 상상해보라. 그리고 이제는 기독교의 부활 신학을 고대의(그리고/또한 현대의) 동일하게 광범위한 스펙트럼에 따라 상상해보라. 이 광범위한 스펙트럼에서 당신이 이 두 가지 신학을 어느 지점에 위치시키든지 간에 사실 이 두 신학은 전적으로 서로 대립하는 관계에 있다. 이것을 다르게 표현하자면, 황제에 대한 충성(majestas)인가 아니면 대역죄인가는 문자적 양식으로나 은유적 양식으로나 모두 동일하게 표현될 수 있다. 이 두 양식은 모두 최소한 로마가 처형한 어떤 죄수를 하나님이 다시 살리셨고, 이로 인해 로마는 하나님과 충돌하는 관계에 놓이게 되었다고 주장했다. 또 이 두 양식은 모두 이 세상에 대한 하나님의 대대적인 정화 작업이 이미 시작되었고, 또다시 그리고 가장 깊은 차원에서 로마가 당대 문명의 하나로서 하나님과 충돌하는 관계에 놓이게 되었다고 주장했다.

<u>카이사르인가? 그리스도인가?</u> 부활 신앙이 내포하는 매우 중요한 한 가지 함의에 관하여 톰과 나는 서로 같은 견해를 가지고 있으며, 이는 이미 앞에서 논의된 내용을 통해 알 수 있다. 일단 초기 기독교의 부활 신앙(그리고 나는 "그것이 문자적이든 은유적이든 간에"라는 말을 덧붙인다)이 이 세상을 변화시키려는 하나님의 계획이 이미 시작되었다는 것을 선포하고 있다는 사실이 분명하다면, 이제 우리의 관심사도 다름 아닌 비폭력적이면서도 혁명적인 종교·정치적 비전 그리고/또는 정책이라는 사실이 똑같이 분명해진다. 톰도 이 점을 크게 강조하는데, 나도 이 점에 대해서는 톰의 견해에 전적으로 동의한다.[14]

---

14 예컨대 *The Resurrection of the Son of God*이란 책에서 발췌한 다음과 같은 진술을 보라. "부활은 처음부터 혁명적인 교리였다"(138). "'퀴리오스'[주]로서의 예수는 카이사르와 암묵적으로 대조된다"(568). "예수의 부활은 언제나 매우 정치적인 교리였다"(243). 나 역시 바울이 쓴 빌립보서를 "명백한 반(反)황제 신학, 곧 예수는 주와 구원자이시며, 이로써 로마 제국 식민지에 거주하는 이들에게는 카이사르가 주와 구원자가 아니라는 강한 함의를 담은 표현으로 들리기 쉬운"(225) 것으로 이해한다는 Wright의 의견에 동의한다. 또 "빌립보서 2:6-11에 담긴 예수에 대한 언급은 그 당시의 황제 이데올로기에서 찾아볼 수 있는 카이사르에 대한 언급을 두드러지게 반영한다"(569)는 말에 대해서도 마찬가지다. 마지막으로 나는 그 두 인물의 공통적 특권과 관련하여 "**파생**과 **대립**을 서로 혼동해서는 안 된다"(729)는 Wright의 견해에 동의한다.

하지만 나는 다음과 같이 질문하고 싶다. 그리스도와 카이사르가 동일하게 주, 속량자, 해방자, 이 세상의 구원자라는 칭호와, 또한 신, 하나님의 아들, 하나님, 하나님으로부터 온 하나님이라는 칭호를 부여받는다면, 그리스도 대(對) 카이사르라는 대립 관계는 어떤 의미를 함축하고 있는 것일까? 사실 나는 이 동일한 질문에 답하기 위해 이 칭호들을 다른 용어들로 교체하고 이를 단순히 반복하는 답변을 구하는 것이 아니다. 그리스도와 카이사르 사이에 존재하는 근본적인 구조적·체계적 차이점은 과연 무엇인가?

나의 주장은 이렇다. 첫째, 그리스도는 비폭력을 통해 이 세상에 **선(先)정의, 후(後)평화** 또는 **정의를 통한 평화**라는 유대교의 강령(순서)을 구현하는 반면, 카이사르는 폭력을 통해 이 세상에 **선(先)승리, 후(後)평화** 또는 **승리를 통한 평화**라는 로마 제국의 강령(순서)을 구현한다(베르길리우스의 「아이네아스」의 첫 번째 단어는 "아르마" 곧 "무기"다. 아우구스투스의 「업적록」의 간결한 요약은 "파르타 빅토리이스 팍스" 곧 승리를 통한 평화다). 이것을 보다 더 상세히 표현하자면, 예수와 바울의 강령(순서)은 **언약, 비폭력, 정의, 평화 순인 반면, 로마의 강령(순서)은** 경건, 전쟁, 승리, 평화 순이다. 둘째, 나의 주장은 로마가 1세기의 악한 제국, 곧 지중해 연안 세계의 악의 축이 아니었다는 것이다. 로마는 정상적인 문명 혹은 심지어 역사의 최첨단(cutting-edge) 그 이상도 그 이하도 아니었다. 왜냐하면 사실 문명이라는 것이 으레 제왕적, 즉 폭력적이고 불의한 것이었기 때문이다. 여기서 중요한 것은 오직 누가 그것을 잃었고, 누가 그것을 가졌고, 누가 그것을 원하고, 누가 그다음인가라는 질문뿐이다.

따라서 자기 나라는 폭력을 일삼는 나라가 아니며, 자기 동료들은 자신의 석방을 요구하며 빌라도에게 공격을 가하지 않을 것이므로 자기 나라는 이 세상에 **속하지** 않았다(요 18:36)고 말하는 예수의 진술은 은유적으로 이해할 것이 아니라 반드시 문자적으로 이해할 필요가 있다. 또한 우리는 정의롭고 비폭력적인 세상은 "새 창조", 즉 우리가 한 번도 경험해보지 못하고 다만 우리의 머릿속에서만 상상해보는 그런 세상을 요구한다(갈 6:15; 고후 5:17)는 바울의 주장도 동일하게 문자적으로 이해할 필요가 있다. 그런데 어쩌면 이는 양식에 대한 우리의 일상적인 구분이 우리의 상상력을 뒤흔들고 문명과 언어의 현재 상태에 도전을 제기하는 "새 창조"라는 상황에는 근본적으로 잘 어울리지 않는다는 것을 의미한다.

앞으로 기독교의 부활 신앙을 논의할 때 우리는 이제 두 가지 노선을 선택할 수 있는 길이 열리게 되었다. 첫째, 우리는 예수의 부활이 문자적 혹은 은유적으로 이해되었고, 또 그렇게 이해되어야 하는지를 두고 지속적으로 논쟁을 벌일 수 있다. 내 입장은 그러한 논쟁이 타당성이 없다는 것이 아니다. 다만 이러한 논쟁은 훨씬 덜 중요한 문제이며, 의식적으로든 무의식적으로든, 보다 더 중대한 논쟁을 회피하는 데 악용될 여지가 있다는 것이 내 입장이다. 또한 이러한 논쟁은 어쩌면 답이 없을 수도 있으며 교착 상태에 빠질 정도로 충분한 논의가 이미 이루어졌다. 따라서 이러한 논쟁은 애초부터 이미 어느 한쪽으로 기울어진 사람의 마음을 돌려놓기에는 거의 불가능해 보인다.

만일 부활을 문자적으로 취급한다면, 부활의 **불가능성**을 위한 불신자의 논쟁적 주장이나 부활의 **유일성**을 위한 신자의 변증적 주장은 모두 경이로울 만큼 큰 이적들이 일어날 수도 있고 또 실제로 일어났다는 사실을 문화적으로 쉽게 받아들였던 계몽주의 이전의 세계를 다루기에는 똑같이 타당성이 떨어진다. 부활의 불가능성과 유일성이 모두 똑같이 배제된 이 원 세계에서 사람들은 무관심보다는 불신감을 덜 피부로 느끼며 산다. 와~ 정말 놀랍구나! 예수는 정말 멋지구나! 그래서 그게 어쨌다는 건데? 그게 나랑 무슨 상관이 있지? 그런데 하나님이 파괴된 이 세상을 그리스도의 부활을 통해 그분 안에서 속량하고 구원하기를 이미 시작하셨다고 주장하는 것이 카이사르가 이와 동일한 구원과 속량을 제공해준다는 주장에 비해 훨씬 더 대안적으로 적절한 곳이 바로 이런 세상이다. 사람들은 이런 세상에서 초연하게 "와아~!"라고 외치는 것을 넘어 하나님의 대항 프로그램과 공동체의 대항적인 삶에 관해 이야기할 수밖에 없었다. 물론 오늘날에도 부활을 문자적으로 취급한다면, 우리도 여전히 그렇게 하는 수밖에 없다. 부활을 문자적으로 해석하면 부활 신앙은 예수가 무덤에서 육체적인 몸으로 나오는 것을 의미할 수도 있지만, 우리는 여전히 이 땅을 향한 하나님의 대대적인 정화 작업을 선포하고 진척시키기 위해 승귀를 넘어 부활로 나아가야 한다.

그러나 만약 부활을 은유적으로 해석한다면, 부활은 단순히 누군가가 원하는 것만을 의미할 수 없다. 부활은 비록 언제나 희망이 있다는 것**도** 의미하지만, **오로지** 그것만을 의미하지는 않는다. 부활은 비록 예수가 언제나 신자들과 함께 계시리라는 것**도** 의미하지만, **오로지** 그것만을 의미하지는 않는다. 부활은 비록 하나님이 예수에 대한 로마의 판결을 뒤집어엎으셨다는 것**도** 의미하지만, **오로지** 그것만을 의미하는 것은 아니다. 부활은 오랜 세월에 걸쳐 악과 부정과 불의와 폭력으로 가득 찬 이 세상에 대한 하나님의 대대적인 정화 작업이 이미 시작되었고, 그 작업은 모든 것을 포괄하는 한 순간이라는 하나님의 시간보다는 처음부터 끝까지 진행되는 어떤 기간이 있는 인간의 시간을 수반한다는 것을 의미한다. 부활은 그 무엇보다도 다음과 같은 의미를 가지고 있다. 곧 하나님의 대대적인 정화 작업은 이미 시작되었고(첫 번째 기적!), 우리는 그 정화 작업에 참여하도록 부르심을 받았다(두 번째 기적!)는 것이다.

두 번째 노선은 그리스도인들은 예수의 부활을 반드시 믿어야 하겠지만, 그것을 문자적으로든 **혹은** 은유적으로든 어느 한쪽으로 해석할 수 있는데, 어느 쪽을 선택하든지 간에, 그 의미는 애초부터 예수의 부활을 선포한 자들에게 주어진 의미에 의해 한정될 수밖에 없다는 것을 역사적으로, 신학적으로, 그리고 더욱 목회적 관점에서 받아들이는 것이다. 어느 쪽을 택하든지 간에 우리는 우리가 믿는 바를 분명히 말해야 한다. 우리는 이 주제를 놓고 논증하고 논쟁하는 권리를 박탈당한 것은 아니다. 하지만 나는 양식을 넘어 의미로 나아가 이제는 폭력배들로부터 하나님의 세계를 되찾아올 것을 우리 모두에게 권면(아니 사실은 간청)하고 싶다. 마지막으로, 우리 그리스도인들이 사랑의 몸으로서의 정의와 정의의 영혼으로서의 사랑이라는 종말론적인 삶을 보여주지 못한다면, 우리는 그리스도의 지상적 부활을 말할 권리를 상실하게 될 것이고, 기껏해야 단지 그리스도의 승귀에 대해 말할 권리만을 갖게 될 것이다.

예수 부활 논쟁
존 도미닉 크로산과 N. T. 라이트의 대화

Copyright ⓒ 새물결플러스 2018

1쇄 발행 2018년 11월 11일

엮은이	로버트 B. 스튜어트
옮긴이	김귀탁
펴낸이	김요한
펴낸곳	새물결플러스
편 집	왕희광 정인철 박규준 노재현 한바울 신준호 정혜인 이형일 서종원
디자인	이성아 이재희 박슬기 이새봄
마케팅	박성민 이윤범
총 무	김명화 이성순
영 상	최정호 조용석 곽상원
아카데미	유영성 차상희

홈페이지	www.holywaveplus.com
이메일	hwpbooks@hwpbooks.com
출판등록	2008년 8월 21일 제2008-24호
주 소	(우) 07214 서울특별시 영등포구 양평로 11, 4층(당산동5가)
전 화	02) 2652-3161
팩 스	02) 2652-3191

ISBN 979-11-6129-082-9 93230

책값은 뒤표지에 있습니다.

이 도서의 국립중앙도서관 출판예정도서목록(CIP)은 서지정보유통지원시스템 홈페이지(seoji.nl.go.kr)와 국가자료공동목록시스템(nl.go.kr/kolisnet)에서 이용하실 수 있습니다. CIP2018034650